보인다
일본사가
거닐면
도시를

일 러 두 기

1. 일본에서 천황이란 용어가 등장한 시기에 여러 설이 있지만 가장
   유력한 것은 7세기 후반 덴무天武 천황 시기로 보는 입장이다. 이에
   따라 이를 전후해 이전 시기는 《일본서기》의 중국식 시호에다
   '대왕'을, 이후 시기는 '천황'을 붙여 일본의 군주를 표기했다.

2. 일본의 인명은 국립국어원 외국어 표기법에 따라 일본어 발음을
   따랐다. 다만 중세 시기까지 호족이나 귀족들은 혈족을 나타내는
   씨氏와 이름 사이에 우리말'의'에 해당하는 'の(노)'를 넣어 '○○혈족'
   출신임을 밝히는 것이 일반적이었으므로 이를 넣어 표기했다.
   예) 蘇我入鹿→소가노 이루카, 源賴朝 →미나모토노 요리토모

3. 일본의 지명은 국립국어원 외국어 표기법에 따라 일본어 발음으로
   읽되 행정구역은 우리 한자음으로 읽고 앞말에 붙여 적었다. 사원과
   신사의 경우 고유명사 부분은 일본어로 읽고, '사寺'나 '사社'는
   일반명사인 관계로 우리 한자음인 '사'를 붙여 적었다. 그 외에
   일본어와 한자음은 모두 띄어 썼다.
   예) 石川縣→이시카와현石川縣, 辰口町→다쓰노쿠치정辰口町,
   東大寺→도다이사東大寺

4. 일본의 고유명사나 역사용어 가운데 이미 관례화되었거나
   한자음으로 표기하는 편이 독자의 이해에 도움이 된다고 판단한
   경우는 한자음으로 표기했다.
   예) 關白→관백, 武家諸法度→무가제법도

5. 일본에서는 태음력 1872년 12월 3일을 태양력 1873년 1월 1일로
   개정하는 포고에 따라 현재와 같은 태양력을 사용하기 시작했다.
   이러한 사실을 고려해 1873년 1월 1일을 전후해 그 이전은
   태음력으로 이후 시기는 태양력으로 연월일을 표기했다.

6. 본문에 실은 표와 그림은 하단에 출처를 밝혔으며, 별도의 출처
   표기가 없으면 필자가 소장하거나 작성한 자료임을 미리 알려둔다.

kiyomizu temple
kyoto

tokyo tower

himeji castle
hyogo

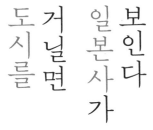

giant gate
miyajima

daibutsu
kotoku-in

Nikko
Toshogu
Shrine

박진한 지음

도시를 거닐면 일본사가 보인다

푸른역사

책을 내며

최근 들어 한일 양국의 상호 인식 조사를 살펴보면 양국 관계는 분명 새로운 단계에 진입한 것으로 보인다. 2019년 한국 법원의 징용공 손해배상 판결에 반발한 아베 정권의 반도체 수출 통제로 바닥을 찍었던 양국에 대한 인식은 이전 평균 수준을 넘어 2024년 현재 최고의 호감도를 기록하고 있다. K-pop과 같은 한국 대중문화의 유입과 일본 여행의 대중화 같은 민간 차원의 교류가 활발해지면서 한일 양국 모두 서로에 대해 좋은 이미지를 가지게 된 것으로 보인다.

　하지만 한 가지 유의해야 할 점은 이처럼 좋은 관계에도 불구하고 정작 양국 관계를 다루는 정부 정책에 대한 국민의 평가는 그리 긍정적이지 않다는 점이다. 이는 한일 양국 관계가 정파적인 이해 계산에 따라 때로는 강경일변도로 때로는 굴종적으로 나가면서 민간 차원에서 쌓아 온 신뢰와 우호 관계를 훼손하는 경우가 적지 않기 때문이다. 그렇다면 현재와 같은 우호적인 양국 관계는 계속해서 유지될 수 있을까?

결론부터 말하자면 현재의 한일관계는 표면적으로는 좋아 보일지라도 양국의 국내 정치와 연동된 내셔널리즘이 과거사를 건드리는 순간 언제라도 파열음을 일으킬 수 있다. 서로에 대한 반감을 조장하고 이를 통해 내셔널리즘을 고양해 온 양국의 정치권과 언론의 태도가 바뀌지 않는 한, 일시적인 분위기 반전으로 양국 관계가 좋아졌다고 말할 수 없다.

우리 입장에서는 일본 정부와 기업이 강제 노동을 인정하고 이를 배상하는 것이야말로 가장 좋은 해결책일 것이다. 하지만 극우 세력이 득세하는 일본의 정치 상황을 고려할 때 가까운 시일에 이를 기대하기란 사실상 불가능한 일이다. 그렇다고 역사분쟁이 발생할 때마다 일본 정부에 맞서 강대 강으로 대응하는 것 역시 문제를 해결하는 데 별다른 도움이 되지 않는다. 고담준론 같은 이야기일지 모르겠지만 이럴 때일수록 무엇보다 과거사에 대한 양국의 인식 차이를 인정하고 상대를 객관적으로 바라볼 수 있는 태도와 여유가 필요하지 않을까 싶다.

서로에 대한 불필요한 감정 대립을 막고 불신의 고리를 끊으려면 예전의 관성대로 상대를 바라보아서는 안 된다. 하지만 아쉽게도 일본에 대한 우리의 인식은 여전히 머리와 몸이 따로 노는 모양새다. 한국 학계의 일본사 연구는 예전에 비해 많이 다양해졌다고는 하나 여전히 임진왜란이나 식민 통치 같은 침략의 역사 그리고 통신사처럼 양국 간 교류에 초점을 맞춘 주제가 다수를 점한다. 이에 반해 시중의 서점을 둘러보면 일본 관련 서적은 가벼운 여행 안내서나 번역서가 대부분이다. 머리로는 국가 대 국가, 민족 대 민족의 관점에서 일본을 바라보면서도 몸과 마음은 일본 문화를 소비하는 게 현실이다. 그렇다면 집단적인 '반일' 정서에 휩쓸리지 않으면서 주관적인 경험이나 개인적인 취향을 넘어 일본을 좀 더 객관적으로 바라볼 방법은 없을까?

이 책에서는 일본 인식과 소비에 나타나는 이중성을 넘어, 상대를 객관적으로 바라볼 수 있는 여유와 시선을 가지기 위해 '도시'라는 공간에 주목하려고 한다. 도쿄東京나 오사카大阪 같은 대도시는 오늘날 한국 관광객이 가장 많이 찾는 해외 여행지이자 일본의 문화와 생활을 생생하게 엿볼 수 있는 삶의 현장이기도 하다. 바로 이러한 점에서 일본의 도시는 내셔널리즘의 관성에서 벗어나 있는 그대로의 일본을 살펴보기 위해 아주 좋은 대상이 될 수 있다.

혹자는 도시를 통해 일본을 살펴보는 것이 뭐가 그리 다르냐고 반문할지 모르겠다. 그러나 사실 알고 보면 도시라는 개념은 지역마다 서로 다른 과정을 거치면서 생성된 역사적인 산물이다. 그래서 같은 한자문화권이라 하더라도 도시를 지칭하는 용어와 개념은 지역마다 조금씩 다르다. 예컨대 중국어에서 도시를 뜻하는 '성시城市'는 성곽을 갖춘 고을이란 뜻에서 유래했다. 이에 반해 한국과 일본에서 일반적으로 사용하는 '도시'는 메이지 유신을 전후해 영어의 타운town과 시티city를 번역하는 과정에서 만들어진 새로운 한자 조어다. 도시라는 용어가 일반화되기 이전까지 일본에서는 한자

어 '도都'를 붙여 도읍을 뜻하는 '미야코みゃこ'나 농촌과 구분되는 고을의 경관을 갖춘 '마치町' 등의 용어로 도시 공간을 지칭했다. 이에 반해 우리나라는 도성都城, 왕도王都, 왕경王京처럼 왕이 거주하는 정치적인 지배 공간을 의미했다. 한자어인 도시라는 용어를 함께 사용하지만, 그것의 기원과 어의가 전혀 다른 만큼이나 일본의 도시가 지나온 역사적 과정은 한국과 매우 다르다.

2024년 현재 일본에서 인구 100만 이상의 도시는 모두 12곳이다. 50만에서 100만의 인구를 가진 곳은 17곳, 10만에서 50만까지는 240여 개 가까이 된다. 그래서 이 책은 수많은 일본의 도시 가운데 어느 곳을 어떻게 선별할지 그 기준을 정하는 작업에서부터 시작되었다. 도시를 통해 일본의 역사를 살펴보는 것이 목적이다 보니 고대와 중·근세, 그리고 메이지 유신을 거쳐 오늘에 이르기까지 크게 세 개의 시기로 나누고 시대 변화를 잘 보여 주거나 역사상 중요한 사건의 배경이 된 곳을 뽑아 시간순으로 배열하고자 했다.

그래서 제1부 고대 편에서는 천황과 공경 귀족을 비롯한 지배층이 거주하던 역대 '도읍'을 살펴볼 것이다. 도읍은 산업화 이전까지 정치뿐 아니라 경제, 종교, 문화가 집약된 일본의 중심 도시였다. 이 책에서는 아스카飛鳥, 후지와라경藤原京, 헤이조경平城京(후에 나라奈良)을 거쳐 헤이안경平安京(후에 교토京都)에 이르기까지 한반도와 중국을 통해 도성제都城制를 수용하고 이에 따라 역대 도읍을 건설하는 과정과 도시에 거주하던 일반인의 생활에 대해서도 알아볼 것이다.

고대의 도읍에 이어 제2부 중·근세 편에서 살펴볼 도시는 '무가武家' 도시다. 일본은 이웃한 한반도나 중국과 달리 가마쿠라鎌倉 막부가 성립한 12세기 후반 이래 메이지 유신 직전까지 대략 700여 년 동안 무사 지배가 계속되었다. 같은 동아시아 세계에 속하면서 이웃한 지역과 다른 일본 도시만의 특성은 상당 부분 무사 지배의 오랜 전통에서 비롯되었다고 해도 과언이 아니다. 특히나 센고쿠戰國 시대(1467~1568) 이후 일본 전역에 성립한 '조카마치城下町'는 영주의 거성 아래 만들어진 성곽 도시로 도쿄, 오사카를 비롯해 오늘날 일본 주요 도시의 기원이 되었다. 이 책에서는 무가 도시의 시작이라 할 수 있는 가마쿠라와 함께 도쿠가와 이에야스, 도요토미 히데요시가 건설한 에도江戸, 오사카가 메이지 유신 이후 일본의 동·서 지역을 대표하는 수위 도시로 거듭나는 과정에 대해 알아볼 것이다.

마지막으로 제3부 근대 편에서는 메이지 유신 이후 일본의 근대화 과정에서 중요한 역사적 사건의 무대가 된 도시를 살펴볼 것이다. 지금은 지방의 중소 도시에 불과한 하기萩와 가고시마鹿児島는 메이지 유신의 주역이라할 수 있는 사쓰마번薩摩藩과 조슈번長州藩의 조카마치이자 삿초薩長 동맹 이후에도 막부에 반기를 들고 일어난 도막운동의 중심지였다.

이에 반해 요코하마横浜, 기타큐슈北九州, 히로시마廣島는 메이지 유신 이후 근대 국민국가의 수립, 산업화, 제국주의 팽창 그리고 제2차 세계대전의 패전에 이르는 과정에서 수많은 위기를 넘기며 흥망성쇠를 경험한 도시들이다. 먼저 '서세동점'의 위기 속에 개항장으로 시작한 요코하마는 대화재와 공습 등의 위기를 극복하며 오늘날 일본의 대표적인 국제 도시로 성장했다. 야하타八幡제철소의 가동과 함께 빠르게 근대적인 산업화가 이루어진 기타큐슈는 러일 전쟁, 제1차 세계대전 등을 거치며 군수산업 중심의 공업 도시로 변신했다. 이에 반해 1945년 '원폭'으로 한순간에 잿더미로 변한 히로시마는 청일·러일전쟁 이후 대외 침략 전쟁을 통해 성장해 온 대표적인 군사 도시라 할 수 있다. 히로시마에 원폭이 투하된 이유와 재건 과정을 정리함으로써 제국주의 침략 전쟁을 종결하고 세계 영구 평화를 기원했던 전후 일본 사회의 노력을 다시 한번 살펴볼 것이다. 이처럼 개항 이후 여러 도시가 겪은 파란만장한 이야기는 일본이라는 단일한 국가 내러티브로 수렴되지 않는 다양한 근대의 모습을 보여 줄 수 있을 것이다.

일본의 도시에 관한 이야기를 본격적으로 시작하기에 앞서 한 가지 변명 아닌 변명을 하고 싶다. 필자가 아무리 노력한다고 한들 수백 곳에 이르는 일본의 도시를 일일이 살펴볼 수는 없는 노릇이다. 그렇다 보니 독자의 관점에서 중요하다고 생각하는 도시가 빠진 경우가 있을지 모르겠다. 게다가 여기에서 다루는 13곳의 도시 중에는 일본사에서 당당히 주연을 맡았던 교토나 도쿄뿐 아니라 조연에 불과한 곳도 포함했다. 일본 최초의 도성인 후지와라경이나 오다 노부나가織田信長의 본거지였던 아즈치安土는 조성했을 당시 최고 권력자가 거주하는 당대 최고의 도시였다. 하지만 갑작스러운 천도와 정권 붕괴라는 위기를 겪고 난 이후에 그 흔적조차 찾기 힘든 폐허가 되고 말았다. 한국의 독자에겐 지명조차 낯선 장소일지 모르지만, 이곳이 없었더라면 일본의 도시와 역사는 현재와 그 모습이 매우 달랐을지 모른다.

가까운 사이일수록 자신의 관점에서 상대를 바라보면 오해를 사거나 의를 상하기 쉽다. 오히려 가까울수록 서로의 다름을 인정해야 상대방의 본심과 속살을 제대로 바라볼 수 있다. 오늘날 일본의 도시는 겉으로 보기에 우리와 크게 달라 보이지 않을 수 있다. 그래서 관광삼아 방문한 일본의 도시를 우리의 관점이나 취향에서 소비하려는 경향이 적지 않다. 하지만 이 책에서는 일본의 도시가 한국의 도시와 얼마나 다른 역사를 가지는지에 초점을 맞추어 살펴보고자 했다. 상대와 내가 얼마나 다른지를 이해하는 것이야말로 상대를 객관적으로 파악하기 위한 첫걸음이라 생각하기 때문이다. 이 책을 통해 도심 한복판에 황거가 위치한 도쿄, 도요토미 히데요시의 성곽 도시에서 출발한 오사카, 천 년 넘는 도읍의 역사를 가진 교토가 우리의 서울, 부산, 경주와 전혀 다른 역사와 전통을 가진 곳임을 이해하면서 상대를 좀 더 깊게 알아 가는 계기가 되었으면 한다.

책을 내며

차례 도시를 거닐면 일본사가 보인다

고대: 도성제의 수용과 변용

01 아스카:
도왜인의 향기가 배어 있는 야마토 왕조의 도읍

02 후지와라경:
역사 속에 사라진 폐도

03 헤이조경·나라:
폐도의 위기를 넘어 '사원 도시'로 거듭난 '남도'

차례

일본사 연표

1854	미일화친조약
1855	교토, 어소 재건
1858	미일수호통상조약
1859	요코하마·나가사키·하코다테 개항
1860	이이 나오스케 습격 사건
1862	시마즈 히사미쓰의 교토 상경
1863	조슈번, 시모노세키에서 외국 선박 포격
1864	제1차 조슈 전쟁, 4국 연합함대 시모노세키 공격
1866	제2차 조슈 전쟁 중지, 도쿠가와 요시노부, 제15대 쇼군 취임
1867	요시노부 '대정봉환의 상표문' 제출, 메이지 천황 '왕정복고의 대호령' 공포
1868	도바·후시미 전투
1869	판적봉환
1871	이와쿠라 사절단 파견, 폐번치현
1872	도쿄 긴자의 대화재
1873	〈폐성령〉 실시, 군관제 도입
1877	세이난 전쟁, 제1회 내국권업박람회 도쿄 우에노 공원 개최
1888	사단병제 도입
1889	시제 실시
1894	일본군, 인천항 상륙, 청일전쟁 시작
1895	제4회 내국권업박람회 및 헤이안 천도 1100주년 기념제 교토 개최, 시모노세키조약 체결
1901	야하타제철소 가동
1904	러일전쟁
1919	〈도시계획법〉·〈시가지 건축물법〉 제정
1923	간토대지진 발생, 간토대학살 자행
1931	만주사변
1937	중일전쟁
1941	제2차 세계대전
1942	간몬철도 터널 개통
1945	히로시마·나가사키 원폭 투하, 일본 무조건 항복
1949	〈히로시마 평화기념도시건설법〉
1955	히로시마 평화기념공원 완공
1958	도쿄타워 개장
1963	기타큐슈시 출범
1964	도쿄올림픽
1970	일본만국박람회 오사카 개최
2011	도호쿠 대지진
2012	도쿄 스카이트리 개장

일본 지도

오사카

교토

④

⑥

⑦

②

③

아즈치

①

나라

후지와라경

아스카

⑤

⑪

⑧

도쿄

요코하마

가마쿠라

OI
고대

도성제의

수용과

변용

是日雨降添水
庭以席障子掩
鹿屍時人以為
天誅逆

01
아스카:
도왜인의 향기가 배어 있는
야마토 왕조의 도읍

1.
일본인의
마음의 고향

| 야마토 왕조의 도읍, 아스카 |

나라奈良 분지 동남부에 있는 아스카강을 중심으로 남북 약 2킬로미터, 동서 약 600미터 정도의 아주 협소한 지역인 아스카飛鳥는 일본의 종교와 문화에 많은 영향을 끼친 불교를 수용하며 고대 국가체제를 정비한 곳이다. 이곳에는 [그림 1-1]과 같이 고대의 향수와 상상력을 자극하는 괴석과 고분, 폐사지 같은 유적이 곳곳에 널려 있다. 그래서인지 지자체의 홈페이지나 여행 책자에서 '일본인의 마음의 고향'으로 소개되곤 한다.

하지만 여행 책자의 근사한 사진이나 블로그의 그럴듯한 탐방기를 보고 이곳을 찾았다면 한적한 전원 모습에 실망할 수도 있다. 아스카는 이웃한 교토나 나라에 비하면 관광객을 위한 편의시설은 비교할 만한 수준이 되지 못한다. 지금은 고대 시가집인《만엽집萬葉集》을 테마로 삼은 '만요문화관'을 비롯해 방문객이 가볼 만한 장소가 많아졌지만, 1990년대 초반 처음 이곳을 방문했을 때만 하더라도 허허벌판에 발굴 현장만 덩그러니 있어 적잖이 당황했던 기억이 있다. 그런데도 기회가 될 때마다 아스카를 자주 찾아가곤 한다. 일본의 산지는 보통 후지산처럼 경사가 급한 편인데 아스카는 야트막한 동산이 병풍처럼 이어져 트레킹을 즐기기에 안성맞춤의 지형을 가지고 있다. 게다가 동네 전체가 '역사적 풍토지구'로 지정되어 개발을 최대한 억제하고 과거의 유적과 자연 경관을 그대로 보존하고 있다. 그래서인지 혼자 걷다 보면 자신도 모르게 고대로 시간 여행을 하고 있다는 착각이 들 정도다.

행정구역상 아스카는 나라현 다카이치군高市郡 아스카촌明日香村에 속한다. 일본은 지방자치법에 따라 인구 5만 이상에다 상공업에 종사하는 인구 비율이 60퍼센트 이상인 곳을 '시', 즉 도시로 분류한다. 이 기준에 따르면 아스카는 도시가 아닌 농촌에 해당한다. 한적한 농촌 마을인 아스카를 이 책의 첫 번째 도시로 선정한 이유는 이곳이 과거 야마토 왕조의 도읍이었기 때문이다.

현재 천황가의 선조에 해당하는 야마토 왕조는 7세기 무렵 수·당의 통일 제국 수립과 신라의 한반도 통일이라는 동아시아 국제정세의 변화에 대응하기 위해 '천황'이라는 칭호를 사용하는 군주의 주도로 중앙집권적인 국가체제를 수립하고자 노력했다. 이 시기에 야마토 왕조의 도읍이 바로 아스카였다. 아스카를 연구하는 이들 중에는 이곳에서부터 일본의 고대 도시가 시작되었다고 주장하는 경우가 적지 않다. 하지만 오랫동안 도읍이었다

[그림 1-1]
커다란 바위 위에
기묘한 조형이 새겨져 있는
길이 5.3미터, 폭 2.3미터의
사카후네이시酒船石. 술을 만들
때 사용했다는 옛이야기에
따라 현재와 같은 이름이
붙여졌다고 한다.

고 해서 반드시 고대 도시라고 말할 수 있을까? 도읍과 고대 도시는 어떤 점이 다를까? 이런 질문을 염두에 두면서 한반도에서 건너온 도왜인渡倭人과 승려, 호족과 유학생이 거리를 활보하던 아스카의 모습을 상상해 보도록 하자.

2.
아스카로의 천궁과 오하리다궁의 공간 변화

| 야마토 왕조와 이동하는 '미야코ミヤコ' |

우리 고유의 것을 강조할 때 '한韓'이라는 국호를 붙여 한류, 한식, 한복이라고 하듯이 일본에서는 일본적인 것을 지칭할 때 흔히 '야마토やまと, 大和'라는 지명을 붙여 야마토 민족, 야마토 다마시大和魂와 같이 사용한다. 이처럼 일본적인 것을 야마토라고 부르게 된 것은 4세기 후반 현재의 나라현 동남부에 해당하는 야마토 일대 호족들이 세운 정권이 한자로 '대왕大王'이라 쓰고 '오오키미おおきみ'라고 부르는 군주를 중심으로 주변 소국을 정복하며 지금의 일본이라는 나라를 만든 역사에 기인한다.

그런데 흥미롭게도 당시 야마토 정권은 어느 한 곳에 도읍을 정하지 않고 현재의 나라현 일대를 전전하며 새 왕이 즉위할 때마다 새 궁을 짓고 처소를 옮겨 다녔다고 한다. 한국이나 중국에서는 새 왕조가 들어서 도성을 건립하면 전란이나 전쟁 같은 위기 상황이 아니고선 좀처럼 군주의 처소를 옮기지 않았다. 그러나 야마토 왕조는 새 왕이 즉위하면 '반드시'라고 해도 될 정도로 빈번하게 '천궁遷宮'을 실시했다. 이처럼 군주가 권좌에 오를 때

01 고대: 도성제의 수용과 변용

마다 새 궁을 지어 처소를 옮기는 관행을 '역대천궁'이라고 부른다. 언어학자 중에는 궁을 지칭하는 '미야宮·ミヤ'와 장소를 말하는 '도코로ㅏコロ'의 '코コ'를 합친 '미야코'가 도읍을 뜻하게 된 것은 계속해서 궁을 옮기는 역대천궁의 전통에 따라 궁이 있는 곳을 도읍으로 부르던 언어 습관에서 비롯되었다고 해석하는 이도 있다.

고고학 발굴조사에 따르면 아스카 이전 시기까지 대왕이 거처하는 궁은 나무를 다듬어 세운 기둥에 회나무 껍질로 지붕을 이은 조악한 수준의 건축물에 불과했다. 그렇다 보니 궁의 조립과 해체 역시 그렇게 어렵지 않았다. 더욱이 당시는 관아에 근무하는 관인이나 시장에서 물건을 거래하는 상인, 사원의 승려 같은 직업이 등장할 만큼 사회적인 분화가 이루어지지 않았다. 실제로 대왕의 처소 주변에서 관아나 시장, 사원으로 보이는 건물 유적은 발견되지 않는다. 따라서 이 시기는 궁을 옮긴다고 하더라도 대왕이 거처하는 처소의 건물을 분리해 다른 곳으로 옮겨 재조립하는 정도였다.

하지만 아무리 간단하기로서니 매번 천궁을 반복하며 대왕의 처소를 옮긴 것은 무슨 이유 때문이었을까? 지금까지 '역대천궁'의 관행에 대해 다양한 해석이 이루어졌다. 그러나 누구나 인정하는 정설은 아직 나오지 못한 실정이다. 역대천궁에 관한 설명 가운데 가장 그럴듯한 해석은 건축술의 한계와 관련이 있을 듯싶다.

당시는 궁을 지을 때 토대를 쌓거나 초석을 받치지 않고 땅속에 기둥을 그대로 박아 넣어 건물을 지었다. 그렇다 보니 습기나 부식에 약한 나무 기둥이 금방 썩어 건물을 오래 사용할 수가 없었다. 따라서 주기적으로 건물을 수리하거나 아예 고쳐 지어야 했다. 이처럼 열악한 당시의 건축술 때문에 자연스레 천궁을 실시할 수밖에 없었다고 보는 것이다.

건축술의 한계와 더불어 결혼 풍습 역시 천궁과 관련지어 생각해 볼 여러 요인 가운데 하나다. 당시 일본에서는 남녀가 관계를 맺고 아이를 낳으면 여자, 즉 외가에서 양육을 책임지는 '방처혼訪妻婚'이 일반적이었다. 따라서 대왕과 태자라 할지라도 각기 별도의 궁을 짓고 생활하는 경우가 많았다. 그래서 대왕이 사망한 다음 태자가 즉위식을 거행한 처소가 그대로 새 궁이 되었을 것으로 보기도 한다.

천궁과 관련해 장례 의식에 주목하는 견해도 있다. 대왕의 주검을 부정하게 여기고 꺼리는 관습 때문에 대왕이 사망하면 죽음에 의한 더러움, 즉 '사예死穢'를 막고자 새로 등극한 대왕이 옛 궁을 버리고 아예 새 궁을 지어 살았다는 해석이다. 이외에도 대왕의 즉위에 즈음해 점을 쳐 새 궁을 지었거나 그곳에 살던 대왕의 영혼이 궁에 깃들어 있다고 보아 아예 새 궁을 만들었다는 주장을 제기하기도 한다. 아마도 한 가지 요인보다는 여러 상황과 조건이 맞물려 역대천궁의 관행이 계속되었던 것으로 보인다.

| 스이코 여왕의 아스카 천궁과 소가 씨 |

5세기 야마토 왕조는 주로 나라현 남부 이와레磐余 일대를 전전하며 천궁을 계속했다. 그러다가 593년 이와레에서 남동쪽으로 대략 5~6킬로미터 떨어진 아스카 지역으로 궁을 옮기게 되었다(그림 1-2). 아스카로 천궁을 지시한 이는 592년 대왕의 지위에 오른 스이코推古 여왕이다. 그녀가 아스카에 도유라궁豐浦宮을 짓고 천궁을 실시한 이후 이곳은 694년 일본 최초의 도성인 후지와라경藤原京으로 도읍을 옮기기까지 약 100년 동안 일본사의 주된 무대가 되었다.

스이코 여왕이 아스카로 천궁을 단행한 것은 이곳의 유력 호족인 소가蘇我 씨와의 인연 때문이었다. 소가 씨는 6~7세기 야마토 정권을 쥐락펴락하던 유력 호족 가문이다. 연구자 중에는 《일본서기》에 등장하는 목만치木滿致

와 《삼국사기》〈백제본기〉에 서술된 목협만치木劦滿致를 동일 인물로 보아, 한반도에서 건너간 목협만치가 소가 씨의 시조가 되었다고 보는 이들도 있다. 소가 씨가 정말 도왜인의 후손인지는 검증되지 않은 부분이 많아 인정하기 어렵지만, 이들이 백제와 깊은 관계를 맺고 불교를 비롯해 선진 외래 문물을 수용하고자 노력했던 점은 분명하다.

이들은 선진적인 농구와 수리 기술을 갖고 있던 도왜인의 도움을 받아 산지와 구릉지가 많은 아스카 일대를 경작지로 바꾸어 나간 주인공이었다. 소가 씨가 야마토 정권에서 유력 호족으로 성장할 수 있었던 것은 백제와의 교류를 주도한 외교력과 아스카 일대의 농지에 기반한 경제력 덕분이었다.

야마토 정권에서 소가 씨가 정치적인 실세로 부상하기 시작한 것은 소가노 이나메稲目부터였다. 그는 두 딸을 모두 긴메이欽明 대왕에게 시집보냈는데, 그 사이에서 태어난 외손들이 연이어 요메이用明 대왕, 스슌崇峻 대왕, 스이코 여왕에 오르면서 엄청난 권력을 손에 쥐게 되었다. 방처혼이 일반적인 당시는 자신을 외가의 일족으로 생각하는 경향이 강했기 때문에 소가노 이나메를 비롯한 소가 씨 일족은 대왕의 외척 세력으로 국정에 커다란 영향력을 행사할 수 있었다.

소가 씨의 권세는 소가노 이나메의 아들 우마코馬子에 이르러 절정에 달했다. 우마코는 누이의 아들인 스슌 대왕과 불화가 생기자, 그를 살해하고 새로운 왕을 옹립할 정도로 권세를 부렸다. 스슌을 살해한 우마코는 긴메이 대왕과 자신의 배다른 여동생 사이에서 태어난 조카를 새로운 왕으로 옹립했는데, 그녀가 바로 스이코 여왕이다. 한마디로 소가노 우마코와 스이코 여왕은 외삼촌과 조카 사이인 셈이었다. 이 같은 양자의 관계를 고려한다면 아스카로 천궁을 지시한 이는 스이코지만 이를 실질적으로 주도한 이는 아스카에 세력 기반을 가진 소가노 우마코였다고 보는 것이 타당한 해석일 듯싶다.

[그림 1-2]
나라현 일대의 지형도와
아스카의 위치.

| 쇼토쿠 태자의 정치 개혁과 견수사 파견 |

스이코 여왕이 집권하던 시기 동아시아의 국제관계는 급격히 요동치고 있었다. 581년 남북조의 혼란을 끝내고 '수隋'를 건국한 양견楊堅은 스스로 황제가 되어 중국 대륙을 통일하는 데 성공했다. 300여 년 만에 강력한 통일국가가 등장하자 한반도의 삼국은 외교 사절을 보내 각기 '대방군공 백제왕帶方郡公百濟王', '요동군공 고구려왕遼東郡公高句麗王', '낙랑군공 신라왕樂浪郡公新羅王'의 칭호와 함께 수 황제의 책봉을 받고 조공관계를 맺었다. 사실상 수와의 외교관계가 동아시아 국제관계의 새로운 글로벌 스탠더드가 된 것이다.

수를 중심으로 요동치는 동아시아 국제관계의 변화는 야마토 조정에까지 알려졌다. 급변하는 대외 상황에 대응하기 위해 스이코 여왕은 요메이 대왕의 아들이자 조카에 해당하는 '우마야도廐戸' 왕자를 태자로 삼아 섭정의 지위에 앉히고 정치 개혁을 서둘렀다. 우마야도는 고구려 승려인 담징의 벽화로 유명한 호류사法隆寺를 창건한 인물로 우리에게 '쇼토쿠聖德 태자'로 널리 알려진 인물이다. 본래 우마야도는 마구간을 말하는데 일설에 의하면 그가 마구간에서 태어났다고 해서, 이 같은 이름을 갖게 되었다고 한다.

그런데 쇼토쿠 태자가 섭정이라는 중책을 맡게 된 것은 그가 19세 때의 일이다. 아무리 뛰어난 능력을 갖췄다고 하더라도 한 나라의 정사를 책임지기에는 너무나 이른 나이였다. 이처럼 파격적인 인사가 단행될 수 있었던 것은 그의 뒤에 당대의 권력자 소가노 우마코가 자리하고 있었기 때문이다. 쇼토쿠 태자는 부계와 모계 모두 소가 씨와 연결되어 있을 뿐 아니라 우마코의 딸과 혼례를 올려 사실상 소가 씨의 일족과 다름없는 사이였다. 우마코는 자신의 사위이자 스이코 여왕의 조카에 해당하는 쇼토쿠 태자에게 정무를 맡기고 그 뒤에서 정국 운영에 영향력을 행사하려 했다([그림 1-3]).

[그림 1-3]
불경을 강의하는 쇼토쿠 태자(중앙)와 이를 경청하는 소가노 우마코(우측 두 번째).
쇼토쿠 태자에 관한 신앙이 인기가 높던 가마쿠라 막부 말기부터
무로마치 막부 전기 사이에 그려진 것으로 추정한다
《견본저색 쇼토쿠 태자 승만경강찬도 絹本著色聖德太子勝鬘經講讚圖》).

01 고대: 도성제의 수용과 변용

한편 섭정에 오른 쇼토쿠 태자가 가장 먼저 착수한 일은 중국과의 외교관계를 복원하는 것이었다. 당시 일본은 5세기 이래 100여 년 넘게 중국과의 관계가 단절된 상태였다. 외래의 선진 문물을 받아들여 국정을 개혁하려면 무엇보다 중국과의 교류를 회복할 필요가 있었다. 이 같은 이유에서 그는 수에 공식적인 외교 사절을 파견하기로 한다.

스이코 여왕의 집권기 동안 일본은 쇼토쿠 태자의 주도 아래 수차례에 걸쳐 견수사遣隋使를 파견했다. 그런데 문제는 견수사에 관한 기록이 중국 측 사서인《수서隋書》와 일본 측 사서인《일본서기日本書紀》사이에 차이가 있다는 점이다. 먼저《수서》를 살펴보면 600년, 607년, 608년, 610년 모두 네 차례에 걸쳐 견수사 관련 기록을 찾아볼 수 있다. 이에 반해《일본서기》에서는 607년과 614년 두 차례밖에 확인되지 않는다. 만약《수서》와《일본서기》양쪽에 기재된 내용이 모두 사실이라면 일본의 견수사 파견은 600년(《수서》), 607년(《수서》,《일본서기》), 608년(《수서》), 610년(《수서》), 614년(《일본서기》)까지 최대 다섯 차례에 이르렀던 것으로 보인다. 630년에 파견한 최초의 사절 이래 894년의 마지막 사절까지 260여 년 동안 십수 차례에 불과했던 견당사遣唐使와 비교해 보면 불과 14년 동안 다섯 차례에 이른 견수사 파견은 실로 파격적이었다.

그런데 여기서 드는 의문 한 가지. 만약《수서》의 기록이 사실이라면 외교적으로 가장 중요했을 것으로 보이는 제1차 견수사 기록을《일본서기》에서 찾아볼 수 없는 것은 과연 무슨 이유 때문일까?《일본서기》에서《수서》의 600년 제1차 견수사 파견 기사를 찾아볼 수 없는 것은 기록하는 과정에서 발생한 오류일까? 아니면 의도적인 누락이었을까? 이 같은 질문에 대한 해답을 찾기 위해《수서》와《일본서기》에서 견수사 관련 기록을 대조하며 당시 동아시아 국제정세에 대해 살펴보도록 하자.

《수서》에 따르면 600년 수 문제는 오랜만에 중국을 찾아온 왜의 견수사 일행에게 "왜의 정치는 어떠한가?"라고 물었다. 그러자 왜의 사자는 "왕께서 하늘[天]을 형으로, 해[日]를 동생으로 삼습니다. 하늘이 밝지 않는 동안 궁에 나와 가부좌하고 정사를 보다가, 해가 뜨면 곧 정무를 멈추고 동생에게 맡깁니다"라고 답했다. 해가 지고 난 다음에서야 정사를 본다는 사절의 대답을 듣고 수 문제는 황당하다면서 "이는 이치에 맞지 않다"고 말한 다음 "중국의 정치를 참조해 고치라"는 훈령을 내렸다. 《수서》의 기록이 사실이라고 한다면 120여 년 만에 외교를 재개하고자 중국을 방문한 왜의 사자는 수 문제로부터 야만국 취급을 받은 셈이다.

한편 스이코 여왕과 쇼토쿠 태자는 귀국한 견수사로부터 왜의 정치가 후진적이라는 수 문제의 힐난을 전해 듣고 몹시 당황했을 것이 분명하다. 하지만 충격과 부끄러움은 잠시일 뿐 견수사를 통해 얻은 정보와 지식을 바탕으로 동아시아 국제 사회에 뒤처지지 않는 국가를 만들기 위한 결의를 다졌을 것이다. 제1차 견수사에 관한 《수서》의 기사로부터 3년이 지난 603년, 《일본서기》에 따르면 야마토 정권은 쇼토쿠 태자를 중심으로 '관위 12계官位十二階'와 '17조 헌법' 등을 제정하는 등 일련의 정치 개혁을 단행했다. 관위 12계는 신하의 서열을 12단계로 나누고 이를 관복의 색으로 구분한 것이다. 이듬해인 604년에 제정한 '17조 헌법'은 조정의 관리가 지켜야 할 규율을 정한 일종의 지침서였다. 이로써 개인의 업적과 능력에 따라 관위를 수여하고, 공적을 쌓은 관인이 승진할 수 있는 체계가 만들어졌다.

다시 앞의 내용으로 돌아가 《일본서기》에서 찾아볼 수 없는 《수서》의 제1차 견수사 관련 내용을 사실로 인정한다면 제1차 견수사가 귀국한 지 얼마 지나지 않아 '관위 12계'와 '17조 헌법'를 제정한 것은 단순한 우연이라고 보기 힘들다. 약간의 역사적인 상상력을 발휘해 당시 상황을 재구성

01 고대: 도성제의 수용과 변용

해 보도록 하자. 《수서》와 《일본서기》 기사를 종합해 볼 때 《일본서기》에서 1차 견수사 관련 기록을 찾아볼 수 없는 것은 일부러 그 내용을 누락했기 때문일지 모른다. 다시 말해 수 문제의 외교적인 박대를 국가적인 수치라고 생각해 의도적으로 관련 사실을 빠뜨렸을 가능성이 크다. 이러한 점에서 야마토 정권이 새로운 국가체제의 정비에 나선 주된 이유 가운데 하나는 중국의 외교적인 박대와 이에 대한 반발심, 다시 말해 왜의 정치를 이치에 맞지 않는 행위이자 야만스러운 풍속으로 바라본 수 문제의 시선에서 비롯되었다고 평가할 수 있지 않을까.

| 오하리다궁의 조성과 청사의 건립 |

야마토 정권의 정치 개혁은 비단 소프트웨어의 개조에 그치지 않았다. 즉위 이래 스이코 여왕은 아스카 분지를 가로질러 남북으로 흐르는 아스카강 서편에 지은 도유라궁에서 생활했다. 그런데 603년 돌연 강 동쪽에 새로운 궁을 조성하고 거처를 옮겼다. 새롭게 조성한 처소의 이름은 '오하리다궁小治田宮'이었다. 오랫동안 스이코 여왕의 오하리다궁은 그 위치가 밝혀지지 않았다. 그러다가 여러 차례의 발굴조사를 통해 1987년 최종적으로 그 위치가 확정되었다([그림 1-4]). 도유라궁에서 북쪽으로 얼마 떨어지지 않은 아스카강 동편 언덕에서 [그림 1-5]와 같이 '오하리다궁小治田宮'이라는 문구가 적힌 도기 파편이 발견된 것이다.

이후 추가적인 발굴이 계속되면서 오하리다궁의 구조가 이전에 만들어진 궁과 다르다는 사실이 밝혀졌다. 오하리다궁 이전까지의 궁은 기껏해야 왕의 거소인 '대전大殿'과 대전을 둘러싼 '담', 그리고 '대문'으로 이루어진 소박한 구성이었다. 일반 백성의 살림집과 별반 다르지 않은 간단한 구조였다. 스이코 여왕이 아스카에 처음 건립한 도유라궁 역시 발굴조사를 통

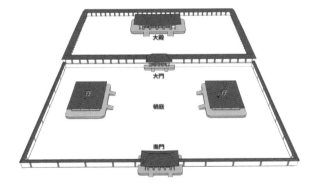

[그림 1-4]
오하리다궁의 유구.
[그림 1-5]
'오하리다궁小治田宮'이라고
적은 토기 유물.
※출처: 나라문화재연구소
아스카자료관.
[그림 1-6]
오하리다궁의 배치.
※출처: 나라문화재연구소
아스카자료관.

01 고대: 도성제의 수용과 변용

해 왕의 거소만으로 이루어진 사실이 밝혀졌다.

이에 반해 오하리다궁에서는 대전 밖에 좌우 대칭 구조를 갖는 '청사廳舍' 유적이 새롭게 발굴되었다([그림 1-6]). 청사는 공식적인 의례나 행사를 위해 궁에 모인 관인들을 위한 건물을 말한다. 다시 말해 오하리다궁에서는 왕의 거소이자 사적 공간인 대전과 더불어 집무를 위한 공적 공간인 청사를 추가로 건설한 것이다. 그렇다면 청사를 지은 목적은 무엇이고, 이곳에서 어떤 행사가 이루어졌던 것일까?

오하리다궁을 조성하고 나서 얼마 지나지 않은 607년 스이코 여왕은 수에 재차 사절을 파견하고 외교를 청하는 국서를 전달했다. 《수서》에 따르면 왜는 국서에서 "해 뜨는 곳의 천자가 해지는 곳의 천자에게 글을 보냅니다. 건강한지 묻습니다"라는 인사말을 전했다. 그런데 이것이 화근이었다. 수 양제는 왜의 국서를 보고 불쾌함을 표시하며 (이국과의 외교를 담당하는) 홍려경鴻臚卿에게 "야만국의 국서인데 무례하다. 두 번 다시 상대하지 말라"고 지시했다고 한다.

수 양제는 왜왕이 중국의 황제처럼 '천자'라고 칭한 것에 어이가 없었을 것이다. 하지만 양제가 화를 낸 근본 이유는 '천자'를 칭하거나 '해 뜨는 곳', '해 지는 곳'이라는 용어를 국서에 사용한 것에 있지 않았다. 이는 동쪽과 서쪽을 나타내는 불교 용어에 불과했기 때문이다. 주지하다시피 '책冊'은 중국의 황제가 왕으로 임명한 문서를, '봉封'은 지배를 인정한 영토를 말한다. 중국의 주변 민족과 국가는 황제에게 책봉을 받고 정기적으로 조공을 하는 대가로 불교와 같은 새로운 종교와 지식을 접하는 동시에 귀국 길에 많은 답례품까지 얻을 수 있었다. 수가 건국하자 고구려, 백제, 신라가 앞다투어 사절을 보내 수의 황제와 책봉·조공 관계를 맺고자 했던 것은 바로 이 같은 현실적인 이해관계를 고려했기 때문이다.

주변 여러 국가가 외교 사절을 보내 수와 책봉·조공 관계를 맺은 상태에서 돌연 왜가 수와 동등한 관계에 있는 것처럼 이야기하자 수 양제는 크게 당황한 것이다. 그런데 일본 연구자 중에는 스이코 여왕의 국서가 수와 대등한 외교를 지향했다면서 왜의 외교를 높이 평가하는 이들도 있다. 그러나 이는 엄밀히 말하면 120여 년 넘게 중국 중심의 동아시아 국제관계에 참여하지 않은 왜가 현실 외교에 어두워 일으킨 일종의 촌극이었다.

흥미로운 점은 왜의 국서에 격노한 수 양제가 귀국하는 견수사 일행에게 답사를 동행하도록 지시했다는 사실이다. 그렇다면 왜왕의 국서에 불쾌감을 표시했던 수 양제는 무슨 이유로 견수사 일행에 답사를 딸려 보냈을까? 그 이유는 동아시아의 국제관계 때문이었다. 당시 수는 비밀리에 고구려와의 전쟁을 준비하고 있었다. 따라서 고구려의 배후에 있는 왜와 친밀한 관계를 유지할 필요가 있었다. 이 같은 뒷사정 때문에 수 양제는 가신 배세청裴世清을 답사로 파견해 일본의 사정을 돌아보도록 지시했다. 수 양제의 지시에 따라 배세청은 608년 귀국 길에 오른 견수사 일행과 함께 일본을 방문하게 되었다.

그런데 왜의 입장에서 배세청의 방문은 국가적인 위신이 걸린 국제적인 외교 행사였다. 앞에서 살펴보았듯이 왜는 제1차 견수사 파견 당시 수 문제로부터 야만국 취급을 받으며 외교적인 굴욕을 감내해야만 했다. 견수사가 귀국한 다음 '관위 12계'와 '17조 헌법'을 제정한 것은 동아시아 국제 사회의 기준에 맞는 정치 형태를 갖추기 위한 노력의 일환이었다고 해도 과언이 아니다. 이런 와중에 배세청의 방문 소식은 야마토 정권을 발칵 뒤집어 놓았을 것이 분명하다.

608년 4월 일본 규슈에 도착한 수의 사절은 그해 6월 지금의 오사카 앞바다에 도달했다. 오사카에서 아스카까지는 빠르게 걸으면 반나절이면 도착할 거리다. 그런데 일본에 도착한 배세청은 이곳에서 무려 두 달을 기다려야 했다. 그리고 마침내 8월 오하리다궁에서 스이코 여왕을 접견하게 된다. 수의 사절이 도착한 이후 두 달여 동안 야마토 정권은 왜가 야만국이 아님을 이들에게 보여 주기 위해 세심한 준비를 했을 것이다.

배세청의 일본 방문 여정을 기록한 《일본서기》에는 마침내 수의 사절이 아스카에 도착해 스이코 여왕에게 양제의 국서를 전하는 내용이 실려 있다.

> 수의 사자를 조정에 불러 방문의 취지를 주상하게 했다. 아베노토리노오미阿倍鳥臣와 모노노베 두 사람을 안내인으로 삼아 가져온 선물을 마당 가운데에 두었다. 이때 사자인 배세청은 직접 국서를 가져와 두 번 인사를 올린 다음 사자의 취지를 말했다.……안내역을 맡은 아베노토리노오미가 먼저 국서를 받았다. 오토모쿠이노무라지大伴嚙連가 다시 국서를 받들어 대문 앞 책상 위에 두고 주상하고 물러났다. 황자를 비롯해 의식에 참가한 모든 이들은 금으로 만든 장식을 머리에 꽂고 금錦, 자紫, 수繡, 치織와 오색의 능라로 만든 옷을 입었다. 병진丙辰 날에 수의 사자들을 위해 조정에서 향응을 베풀었다.

이 기록에서 알 수 있듯이 야마토 정권은 수나라의 사자를 성대히 맞이하기 위해 의식에 참가하는 이들에게 "오색의 능라"로 만든 옷을 입게 하는 등 많은 준비를 했다. 흥미로운 점은 배세청 일행의 접견 과정을 통해 당시 오하리다궁의 구조를 대략적으로나마 유추할 수 있다는 것이다.

오하리다궁에서 왜왕을 접견하는 당일, 배세청은 궁 안의 마당, 즉 '조정朝庭'에서 왜왕을 접견했다. 이들은 스이코 여왕이 기거하는 대전 안으로 들어갈 수 없었다. 수 양제의 인사말을 전하고 국서와 선물을 증정하는 행사는 대전으로 들어가는 대문 밖 조정에서 모두 진행되었다. 왜왕과의 인사 역시 대문을 사이에 두고 안내인의 도움을 받아 이루어졌다. 양제의 국서를 받든 신하가 "대문 앞 책상 위에 두고 주상하고 물러났다"는 대목을 통해 대문을 경계삼아 궁의 안쪽에 왕이 기거하는 대전과 마당이 있고, 대문 바깥쪽에 수의 사신을 접견하고 향응을 베풀며 신하들이 집결하는 조정이 위치했음을 미루어 짐작할 수 있다.

오하리다궁의 규모와 장식은 수의 도성인 대흥성大興城에 비교할 바가 아니었을 것이다. 하지만 야마토 조정으로서는 외교적인 의례나 절차를 통해 왜 역시 정상 국가임을 최대한 배세청 일행에게 어필하고 싶었을 것이 분명하다. 이전의 궁과 달리 [그림 1-6]에서와 같이 왕의 거처로 사용하는 '대전'과 군신이 모여 정무를 논하거나 외국의 사절을 접견하는 '조정'을 공간적으로 분리한 것은 왜왕의 권위와 왕권을 최대한 위엄 있게 보이기 위해서였다.

수의 사절을 접견하고 나서 2년이 지난 609년 10월 오하리다궁에서는 신라 사신을 접견하는 행사가 다시 열렸다. 신라 사신 역시 배세청 일행과 마찬가지로 남문으로 들어와 이들을 맞이하는 호족들과 조정에서 서로 인사를 나누었다고 한다. 이로써 대왕의 거처에 불과했던 궁은 이제 신하들과 정사를 논하고 외국 사신을 접견하는 공식적인 장소로 새로운 의의를 지니게 되었다.

01 고대: 도성제의 수용과 변용

3.
7세기 동아시아의
국제정세와 아스카의 도시화

| 《일본서기》의 천궁 기사와 네 개의 아스카궁 |

역사는 새로운 기록과 자료가 발견될 때마다 다시 쓰일 수밖에 없다. 그렇다 보니 어제까지 사실로 믿었던 것이라 하더라도 새로운 기록과 자료가 발굴되면 다시 쓰는 것이 당연한 일이다. 얼마 전까지만 하더라도 역대천궁의 관행은 아스카에서도 계속되었을 것으로 보았다. 그 근거는 《일본서기》에 실린 천궁 기사에 있었다. 아스카에서 즉위식을 거행한 군주의 궁 명이 모두 달랐기 때문이다. 이 같은 기록을 토대로 아스카 일대에서 궁터를 발굴하려는 시도가 여러 차례 있었지만, 새로운 궁터를 찾지 못했다.

그러던 가운데 현재 아스카사 남쪽에 위치한 이타부키板蓋 궁터 유적에 대한 발굴과 조사가 본격화하면서 이타부키 궁터 아래 네 시기로 나뉜 궁의 유구가 중첩한 형태로 존재한다는 사실이 밝혀졌다([그림 1-7]). 이 같은 조사 결과를 토대로 《일본서기》에 실린 천궁 기사와 이곳에서 언급한 여러 궁이 실은 아스카의 특정 장소일 수 있다는 견해가 제기되었다. 이에 따르면 맨 아래층의 유구는 조메이舒明 시기의 오카모토궁으로 볼 수 있다. 그리고 그 위로 고교쿠皇極 여왕(후에 사이메이齊明 여왕으로 재즉위), 그리고 덴무天武가 거주하던 궁이 중첩한 것이라는 가설이 제기되었다. 만약 이 같은 추측이 사실이라면 《일본서기》에서 '아스카'라는 지명을 따서 기술한 궁 가운데 네 개의 궁, 즉 조메이의 아스카오카모토궁飛鳥岡本宮(630~636), 고교쿠의 아스카이타부키궁飛鳥板蓋宮(643~655), 사이메이의 노치노아스카오카모토궁後飛鳥岡本宮(656~667), 덴무의 아스카기요미하라궁飛鳥淨御原宮(672~

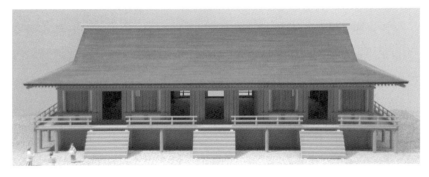

[그림 1-7] 아스카 이타부키궁의 유구.
[그림 1-8] 아스카궁 복원 모형(버추얼 아스카경).

01 고대: 도성제의 수용과 변용

694)은 이름만 다를 뿐, 실은 같은 곳에 만들어진 것이라 할 수 있다. 현재 일본 연구자의 상당수는 이를 정설로 받아들이고 있다. 이 같은 견해가 사실이라면 아스카에서 새로 권좌에 오른 군주들은 천궁을 실시하지 않고 사실상 같은 장소지만 이름을 달리했던 '아스카궁'에서 즉위식을 거행하고 생활한 셈이 된다([그림 1-8]).

| 7세기의 정치 불안과 아스카 밖으로의 천궁 |

7세기는 수·당의 건국과 신라의 삼국통일 등으로 동아시아의 정치 지형이 요동치는 가운데 군사적인 충돌마저 빈번했던 시기였다. 아무리 바다로 격리된 섬나라라 하더라도 일본 역시 이 같은 국제정세로부터 무관할 수 없었다. 앞서 살펴보았듯이 스이코 여왕 이래 아스카에서 집권한 조메이, 고교쿠, 사이메이, 덴무는 실은 아스카의 같은 장소에서 즉위식을 올리고 궁을 수리해 생활했던 것으로 보인다. 하지만 그렇다고 해서 천궁의 관행이 완전히 사라진 것은 아니었다. 짧은 기간이지만 아스카 이외의 지역으로 천궁을 단행한 경우가 종종 있었다. 그렇다면 아스카 시기의 천궁은 어떤 이유에서 진행되었을까? 천궁이 이루어졌더라도 이전 시기와 다른 점은 없었을까?

이에 대한 답을 찾기 위해 아스카 시기의 천궁에 대해 간단히 살펴보도록 하자. 먼저 아스카 이외에 다른 곳으로 천궁을 시도한 첫 번째 사례는 지금의 오사카에 해당하는 '나니와難波(또는 浪華·浪花·浪速)'였다. 그런데 나니와 천도는 645년에 벌어진 '잇시의 변乙巳の變'*과 깊은 관련이 있었다([그림 1-9]). 소가 씨는 스이코 여왕 시기에 막강한 영향력을 행사하던 소가노 우

---

* 645년 나카노오에中大兄 왕자와 호족 출신인 나카토미노 가마타리中臣鎌足 등이 조정에서 전횡을 일삼던 소가노 이루카를 참살하고 그의 일족을 멸망시킨 정변을 말한다. 간지로 을사년에 일어났다고 해서 잇시의 변이라고 한다.

[그림 1-9]
잇시의 변에서 나카노오에
왕자의 손에 죽임을 당하는
소가노 이루카(《다무봉
엔키에마키 多武峰緣起繪卷》).

01 고대: 도성제의 수용과 변용

마코에 이어 그의 아들인 에미시, 손자인 이루카에 이르기까지 야마토 조정의 실권을 장악하고 막강한 영향력을 행사했다. 심지어 소가노 이루카는 유력한 왕위 계승자인 쇼토쿠 태자의 아들을 자살하게 하고 자신의 입맛에 맞는 인물을 대왕에 즉위시켰다. 하지만 산이 높으면 계곡도 깊은 법. 결국, 소가 씨의 전횡에 불만을 품은 왕실 인사와 중소 호족들은 훗날 잇시의 변이라 부르는 정변을 일으켰고, 이루카는 이들의 손에 죽임을 당하고 만다.

[그림 1-10]의 돌무덤은 실제로 보면 거의 집채만 한 크기이다. 두 개의 커다란 지붕돌이 마치 춤추는 것 같다고 해서 '돌 무대'라는 이름이 붙은 이 시부타이石舞臺 고분의 주인공은 소가노 우마코로 알려져 있다. 우마코가 사망하자 그의 후손이 수많은 이들을 동원해 만들었지만, 잇시의 변으로 이루카가 죽고 소가 씨가 멸망하자 이들에게 원한을 가진 이들이 분풀이삼아 봉분의 흙을 긁어 내 지금처럼 석실의 덮개돌이 드러나게 되었다고 한다.

소가 씨를 멸망케 한 잇시의 변은 야마토 조정을 크게 흔들어 놓았다. 살해 현장을 눈앞에서 지켜본 고교쿠 여왕은 정변을 주도한 동생 고토쿠孝德에게 왕위를 넘겨주었다. 잇시의 변 당시 또 한 명의 주역이라 할 수 있는 나카노오에 왕자가 소가 씨를 대신해 야마토 조정의 실질적인 권력자가 되었다. 새로 즉위한 고토쿠 대왕은 나카노오에 왕자 등의 도움을 받아 일련의 정치 개혁을 단행했다. 먼저 '다이카大化'의 연호를 사용하도록 지시하고 '개신改新에 관한 조詔'를 내려 호족 세력이 보유한 인민과 토지에 대한 지배권을 국가로 이양하는 대신 이들에게 식봉食封을 지급한다는 내용의 '공지공민公地公民'에 관한 원칙을 표명했다.

기득권 세력인 호족의 반발을 불러 일으킬 수 있는 '공지공민' 같은 정책을 강하게 밀어붙인 것은 동아시아 국제정세가 그만큼 급격히 요동쳤기 때문이다. 수에 이어 당이라는 강력한 중원 제국이 등장하고 고구려, 백제, 신

[그림 1-10]
소가노 우마코의 무덤으로 알려진 이시부타이 고분.
[그림 1-11]
나니와나가라노토요사키궁.

01 고대: 도성제의 수용과 변용

라 사이의 통일 전쟁이 벌어지자, 그 여파는 이제 일본에까지 밀려오기 시작했다. 고토쿠는 소가 씨의 본거지인 아스카를 벗어나 현재의 오사카에 해당하는 나니와로의 천궁을 결정했다. 당시로선 국정을 쇄신하기 위해 도읍을 옮기는 것만 한 이벤트가 없었다. 고토쿠가 나니와에 새 도읍을 정한 것은 세토 내해를 통해 일본 각지는 물론이고 한반도를 비롯한 외국과 교류하는 데 유리하다고 보았기 때문이다. 이에 따라 651년 현재의 오사카성 공원 남쪽에 '나니와나가라노토요사키궁難波長柄豊碕宮'을 완성했다([그림 1–11]).

하지만 얼마 지나지 않아 고토쿠 대왕과 나카노오에 왕자 사이에 불화가 싹트기 시작했다. 나카노오에 왕자가 야마토 조정의 세력 기반인 아스카로 돌아갈 것을 주청했지만 고토쿠가 이를 받아들이지 않은 것이다. 양자 사이에 대립의 골이 깊어지는 가운데 나카노오에 왕자는 돌연 자신의 세력을 이끌고 아스카로 돌아가 버렸다. 나니와에 홀로 남은 고토쿠는 분을 삭이지 못하다가 이듬해인 654년 갑작스레 세상을 떠나고 만다. 대왕의 죽음으로 어수선한 상황이 계속되자 실질적인 왕위 계승자인 나카노오에 태자는 즉위를 잠시 미루고 자신의 어머니인 고교쿠 상왕을 다시 왕좌에 앉혔다. 고교쿠 상왕은 아스카에서 다시 권좌에 올라 사이메이 여왕이 되었다. 나니와로 궁을 옮긴 지 불과 4년도 되지 않아 다시 아스카로 되돌아온 셈이다.

그런데 아스카로 돌아온 지 얼마 지나지 않아 다시 천궁을 떠나야 하는 상황이 발생했다. 이번에는 백제부흥군을 돕기 위해서였다. 660년 신라와 당의 연합군은 왜와 오랫동안 친선관계에 있던 백제를 멸망시켰다. 이를 계기로 왜와 신라, 당 사이의 외교적인 긴장 상태가 한층 고조되는 가운데 백제 유신遺臣이 파병을 요청해 왔다. 오랫동안 백제와 깊은 관계를 유지해 온 왜로서는 이 같은 요청을 무시할 수 없었다. 결국 국가의 명운을 걸고 나당연합군에 맞설 대규모 군대를 파견하기로 한다.

사이메이 여왕을 비롯해 야마토 정권의 수뇌부는 백제에 파견할 구원군을 지휘하고 전쟁을 지원하기 위해 급히 규슈 북부로 이동한다. 661년 5월 현재의 후쿠오카현福岡縣 아사쿠라시朝倉市에 해당하는 곳에 '아사쿠라노타치바나노히로니와궁朝倉橘廣庭宮'을 짓고 천궁을 단행했다. 나니와에 이어 아스카 이외 지역으로 궁을 옮긴 두 번째 천궁이었다. 그런데 그 와중에 갑자기 사이메이 여왕이 급사하는 사건이 벌어졌다.

사이메이를 대신해 이번에는 나카노오에 태자가 직접 나서서 혼란한 정국을 이끌었다. 그는 규슈 북부로 천궁하고 두 달 만에 다시 아스카로 돌아왔다. 이곳에서 그는 혼란한 정국을 수습하며 전국에서 2만 명이 넘은 병력을 모아 한반도로 파병했다. 야마토 정권이 파병한 왜군과 백제부흥군은 663년 네 차례에 걸쳐 백촌강에서 나당연합군과 전투를 벌였다. 하지만 결과는 대참패로 끝이 났다.

군사적인 열세를 확인한 나카노오에 태자는 곧바로 종전의 태도를 바꾸었다. 무력 충돌을 피하면서 당과의 관계를 회복하기 위해 665년 사절을 파견한 것이다. 화해 제스처를 취하는 동시에 만약의 사태에 대비하기 위해 경계의 끈도 놓치지 않았다. 그는 규슈의 다자이후大宰府를 중심으로 한반도에 접한 쓰시마섬, 이키壱岐섬 등지에 산성을 쌓아 나당연합군의 공격에 대비하도록 했다. 그리고 혹시나 있을지 모를 침략에 대비하고자 안전한 곳으로 궁을 옮기도록 지시했다. 667년 아스카보다 좀 더 내륙에 있는 비와琵琶 호수 연변에 '오미오쓰궁近江大津宮'을 짓고 천궁을 실시했다. 아스카를 벗어난 마지막 천궁이었다. 나카노오에 태자는 이듬해 그곳에서 대왕의 지위에 올라 덴지天智 대왕이 되었다.

그러나 대왕에 오른 지 불과 3년 만인 671년 덴지는 사망하고 만다. 그의 사망 이후 동생인 오아마大海人 왕자와 아들인 오토모 왕자 사이에 왕위 계승을 놓고 군사적인 충돌이 발생했다. 여기서 승리한 이는 오아마 왕자였다. 오아마 왕자는 그해 9월 다시 아스카로 돌아와 이듬해인 673년 정월 형의 뒤를 이어 군주의 지위에 올랐다. 이로써 아스카는 다시 일본의 도읍이 되었다.

4.
아스카를
고대 도시로 볼 수 없을까?

| 고대 도시의 요건 |

앞에서 살펴보았듯이 7세기 동안 야마토 조정은 아스카를 벗어나 여러 차례 천궁을 실시했다. 그러나 당시의 천궁은 아스카 이전 시기의 역대천궁과는 목적과 성격이 달랐다. 고토쿠의 나니와 천궁은 국정 쇄신을 위한 정치행위였다. 사이메이의 천궁 역시 백제부흥군을 돕기 위해 한반도에 파견한 원군을 지휘하기 위해서였다. 덴지의 오미 천궁 역시 외부의 침략에 대비하기 위한 사전 조치였다. 새로운 군주가 즉위할 때마다 궁을 옮기는 역대천궁과 달리 아스카 시기 야마토 조정의 천궁은 명백하게 정치적인 목적을 가진 통치행위의 일환이었다. 무엇보다 천궁이라 해도 모두 단기간에 그쳤고 다시 아스카로 돌아왔다. 따라서 7세기 동안 일본의 도읍은 아스카였다고 해도 무방하다.

그렇다면 100여 년에 걸쳐 아스카가 일본의 도읍이었다고 한다면 고대 도시로 평가할 수 있지 않을까? 이 같은 질문에 대해 아스카를 고대 도시로 보아야 한다고 답하는 연구자가 적지 않다. 이들은 역대천궁의 전통이 사실상 사라져 옛 이타부키 궁터를 계속해서 정궁 터로 사용했다는 점, 그리고 아스카의 경관이 주변 일대와 다른 도시적인 모습을 갖추었다는 점 등을 들어 아스카를 고대 도시로 보아야 한다고 주장한다. 다만 이 같은 견해는 절반은 맞지만, 절반은 맞지 않는다고 생각한다.

앞에서 살펴보았듯이 7세기 중엽 이후 《일본서기》의 역대천궁에 관한 기사는 옛 이타부키 궁터에 새로 궁을 짓거나 증·개축한 궁의 명칭을 달리한 것에 불과했다. 사실상 아스카 내에서 궁의 장소 이동은 없었던 셈이다. 또한 잇시의 변 이후 고토쿠 천황이 단행한 '나니와 천궁'과 사이메이 여왕의 '규슈 북부로의 천궁', 나당연합군의 침공에 대비해 덴지가 실시한 '오미 천궁'은 아스카 이전의 역대천궁과 달리 국내외의 정세 변화에 대응하려는 정치적인 행위일 뿐 아니라 그 기간 역시 단시일에 그쳤다. 따라서 7세기 동안 아스카가 야마토 조정의 도읍이었다는 점은 사실로 인정할 수 있다.

이와 함께 아스카의 경관이 주변 농촌과 달리 도시적인 경관을 갖추었다는 주장 역시 나름의 근거가 있다. 스이코 여왕의 천궁 이후 아스카 분지는 왕궁뿐만 아니라 소가 씨의 저택과 여러 불교사원이 늘어서 확실히 인근 농촌과 다른 풍경이었을 것으로 보인다. 특히나 소가노 우마코가 지은 호코사法興寺는 [그림 1-12]와 같이 동서 약 220미터, 남북 약 330미터, 부지 면적만 7,000평방미터에 달하며 중앙의 거대한 목탑을 중심으로 세 개의 금당을 배치한 거대한 사찰이었다.

소가노 우마코는 불교 수용을 놓고 모노노베 씨와 벌인 싸움에서 승리하자 불법을 일으키겠다는 의지를 담아 588년에 대대적인 불사를 일으켰다. 이를 위해 백제로부터 불사리를 건네받았을 뿐만 아니라 혜총, 영근, 혜시 등의 승려와 불당 건축에 필요한 기와 장인, 화공 같은 기술자를 초청했다.

01 고대: 도성제의 수용과 변용

[그림 1-12]
호코사 자리에 건립한 아스카사의 현재 모습(위)과 옛 호코사 복원 모형(아래).
호코사는 소가 씨의 몰락 이후 쇠퇴하다가 1196년 벼락을 맞아 불타 버려
폐사지가 되었다. 1825년 현재의 본당 건물을 재건하고 '아스카사'라는 이름의
사찰이 들어섰다. ※출처: 아스카경 홈페이지.

소가 씨는 이들의 도움으로 596년 자신의 본거지인 아마카시 언덕 주변에 호코사를 건립했다. 소가 씨가 씨족의 안녕을 위해 호코사를 창건하자 다른 호족 역시 앞다투어 사원 조영에 뛰어들었다. 당시 호족 입장에서 사원은 거대한 고분을 대신해 일족의 위세를 과시할 수 있는 새로운 기념물인 셈이었다.

사원에는 백제, 고구려에서 파견한 승려와 불경을 공부하는 이들이 생활했다. 그리고 사원 건축을 위해 백제 등지에서 건너온 기술자들이 주변에 공방을 짓고 생활했다. 그 결과 7세기 후반이 되면 아스카 분지는 왕궁을 비롯해 여러 왕자의 궁과 호족들의 저택을 비롯해 다이칸다이사大官大寺, 가와라사川原寺, 혼야쿠시사本藥師寺와 같이 군주의 권위를 과시하기 위한 '왕사王寺'에다 호족들이 일족의 안녕을 기원하며 건립한 '우지氏 사원' 그리고 사원 건축을 담당하는 직인과 기술자의 '공방' 등이 늘어서 당시 일본의 어느 곳에서도 찾아볼 수 없는 독특한 경관을 연출했을 것으로 보인다. 아스카는 비록 수, 당, 신라 등에서 살펴볼 수 있는 엄정한 가로나 내성 등을 갖추지 못했지만, 주위 농경지와 한눈에 구분되는 경관을 연출하면서 장차 도성을 건설하는 데 필요한 여러 조건을 갖추어 가고 있던 것이 분명하다.

| 일본 최초의 고대 도시는 과연 어디일까? |

혹시 가까운 장래에 아스카를 방문할 계획이 있다면 아마카시甘樫 언덕부터 찾아가 보기를 추천한다. 이곳의 해발 고도는 148미터에 불과하다. 그런데 정상에서 내려다보는 전망이 그야말로 대단하다. 아스카뿐만 아니라 야마토 일대 평원을 360도 파노라마 뷰로 조망할 수 있다. 먼저 동편을 내려다보면 아스카 분지의 논, 밭 사이로 아스카궁 유적이 눈에 들어온다([그림 1-13]). 컴퓨터 그래픽으로 아스카 시기의 경관을 재현한 화면과 비교하면

[그림 1-13] 아마카시 언덕에서 내려다본 현재의 아스카 분지.
[그림 1-14] 컴퓨터 그래픽으로 재현한 아스카 일대의 모습.
※출처: 아스카경 홈페이지.
[그림 1-15] 아마카시 언덕에서 내려다본 후지와라경 유적의 원경.
사진 속 가운데 공터로 남겨진 녹색 전원지대가 후지와라경 일대의 유적이다.

격세지감마저 느껴진다([그림 1-14]). 그리고 북쪽으로 조금만 고개를 돌리면 다음 장에서 다룰 후지와라경의 유적이 주택 사이의 공터에 남아 있는 모습을 확인할 수 있다([그림 1-15]).

아스카 당시 아마카시 언덕에는 소가노 우마코를 비롯해 소가 씨 일족의 저택이 줄지어 있었다. 이곳은 당대 권력자인 소가 씨의 본거지였다. 스이코 이래 100여 년 동안 아스카는 일본의 도읍일 뿐 아니라 [그림 1-14]와 같이 왕궁과 사원, 공방 등이 늘어서 도시적인 경관을 갖추었다. 하지만 이같은 조건을 갖추었다고 고대 도시라 부를 수 있을까?

이 같은 질문은 고대 도시뿐 아니라 고대 국가의 특질을 밝히기 위해서도 매우 중요하다. 얼마 전까지만 하더라도 상업이나 수공업을 기반으로 삼는 도시적인 요소나 상공업자의 도시공동체를 찾아볼 수 없다는 이유를 들어 일본에는 고대 도시가 존재하지 않았다고 주장하는 이들조차 있었다. 하지만 최근에는 발굴성과를 토대로 우리나라 신석기 시대에 해당하는 조몬繩文 시대의 대규모 환형 촌락 유구나, 청동기·철기 시대에 해당하는 야요이弥生 시대의 성채 취락 유적을 고대 도시로 볼 수 있다고 주장하는 견해도 제시되었다. 이처럼 고대 도시의 성립 시기를 놓고 다양한 견해가 제기되는 이유는 도시 공간을 비농업 분야에 종사하는 이들의 거주지로 보는 것과 관련이 있다.

여전히 많은 연구자는 도시의 공간적 특징이 무엇인가를 밝히는 데 관심이 많다. 이들은 농촌과의 비교를 통해 도시의 공간적 특징을 비농업 분야에 종사하는 정치인이나 공인 또는 상품교환을 위한 시장, 종교시설 등에서 찾고자 한다. 그러나 거주자의 직업과 유적의 형태만 가지고 고대 도시를 가리려는 태도는 다소 성급한 주장이 아닐지 모르겠다. 이와 관련해 고대 도시가 갖는 공간적인 특징뿐 아니라 역사적인 의의에 대해서도 생각해

볼 필요가 있다.

일찍이 미국의 도시이론가인 루이스 멈포드Lewis Mumford는 촌락공동체에서 도시가 등장하는 데 가장 큰 영향을 끼친 요소는 '왕권Sovereign power' 제도라고 대답한 바 있다. 도시의 집단적인 공동사회를 유지하는 데 필수적인 성소와 시장, 공방, 창고, 성채 등과 같은 여러 요소를 한곳에 집중시켜 도시라는 새로운 장소를 만들어 내려면 무엇보다 '왕'과 같이 강력한 권력을 가진 존재가 있어야 하기 때문이다. 필자 역시 이 같은 입장에 동의하는 바다. 다시 말하면 고대 도시의 성립에 가장 중요한 요소는 강력한 왕권의 성립 여부에 있다고 생각한다. 이러한 점에서 고대 도시란 개별 지역을 넘어 광범위한 국가 단위의 통치 권력, 즉 '왕권'을 전제로 만들어진 역사적인 산물이라고 이야기할 수 있지 않을까 싶다.

그렇다면 이 같은 입장에서 과연 아스카를 고대 도시로 부를 수 있을지 생각해 보자. 앞서 살펴본 바와 같이 아스카는 7세기 동안 분명 일본의 도읍이었다. 게다가 이곳은 왕궁과 사원, 공방 등이 늘어서 도시적인 경관을 갖추고 있었다. 하지만 이 같은 조건을 충족했다고 해서 고대 도시로 인정하기는 힘들 것 같다. 앞서 이야기했듯이 도읍과 고대 도시는 다르기 때문이다. 도읍이야 왕궁만 있어도 성립할 수 있다. 하지만 고대 도시는 여러 가지 전제조건이 필요하다.

당시 소가 씨 이외에 여타 호족들은 아스카가 아니라 주변 야마토 일대에 거처를 두고 생활했다. 이는 대왕이라는 정치적인 수장이 등장했음에도 불구하고 고대 도시가 등장하기 위해 필수적인 요소, 즉 강력한 왕권이 성립하지 못한 것에서 비롯한 결과였다. 야마토 정권의 대왕은 호족이 갖고 있던 정치·경제·군사의 권한을 빼앗고 이들을 왕도에 집중시킬 수 있을 만큼의 강력한 권력을 행사하지 못했다. 그 결과 아스카에서는 야마토 조정의 지배층인 호족의 통합과 집주가 이루어지지 못했다. 지배층인 호족의 저택을 찾아볼 수 없다는 것이야말로 아스카를 고대 도시로 인정하기 힘들게 만드는 이유라고 할 수 있다. 이러한 점에서 아스카는 일본에서 '도성'이라는 고대 도시가 출현하기 바로 직전 단계이자 이를 준비하는 시기라고 평가할 수 있다.

| '역사적 풍토보존지구'의 지정과
유네스코 세계유산 잠정 목록의 등재 |

아스카의 영화는 오래가지 못했다. 672년 일본 고대의 최대 내란이라 일컫는 '진신의 난壬申の乱'*에서 승리한 오아마 왕자는 국가 분위기를 일신하기 위해 중국식 도성제에 입각한 도읍을 건설하기로 마음먹었다. 그의 지시가 있고 난 후 아스카의 옛 왕궁과 사원 건물은 모두 해체되어 새로운 도성의 건축물을 짓는 데 필요한 자재로 활용되었다. 그러자 폐허로 변한 아스카를 찾는 이들의 발길은 끊기고 말았다.

> 궁녀의 소매를 흔들던 아스카의 바람은 (후지와라경으로 옮겨) 도읍을 멀리하고 무상하게 부는구나.

이 가사는 도읍을 옮기고 나서 여느 농촌과 다르지 않은 전원으로 돌아간 아스카에 관한 회한을 담아 어느 황녀가 지은 것이다. 이처럼 《만엽집》에는 옛 도읍인 아스카에 관한 추억과 상념을 담아 지은 가사가 여러 편 실려 있

---

* 간지로 임신壬申에 해당하는 672년에 일어난 내란이다. 덴지의 사후 권력 계승을 둘러싸고 그의 아들인 오토모 태자와 덴지의 동생인 오아마 왕자 사이에 벌어진 분쟁에서 시작되었다. 야마토 조정을 구성하는 주요 호족의 지지를 받는 오토모 태자는 중소 호족의 지원을 얻은 오아마 왕자에 맞서 전투에 나섰지만 싸움에서 패하자 스스로 목숨을 끊었다. 내란에서 승리한 오아마 왕자는 이듬해인 673년 아스카에서 군주의 지위에 올라 천황의 신격화와 율령 체제를 정비해 갔다.

　　　　　　　　　　　　　　　　　　01 고대: 도성제의 수용과 변용

다. 고즈넉한 풍경에다 군데군데 남아 있는 폐사지와 유적은 당시 사람뿐 아니라 현재까지 이곳을 방문한 이들에게 향수와 역사적인 상상력을 불러일으키고 있다. 그 결과 아스카는 고대의 기억과 경관을 간직한 '마음의 고향'으로 불리게 되었다.

그 유명세에 비해 고고학적인 발굴조사를 통해 아스카의 역사적 가치가 밝혀지기 시작한 것은 비교적 최근의 일이다. 1960년대 고도 경제성장으로 무분별한 도시개발의 여파가 이곳에까지 밀려들자, 지역 주민을 중심으로 아스카의 경관을 보존하자는 목소리가 나오기 시작했다. 이즈음 일본사회는 메이지 유신 100주년을 전후하여 맹목적인 '탈아입구'에서 벗어나 일본의 전통적인 역사 경관을 보존하자는 움직임이 시작되었다. 이를 반영해 일본 정부는 아스카 지방의 역사적 풍토 및 문화재 보존 등에 관한 방책을 세우기로 하고, 1980년 아스카촌 전체를 '역사적 풍토보존지구'로 지정했다. 그리고 무분별한 토지개발을 억제하는 대신 지역에 산재한 고분과 석조물, 폐사지에 관한 체계적인 발굴조사를 시행했다. 그 결과 백제를 비롯해 한반도와 중국에서 넘어온 수많은 도왜인의 손에 의해 아스카가 건설된 사실이 밝혀졌다. 그리고 지난 2007년 아스카를 비롯해 주변 일대 옛 도읍 관련 유산은 한반도, 중국과의 밀접한 교류를 보여 주는 유적의 가치를 인정받아 일본의 유네스코 세계유산 잠정 목록에 포함되었다.

02
후지와라경:
역사 속에 사라진 폐도

1.
7세기 동아시아의 정치 변동과
도성제 수용

| 후지와라경을 완성한 두 주역 |

아스카에 이어 두 번째로 살펴볼 곳은 '후지와라경藤原京'이다. 후지와라경은 중국의 도성제에 바탕을 두고 일본에서 최초로 건설한 '도성'이란 점에서 아스카를 비롯한 이전의 도읍과 그 성격을 달리한다.

중국에서 시작된 도성은 군주가 사는 궁실을 비롯해 관아, 시장 등을 성곽으로 에워싼 다음 내부 공간을 도로로 바둑판처럼 반듯하게 나눈 특징을 갖는다. 한반도와 일본을 포함한 동아시아에서는 각국의 사정에 따라 순차적으로 도성이 건설되었다. 중국에서는 늦어도 춘추전국시대에 이미 성곽을 두른 '성시城市'를 찾아볼 수 있다. 한반도의 경우 최근 발굴성과에 따르면 적어도 5세기 무렵부터 고구려의 평양성이나 백제의 웅진성에서 도성의 형태가 등장한 것으로 보고 있다.

이에 반해 가장 변경에 있는 일본에서는 7세기 후반에 가서야 도성의 모습을 갖춘 후지와라경이 등장했다. 이처럼 동아시아 각국에 도성이 등장했던 시기는 통일을 위한 경쟁이 가장 치열하게 전개되던 때였다. 이는 도성이라는 고대 도시의 특질을 이해하는 데 중요한 힌트가 된다. 다시 말해 도성을 쌓게 만든 원동력은 외부의 침략과 전쟁에 대한 공포였다 해도 과언이 아니다.

일본에서 중국식 도성제에 입각한 고대 도시가 등장한 것은 663년 백촌강 전투 이후 동아시아 정세의 급변 속에 '천황'을 정점에 둔 새로운 지배체제가 성립하는 과정과 궤를 함께했다. 그럼, 먼저 도성의 건설 과정에서 중요한 역할을 담당했던 두 명의 인물에서부터 이야기를 풀어 나가도록 하자.

[그림 2-1]의 위쪽 인물은 나카노오에 태자(후에 덴지 대왕)의 동생인 오아마 왕자이다. 아래쪽 인물은 나카노오에 태자의 딸인 우노노사라라鸕野讚良이다. 이 두 사람은 본래 숙부와 조카 사이지만 서로 부부의 연을 맺게 되었다. 지금이야 사회적으로 문제 될 일이지만 당시는 정치 권력을 일가에 집중하기 위해 왕족 사이에 근친혼을 하는 경우가 적지 않았다.

오아마 왕자는 후에 군주의 지위에 올라 덴무天武 천황이 되었다. 덴무는 강력한 왕권국가를 만들기 위해 율령을 제정하고자 노력했다. 중국식 도성을 도입하는 것 역시 왕권을 강화하기 위한 방안의 일환이었다. 하지만 왕권 강화라는 덴무의 포부는 그의 갑작스러운 죽음과 함께 물거품이 될 수 있었다. 덴무의 사후 그의 유지를 받들어 율령을 반포하고 후지와라경 건설사업을 완수한 이는 다름 아닌 그의 부인 우노노사라라였다. 오늘날 덴무는 율령국가의 창시자로 평가받고 있다. 그러나 그가 죽고 나서 지토持統 천황으로 즉위한 우노노사라라의 지지와 후원이 없었다면 현재와 같은 평가는 받을 수 없었을 것이다.

| 덴무의 즉위와 '천황'이란 호칭의 등장 |

오아마 왕자가 덴무 천황이 되기까지의 과정은 그야말로 파란만장 그 자체였다. 그는 형인 덴지로부터 일찌감치 태자의 지위를 약속받았다. 당시는 형제 간에 왕위를 계승하는 것이 일반적이기 때문에 오아마 왕자 역시 자신이 형의 뒤를 이어 권좌에 오를 것을 의심하지 않았을 것이다. 그런데 조카 오토모大友 왕자가 장성해 성인이 되자 상황이 바뀌었다. 덴지는 동생 오아마를 태자의 지위에서 내쫓는 대신 아들인 오토모 왕자를 새로이 태자로 지목했다. 졸지에 태자의 자리에서 쫓겨난 오아마는 목숨을 부지하기 위해

皇天統持 代一四弟

[그림 2-1]
덴무《집고십종集古十種》(위)와
지토《어역대백이십이천황어존영御歷代百廿一天皇御尊影》(아래)의 상상화.

01 고대: 도성제의 수용과 변용

권력에 미련이 없는 것처럼 보이고자 출가를 선택한다.

하지만 이는 어디까지나 덴지의 의심을 거두기 위한 연극이었다. 덴지가 사망하자 그는 천황의 계승을 둘러싸고 672년 '진신의 난'을 일으켜 조카인 오토모 왕자와 맞붙었다. 피비린내 나는 혈육 간의 싸움에서 승리를 거둔 이는 오아마 왕자였다.

그는 오토모 왕자 편에 섰던 이들을 제거한 다음 왕권을 강화하기 위해 중앙집권 정책을 더욱 강하게 밀어붙였다. 먼저 전제군주로서 자신의 위치를 강력하게 보이기 위해 '대왕大王', 즉 오오키미를 대신해 새로운 호칭을 제정했다. 새 군주 호는 한자로 '천황天皇'이라 적고 '스메라미코토'라고 읽었다.

지금까지 '천황'이란 칭호의 등장에 대해 많은 논의가 있었다. 그런데 1997년 덴무 시기에 조성한 것으로 보이는 아스카 연못 공방 유적에서 [그림 2-2]와 같이 먹으로 '천황'이라 표기한 목간이 발굴되면서 그간의 논란이 종식되었다. 목간에 쓰인 "天皇聚□[露ヵ]弘寅□"의 정확한 의미는 현재까지 밝혀지지 않았다. 지금까지 출토된 목간의 상당수는 지방에서 쌀, 곡물, 해조류와 같은 특산물을 가마니에 담아 도읍으로 올려 보낼 때 그 출처와 내용을 표시하기 위한 것인 데 반해 위 목간은 전적을 필사하거나 작문을 연습한 것으로 추정한다. 내용이야 어찌 되었든 목간의 주어가 천황임이 분명하다. 더욱이 같은 공방 유적에서 덴무가 천황에 즉위한 지 6년째인 677년에 해당하는 "정축년 십이월丁丑年十二月"의 간지를 적은 목간이 함께 출토된 점을 고려했을 때 '오오키미' 대신 '천황'이라는 호칭을 새롭게 만들어 사용한 이가 덴무일 가능성이 매우 큰 것으로 보인다.

| '천황' 호와 도교의 관련성 |
흔히들 '천황'을 일본의 군주를 부르는 고유한 칭호로 알고 있다. 하지만 이

는 잘못된 사실이다. 천황을 군주의 칭호로 사용한 곳은 일본뿐만이 아니다. 덴무와 비슷한 시기에 집권했던 당 고종은 674년 '황제'를 대신해 스스로 '천황'이라 칭하고, 황후 무 씨武氏를 '천후天后'라 부르도록 했다. 고종이 사망한 이후 태후의 지위에 올라 690년 무주혁명武周革命을 일으켜 중국 역사상 유일무이하게 여제에 오른 무후武后 역시 황제에 즉위한 다음에 '천황'과 '천후'의 칭호를 계속해서 사용했다. 그렇다면 7세기 후반 거의 비슷한 시기에 중국과 일본에서 천황이란 칭호가 군주 호로 사용된 셈이다. 이는 역사의 우연일까? 아니면 인과관계에 따른 결과일까?

이에 대해 일부 연구자는 당에서 천황이란 군주 호를 사용한다는 정보가 견당사를 통해 일본에 전해져 이를 바탕으로 새로 만든 칭호가 천황 호일 가능성이 크다는 견해를 제기하기도 했다. 하지만 천황과 짝을 이루는 '천후'가 도입되지 않았고, 백촌강 전투 이후 일본이 당에 자립적인 태도를 견

[그림 2-2]
1998년 아스카 연못 공방
유적에서 출토한
'천황' 목간 복제품.
※출처: 나라 현립 만요문화관.

01 고대: 도성제의 수용과 변용

지하고자 했다는 점에서 견당사를 통해 전해 들은 천황 호를 그대로 수용했을 가능성은 그렇게 크지 않을 것으로 보인다. 오히려 천황이란 칭호는 견당사보다 도교의 영향이 더욱 크게 작용한 결과라고 할 수 있다. 일본은 중국과 한반도 여러 나라와의 교류를 통해 불교, 유교와 함께 도교 같은 외래 사상을 수용하는 데 적극적이었다. 예컨대 일본 신도에서 중시하는 음양도는 도교의 음양오행설을 바탕으로 만들어진 것이다.

　도교에서 천황은 천문 성좌의 중심인 '북극성'과 같은 존재로 매우 중시되었다. 다시 말해 천황은 관료질서에 기반한 '인황人皇'의 통치에 앞서 무위자연의 국가 사회를 이루었던 상태로 되돌아간다는 도교의 이상적인 정치상을 표현한 초월적인 존재였다. 다만 강력한 왕권을 구축하기 위해 노력했던 덴무의 입장에서 도교의 이상적인 정치상을 제시하기 위해 천황 호를 도입했다고 보기는 힘들다. 고대 시가집인 《만엽집》에는 그가 지은 것으로 알려진 작품이 실려 있다. 여기서 그는 '오오키미는 신이다'라고 말할 만큼 왕권 강화에 많은 관심을 보였다. 이러한 점을 고려한다면 천황 호는 덴무가 자신을 도교의 '신'과 같은 존재로 격상하기 위해 붙인 호칭에서 시작한 것으로 보인다. 다시 말해 덴무는 천황이란 호칭을 통해 초월적인 왕권을 행사하는 군주의 등장을 만방에 과시하고자 했을 것이다.

2.
덴무의 새로운 국가 만들기와
후지와라경 조영

| 덴무의 야망, 율령 제정과 도성 조영 |

645년 잇시의 변을 주도한 왕족과 중하층의 관인들은 중앙집권적인 국가 체제를 마련하기 위해 노력했다. 이를 위한 첫 번째 과업은 견당사를 통해 접하게 된 당의 '율령'을 도입하는 것이었다. 오늘날의 형법에 해당하는 '율'과 국가 통치 조직 등의 행정법에 관한 '영'으로 구성된 중국의 율령제도는 국가 권력을 황제가 독점하는 대신 율령에 따라 실제 통치를 관리에게 위임함으로써 황제 정치의 안정성과 효율성을 높일 수 있었다.

덴무는 기나이 일대 주요 씨족집단인 우지氏의 수장이 가바네姓라는 공적인 지위를 얻어 국가 운영에 참여하는 관행을 대신하기 위해 681년 〈아스카키요미하라령飛鳥浄御原令〉을 제정하도록 지시했다(실제 반포는 689년). 처음으로 제정하다 보니 〈아스카키요미하라령〉은 '율' 없이 '영'만으로 이루어졌다는 한계를 가졌다. 하지만 천황 중심의 새로운 국가 통치를 지향하는 덴무의 의지를 담은 것이었다.

'천황' 중심의 지배체제를 구축하기 위한 그의 노력은 계속되었다. 그는 야마토 일대의 호족 간에 합의를 중시하던 야마토 조정의 정치 행태를 부정하는 대신 황족과 호족을 가리지 않고 능력을 중시해 유능한 이를 관인으로 등용하기 위해 684년 '팔색의 성八色の姓'을 제정했다. 기존에 사용하는 오미臣, 무라지連 같은 가바네를 대신해 마히토眞人, 아손朝臣, 스쿠네宿禰와 같은 여덟 가지 가바네를 새롭게 제정한 다음 천황과 가까운 관계에 있는 이에게 높은 지위의 가바네를 수여했다. 또한 12단계로 나눈 관위를 48

단계로 세분화해 관인의 위계와 승진을 도모하는 장치를 마련했다.

하지만 여덟 개의 '가바네'를 제정하고 '관위'를 세분화한다고 해서 독립성이 강한 호족들이 어느 날 갑자기 천황에 봉사하는 관인으로 변신할 리가 만무했다. 호족의 독립성을 제한하려면 무엇보다 공간적인 통합이 이루어져야 했다. 천황이 거주하는 궁 주변에 이들을 집주시켜 매일같이 관사에 출근해 정사를 논의할 수 있도록 강제해야만 했다. 독립성이 강한 지방 호족을 천황 주변에 이주시켜 지배세력의 결집과 공간적인 통합을 이루기 위해 덴무는 마침내 '도성'을 건설하기로 마음먹었다.

《일본서기》에 따르면 덴무는 천황에 즉위한 지 5년이 지난 676년 아스카 분지 북서쪽의 '니히키新城'라는 곳에서 대규모 토목공사를 시작했다고 한다. 습지를 메우고 토지를 평평하게 만들어 도읍을 건설하기 위한 기초 작업에 들어갔다. 그러나 여러 가지 제약으로 공사계획을 곧바로 추진하지 못했다. 도성 건설 사업이 지체되자 이를 독려하기 위해 682년 3월 관인을 보내 니히키 일대의 지형을 시찰하도록 지시했다. 그리고 덴무 또한 직접 현지를 돌아보았다. 새로운 도읍을 건설하려는 그의 의지를 확인할 수 있는 대목이다.

그가 이토록 새로운 도읍 건설에 많은 관심을 가진 것은 도성이야말로 율령에 기초한 천황 중심의 국가체제를 지상에 구체적으로 재현하는 공간이었기 때문이다. 천황 권력을 과시하기 위해 왕궁 주변으로 호족의 저택과 사원이 무계획적으로 들어선 아스카와 달리 새 도읍인 후지와라경에는 천황의 궁성을 중심으로 위계와 서열에 따라 왕족과 관인의 거주 공간을 배치했다. 이 같은 공간 배치를 통해 도성은 천황이 지상세계의 주재자임을 과시하는 일종의 기념비적인 공간이 될 수 있었다.

| 후지와라경의 완성과 다이호율령 반포 |

율령의 제정과 도성의 건설로 새로운 국가체제를 완비한다는 덴무의 야심
찬 계획은 686년 갑작스러운 그의 죽음과 함께 위기에 봉착했다. 이처럼 미
완으로 끝나 버릴 수 있었던 덴무의 꿈을 실제로 실현한 이는 황후인 우노
노사라라였다. 그녀는 아들 구사카베草璧 태자가 어른으로 성장해 천황의
지위를 이어받기까지 한시적으로 권력을 담당할 요량으로 즉위식도 치르
지 않은 채 천황의 업무를 대행했다. 그러나 얼마 지나지 않아 28세의 젊은
나이에 구사카베 태자가 사망하는 일이 벌어지자, 그녀는 결국 690년 정월
에 정식으로 황위에 올라 지토 천황이 되었다.

　지토는 남편 덴무와 구사카베 태자의 연이은 죽음으로 어수선한 정국에
서도 율령 제정과 도성 건설을 통해 새로운 국가를 만들려고 했던 덴무의
유지를 계승하고자 노력했다. 그녀는 정치적인 동요를 막고 율령을 더욱
가다듬기 위해 689년 6월 '율'이 없어 불완전한 〈아스카키요미하라령〉을
대신해 새로운 율령을 제정하도록 지시했다.

　한편 지토는 율령 제정뿐만 아니라 후지와라경의 조영에도 힘을 쏟았다.
그녀는 덴무가 지시한 도성 건설 사업이 별다른 진척을 보이지 않자, 이를
독려하기 위해 694년 12월 6일 자신의 거처를 후지와라궁으로 옮기고 새
로운 도읍으로 삼았다. 현재의 가시와라시柏原市 인근에 해당하는 이곳은
새로운 도읍이란 뜻에서 '아라마시노미야코' 또는 '신야쿠노미야코'라 부르
고 '신익경新益京'이라 적었다. 오늘날 일반적으로 사용하는 후지와라경이
라는 지명은 이곳에 조영한 '후지와라궁'에서 유래한 것이다([그림 2-3]). 후
지와라경 조영 사업은 지토의 천도 이후 10여 년이 지난 704년에 가서야
최종적으로 완성되었다.

　한편 지토의 지시로 시작한 율령 사업은 701년에 마무리되었다. 〈다이호

율령大宝律令)은 견당사 등을 통해 수집한 당의 율령에 관한 지식과 정보를 바탕으로 율·영 모두를 완비했다는 점에서 본격적인 율령 법전으로 평가할 수 있다. 율 6권과 영 11권으로 구성된 〈다이호율령〉은 현재까지 원본이 확인되지 않는다. 하지만 《속일본기續日本紀》와 《영집해令集解》 등에서 인용한 조문을 통해 일부나마 그 내용을 찾아볼 수 있다.

이처럼 〈다이호율령〉을 편찬하자 이에 따라 조정 기구를 정비했다. 조정은 2관, 즉 신기관神祇官과 태정관太政官으로 나누고 태정관 아래 좌변관과 우변관에서 각기 중무성中務省·식부성式部省·치부성治部省·민부성民部省 그리고 대장성大蔵省·형부성刑部省·궁내성宮內省·병부성兵部省의 8성으로 나누어 행정업무를 담당하도록 했다. 이로써 천황 중심의 중앙집권적인 통치 권력을 시행할 수 있는 제도적인 초석이 마련되었다.

지토는 천황권을 상징하는 후지와라궁의 대극전大極殿에 모든 조신을 불

[그림 2-3]
후지와라궁 유적 일대의
현재 모습.

러 모으고 그 앞에서 〈다이호율령〉의 완성을 선포했다. 율령을 제정하고 도성을 건립함으로써 천황 중심의 중앙집권적인 국가체제를 수립하고자 했던 덴무의 유업이 마침내 달성되었다는 것을 온 세상에 과시하려고 한 것이다. 이로써 '잇시의 변' 이후 천황을 중심에 둔 새로운 국가 만들기 사업의 대업은 마침내 일단락되었다.

3.
도성제의
이상과 실제

| 조방제에 따른 공간 분할 |

여러 차례의 발굴조사에도 불구하고 후지와라경의 전체 규모와 형태는 아직 그 전모가 다 밝혀지지 않았다. 이에 비해 후지와라궁의 전체 구조와 건물 배치는 어느 정도 유추해 볼 수 있다. 남북을 관통하는 축선에 따라 천황의 거처인 다이리内裏로부터 정전에 해당하는 대극전, 대극전 남문인 정문正門(그림 2-4), 정무 공간인 조당원이 순서대로 배치되었다. 궁전 건물은 천황의 공적인 정무 공간인 대극전과 조당원을 비롯해 궁 내 주요 대문 역시 초석 위에 기둥을 올리고 기와로 지붕을 잇는 외래 풍의 건축 양식을 사용했다. 이에 반해 천황의 사적 공간인 다이리와 관아는 전통 방식대로 지표면의 구멍에 그대로 기둥을 세우고 회檜나무 껍질로 지붕을 얹었던 사실이 밝혀졌다. 초석 위에 기둥을 올리고 기와를 얹는 건축 양식은 아스카 시기 불교사원을 조영하면서 도입되었는데 궁궐 건립에 사용한 것은 후지와라경이 최초였다. 이처럼 막대한 비용과 노력을 들여 궁궐을 조영한 것은

01 고대: 도성제의 수용과 변용

더는 천궁의 관행을 반복하지 않고 안정적인 통치기반을 정비할 것이라는 의지와 함께 막강한 천황 권력을 만천하에 과시하려는 조치의 일환이었다.

앞서 살펴본 아스카와 비교해 후지와라경의 공간 구조가 갖는 획기성은 무엇보다 조방제를 실시했다는 점에 있다. 일찍이 《주례》〈고공기考工記〉는 사방을 도로로 일정하게 구분한 '방坊'이 마치 바둑판처럼 연속한 형태로 도시를 구획하는 '방제坊制'를 도성 건설의 기본 원칙으로 제시했다. 방은 동서 방향의 도로인 '조條'와 남북 방향의 도로인 '방坊'으로 나뉘었다. 이처럼 동서남북, 종과 횡으로 가로지르는 도로, 즉 조·방으로 마치 바둑판처럼 도시 전체를 '방'으로 구획한 것은 북위北魏의 낙양성에서부터 시작한 것으로 추정하고 있다. 이후 조방제는 수·당의 장안성에 이르러 완성된 형태로 다듬어졌다.

다만 장안성에는 《주례》에서 제시한 이상 도시의 모습뿐만 아니라 음양

오행의 사상과 전통적인 중국의 우주론 등이 반영되었다. 궁성을 짓기 전에 북극성이 남과 북으로 지나는 자오선을 따라 도성의 중축선中軸線을 그었다. 그리고 이에 따라 황제의 거주 공간인 태극전에서 시작해 궁성의 남문을 지나 동짓날 제천의례를 거행하는 원구圓丘를 북에서 남으로 배치했다. 이처럼 궁성의 핵심 공간인 태극전을 자오선 상에 배치함으로써 장안은 '천공의 질서를 지상에 투영한 우주의 왕도'로 격상되었다. 또한 장안성은 천제天帝(천황대제)의 대행자로 천하에 군림하는 황제의 위상을 시각화하기 위해 황제가 남면하는 방향의 왼편과 오른편에 관청, 시장 등의 주요 시설을 동서로 배치해 좌우 대칭을 이루도록 했다. 이러한 점에서 장안은 천상의 천자를 통해 실현되는 천공의 질서가 지상의 황제에 의해 구현되는 의례의 공간이자 '이상 도시'인 셈이었다.

주지하다시피 이후 6~7세기 동아시아 각국에서는 당의 장안성을 모델로

[그림 2-4]
후지와라궁 대극전의 현재 모습.
방문객의 이해와 역사적인 상상력을 높이기 위해
대극전으로 들어가는 정문 기둥을 받치기 위한
주춧돌 유구 위에 빨간 열주를 세워 놓았다.

01 고대: 도성제의 수용과 변용

삼아 도시계획의 기본 원칙인 '조방제'를 받아들여 고구려의 장안성, 발해의 상경성과 같이 각자 특색 있는 도성을 만들었다. 동아시아 각국이 중국의 조방제를 도입한 것은 공간 이용의 효율성 때문이었다. 가로세로 형태로 도로를 내고 네모나게 공간을 나누면 새 도성을 건설하거나 천도를 단행할 시에 토지 측량의 편의를 도모할 수 있을 뿐 아니라 공간 이용을 최적화할 수 있다. 아스카의 경우 왕궁과 불교사원, 정원, 공방 등의 유적은 확인할 수 있으나, 조방제와 같이 일정한 공간 분할 원칙에 따라 도읍을 체계적으로 조성했다는 증거는 찾기 힘들다. 이에 반해 후지와라경은 조방제의 원칙에 따라 계획 단계부터 도성 전체를 질서정연한 가로망으로 구획했다. 그리고 그 내부에는 황궁, 관청, 사찰, 시장, 귀족의 저택뿐 아니라 일반 서민이 거주하는 주택 등을 모두 포괄하는 공간 분할을 계획했던 것으로 보인다.

| 도성 건립 과정의 시행착오 |

모든 일이 그러하듯 도성 건설 역시 처음부터 완벽을 기대할 수 없다. 후지와라경 조영 사업은 최초의 도성 건설인 만큼 조방제를 시행하는 과정에서 적지 않은 시행착오를 거듭했던 것으로 보인다. 율령국가에 걸맞은 도성을 건설하려던 덴무 천황의 야심 찬 계획과 달리 후지와라경에 적용한 조방제는 당대 중국 및 한반도의 여러 도성은 물론이고 이후 일본에 건설된 헤이조경(나라)이나 헤이안경(교토)과 비교해도 몇 가지 점에서 커다란 차이가 있다.

무엇보다 도성의 정중앙을 남북으로 관통하는 중축선인 주작대로를 찾아볼 수 없다는 점이다. 당의 장안성에서 주작대로는 여타 도로와 달리 그 폭이 무려 155미터에 달했다. 이는 주작대로가 단순히 사람과 물자의 이동을 위한 교통로에 그치지 않고, 황제의 권위를 과시하기 위한 일종의 상징 공간으로 조성되었기 때문이다. 도성에 들어서는 순간 그 누구라도 넓은

폭의 주작대로를 통해 황제의 권력을 시각적으로 체험할 수 있어야 했다. 이에 반해 조사 결과, 후지와라경에서는 주작대로라고 부를 만큼 넓은 폭을 가진 도로가 발굴되지 않았다. 그 대신 대로(약 16미터), 중로(약 9미터), 소로(약 7미터)의 3단계로 도로 폭이 구분된다는 사실이 밝혀졌다.

더욱이 도성으로 들어가는 정문에 해당하는 지점에서도 서울의 숭례문과 같이 웅장한 대문을 건설한 흔적은 여태껏 발견되지 않았다. 이러한 점에서 후지와라경은 군주의 권위와 위계에 따른 신분질서를 도성 안에 시각적으로 표현하려는 조방제의 목적을 충실히 재현한 공간이라고 평가하기는 힘들 것 같다.

다만 후지와라경의 구성 형태와 조영 원리는 추가적인 발굴조사로 새로운 성과가 밝혀질 때마다 많은 진전이 있었다. 1990년대 후반 들어 후지와라궁 주변 지역에 대한 발굴이 진행되면서 당시까지 도성 외곽으로 간주했

[그림 2-5]
후지와라경 복원 모형.
※출처: 나라현 가시하라시
후지와라경 자료실.

01 고대: 도성제의 수용과 변용

던 지역에서 새롭게 격자형의 도로 구획이 확인되었다. 이 같은 발굴성과를 토대로 후지와라경의 경우 당의 장안성이나 북위의 낙양성처럼 궁궐을 도성 북쪽에 두지 않고 [그림 2-5]와 같이 정중앙에 배치한 사실이 밝혀졌다. 이로써 후지와라경이 장안성이나 낙양성을 전범으로 삼았을 것이라는 예측은 완전히 빗나갔다.

4.
《주례》〈고공기〉를 모델로
삼은 일본 최초의 도성

| 후지와라경의 모델은 무엇이었을까? |

후지와라경은 동아시아의 여타 도성은 물론이고 이후 일본에 만들어진 헤이조경, 헤이안경과 달리 왕궁을 도성의 정중앙에 배치했다. 이 같은 차이점은 중국식 도성제를 수용하는 과정에서 발생한 시행착오의 산물이었다. 하지만 이러한 시행착오를 거듭하면서도 마침내 도성을 건립하는 데 성공했다.

그런데 당시 일본이 독자적으로 도성을 건립할 수 있었던 배경을 놓고 한일 연구자 사이에 이견이 존재한다. 먼저 일본 측 주장을 정리해 보도록 하자. 일본 연구자들은 후지와라경을 건설할 당시 견당사 파견이 잠시 중단된 정치 상황에 주목한다. 백촌강 전투가 끝나고 당과의 관계가 악화하면서 669년부터 702년까지 견당사 파견을 중지했다. 그 결과 중국으로부터 도성을 건립하는 데 필요한 정보를 입수하기가 어려웠을 뿐 아니라 북위의 낙양성이나 당의 장안성을 실제 모델로 삼기 힘들었다. 따라서 후지와라경은《주례》〈고공기〉에서 기술한 도성제의 이상적인 형태를 참조해 건설했을 것이라고 주장한다.

[그림 2-6]에서와 같이《주례》〈고공기〉는 도성의 조영 원칙으로 '제왕남면帝王南面', 즉 왕이 거처하는 궁궐을 남쪽으로 향하게 짓고, '전조후시前朝後市', 궁궐 앞뒤 그러니까 북쪽에 조정을 두고 남쪽에 시장을 설치하는 한편 '좌묘우사左廟右社', 군주의 위패를 모신 태묘와 토지신과 곡식신을 모신 사직을 각기 궁궐의 왼쪽과 오른쪽에 두도록 했다. 그리고 이 같은 원칙에 따라 사방에 3개씩 모두 12개의 대문을 내고 그 내부를 '정井' 자로 구획해 궁궐을 비롯한 각종 건물을 배치하도록 했다. 그러나 이는 어디까지나 원칙일 뿐 6~7세기 동아시아의 여러 국가에서 건설한 도성 중에《주례》〈고공기〉처럼 궁궐을 가운데 배치한 경우는 거의 찾아보기 힘들다. 이러한 점에서 왕궁을 도성의 중앙에 배치한 후지와라경은《주례》〈고공기〉를 도성

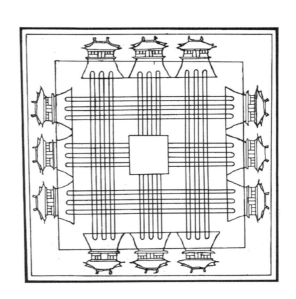

[그림 2-6]
《주례》〈고공기〉의 내용을
설명하기 위해
송宋의 섭숭의聶崇義가 지은
《삼례도三礼圖》가운데
〈주왕성도周王城圖〉.

01 고대: 도성제의 수용과 변용

건설의 모델로 보고 독자적으로 건립한 결과라는 해석은 그 나름대로 타당성을 갖는다고 생각한다.

이에 반해 한국의 연구자는 조금 다른 견해를 제시한다. 후지와라경 이전까지 도성을 건설한 적이 없던 일본에서 어느 날 갑자기 거대한 규모의 도성이 등장한 것은 외부의 도움 없이 이루어진 일이라고 생각하기 힘들다. 더욱이 북위의 낙양성이 폐성으로 변한 지 160여 년이 지나 후지와라경이 조영되었고 669년부터 702년까지 견당사를 파견하지 않은 점을 고려한다면 중국의 영향보다는 한반도와의 교류에 주목할 필요가 있다는 것이다. 이러한 점에서 백제와 고구려에서 이주한 도왜인의 도움과 백촌강 전투 이후에도 계속해서 통교관계를 유지했던 신라의 영향에 주목하고 있다. 다시 말해 일본 연구자들은 《주례》에서 소개한 중국식 도성제의 이상을 참조해 일본이 자력으로 건설한 것이라 보는 데 반해 한국의 연구자들은 궁내 건축물과 사원 배치 등으로 미루어 보아 백제·고구려 유민의 도움을 받아 신라 왕경 등을 모델삼아 축성한 것이라고 보고 있다. 어느 쪽 입장이 맞을지는 아직 좀 더 두고 보아야 할 것 같다. 후지와라경의 조영 원리와 구성 형태는 앞으로 고구려 장안성, 신라 왕경 등에 대한 발굴성과가 추가된다면 한반도와의 교류뿐 아니라 동아시아 도성 사이의 상호관계와 관련해 좀 더 분명하게 밝혀질 것이다.

| 호족의 불만과 후지와라경의 실패 |

도성의 완성이 가까워지자 691년 12월 도성에 거주할 이들에게 각기 신분과 관직에 상응해 토지를 나누어주는 기준이 공포되었다. 이에 따라 우대신右大臣을 비롯해 3위 이상의 고관에게는 4정町, 4위에게는 2정, 5위에게 1정 정도의 토지를 주도록 했다. 그 이하의 관인과 일반인은 상, 중, 하로 나

누어 상호上戸에게 1정, 중호中戸에게 2분의 1정, 하호下戸에게 4분의 1정을 차등적으로 지급했다. 1정은 현재의 평수로 따지면 대략 4,500평에 이르렀다. 택지를 하사받은 관인은 자신의 본거지를 떠나 천황이 거주하는 궁궐 옆에 저택을 짓고 이주해야만 했다.

그러나 아스카 일대에 세력 기반을 가진 호족의 상당수는 후지와라경으로 이주하기보다 자신의 본래 거주지에 살기를 원했던 것으로 보인다. 아스카에서 불과 북서쪽으로 수킬로미터 정도 떨어진 후지와라경은 아스카의 호족들이 충분히 걸어서 왕래할 수 있는 근거리에 있었다. 택지를 받더라도 거택을 지으려면 막대한 경비와 노력을 들여야 하는데, 당장에 이주하고 싶을 만큼 생활 여건이 편의적이지도 않았다. 결과적으로 후지와라경은 덴무가 기대했던 것만큼 기나이 일대에 근거지를 갖고 있던 호족들을 불러들이는 데 성공적이지 못했다.

후지와라경이 도성으로 번성했던 시간은 불과 16년이었다. 그리고 얼마 지나지 않아 또다시 천도가 결정되었다. 다음에 살펴볼 헤이조경이나 헤이안경과 비교하면 매우 짧은 시간이었다. 그럼에도 '역대천궁'의 관행을 깨고 지토, 몬무文武, 겐메이元明 3대에 걸친 도읍이자 중국식 도성제에 따라 조영한 일본 최초의 도성이란 점에서 중요한 의의가 있다.

03
헤이조경·나라:
폐도의 위기를 넘어
사원 도시로 거듭난 '남도'

1.
헤이조경으로의 천도

| 나라 여행과 헤이조궁 터 |

아스카, 후지와라경에 이어 세 번째로 살펴볼 도시는 나라현의 현청 소재
지인 '나라奈良'이다. 앞서 살펴본 후지와라경은 건설한 지 불과 16년 만에
새 도읍으로 천도하면서 그 운명을 다했다. 새롭게 조영한 도성은 '헤이조
경平城京'이라고 쓰고, '나라'에 세운 도읍이란 뜻에서 '나라노미야코'라고
읽었다. 나라라는 지명은 지면을 '평평하게 만든다'라는 뜻을 가진 동사 '나
라스'에서 비롯되었다는 설이 유력하다.

  헤이조궁은 오사카에서 긴테쓰近鉄 전철을 타고 1시간 정도 지나 야마토
사이다이사大和西大寺 역에서 내려 나라 방면으로 약 10분 정도 걸으면 닿을
수 있다. 헤이조궁 터는 동서 약 1.3킬로미터, 남북 약 1킬로미터에 이른다
([그림 3-1]). 이곳에서는 1959년부터 본격적인 발굴조사를 시작한 이래 당
시 생활상을 파악하는 데 중요한 자료인 목간을 비롯해 수많은 유물이 출
토되었다. 현재는 헤이조궁 남문에 해당하는 '주작문朱雀門'과 본전에 해당
하는 '대극전'을 복원해 당시의 모습을 일부나마 엿볼 수 있다.

| 겐메이 천황의 즉위와 헤이조경으로의 천도 |

후지와라경을 대신해 새로운 도읍의 천도와 조영을 지시한 이는 지토의 손
자인 몬무 천황이다. 기록에 따르면 몬무는 즉위한 지 10년이 지난 707년 2
월 대소 신료를 불러 모아 천도에 대한 논의를 지시했다. 그런데 4개월 후
에 갑자기 그가 요절하고 만다. 이로써 몬무의 천도 사업은 중지되는 듯 보
였다. 하지만 몬무 천황을 대신해 그의 모친인 아베阿陪 황녀가 천황에 오르

면서 반전이 일어났다. 그녀는 7세에 불과한 왕손 오비토首가 장성해 권좌에 오를 때까지 천황의 지위를 대행할 요량으로 그해 7월 즉위식을 거행하고 겐메이 천황이 되었다.

그런데 즉위 후 반년도 지나지 않은 708년 2월, 겐메이 천황이 〈천도에 관한 조詔〉를 발표했다. 지금도 그렇지만 한 나라의 수도를 옮긴다는 것은 예삿일이 아니다. 막대한 인력과 재원이 소요될 뿐 아니라 기득권 세력의 반발 역시 만만치 않기 때문이다. 아스카 일대에 정치적 기반을 다진 호족의 반대가 예상되는 만큼 즉위한 지 얼마 되지 않아 천도 사업을 지시한 것은 정치적인 도박일 수 있었다. 겐메이 또한 이를 알고 있었을 것이다. 그래서인지 그녀는 〈천도에 관한 조〉를 발표하는 자리에서 "비록 박덕한 몸이지만 왕족과 대신의 뜻"에 따른 것임을 강조했다. 천도가 천황 개인의 의지가 아니라 '왕족과 대신'의 뜻에 따른 결정임을 강조한 것이다.

이후 천도 사업은 일사천리로 진행되었다. 같은 해 3월 궁의 조영을 담당할 임시 기구로 조궁성造宮省을 설치하고, 9월에는 그녀 자신이 직접 새 도읍을 건설하는 나라 북부로 시찰을 다녀왔다. 그리고 2년이 지난 710년 마침내 헤이조경으로 천도를 단행하기에 이른다.

덴무의 유지를 받들어 지토가 어렵사리 성사한 후지와라경과 비교하면 헤이조경은 비교적 손쉽게 그리고 단기간에 건설되었다. 아마도 이 같은 차이는 겐메이 천황이 밝혔듯이 권력층 내부에서 천도에 관한 합의가 있었기 때문으로 보인다. 그렇다면 당시 권력층은 무슨 이유에서 어렵사리 조성한 후지와라경을 포기하고 새 도성을 지어 천도하는 일에 동의했던 것일까?

아쉽게도 당시의 기록에서는 이에 관한 해답이나 기술을 찾을 수 없다. 다만 몇 가지 정황을 종합해 볼 때 후지와라경은 애초부터 도읍을 삼기에 적당한 장소가 아니었던 것 같다. 무엇보다 가장 큰 문제점은 후지와라경

[그림 3-1]
상공에서 바라본
헤이조궁 터 일대의 모습.

01 고대: 도성제의 수용과 변용

의 입지에 있었다. 앞에서 언급한 바와 같이 후지와라경은 아스카에서 불과 4 ~ 5킬로미터 떨어진 근거리에 있었다. 그렇다 보니 아스카에 세력 기반을 가진 호족들이 굳이 새 도성에 집을 짓고 이주하기보다 본래 집에서 걸어서 출사하는 편을 선택했다. 그 결과 시간이 지나도 후지와라경으로 이주하는 이들이 없어, 왕궁과 관사, 사원 등을 제외하면 도성 곳곳이 비어 휑한 느낌마저 들 정도였다.

지형 역시 큰 문제였다. 후지와라경은 전체적으로 북서쪽이 낮은 데 비해 동남쪽이 높은 경사면을 이루고 있었다. 산록에 해당하는 남쪽 고도가 높은 데 비해, 왕궁과 각종 관청이 몰려 있는 북쪽 고도가 낮은 '남고북저'형의 대지였다. 후지와라경에서 발생하는 각종 오물과 폐수는 이 같은 남고북저의 지형을 따라 북쪽에서 남쪽으로 흐르는 아스카강을 통해 외부로 배출했다. 문제는 평소 아스카강의 유량이 적고 물 빠짐이 좋지 못해 오물을 제대로 배출하지 못하는 경우가 많았다는 것이다. 그 결과 시간이 갈수록 후지와라경을 남북으로 관통하는 하천 주변에 오물이 쌓여 악취가 발생하고 위생 또한 나빠졌다. 심지어 저지대인 왕궁으로 하천이 자주 흘러넘쳐 궁전 주변까지 오수가 들어와 역병이 자주 유행했다고 한다.

| 견당사의 보고와 헤이조경의 건설 |

입지나 지형뿐 아니라 후지와라경의 잘못된 설계 역시 천도를 단행하게 만든 주요 원인 가운데 하나로 보인다. 일본은 백촌강 전투 이후 당과의 관계가 소원해지자 견당사 파견을 중지했다. 하지만 어느 정도 대외정세가 안정되자 30여 년 넘게 중지되었던 견당사 파견을 재고하게 되었다. 그리고 701년 아와타노 마히토粟田眞人를 '견당사절사'로 파견했다([그림 3-2]).

견당사 일행의 출항은 연이은 풍랑으로 계속 연기되다가 이듬해인 702

년 6월에서야 간신히 도항에 성공할 수 있었다. 그리고 다음 해인 703년 어렵사리 당의 수도인 장안에 도착해 무측천에게 인사를 올렸다. 이들은 장안의 이곳저곳을 둘러보았고 중국의 도성이 자신들이 생각했던 것과 많이 다르다는 점을 깨달았다. 그리고 704년 10월 후지와라경으로 돌아와 몬무 천황에게 그간의 사정과 현지의 모습을 보고했다.

당시 일본은 당을 문화의 전범으로 여기고 견당사를 파견해 이를 수용하고자 열심히 노력하던 시기였다. 이러한 점에서 후지와라경이 도성의 전범으로 간주해 온 장안성과 다르다는 견당사의 보고는 천황을 비롯해 일본의 지배층에 작지 않은 충격을 안겨다 주었을 것이다. 다시 말해 견당사 일행이 귀국한 직후 새 도성의 건설에 관한 심의를 시작한 것은 결코 우연이 아니다.

장안을 직접 보고 돌아온 견당사를 통해 후지와라경과 매우 다르다는 사실을 알게 된 몬무 천황은 당의 장안, 신라의 경주, 발해의 상경에 뒤지지 않는 수도를 건설하기로 마음먹었던 것으로 보인다. 그리고 그는 아스카와 후지와라경에서 북쪽으로 25킬로미터 정도 떨어진 나라 분지에 새 도읍을 정했다. 나라 분지는 북쪽의 기즈木津강과 남쪽의 야마토강 사이에 위치한다. 북쪽의 기즈강은 요도淀강과 우지宇治강으로 이어져 기나이畿內 지역의 서쪽과 동쪽 방면으로 수월하게 이동할 수 있고 남쪽의 야마토강을 이용하면 세토우치 내해로 나갈 수 있었다. 이전의 아스카나 후지와라경에 비하면 그야말로 사통팔달의 교통 요지인 셈이었다. 나라 분지로 천도를 결정한 중요한 이유 가운데 하나는 이 같은 지리적인 이점 때문이었다.

한편 조궁성에서는 도성을 짓기 위해 기나이 일대에 거주하는 일반 백성을 노역에 동원했다. 도성 건설 사업에 동원한 이들은 연인원 수십만 명에 이르렀을 것으로 추정한다. 이들은 후지와라궁의 주요 건물을 해체한 다음 하천을 따라 싣고 와 재활용해 다시 헤이조궁의 건물을 지었다. [그림 3-3]은 최근에 복원한 헤이조궁의 대극전이다. 지금 보더라도 그 위용이 대단하다.

하지만 국가의 체면을 위해 거대한 도성을 지으려는 대토목공사의 이면에는 많은 이의 노역과 희생이 있었다. 공사를 시작하고 수년이 지난 711년 9월 4일 《속일본기》에는 "도성을 짓기 위해 각 지역에서 동원한 역민 가운데 도망가는 이들이 많아 이를 막고자 하지만 그치지 않는다"는 기사가 실려 있다. 노역에 동원되어 힘든 노동에 지친 역민이 마지막에 선택할 수 있는 길은 '도망'뿐이었다. 이처럼 노역에 지쳐 도망하는 이들이 늘어나자, 조정에서도 더는 희생을 강요할 수 없었다. 이듬해 정월 헤이조경 건설이 어느 정도 마무리되자 "각 지역에서 동원한 역민이 고향으로 돌아가는 길에 굶어 죽지 않게 식량을 충분히 제공"하도록 지시하고, 역민을 돌려보냈다.

2.
일본적 도성의 건설과
도시 생활

| 헤이조경의 조방제와 '외경' |

후지와라경을 건설했던 경험이 음으로 양으로 도움이 되었던지 헤이조경은 〈천도에 관한 조〉를 발표하고 나서 수년 만에 건설을 완수할 수 있었다. 헤이조경은 후지와라경과 마찬가지로 조방제의 원칙에 따라 조영되었다. 조방제는 율령제 아래서 조리제條里制와 함께 토지를 구획하는 제도를 말한다. 조리제가 농민에게 나누어줄 농지를 일정하게 구획하기 위한 토지 구획 방식인 데 반해 조방제는 도성에 거주하는 관인과 주민에게 택지를 나누고 도로를 구분하는 일종의 도시 설계 방식이라 할 수 있다.

[그림 3-2] 견당선의 복원 모형. 견당사는 스가와라노
미치자네菅原道眞의 건의에 따라 894년
견당사 파견을 중지할 때까지 250여 년 동안 대략 19회에
걸쳐 임명되었다. 이 가운데 746년과 761년, 762년,
894년에 임명된 견당사는 당의 정세와 외교 문제 등을
고려해 파견을 중단했다. 그 결과 838년의 마지막 사절을
끝으로 실제 견당사를 파견한 횟수는 모두 15차례였다.
[그림 3-3] 복원한 헤이조궁의 대극전.

01 고대: 도성제의 수용과 변용

앞서 언급했듯이 헤이조경은 견당사가 수집한 정보에 따라 당의 장안성을 실제 모델로 삼아 조영했다. 후지와라경과 달리 도읍의 중앙부 북단에 궁을 배치한 것은 장안성의 구조를 참조한 결과였다. 헤이조궁은 사방을 담으로 두르고 남쪽 정문에 해당하는 주작문을 비롯해 모두 12개의 문을 냈다. 궁의 내부에는 천황의 사적 거주 공간인 '다이리'를 비롯해 정사를 논하는 공적 공간인 대극전과 조당원을 중심으로 2관 8성의 여러 관청을 배치했다.

도성의 내부 공간은 가운데 남북 방향으로 가로지르는 주작대로를 경계 삼아 동쪽의 좌경, 서쪽의 우경으로 나누었다. 그리고 동서 방향의 축인 '조'와 남북 방향의 축인 '방', 그리고 조와 방으로 구분된 구획을 '방'으로 삼았다. 가로축인 조는 북에서 남으로 1조에서 9조까지 나누고, 세로축인 방은 주작대로를 중심으로 삼아 그곳에서 좌우로 멀어지면서 1방에서 4방으로 구분했다. 조와 방으로 구획된 방은 다시 그 안을 16개의 '평坪'으로 나누었다.

조와 방을 나누는 경계이자 사람과 물자의 이동통로인 도로는 촌락에서 찾아볼 수 없는 도성만의 독특한 경관을 연출하기 위한 수단이었다. 도성 내의 도로 가운데 헤이조궁의 남문에 해당하는 주작문에서 도성의 남문인 나성문羅城門까지 약 4킬로미터의 거리를 남북으로 가르는 주작대로는 그 폭이 무려 74미터에 달했다. 그 밖에 도폭을 달리하는 대로와 소로를 두었는데 소로라 하더라도 그 폭이 약 10미터에 달할 정도였다([그림 3-4]).

현재와 비교하더라도 당시 도로는 굉장히 폭이 넓었는데 사람과 물자의 실제적인 통행을 염두에 두고 만든 것이 아니다. 파리 샹젤리제 거리의 끝단에 있는 개선문처럼 방사형의 가로 구조를 가진 도로는 방사상의 중심에 서느냐, 아니면 주변부에 서느냐에 따라 공간을 차등적인 권력의 시각에서 바라보게 된다. 이에 반해 격자형 도로는 동등한 권력의 위계를 갖기 때문

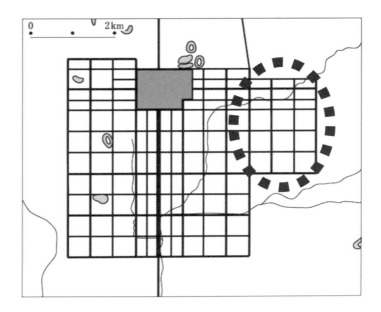

[그림 3-4] 헤이조경의 시가지.
굵은 점선으로 표시한 영역이 외경에 해당하는 부분이다.
[그림 3-5] 헤이조경의 주작대로. 사진 정면의 건물은 헤이조궁의
남문에 해당하는 주작문을 복원한 것이다. 주작문 앞에 서면
주작대로의 도폭이 얼마나 넓은지 실감할 수 있다.

01 고대: 도성제의 수용과 변용

에 어디에서 바라보는지는 그리 중요하지 않다. 격자형 도로에서 권력을 시각적으로 느끼게 하려면 도로 폭에 따라 공간의 차이를 둘 수밖에 없었다. 당시 도성 남쪽에 있는 나성문을 통해 헤이조경에 처음 입장하는 이는 [그림 3-5]와 같이 헤이조궁의 남문인 주작문까지 직선으로 길게 뻗은 주작대로를 보고 시각적으로 압도당하는 느낌을 받았을 것이다. 그리고 그 시선 끝에 우뚝 솟은 헤이조궁을 바라보며 세상 어느 곳에서 느낄 수 없었던 천황의 권력과 위용을 새삼 확인했을지 모른다. 바로 이러한 점에서 74미터에 이르는 주작대로는 천황의 권력을 한눈에 실감할 수 있는 일종의 랜드마크였다고 말할 수 있다.

헤이조경으로 천도한 지 십 수 년이 지난 724년 11월경 《속일본기》에는 다음과 같은 기사를 살펴볼 수 있다.

> 아주 옛날에는 순박해서 겨울은 구덩이에 살며 여름이 되면 우리에서 살았다. 후세의 성인은 대대로 궁실을 만들었다. 경사京師가 있어 제왕이 사는 곳으로 삼았다. 만국이 조하朝賀하는 이곳을 장려하게 만들지 않는다면 무엇으로 덕을 나타낼 수 있다는 말인가!

일본을 방문한 외국의 외교 사절은 이 기사에서처럼 헤이조경으로 상경해 천황과 인사를 나누었다. 외국 사신을 비롯해 온 나라 사람에게 천황의 덕을 보이기 위해 도읍을 장려하게 만들었다는 기사를 통해 헤이조경이 천황 지배의 정당성을 과시하기 위해 건설한 기념 공간임을 알 수 있다. 옛 야마토 정권의 대왕이나 호족들이 고분의 크기와 규모를 통해 지배자의 권위를 과시하려 했던 것처럼 이제 천황이 거주하는 도읍은 군주의 '덕'을 나타내기 위해 광대하고 장려한 곳으로 연출해야만 했다.

하지만 헤이조경은 장안성에 비교하면 그 규모가 약 4분의 1에 불과했다. 규모도 작았지만, 도성의 외곽을 성벽으로 두르지 않았다는 점에서 장안성과 달랐다. 견고한 성벽을 쌓지 않은 것은 섬이라는 지리적인 조건으로 외부의 침략을 대비해 견고한 성벽을 갖출 필요성이 낮았기 때문이다. 장안성과 또 다른 점은 완전한 좌우 대칭이 아니고 [그림 3-4]와 같이 동편으로 가로 약 250미터, 세로 약 750미터의 직사각형 부지가 튀어나와 있다는 것이다. 건축사가인 세키노 다다시關野貞는 이를 '외경外京'이라고 불렀다. 이처럼 한쪽이 튀어나온 도성 형태는 중국이나 한반도에서 그 유례를 찾아볼 수 없다. 헤이조경에 외경을 만든 이유는 아직 정확하게 밝혀지지 않았다. 외경 일대에 도다이사東大寺, 고후쿠사興福寺, 겐고사元興寺와 같이 율령국가에서 지원하는 국가적인 대사원이 위치한다는 점에서 건설 당시부터 도성 외곽의 사원 부지로 계획한 것이 아닐까 생각해 보지만, 이 역시 어디까지나 추측에 불과하다.

일본 연구자들은 외경이야말로 중국과 한반도에서 찾아볼 수 없는 일본 도성의 특징인 동시에 중국과 한반도의 영향에서 벗어나 점차 독자적인 행보를 시작한 증거로 이야기하곤 한다. 어찌 되었든 외경을 조성한 결과, 헤이조경은 후지와라경과 비교해 동서 폭이 2배 정도 긴 독특한 형태를 가지게 되었다.

| 헤이조경의 인구와 동·서 시장 |

〈다이호율령〉을 근거로 헤이조경에 거주하는 관인을 헤아려 보면 대략 1만 명 정도에 이르렀을 것으로 보인다. 이 가운데 5위 이상의 상층 귀족은 100여 명 정도에 지나지 않았다. 사실상 헤이조경에 거주하는 관인 대다수는 하급 관인이었다. 5위 이상 상층 귀족의 경우 헤이조궁에서 가까운 곳에 저택을 지었다. 이에 반해 하급 관인은 궁에서 멀리 떨어진 8조나 9조 근방에 집을 두었다. 이들 5위 이하 하급 관인은 조방제의 단위인 1평을 기준삼아 관위에 따라 차등적으로 16의 1, 32분의 1, 64분의 1을 택지로 받았다.

헤이조경에는 관인뿐만 아니라 그들의 가족, 도성 및 각종 건설 사업에 동원된 일꾼, 상품유통에 종사하는 상인 등을 비롯해 다양한 이들이 거주했다. 선행 연구에 따르면 헤이조경의 총 호수를 약 4,500호 정도로 어림잡고, 733년에 작성된 《우쿄카이초右京計帳》를 바탕으로 1호당 인구를 대략 16.4명으로 계산하면 헤이조경의 인구 하한선은 대략 7만 3,800명 정도로 잡을 수 있다. 여기다 도다이사를 비롯한 대사원의 승려와 사원 관계자, 도성 경호 등을 위해 지방에서 상경한 이들을 합산하면 헤이조경의 주민은 대략 10만 명 정도로 추산할 수 있다. 참고로 8세기 전반 일본 열도의 주민을 대략 600만 명 정도로 추정한다는 점을 염두에 둔다면 전체 인구의 60분의 1 정도가 수도에 살았던 셈이다.

헤이조경에 거주하는 5위 이상의 상층 귀족은 관위에 따라 차등적으로 받는 봉전封田에다 수십에서 수백에 이르는 봉호封戶에게서 징수한 미곡과 포, 특산물 형태로 징수하는 용조庸租를 수입으로 얻었다. 하지만 6위 이하의 하급 관인은 일 년에 봄, 여름 두 차례로 나누어 비단과 무명을 봉록으로 받았다. 비단과 무명 같은 현물로 봉급을 받은 관인은 생활에 필요한 물품을 직접 시장에서 구매해야만 했다.

도성에 거주하는 관인과 각종 관청의 물자 수요를 충족시키기 위해 헤이조경에는 동·서에 관영 시장을 두었다. 동·서 양시는 각기 동·서시사東·西市司를 통해 엄중하게 관리했다. 〈다이호율령〉의 뒤를 이어 757년에 제정된 〈요로율養老律 관시령關市令〉에는 관소와 시장에 관한 규정을 싣고 있는데 이 중에서 시장에 관한 주요 조항을 살펴보면 다음과 같다.

제11조. 시항조市恒條: 무릇 시장은 항상 정오에 모이고, 일몰 전에 북을 3회 쳐서 해산한다.

제12조. 매사립표조每肆立標條: 무릇 시장에서는 점포마다 취급 품목을 적은 표를 세운다. (시장을 관리하는) 시사市司는 상품을 거래하는 실제 시가를 조사해 3등급으로 나누고, 10일마다 이를 기록한 장부를 만들라. 그리고 계절마다 본사本司(좌·우 경직)에 보고하라.

여기서 알 수 있듯이 동·서시의 시장은 정오에 거래를 시작해서 해가 지면 파장을 했다. 시장에는 비단과 포목을 비롯해 일정한 품목의 상품을 판매하는 점포를 설치했다. 이 같은 점포는 시적市籍에 등재해 상품을 매매할 수 있는 권리를 인정받고 지대를 면제받았다. 다만 아쉽게도 동·서시의 운영 실태를 구체적으로 보여 주는 자료는 아직 확인되지 않는다.

율령의 시행세칙을 모아 927년에 완성된 〈연희식延喜式〉에 따르면 헤이안경의 동·서시를 감독하는 동·서시사는 매달 매매가를 기록한 고가장沽價帳 3통씩을 작성해 도성의 행정을 책임진 관리인 좌·우 경직京職에게 제출했다. 경직은 내용을 확인하고 서명·날인한 다음 태정관에 넘기면 태정관과 경직, 동·서시사가 각기 나누어 한 통씩을 보관했다. 비록 헤이조경 당시의 기록은 아니지만 동·서시에 관한 〈연희식〉의 규정은 율령국가가 동·서시의 운영에 얼마나 많은 관심을 보였는지를 알려 준다. 실제로 8세기 중엽 물가가 오를 기미가 보이자 좌·우 평준서平準署를 설치해 759년 상평창常平倉에서 보유한 쌀을 동·서시에 내다 팔았다는 기록을 찾아볼 수 있다. 이처럼 율령국가는 동·서시를 통해 관사의 재정과 관인의 공무 수행, 귀족의 도시 생활을 위한 물자를 공급할 뿐만 아니라 물가 안정을 위해 노력하는 등 다양한 유통 정책을 시행했다.

　당시는 오늘날과 비교할 수 없을 만큼 생산력과 유통환경이 미약했다. 따라서 10만여 명에 가까운 인구를 부양하기 위해 헤이조경 주변의 기나이 지역은 물론이고 일본 전역에서 식량과 자원을 조달해 공급했다.

3.
헤이조경의 불교사원과
'남도'의 성립

| 진호 국가를 꿈꾼 쇼무 천황의 사원 건립 |

헤이조경을 도읍으로 삼았던 시기를 '나라 시대'라고 한다. 나라 시대는 후지와라경에서 헤이조경으로 도읍을 옮긴 710년부터 헤이안경으로 천도하는 794년까지를 말한다. 이 시기 동안 헤이조경에서는 도다이사와 고후쿠사를 비롯해 여러 사찰이 들어서면서 화려한 불교문화가 꽃을 피웠다. 특히나 쇼무聖武 천황은 불교에 대한 지원을 아끼지 않은 인물로 유명하다. 그가 집권하던 시기 일본은 천연두와 같은 역병이 기승을 떨치는 가운데 지진에다 귀족층의 반란까지 연이은 변란으로 많은 사상자가 발생해 민심이 흉흉한 상태였다. 그는 사회 혼란을 잠재우고 국가의 안녕을 기원하기 위해 부처님이 지켜 주는 '진호鎭護 국가'를 꿈꾸었다. 그리고 이를 실현하기 위해 741년 전국 70여 개의 국國에 승려와 비구니가 거처하는 고쿠분사國分寺와 고쿠분니사國分尼寺를 한 곳씩 건립하도록 사원 건립에 관한 조칙을 내렸다.

　'진호 국가'를 위한 쇼무의 노력은 이것으로 끝나지 않았다. 화엄경에 깊이 빠져 있던 그는 743년 거대한 비로자나불을 헤이조경에 모시기로 마음

먹었다. 먼저 대불을 모실 도다이사를 건립하기 위해 745년 조동대사사造東
大寺司를 설치하고, 사원 조영을 시작했다. 비로자나불의 높이는 16미터에
달했다. 크레인이나 건설 기계가 없던 당시는 먼저 커다란 나무로 중심부
에 심을 세워 뼈대로 삼은 다음 진흙으로 본을 만들었다. 그러고서 [그림
3-6]과 같이 아래서부터 8단계로 나누어 청동을 부어 굳힌 다음 형태를 잡
았다. 청동 대불을 만들기 위해 총 260여만 명이 전국에서 동원되었을 것으
로 추정한다. 불상의 재료인 청동과 황금을 모으고 이를 제련하는 과정에
서 백제계 도왜인의 후손이 커다란 역할을 했다. 그리고 752년 멀리 인도와
베트남, 중국, 신라를 비롯한 해외 각지의 승려와 사절단이 참석한 자리에
서 마침내 성대한 대불 개안 공양회가 열렸다. 이후 도다이사는 전국 각지
에 건립한 고쿠분사의 총본산이자 화엄종의 대본산인 동시에 국가불교의
중심 사원이 되었다.

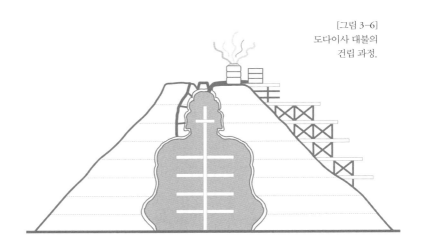

[그림 3-6]
도다이사 대불의
건립 과정.

01 고대: 도성제의 수용과 변용

도다이사와 함께 헤이조경을 대표하는 사원으로 고후쿠사를 들 수 있다. 이곳은 본래 황가에 필적할 만큼 막강한 권력을 가진 귀족 가문인 후지와라藤原 일족의 안녕을 기원하기 위해 건립한 씨족 사원이다. 후지와라 가문은 앞서 1장에서 살펴본 잇시의 변 당시 나카노오에 태자를 도와 소가 씨 일족을 제거하는 데 큰 공을 세운 나카도미노 가마타리中臣鎌足를 시조로 삼는다. 가마타리는 잇시의 변에서 세운 공을 인정받아 천황으로부터 '후지와라'라는 성을 하사받았다. 나카토미 씨는 본래 조정 내에서 지위가 높지 않았지만 가마타리 이후 그의 후손들이 조정의 주요 관직에 오르면서 세력가가 되었다. 가마타리는 669년 교토 인근에 일족의 번성을 기원하고자 씨족 사원을 건립했는데 이후 후지와라경으로 그 위치를 옮겼다가 710년 헤이조경 건립 당시 현재의 장소로 다시 옮기면서 사원 이름을 '고후쿠사'로 변경했다. 이후 고후쿠사는 조정의 고위직을 독점한 후지와라 가문으로부터 돈독한 지원을 받으며 번성했다.

　후지와라 씨는 고후쿠사 인근에 씨족 신사인 가스가사春日社도 함께 지었다. 오늘날 나라를 방문하는 관광객이 가장 많이 찾는 명소인 사슴공원은 실은 가스가사의 경내에 해당한다[그림 3-7]. 나라의 명물인 이곳 사슴은 예로부터 논밭의 농작물에 피해를 주거나 뿔로 사람을 해쳐 인근 주민의 원성이 자자했다. 하지만 가스가사에서 모시는 4명의 신 가운데 하나인 천둥신 다케미카치노 미코토武甕槌命가 흰 사슴을 타고 이곳에 왔다는 전설에 따라 신의 사자로 간주해 신사의 보살핌을 받게 되었다.

　한편 헤이조경에는 도다이사와 고후쿠사 외에도 간고사元興寺, 다이안사大安寺, 야쿠시사藥師寺, 사이다이사西大寺, 호류사法隆寺와 같이 국가로부터 대대적인 지원을 받은 대사원이 속속 건립되었다. 국가의 후원을 받는 대사원이 많다 보니 자연스레 조정 정치에 관여하는 승려도 등장했다. 그에

[그림 3-7]
가스가사(위)와 사슴공원의 모습(아래).
가스가사의 사슴은 제2차 세계대전 당시
극심한 식량난에 의한 밀렵으로 70여 마리까지
줄어들었다가 현재는 시민들의 사랑을 받으며
나라를 상징하는 동물로 많은 사랑을 받고 있다.

01 고대: 도성제의 수용과 변용

따라 불교 세력은 일종의 압력 단체로 활동하며 점차 독자적인 정치 세력이 되었다.

| 헤이조경의 폐도와 사원 도시로의 변신 |

헤이조경은 율령국가의 수도로 7대에 걸쳐 784년까지 불교와 함께 번성을 누렸다. 그 사이에 쇼무 천황은 역병과 내란을 피해 일시적으로 구니경恭仁京, 나니와경難波京, 시가라키경紫香楽京으로 거처를 옮긴 적도 있다. 그렇다고 천도를 단행하지는 않았다. 율령제가 정착하면서 관인의 숫자가 많아졌고 그에 따라 이전처럼 간단히 천도를 시행할 수 없었기 때문이다.

8세기 후반 새로이 천황에 즉위한 간무桓武는 조정의 분위기를 일신하고자 천도를 지시했다. 비대해진 사원 세력을 정리하고 후지와라 씨와 같은 귀족들의 정치적인 영향력에서 벗어나기 위해 천도를 선언한 것이다. 여러 우여곡절을 겪은 끝에 결국 794년 지금의 교토에 해당하는 헤이안경으로 도읍을 옮기게 된다. 헤이안경으로 천도하고 나서 얼마 지나지 않아 사람들이 모두 떠나 버리고 헤이조경 일대는 다시 논밭으로 되돌아갔다. 심지어 궁궐 터의 위치조차 잊혔다.

불행 중 다행이랄까 도다이사와 고후쿠사를 비롯한 헤이조경의 대사원은 새 도읍인 헤이안경으로 이전하지 않고 본래의 자리에 남았다. 천도를 주도한 간무 천황이 불교 세력을 견제하기 위해 대사원의 이전을 금지한 덕분이었다. 돌이켜 보면 이 같은 조치야말로 헤이조경의 입장에서 생존을 위한 반전의 기회가 되었다. 도다이사나 고후쿠사 같은 대사원이 그 자리에 남은 덕에 헤이조경은 종교 도시의 명맥을 유지할 수 있었다. 그 결과 천도와 함께 위치조차 잊힌 후지와라경과 달리 폐도의 길을 면할 수 있었다.

도다이사와 고후쿠사 주변에는 승방에서 기거하는 승려의 생활을 보조하기 위해 출가자의 가족과 사원의 경제활동에 관련된 상공인들이 대거 거주하면서 자연스레 시가지가 만들어졌다. 고후쿠사는 '고후쿠지시치고興福寺七鄕'라는 7개 조직으로 사원 주변에 형성된 시가지를 관리했다. '고鄕'는 본래 영주가 역을 매기기 위해 편성한 조직을 말한다. 여기에 조직을 실질적으로 지배하는 대사원의 이름을 붙인 '도다이지고東大寺鄕', '간고지고元興寺鄕'와 같은 자치적인 행정 조직이 만들어졌다. '고'에 속한 향민들은 대사원의 과역을 수행하는 대신 세속 영주의 지배에서 벗어나 자치적으로 행정 업무를 처리했다.

한편 도읍을 헤이안경으로 옮긴 간무 천황은 또다시 불교 세력이 권세를 휘두를 것을 두려워한 나머지 동·서사를 제외하고 시내에 사원을 짓는 것을 인정하지 않았다. 그 대신 교토 인근의 히에이산比叡山에 있는 엔랴쿠사延曆寺를 비롯해 천태종 계열의 사원을 지원했다. 하지만 간무 천황의 바람과 달리 헤이안으로 천도한 이후에도 고후쿠사를 비롯해 옛 헤이조경의 대사원이 가진 위세와 권위는 변함이 없었다. 오히려 도다이사나 고후쿠사의 승려들은 교토에서 열리는 법회나 기도에 참여해 황실과 귀족에 대한 영향력을 예전대로 유지할 수 있었다. 특히나 최고 권세가인 후지와라 가문의 지지를 받는 고후쿠사는 막강한 권력을 휘둘렀다. 고후쿠사는 황실이나 귀족들이 헌납한 토지를 바탕으로 전국 각지에 여러 곳의 장원을 경영할 뿐 아니라 자체적으로 승병을 조직해 조정 정치에까지 관여할 정도였다. 이들은 조정 정치에 불만이 있거나 자신들의 이해관계에 관련된 문제가 있으면 대규모 승병을 이끌고 교토로 상경해 무력시위를 벌이는 경우도 적지 않았다.

헤이안경으로 천도한 이후 헤이조경은 '남경南京' 또는 '남도南都'라는 이름으로 불리게 되었다. 교토의 귀족들이 후지와라 가문의 씨족 신을 모신 가스가사春日社와 일족의 안녕을 비는 고후쿠사가 위치한 나라에 친밀감을 나타내고자 옛 지명인 헤이안경 대신 교토의 남쪽에 있다고 해서 '남경', '남도'라는 이름으로 옛 헤이조경을 부른 것이다.

대사원 세력과 함께 번영을 구가하던 남도는 1180년 무사 집단 사이의 전투로 커다란 피해를 보게 되었다. 무사들의 방화로 도다이사와 고후쿠사는 거의 전소되다시피 했다. 대불전의 대불마저 화재로 녹아 내렸다. 사원 주변의 시가지 역시 전란의 피해를 비껴갈 수 없었다. 새로이 무가 정권의 수장이 된 미나모토노 요리토모를 비롯해 일본 전역에서 사원과 대불의 재건에 필요한 자금을 기부한 덕에 고후쿠사를 비롯한 남도의 대사원은 재흥의 기회를 얻을 수 있었다. 전란의 피해를 극복한 남도는 대사원을 중심으로 상업과 수공업이 발전하면서 13세기 말에 이르면 교토에 이어 일본 제2의 도시로 성장하기에 이르렀다.

4.
고도의
관광 도시화

| 대외관계의 변화와 무사의 등장 |

일본사를 접할 때 흥미로우면서도 좀처럼 이해하기 힘든 사실 가운데 하나가 바로 무사 지배의 문제이다. 동아시아 사회에서 이처럼 무사 지배가 오랫동안 지속한 경우를 찾아볼 수 없기 때문이다. 중국에서는 당대 절도사와 같은 무인 정권이 득세한 적이 있지만, 당말오대唐末五代 후주後周의 장군 조광윤趙匡胤은 송宋을 건국하고 황제 권력에 위협이 될 수 있는 무신 세력을 견제하고자 과거시험을 더욱 정교하게 제도화했다. 그 결과 문치주의에 입각한 관료주의는 한층 강화되었다.

한국에서도 문벌귀족에 불만을 품은 고려의 무신 세력이 일시적으로 무인 정권을 수립한 사례를 찾아볼 수 있다. 하지만 대몽항쟁 과정에서 이들은 결국 몰락하고 만다. 고려를 무너뜨린 이성계 역시 그 자신이 홍건적과 왜구의 침입을 물리치는 과정에서 두각을 나타낸 무신 세력이지만, 정작 조선을 건국한 이후에는 문반의 지위를 무반보다 우위에 두는 문관 위주의 문·무 양반제를 정비했다. 이러한 점에서 본다면 장기간 지속한 일본의 무가 정권은 동아시아의 일반적인 정치 상황에서 명백히 이질적인 역사적 경험임이 분명하다.

다만 여타 동아시아 지역과 달리 일본에서 무사와 같은 직업적인 전사 집단이 등장하고 이들이 오랫동안 권력을 유지할 수 있는 요인을 뽑자면 아시아대륙의 변경에 있는 섬나라라는 지정학적인 환경을 그 첫 번째로 들 수 있지 않을까 싶다. 일본은 영국처럼 유럽대륙에 너무 근접하지도 않고, 그렇다고 그린란드처럼 아주 멀리 떨어져 있지 않다. 아시아대륙과 맞붙어 중원의 정세 변화에 직접적인 영향을 주고받을 수밖에 없는 한반도의 여러 왕조국가와 달리 일본은 바다를 사이에 두고 적당히 떨어져 있어 외부의 정치 변동과 선진문화를 선택적으로 수용할 수 있었다. 바다라는 안전판을 사이에 두어 소규모 직업적인 군사 집단만으로 왕실 경호와 사회 치안을 유지할 수 있는 상황에서 굳이 막대한 비용이 소요되는 상비군을 두면서 외적의 침입에 대비해야 할 필요가 없었을 것이다. 토지를 매개로 주군에게 군사적인 봉공을 제공하는 무사 집단의 주종관계가 오랫동안 유지될 수 있었던 것은 이 같은 요인이 복합적으로 작용한 결과라고 생각한다.

결론적으로 일본에서는 8세기 후반 이후 동아시아 대외관계가 안정되자 백촌강 전투 이후 신라와 당의 침입을 우려해 규슈에 배치한 병사, 즉 '사키모리防人'를 철수하고 전국에 조직한 군단 역시 폐지했다. 게다가 견당사마저 더 이상 파견하지 않고 외래 문물의 수용보다 자국의 전통과 문화를 중시하는 경향을 보이기 시작했다. 이처럼 대외적인 평화와 안정을 바탕으로 헤이안경에 거주하는 관인 귀족은 우아한 궁정문화에 탐닉하는 대신 무예를 연마해 전투를 업으로 삼은 '쓰와모노兵', 즉 무사 집단에 궁정의 경비와 저택의 호위를 맡겼다. 이들은 조정의 정치 분쟁에 개입해 해결사 노릇을 자처하면서 상황과 섭관가를 제치고 점차 새로운 정치 세력으로 부상하게 되었다. 그리고 12세기 후반 마침내 무력을 기반으로 무사 정권을 수립하기에 이르렀다.

| 거듭되는 남도의 위기 |

하극상이란 무로마치 막부의 쇼군을 비롯해 기존 권력 집단이 가진 권위나 질서를 인정하지 않고 오직 힘만을 우선시하는 풍조를 말한다. 종교나 전통의 권위를 부정하고 무력만을 우선시하는 하극상의 센고쿠 시대*는 이후 100여 년 동안 일본 사회를 뒤흔들어 놓았다. 센고쿠 시대의 무사들은 신불의 권위나 종교적인 가르침조차 두려워하지 않았다. 이 같은 풍조 속에 센고쿠 다이묘戰國大名인 마쓰나가 히사히데松永久秀는 1560년 유서 깊은 고후쿠사의 승병을 무력으로 굴복시키고 남도를 장악하는 데 성공했다. 세속 권력인 센고쿠 다이묘가 불교 세력을 꺾고 남도를 지배하게 된 것이다.

센고쿠 동란이 계속되는 동안 남도는 또 한 번의 위기를 겪게 되었다.

---

* 오닌의 난 이후 오다 노부나가 정권이 확립되는 1570년을 전후한 시기까지 대략 1세기에 걸친 혼란기를 말한다. 무로마치 막부 쇼군이 존재했지만, 무력을 바탕으로 실력을 쌓은 센고쿠 다이묘가 각지에서 할거하며 정치적·군사적 변동이 계속되었다. 중국사의 춘추전국 시대와 구분하기 위해 센고쿠 시대라 칭하며 오다 노부나가의 뒤를 이은 도요토미 히데요시의 전국 통일을 계기로 종식되었다.

1567년에 벌어진 시가지 전투로 또다시 도다이사 대불전이 소실되는 불운이 일어났다. 이듬해 오기마치正親町 천황은 대불전의 재건을 지시하지만 실제로 대불과 대불전을 재건한 것은 그로부터 100여 년이 지나서였다([그림 3-8]). 불심이 두터웠던 에도 막부 제5대 쇼군 도쿠가와 쓰나요시德川綱吉의 모친 게이쇼인桂昌院의 지원으로 대불을 재건할 수 있었다. 1692년 대불 개안 공양식을 진행하고 1709년 낙성식과 함께 마침내 대불전이 완성되었다. 오늘날 나라 여행 중에 만날 수 있는 대불전은 바로 당시에 재건한 것이다. 오랜 역사만큼이나 도다이사의 대불전은 참으로 많은 사연을 가진 곳이다.

한편, 에도 막부는 이곳을 중요하게 생각해 나라부교奈良奉行를 두고, 직할령으로 삼았다. 17세기 후반 막부 조사에 따르면 나라의 마치町 수는 205개에 달했고 거주하는 이는 대략 3만 5,000여 명에 이르렀다. 에도 시대 중엽 이후 순례 여행이 유행하면서 도다이사와 고후쿠사를 비롯해 유서 깊은 사찰이 많은 나라는 서민들 사이에 주요 관광지가 되었다.

| 메이지 신정부의 불교 탄압 |

일본 불교는 신도와 결합한 '신불습합神佛習合' 형태를 띠었다. 자체 경전을 갖추지 못한 신도는 불교의 가르침을 통해 종교의 체계와 형식을 갖출 수 있었고, 불교는 신도와 결합해 일반 대중 사이로 손쉽게 전파될 수 있었기에 자연스럽게 신불습합이 이루어졌다. 쇼무 천황이 도다이사에 모신 비로나자불을 천황의 조상신이자 태양신인 오미카미大御神가 그 몸을 빌려 나타난 것이라고 말한 것은 신불습합의 실례를 잘 보여 준다. 후지와라 씨의 씨족 사원인 고후쿠사의 승려가 씨족 신사인 가스가사의 신관을 겸직하는 것역시 신불습합에 따른 결과이다.

하지만 메이지 유신 직후 천황제 국가를 만들기 위해 신정부는 오랫동안

01 고대: 도성제의 수용과 변용

[그림 3-8]
도다이사 대불전의 대불.
1년에 한 번 대불의 먼지를 청소하는 이들의 모습을 통해
대불이 얼마나 큰지 가늠해 볼 수 있다.

결합해 온 신불습합의 전통을 해체하고자 신불 분리령을 내렸다. 신불 분리령으로 천황을 중시하는 전통 신도의 위치를 격상하는 대신, 외래 종교라는 이유를 들어 불교를 탄압하고 배척하는 폐불훼석廢佛毁釋운동이 일어났다. 불교사원의 종탑과 불상을 파괴하는 폐불훼석운동은 마치 폭풍처럼 일본 전역을 휩쓸고 지나갔다. 고후쿠사를 비롯한 나라의 대사원 역시 커다란 피해를 보았다. 도다이사를 비롯한 나라의 유서 깊은 사찰을 방문하려는 순례자의 발길마저 끊기면서 순례 여행자들로 발 디딜 틈 없던 나라는 여행업의 불황으로 침체의 늪에 빠지게 되었다. 불꽃같던 폐불훼석운동이 점차 잦아들고 오사카와 교토 등지로 연결하는 철도가 개통하면서 나라는 서서히 부활의 기회를 모색할 수 있었다.

| 헤이조궁 유적 보존운동 |

784년 교토 인근의 나가오카경으로 도읍을 옮기자 헤이조경을 찾는 이가 없어지면서 헤이조궁은 그 위치조차 사람들의 기억에서 잊혔다. 그 결과 헤이조궁 일대는 [그림 3-9]와 같은 논밭으로 바뀌었다. 무려 천여 년 넘게 기억에서 사라진 헤이조궁의 존재를 다시 찾아낸 이는 에도 막부의 무사이자 나라의 행정사무를 맡아 보는 관리였던 기타우라 사다마사北浦定政였다. 그는 바퀴의 회전 수로 거리를 측정하는 측량차 등을 이용해 [그림 3-10]과 같이 헤이조궁 터를 실측한 지도를 작성하다가 논밭에서 헤이조궁의 기단부 유적을 찾아냈다. 그가 헤이조궁의 유적을 발견하지 못했더라면 나라에 관한 근대적인 학술 연구의 시작은 한참 늦어졌을지 모른다.

  1908년 나라현의 건축기사로 부임한 세키노 다다시關野貞 역시 나라 연구에 중요한 역할을 한 인물이다. 그는 옛 궁터를 체계적으로 조사해 헤이조궁 터를 보존하는 데 필수적인 학술 연구의 토대를 마련했다. 그의 연구를

01 고대: 도성제의 수용과 변용

계기로 헤이조궁의 사적을 보존하려는 '헤이조궁터보존회'가 결성되었다. 이들은 헤이조궁 일대의 토지를 매입해 국가에 기부함으로써 헤이조궁 유적 보존운동의 선구가 되었다. 이후 많은 시민과 연구자의 노력으로 헤이조궁 보존운동이 전개되었다. 그 결과 무려 120헥타르에 달하는 헤이조궁 유적 전역이 사적지로 지정될 수 있었다.

앞서 살펴본 바와 같이 나라가 오늘날 교토와 함께 일본을 대표하는 '고도'의 자리에 오를 수 있었던 것은 무엇보다 이곳의 역사를 아끼고 사랑했던 여러 사람의 노력이 있었기 때문이다. 현재 헤이조궁 유적지에 관한 발굴조사는 1952년에 발족한 나라문화재연구소에서 담당하고 있다. 나라문화재연구소는 헤이조궁뿐만 아니라 앞서 살펴본 아스카, 후지와라경의 유적 조사와 발굴을 비롯해 '아스카자료관'과 '헤이조궁적자료관平城宮跡資料館' 등의 전시시설을 운영하는 등 일본의 고고학 연구를 선도하고 있는 기관이다. 반세기가 넘는 시간 동안 헤이조궁 터를 발굴하다 보니 이제는 발굴 자체도 하나의 역사가 되고 있다. 나라문화재연구소를 중심으로 여러 연구자와 시민들의 노력으로 헤이조궁의 옛 궁터는 지난 1998년 유네스코 세계문화유산으로 등재되었다.

몇 년 전 국내에서 가장 규모가 큰 경남 김해시 구산동 지석묘가 제대로 된 발굴조사 없이 공원 조성공사를 하다 고인돌의 원형을 훼손했다는 뉴스를 접하고 안타까워했던 적이 있다. 문화재를 관광 자원으로 바라보다 보니 그것에 담긴 역사적인 가치보다 경제적인 활용을 우선시하는 풍조가 여전한 한국에서, 무려 반세기 넘게 발굴 작업을 계속하고 있는 나라 헤이조경의 사례는 문화재를 어떻게 발굴·보존해야 하는지 고민하는 데 좋은 참고가 될 수 있을지 모르겠다.

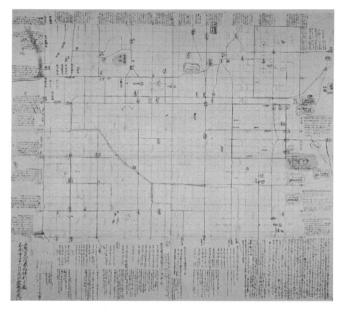

[그림 3-9] 1900년대 나라 헤이조경 일대의 모습.
[그림 3-10] 기타우라 사다마사가 작성한
〈헤이조궁다이리유적평할지도平城宮大内裏跡平割之圖〉.

01 고대 – 도성제의 수용과 변용

04
헤이안경·교토:
수많은 고난과
역경을 극복한
천년고도

1.
헤이안경의 건설과
도성의 공간 변화

| 천년고도 교토의 유산, 직교형의 도로망 |

교토는 일본을 대표하는 관광 도시이자 천년고도이다. 이처럼 오랜 역사를 가진 도시지만, 시내 중심가에 있는 교토역 옥상 정원에 올라 시가지를 내려다보면 바둑판처럼 가로, 세로로 쭉 뻗은 도로망을 확인할 수 있다. 일본의 도시는 메이지 유신 이후 근대화 과정에서 옛 영주의 성곽을 중심으로 시가지가 무질서하게 확장되다 보니 시내라 하더라도 도로 폭이 좁고 구불구불한 경우가 많다. 그런데 교토 시내는 아무리 보아도 일본의 여느 도시와 달리 서울의 강남이나 신도시에 가까운 바둑판 모양의 도로망을 가지고 있다. 우리 눈에는 그다지 새롭지 않을 수 있지만 천 년 넘는 오랜 역사를 가진 도시가 이토록 반듯한 도로망을 가지게 된 것은 도성을 조성할 당시 '조방제'의 원칙에 따라 공간을 구획한 덕분이다.

교토는 794년 이곳으로 천도한 이래, 정쟁과 전란, 지진과 홍수 등으로 수많은 피해를 보면서도 천여 년 넘게 도읍의 지위를 유지해 왔다. 메이지 유신 이후 천황의 거처를 도쿄로 옮기면서 도시의 위상이 예전 같지 못하다지만 일본 고유의 문화와 전통을 담고 있다는 자부심만큼은 여전하다.

| 간무 천황의 집권과 헤이안경의 건설 |

교토의 옛 이름은 '헤이안경平安京'이다. 헤이조경에서 헤이안경으로 도읍을 옮긴 이는 [그림 4-1]의 주인공인 간무桓武 천황이다. 이런 점에서 보자면 오늘날 교토의 시작은 간무 천황에서부터 비롯되었다고 해도 과언이 아

01 고대: 도성제의 수용과 변용

니다. 그런데 알고 보면 간무 천황은 우리와도 깊은 관계가 있는 인물이다. 군주의 지위에서 물러나 이제는 상황이 된 전 아키히토明仁 천황은 지난 2001년 68세 생일을 기념하는 기자회견에서 간무 천황의 생모인 다카노 니가사高野新笠가 백제 무령왕의 자손이라고 적은 《속일본기》 기사를 소개 하며 "한국에 깊은 인연을 느낀"다는 소회를 밝혔다. 2002년 한일월드컵 공동 개최를 앞둔 시점에서 양국 사이가 더욱 좋아지기를 바라는 천황 개 인의 염원을 담은 발언이지만, 백제와 천황가 사이에 깊은 관계가 있다는 사실을 천황 스스로 인정한 셈이어서 일본 사회에 적지 않은 파문을 일으 켰다.

간무 천황은 '잇시의 변'을 통해 권력을 쟁취한 덴지 천황의 후손이다. 앞 서 살펴보았듯이 덴지의 사후 권력 계승을 두고 벌어진 진신의 난에서 승 리한 이는 덴지의 아들인 오토모 왕자가 아니라 동생 오아마 왕자였다. 이 후 오아마 왕자가 덴무 천황에 즉위하면서 천황의 지위는 덴무의 후손에게 계승되었다. 그런데 770년 쇼토쿠 천황의 죽음으로 덴무계 천황의 대가 끊 기면서 덴지 천황의 후손인 고닌光仁 천황이 운 좋게 권좌에 오르게 되었다.

간무 천황은 바로 고닌 천황의 아들이다. 그는 781년 아버지의 뒤를 이어 어렵사리 군주의 지위에 올라 권력을 잡는 데 성공하지만 지지 기반이 취 약하다는 문제점을 가지고 있었다. 오랫동안 권좌에서 밀려났던 덴지계의 후손에다가 외척마저 힘이 미약한 도왜인 계열이다 보니 조정 내에서 이렇 다 할 만한 지지 세력을 기대하기 힘든 형편이었다. 이 같은 약점을 극복하 기 위해 그가 던진 정치적 승부수가 바로 '천도'였다. 덴무계 천황의 본거지 인 헤이조경을 벗어나 새로운 곳으로 천도를 단행함으로써 국정을 쇄신하 고 자신의 정치 기반을 닦으려 마음먹은 것이다.

그가 새 도읍지로 정한 곳은 오늘날 교토시 남서부에 해당하는 야마시로

[그림 4–1] 간무 천황의 초상화. ※출처: 엔랴쿠사.

01 고대: 도성제의 수용과 변용

국山城國 나가오카長岡였다. 간무 천황 이전에도 새롭게 군주가 등극하면 정치를 쇄신하거나 통치 권력을 강화하기 위해 천도를 단행하는 경우가 적지 않았다. 하지만 천도는 어디까지나 [그림 4-2]에서와 같이 야마토 조정의 세력 기반인 '야마토', 즉 오늘날의 나라현 일대로 제한되었다. 이에 비해 나가오카로의 천도는 야마토 조정의 세력 기반인 나라 일대를 완전히 벗어나는 것이라는 점에서 이곳에 근거지를 가진 호족 세력에게 매우 파격적인 조치였다.

간무 천황은 784년 야심차게 나가오카경 조영 사업을 지시했다. 하지만 천도 사업은 시작과 동시에 커다란 난관에 봉착하게 되었다. 공사를 시작하고 얼마 지나지 않은 785년 9월 공사 책임을 맡은 천황 측근 인사가 암살당하는 사건이 발생했기 때문이다. 사건의 진상을 조사하는 과정에서 간무 천황의 동생이자 황태자인 사와라早良 친왕을 비롯해 나가오카경 천도 사업에 불만을 가진 수십 명의 관인이 연루된 사실이 밝혀졌다. 사와라 친왕은 자신의 무고함을 주장했지만 간무 천왕은 이를 인정하지 않고 사와라 친왕을 반역자로 간주해 유배형에 처했다. 그런데 유배지로 이송되던 중 사와라 친왕이 갑작스레 사망하게 된다. 그러자 간무 천황은 마치 기다렸다는 듯이 장남으로 황태자를 교체하고, 천도에 반감을 품은 반대 세력을 숙청해 자신의 권력을 공고히 하는 기회로 삼았다. 이로써 반역 사건은 마무리되는 듯이 보였다.

그런데 공교롭게 사와라 친왕이 죽고 나서 기이한 현상이 일어났다. 가뭄이 계속되는 가운데 기근과 역병이 각지에서 유행하기 시작한 것이다. 게다가 황후를 비롯해 간무 천황의 생모마저 역병에 걸려 연이어 사망하고 황태자의 심신에 이상이 생기는 악재가 이어졌다. 그러자 이 모든 불행이 한을 품고 죽은 사와라 친왕의 저주에서 비롯되었다는 소문이 떠돌기 시작

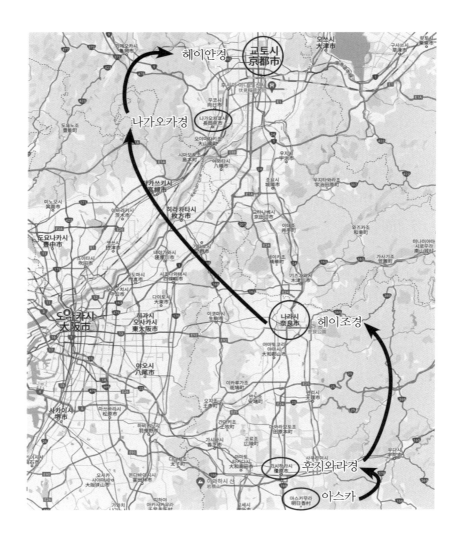

헤이안경

교토시
京都市

오쓰시
大津市

나가오카경

나라시
奈良市

헤이조경

오사카시
大阪市

후지와라경

아스카

[그림 4–2]
7~8세기의 천도.

01 고대: 도성제의 수용과 변용

했다. 정국이 계속 뒤숭숭한 가운데 나가오카경 조영공사는 여러 악재를 만나 10여 년이 지나도 완성되지 못한 채 중단되었다. 간무 천황의 천도 사업 역시 실패로 끝나는 것처럼 보였다.

이런 와중에 생각지도 못한 곳에서 반전의 실마리가 생겼다. 도성 건설에 미련을 버리지 못한 간무 천황의 의중을 간파한 신하 가운데 누군가가 나가오카경에서 동북쪽으로 10킬로미터 정도 떨어진 가도노군葛野郡과 오타기군愛宕郡 일대에 재차 천도할 것을 건의한 것이다. 분위기 반전을 노리던 간무 천황은 이 같은 건의를 수용하는 형식으로 793년 1월 나가오카경을 대신해 가도노군 일대로 다시 천도할 것을 지시했다. 헤이안 시대에 편찬한 역사서인《일본기략日本紀略》에 따르면 가도노를 새 도읍으로 정한 것은 "산과 강이 아름답고 교통과 수운이 편리해 사방에서 사람들이 모이는 데 좋다"는 이유에서였다.

천도는 신속하게 진행되었다. 목조 건물이 대부분인 나가오카궁을 해체해 가도노로 싣고 가 다시 조립하는 데 그리 많은 시간이 들지 않았다. 그 결과 1년 만인 이듬해 794년 10월에 천도를 마무리할 수 있었다. 그리고 그해 11월 8일 간무 천황은 새로운 도읍이 위치한 야마시로국山背國이 "산하에 둘러싸여 자연스레 성곽을 이루고 있어 이 같은 형세에 맞는 새 이름이 필요하다"고 하여 산등성이란 뜻의 '배背' 자 대신 산성을 뜻하는 '성城'으로 교체해 '야마시로국山城國'이라 하고, 새 도읍의 이름을 '헤이안경平安京'으로 정했다. '헤이안'으로 이름 붙인 것은 '평안한 도읍平安の都'을 갈구하는 백성들의 마음에 화답하기 위해서였다.

헤이안경으로 천도를 결정하자 야마토 지역에 세력 기반을 가진 옛 호족 세력은 울며 겨자 먹기로 간무 천황을 따라 거처를 옮겨야 했다. 선행 연구에 따르면 796년부터 887년까지 90여 년에 이르는 동안 헤이안경으로 호

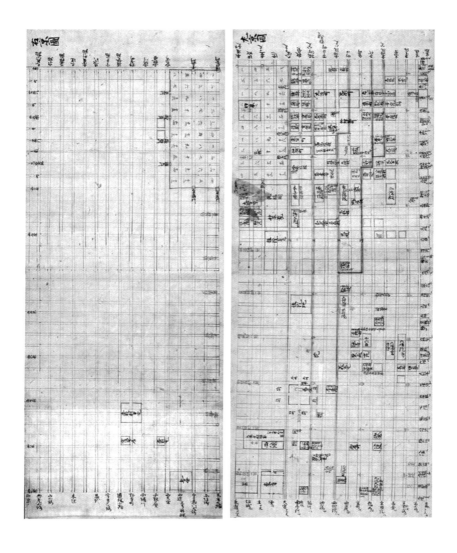

[그림 4-3] 〈연희식〉에 실린 〈우경도〉와 〈좌경도〉.

01 고대: 도성제의 수용과 변용

적을 옮긴 지방 호족 수는 대략 443명에 달했다. 후지와라경에서 헤이조경으로, 다시 나가오카경을 거쳐 헤이안경으로 천도가 거듭되면서 야마토에 본거지를 둔 호족들은 고향에 대한 유대감이 점차 약해졌다. 그 결과 야마토를 떠나 헤이안경으로 아예 이주를 결정하는 이들이 늘어났다. 야마토뿐 아니라 멀리 북쪽과 서쪽의 변경에 사는 지방 호족 또한 이주했다. 이처럼 고향을 떠나 헤이안경으로 이주한 지방 호족은 시간이 지나면서 점차 독립성을 상실하고 천황 권력에 귀속된 궁정 귀족이 되었다.

| 조방제의 붕괴와 헤이안경의 지형 |

헤이안경은 이전의 후지와라경, 나가오카경과 비교해 좀 더 정연한 형태의 조방제가 적용되었다는 점에서 일본 도성의 완성형이라고 말할 수 있다. 율령의 시행세칙인 격식을 모아 927년에 편찬한 〈연희식延喜式〉은 주작대로를 비롯한 대로, 소로의 도폭과 조방제의 분할 등에 관한 규정을 자세히 담고 있어, 헤이안경의 옛 모습을 재구성하는 데 큰 도움을 준다([그림 4-3]). 이에 따르면 동서 1,400장丈(약 4.5킬로미터), 남북 1,751장(약 5.2킬로미터) 길이의 헤이안경은 가로에 비해 세로가 약간 긴 장방형으로 계획되었다. 헤이안궁에서 도성 남문에 해당하는 나성문까지 남북으로 정중앙을 횡단하는 주작대로는 그 폭이 무려 28장(84미터)에 달했다. 주작대로를 기준 삼아 동편을 '좌경', 서편을 '우경'으로 불렀다. 헤이안경의 행정 업무 역시 각기 좌·우경에서 나누어 맡았다. 다만 좌경과 우경은 방위상 동쪽과 서쪽에 해당하는 관계로 당시 사람들은 좌경을 동경으로, 우경을 서경이라 불렀다. 그리고 그 내부는 사방 40장(약 120미터)의 정방형으로 나뉜 1,136개의 '조町'로 나누었다.

그러나 〈연희식〉의 규정대로 헤이안경을 조영했다고 생각하면 큰 오산이다. 〈연희식〉은 어디까지나 도성의 조성 원칙, 즉 설계도에 불과할 뿐 실제로 완성한 모습을 기술한 것이 아니라는 점에 유의할 필요가 있다. 천도 후 30여 년이 지나 828년 12월 16일에 발령한 공문서에서 "경중京中에 모두 580여 개의 조와 370여 개의 교량이 있다"고 기술한 대목에서 알 수 있듯이, 본래 계획했던 1,136개 가운데 실제로 만들어진 것은 580여 개로 절반 정도에 불과했다. 실제 발굴조사에서도 도성 외곽에서 조방제를 실시한 흔적은 발견되지 않고 있다. 〈연희식〉을 비롯한 옛 문헌에서 헤이안경의 경관을 조방제의 실제 상황과 무관하게 바둑판처럼 엄정한 형태로 묘사한 것은 조방제를 율령제와 일체화한 도성의 이상적인 모습으로 간주했기 때문에 생겨난 결과로 보인다. 이러한 점에서 조방제는 도시의 공간 구성에 관한 실제라기보다 지배 이데올로기를 구현하기 위한 이상이라고 할 수 있다.

계획한 대로 조방제를 정비하지 못한 데에는 여러 이유가 있었을 것이다. 하지만 헤이안경의 자연 지형이야말로 이 같은 이유 가운데 가장 큰 요인이 아니었을까 싶다. 헤이안경이 위치한 교토 분지는 [그림 4-4]와 같이 동쪽에 히에이산(842미터), 서북쪽으로 아타고愛宕산(924미터)이 병풍처럼 둘러쳐 있고 북서쪽에서 흐르는 가쓰라桂강과 북동쪽에서 흐르는 가모鴨강이 Y자 형태로 만나 남쪽으로 흐르는 곳에 있다. 교토 분지를 새 도읍지로 선정한 것은 이처럼 북단에서 남단으로 갈수록 표고가 낮아지는 북고남저의 경사면을 이용하기 위해서였다. 헤이안궁을 도성 북단에 조영하면 후지와라경에서 문제가 되었던 물 빠짐이나 배수의 어려움을 자연스레 해결할 수 있을 것으로 보았기 때문이다. 그런데 교토 분지는 남북의 표고 차뿐 아니라 동서 간에도 25미터에 이르는 경사면이 존재했다. 그 결과 전체적으로 북동쪽이 높고 남서쪽이 낮은 형세를 이루었다.

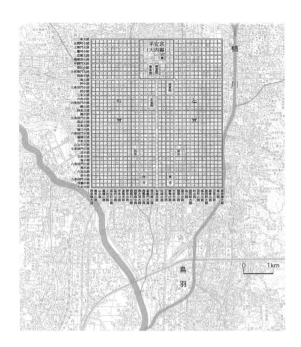

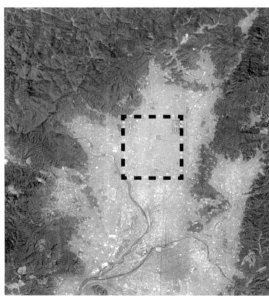

[그림 4-4]
가쓰라강(북서)과 가모강(북동)
사이에 조성된
헤이안경의 모습(위)과
현재 지형도에 표시한
헤이안경(아래).

| 우경의 몰락과 좌경의 번성 |

[그림 4-5]는 교토시 생애학습종합센터 1층에 자리한 헤이안경 창생관創生
館에서 헤이안경 당시의 시가지 모습을 재현해서 전시하고 있는 모형물을
찍은 사진이다. 그런데 전시물을 자세히 살펴보면 가운데 주작대로를 기점
으로 오른편은 건물이 빽빽하게 들어차 있지만, 왼편 아래쪽에는 녹색 평
지 사이에 군데군데 건물이 들어선 모습을 확인할 수 있다. 헤이안경은 〈연
희식〉에서 기술한 내용과 달리 네모반듯한 형태를 갖추지 못하고 좌우에
불균등하게 시가지가 들어섰다. 헤이안경의 좌·우경이 이처럼 다른 모습
을 갖게 된 것은 도대체 무슨 이유 때문일까?

이에 대한 힌트 역시 〈연희식〉에서 찾을 수 있다. 〈연희식〉은 헤이안경의
가로와 배수구에 관한 규정을 적고 있다. 이에 따르면 주작대로의 양쪽에
는 폭 1.5미터의 배수구가 설치된 것으로 보인다. 그런데 컴퓨터 시뮬레이

[그림 4-5]
헤이안경의 복원 모형
(헤이안경 창생관 전시물).
정면으로 나성문과 함께
넓은 폭의 주작대로와
동시·서시를 살펴볼 수 있다.

01 고대: 도성제의 수용과 변용

선을 활용한 연구성과에 따르면 강우량이 시간당 10밀리미터를 초과할 경우, 주작대로의 배수구가 제 기능을 상실해 빗물이 도로 인근에 넘치는 경우가 다반사였다. 그리고 배수구를 따라 흘러내린 빗물은 저지대인 남서부 일대로 흘러들어 거대한 저습지를 만들기 일쑤였다. 그 결과 장맛비가 계속되는 우기나 태풍이 몰아치는 시기가 되면, 우경 남서쪽 일대는 거대한 습지로 변해 온대성 말라리아가 창궐하는 등 사람이 살기 힘든 지역이 되었을 것으로 보인다.

헤이안경을 조영하고 나서 대략 200여 년이 지나 이곳에서 생활하던 관인 요시시게 야스타네慶滋保胤가 982년에 저술한 《지정기池亭記》에서는 도성의 우경, 즉 서경 일대에서 사람들이 떠나 빈터나 공한지가 늘어나는 모습을 다음과 같이 기술했다.

> 20여 년 전부터 서경과 동경을 계속 보아 왔는데, 서경은 인가가 점점 적어져서 거의 유허遺墟에 가까워졌다. 떠나는 사람은 있으나 들어오는 사람은 없다. 허물어지는 집은 있으나 새로 짓는 집은 없다. 그곳으로 이사하려는 사람은 없고 가난하고 천한 것을 꺼리지 않는 이들만 살았다.

이에서 알 수 있듯이 서경 일대는 지형적으로 배수가 제대로 되지 않아 비만 오면 거대한 습지가 되다 보니 사람들이 떠나, 거의 유허에 가까워졌다. 그 결과 빈터나 공지가 늘어났고 심지어 도성에서 경작하는 이들도 나타났다. 도성에서 농사를 짓는 모습을 상상하기 힘들지만, 헤이안경을 건립한 직후인 9세기 전반부터 우경 일대는 이미 농지화가 시작된 것으로 보인다. 그 결과 11세기 말에 이르면 우경 일대를 중심으로 헤이안경의 절반에 해당하는 300여 조가 사실상 시가지가 아닌 경지로 사용되었다고 한다.

그러나 헤이안경 전체가 모두 경지로 변했던 것은 아니다. 앞서 살펴본 요시시게의 《지정기》에 따르면 헤이안경의 서쪽 일대는 사람이 떠나 점차 빈터에 가까워졌지만, 동쪽의 서경 일대는 "귀천을 불문하고 사람들이 몰려들고 있다. 명가의 저택과 서민의 오두막이 모두 들어서는" 형국이었다. 고도가 낮아 잦은 침수로 살기 어려워 사람들이 떠나는 우경과 달리 좌경, 즉 동쪽 일대는 귀천을 불문하고 사람들이 몰려들어 귀족의 저택과 서민의 집들이 줄을 지어 들어섰다. 이처럼 고도가 높아 물 빠짐이 좋은 동쪽, 즉 좌경 일대는 사람들이 유입해 시가지가 늘어섰고 결과적으로 좌경 일대가 도읍의 중심지가 되었다.

우경의 쇠락과 좌경의 번성은 헤이안경의 지명에도 영향을 끼쳤다. 당시 사람들은 좌경과 우경을 당의 동도인 '낙양'과 서도인 '장안'에 빗대어 각기 낙양과 장안이란 별칭으로 불렀다. 그런데 우경이 쇠퇴하고 좌경이 번성함에 따라 헤이안경을 지칭하는 용어로 좌경, 즉 동경을 일컫는 낙양이란 별칭이 일반화되었다. 그 결과 '낙중洛中', 즉 '라쿠주'는 교외 지역인 '낙외洛外'와 대비해 도읍의 시내를 뜻하는 용어로, '상락上洛'은 헤이안경, 즉 교토로의 상경을 의미하게 되었다.

한편 헤이안경의 중앙에는 84미터에 이르는 넓은 폭을 가진 주작대로를 만들고, 도성으로 들어오는 입구인 남쪽 끝에는 [그림 4-6]과 같은 나성문을 건립했다. 거대한 규모의 나성문은 그 자체가 헤이안경의 랜드마크였다. 헤이안궁의 주작문에 이르는 약 4킬로미터의 남북대로는 외국 사절의 장엄한 입경 행사가 펼쳐지는 무대였을 뿐만 아니라 각종 궁중 행사가 거행되는 장소였다. 816년 태풍으로 나성문이 무너지자 큰 비용을 들여 복구하지만 980년 폭풍우로 또다시 붕괴하자 그 이후로는 두 번 다시 복구하지 않았다. 천황의 권위를 과시하고 도성의 위용을 자랑하기 위해 막대한 비용

01 고대: 도성제의 수용과 변용

이 소요되는 나성문과 같은 기념물을 굳이 재건할 필요가 없었기 때문이다. 나성문의 소멸은 천황 중심의 중앙집권적인 국가를 지향했던 율령국가의 해체를 암시하는 동시에 도성의 경관 변화를 상징적으로 보여 주는 사건이었다.

[그림 4-6]
교토역 인근에 재현한 헤이안경 나성문 모형.

2.
귀족과 서민의 도시 생활과
다양한 도시 문제의 발생

| 천황 권력의 변화와 헤이안궁의 변용 |

헤이안경을 조영했을 당시만 하더라도 새 도읍이 천 년 넘게 지속하리라 예상한 사람은 거의 없었을 것이다. 이처럼 오랫동안 수도의 지위를 유지할 수 있었던 것은 천황의 지위가 제도적으로 안정된 것과 깊은 관련이 있다. 율령제가 본격적으로 도입되기 시작한 8세기 무렵까지만 하더라도 천황은 율령에 기초한 여러 정무를 직접 주관할 수 있는 능력과 자질을 갖춘 인물이어야만 했다.

그러나 헤이안경으로 천도한 이후 율령에 근거한 문서 행정이 정착하면서 천황의 역할에 조금씩 변화가 나타났다. 조정 의례와 행사에서 천황은 권위의 원천이라는 점에서 그 중요성이 점차 높아진 데 반해 현실 정치가 안정되면서 직접 정무를 주관할 필요성이 감소했다. 이에 따라 신하들과 정무를 논하는 공간으로 기획한 대극전에 나가지 않고 사적 공간인 다이리에서 정무를 돌보는 대신 구두가 아닌 문서로 의사를 전달하는 것이 점차 일반화되었다. 이 같은 천황 권력의 변화는 헤이안궁의 공간 구조에도 그대로 반영되었다.

헤이안궁의 정중앙에는 평소 천황의 거주 공간이자 공경 회의를 개최하는 정책 결정의 장인 다이리를 두었다. 그리고 정무·의식의 장인 대극전·조당원朝堂院, 의식·향연의 장인 풍락전豐樂殿·풍락원豐樂院을 그 아래에 두었다. 그리고 그 주변으로 관사의 관청인 관아를 배치했다([그림 4-7]). 이러한 건물 배치는 천황이 대극전에 나가지 않고 사적 공간인 다이리에서 일

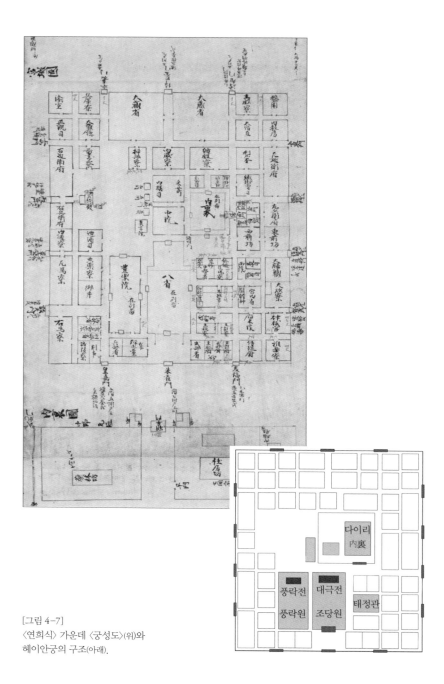

[그림 4-7]
〈연희식〉 가운데 〈궁성도〉(위)와
헤이안궁의 구조(아래).

상의 정무를 처리하면서 관인 가운데 일부가 항상 다이리에 출사하는 당시의 정치 형태를 반영한 것이다. 바야흐로 천황이란 존재는 형식화한 율령제의 군주이자 신비성을 더한 권위적인 인물로 변화한 것이다.

이처럼 신비화한 천황을 대신해 현실 정치를 대행하는 이로 등장한 것은 천황의 후견인 자격인 섭정과 관백關白이었다. 이들은 천황이 나이가 어려 정무를 돌볼 수 없으면 섭정의 지위에서 천황의 대권을 대행하는 한편 천황이 성인으로 성장하면 관백의 지위에서 보좌했지만, 이는 어디까지나 한시적인 것에 불과했다. 그리고 섭정은 본래 쇼토쿠 태자나 나카노오에 태자와 같이 황족이 맡는 것이 통례였다. 그런데 9세기 닌묘仁明 천황 시기에 관인 귀족인 후지와라노 요시후사藤原良房가 이 같은 선례를 깨고 섭정의 지위에 올랐다.

관인 귀족인 요시후사가 통례를 깨고 섭정의 지위에 오를 수 있었던 것은 후지와라 가문 사람이었기 때문이다. 후지와라 가문은 나카토미노 가마타리中臣鎌足의 둘째 아들인 후지와라노 후히토藤原不比에서부터 조정 정치에서 두각을 나타내기 시작했다. 후히토는 〈다이호율령〉의 편찬과 헤이조경으로의 천도에 주도적인 역할을 맡아 율령에 근간한 국가체제를 정비하고자 노력한 인물이다. 아버지의 후광을 빌려 후히토의 자손들은 조정 정치에서 막강한 영향력을 행사했지만, 당시 유행하던 천연두로 대부분이 사망하면서 후지와라 가문은 단절의 위기를 맞기도 했다. 하지만 후히토의 네 아들 가운데 둘째인 후사사키房前를 시조로 삼는 후지와라 북가北家가 경쟁관계에 있는 다치바나 씨橘氏를 비롯한 유력 공경 귀족을 축출하고, 천황가와 외척관계를 맺으면서 사실상 조정의 실권을 장악하게 되었다. 한편 요시후사의 뒤를 이어 아들인 모토쓰네基經가 섭정의 지위를 계승하고 관백에 취임한 이래 후지와라 가문은 대대로 섭정과 관백의 지위에 올라 정권을 잡았다.

01 고대: 도성제의 수용과 변용

| 관인 귀족의 생활 |

율령제에서 관인에게 주어지는 위계는 1위부터 3위까지의 경우 정, 종의 구분을 두어 6단계, 4위부터 9위까지는 정, 종에 또다시 상, 하의 차이를 두어 24단계로 나누어 모두 30단계로 구분했다. 위계는 본래 중국에서 과거와 같은 관리 등용 시험을 통해 선발한 관리가 직무 수행 능력과 경험에 따라 고위 관직에 진급할 수 있도록 직위를 구분한 것이다. 하지만 일본에서 위계는 형식적인 구분에 불과했다. 예컨대 황족과 5위 이상의 관위에 있는 고관 자식에게는 자동으로 위계를 부여하는 음위제를 실시했다. 이들은 본인의 능력이나 실력보다 조부의 위계에 따라 승진이 결정되는 것이 일반적이었다.

이에 반해 5위 이하의 하급 관인이 상급 관인으로 승진하기란 사실상 불가능에 가까웠다. 이처럼 5위를 기준으로 그 이상과 이하의 차이가 분명했으므로 1위부터 3위까지에 해당하는 이들을 '귀貴'라 부르고 4위와 5위에 해당하는 이들은 '귀'에 준한다는 의미에서 '통귀通貴'라고 불렀다. 이 가운데서도 특히나 섭정, 관백을 비롯해 태정대신, 좌대신, 우대신과 대납언, 중납언, 참의 등을 비롯해 3위 이상의 지위를 일컫는 '공경公卿'은 앞서 살펴본 후지와라 가문의 북가를 비롯해 천황가에서 나뉜 미나모토源 씨와 다이라平 씨 계열의 귀족들이 차지하고 권세를 누렸다.

8세기 초 5위 이상의 관인 숫자는 대략 120여 명 전후로 추정한다. 이들에 대한 경제적인 대우는 5위를 기준으로 커다란 차이가 존재했다. 헤이안경 천도 당시 3위 이상의 관인에게는 1정町, 즉 사방 120미터의 택지(14,400평방미터)를 하사했는데, 대략 잠실야구장의 그라운드에 해당하는 면적이었다. 3위에서 5위까지는 2분의 1정 이하, 6위 이하는 4분의 1정 이하가 수여되었다. 이에 반해 일반 서민은 32분의 1정, 대략 450평방미터에 불과했다. 이처럼 택지 면적에서 알 수 있듯이 헤이안경은 율령국가의 전국적인 통치를 위해 주요 지배층인 천황과 5위 이상의 관인 귀족을 위한, 그들의 결집을 위해, 그들이 기획한 도읍이라 해도 지나친 말이 아니다.

그렇다면 넓은 택지를 수여받은 관인 귀족들은 어떻게 생활했을까? 앞서 살펴본 《지정기》를 통해 관인 귀족의 저택과 이들의 삶을 잠시 엿보기로 하자.

> 나는 육조六條 거리의 북쪽 황무지에 처음 복거卜居하여 사방으로 울타리를 만들고 문을 하나 세웠다.……땅은 10여 무畝인데, 높은 곳에 언덕을 만들고, 웅덩이가 있어 작은 연못을 팠다. 연못 서쪽에 작은 불당을 세우고 아미타불을 모셨다. 연못 동쪽에 작은 서재를 만들어 책을 보관했고, 연못 북쪽에 나지막한 집을 지어 처자가 살게 했다. 집채가 10분의 4, 연못은 9분의 3, 채소밭은 8분의 2, 미나리 밭은 7분의 1, 그 밖에 푸른 소나무 섬, 흰 모래 섬, 붉은 잉어와 백로, 작은 다리와 작은 배 등 평상시 좋아하는 것을 모두 만들었다. 더욱이 봄에는 동쪽 언덕에 버드나무가 피어 안개가 자욱한 것처럼 가는 가지가 아름답게 흩날리게 했고, 여름에는 북쪽으로 대나무를 심어 맑고 깨끗한 바람이 상쾌하게 통하게 했다. 가을에는 서쪽 창에 달이 비쳐, 달빛 아래에서 책을 볼 수 있었고, 겨울에는 남쪽의 툇마루에 볕이 들어 등을 따뜻하게 만들어 준다.

관인 귀족의 택지는 관위에 따라 차등이 있지만 12세기 무렵에 이르면 5위 정도의 귀족들도 1정 정도의 넓은 대지에 저택을 짓는 것이 일반적인 풍조였다고 한다. 앞서 살펴본 바와 같이 《지정기》의 주인공처럼 5위 이상의 상급 관인 귀족은 사방을 담으로 둘러쌓은 넓은 대지 중앙에 남향을 바라

01 고대: 도성제의 수용과 변용

보며 주된 생활 공간으로 이용하는 침전寢殿을 짓고 동, 서, 북 삼면에 '다이노야對屋'라고 부르는 부속 건물을 짓고 생활했다. 중앙의 침전은 제의와 연회를 거행하는 현재의 거실 같은 공간인 데 반해 회랑으로 연결된 동, 서쪽의 다이노야는 주인과 안주인이 각기 생활하는 사랑채와 안채의 기능을 수행하는 사적인 공간이었다. 또한 분지에 위치해 여름철이면 습하고 무더운 교토의 특성상 침전 남쪽에 연못과 정원을 만들었다. 그리고 정원에는 약초와 채소를 기르는 채원과 함께 각종 나무와 꽃을 심어 풍부한 녹지 공간을 두었다([그림 4-8]).

| 헤이안경의 주민과 인구 |

헤이안경에 거주하는 주민의 신분은 호적의 기재 여부에 따라 크게 헤이안경에 호적을 등록한 '경호京戶'와 그렇지 못한 자로 구분했다. 천도 초창기

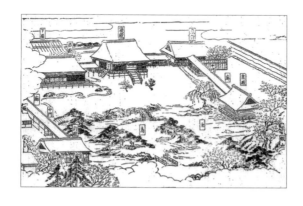

[그림 4-8]
《가옥잡고家屋雜考》(1842)에
실린 관인 귀족의 저택 개념도.

에는 호적의 본관을 옮기지 않고 헤이안경에 임시로 거주하는 이들도 적지 않았다. 하지만 위계에 따라 나누어주는 택지를 받으려면 관인이라 하더라도 반드시 호적을 헤이안경에 두어야 했으므로 상급 귀족은 물론이고 하급 관인 역시 호적을 옮기는 경우가 늘어났다.

헤이안경에는 관청에 근무하는 관인뿐 아니라 각종 노역과 경비 업무를 수행하기 위해 지방에서 일시적으로 상경한 이들도 적지 않았다. 〈요로율養老律〉에 따라 위문부衛門府나 좌·우위사부左·右衛士府에 배속된 '에지衛士'는 1년씩 교대로 근무하며 주로 궁문과 관청 등의 경비 업무를 담당했다. 지방에서 50호마다 2인씩 징발되어 상경한 '시초仕丁'는 헤이안경의 각종 노역에 동원되었는데 에지와 마찬가지로 1년씩 교대로 근무했다. 이들의 식비와 여비에 소요되는 경비 일체는 고향의 향리 사람들이 부담했다. 에지와 시초처럼 지방에서 단신으로 상경한 이들에게는 공동으로 머물 수 있는 숙사가 제공되었으나 일반 관인에게 지급되는 택지와 비교하면 대략 10분의 1 정도의 협소한 면적이었다. 이들 외에도 헤이안경에는 동시와 서시에서 각종 물자와 상품을 거래하는 상인을 비롯해 경작지로 변화한 우경 일대의 토지를 경작하는 이들 역시 적지 않았다. 그 결과 헤이안경에는 천황을 비롯해 율령제 아래서 주요 통치 계급인 5위 이상의 통귀를 중심으로 각종 관청에 근무하는 관인, 공역을 수행하기 위해 일시적으로 상경한 지방민, 동시와 서시에서 활동하는 시장 상인을 비롯해 다양한 직종과 계층의 사람들이 거주하고 있었을 것이다.

현재까지 헤이안경의 정확한 인구를 알 수 있는 자료는 확인되지 않는다. 연구자에 따라 많게는 20만 명까지 추산하기도 하지만 조금 과장한 수치가 아닐까 싶다. 871년의 수해 관련 기록을 토대로 가구당 인원을 평균 6.22명으로 산정한 다음 일가족을 포함한 상급 귀족과 하급 관인 거주지의 인구

01 고대: 도성제의 수용과 변용

를 1만 2,273명, 경비와 노역을 위해 지방에서 상경한 이들을 1만 5,000여 명, 일반 주민을 9만여 명으로 추산하면 헤이안경의 초기 인구는 대략 12만 명 전후로 추정할 수 있다. 헤이안 시대 초기 일본의 인구를 대략 600만에서 650만 명 사이로 계산하는 점을 고려하면 헤이안경의 주민은 전체 인구 가운데 대략 0.18~0.2퍼센트 정도를 차지했던 것으로 보인다. 오늘날 서울 시민이 한국의 전체 인구 가운데 17퍼센트 정도를 차지하는 것과 비교하면 헤이안경의 비율은 매우 미미한 것처럼 보일지 모른다. 하지만 많은 인구가 일정 장소에 밀집해서 모여 사는 만큼 농촌에서 찾아볼 수 없는 새로운 현상이 발생했다. 바로 '도시 문제'가 그것이다.

| 배설물 처리 등 다양한 도시 문제 |

여러 도시 문제 가운데 당시 사람들을 가장 골치 아프게 만든 것은 배설물의 처리였다. 한 사람당 하루에 배출하는 분뇨의 양을 대략 0.5리터 정도로 추산해, 헤이안경의 인구를 10만 명으로 어림잡으면 연간 분뇨배출량은 1만 8,250킬로리터에 이른 것으로 보인다. 10만 명은 12만 명에 달하는 헤이안경의 인구 가운데 비교적 넓은 택지에 거주하면서 측실, 즉 화장실을 가지고 있었을 것으로 생각하는 1만 2,000여 명의 귀족 및 관인 인구를 제외한 일반 서민의 대략적인 수치다.

일본에서 사람이나 가축의 배설물을 비료로 만들어 농사에 재활용하기 시작한 것은 12세기 이후 중세부터였다고 한다. 따라서 인분의 활용법을 알지 못했던 헤이안 시대는 흐르는 강물에 배설물을 투기하는 것이 일반적인 처리 방식이었다. 귀족들은 대로 옆에 흐르는 도랑에서 물길을 끌어와 측간을 거쳐 다시 도랑으로 흘려보냈다. 오늘날의 수세식 화장실과 유사한 처리 방식이지만 문제는 대로 옆 도랑으로 흘려보낸 용변이 쌓여 물길을

막거나 사람들이 통행하는 도로로 흘러넘쳐 악취를 풍기기 일쑤였다는 점
이다.

그렇다면 측간을 갖지 못한 서민들은 어떻게 용변을 처리했을까? 헤이안
시대 말기에 작성한 것으로 보이는 [그림 4-9]의 《아귀초지餓鬼草紙》는 현생
에 지은 업에 따라 천계·인간·아수라·축생·아귀·지옥의 세계로 다시 환
생한다는 불교의 육도六道 가운데 아귀계를 그린 것이다. 그림에서는 인간
의 분변으로 위를 채워 배만 볼록하게 나온 아귀의 모습과 함께 12세기 당
시 도시에 거주하는 일반인의 용변 실태를 생생하게 보여 주고 있다. 그림
속 등장인물은 남녀노소에 상관없이 무릎을 굽힌 자세로 도로 옆에 앉아
배변하고 나무막대기나 종이를 사용해 뒤를 처리하고 있다. 추측건대 헤이
안경의 주민 역시 그림과 별반 다르지 않게 용변을 처리했을 것이다. 이러
한 점에서 공터나 도로 옆 도랑은 서민의 용변을 처리하는 공동 화장실인

[그림 4-9] 《아귀초지餓鬼草紙》. 현생에 지은 업에 따라 천계·인간·아수라·축생·
아귀·지옥의 세계로 다시 환생한다는 불교의 육도六道 가운데 아귀계를 그린 것이다.

01 고대: 도성제의 수용과 변용

셈이었다.

배설물은 사람뿐만이 아니었다. 귀족들이 주된 이동 수단으로 이용하는 우차의 소나 말이 배출하는 분뇨 또한 그 양이 적지 않았다. 오늘날처럼 아스팔트로 포장되었을 리가 만무했던 당시는 흙길 위에 소, 말, 개 등의 가축이 배출한 분뇨가 곳곳에 널려 있었다. 거기다 비라도 오면 도랑을 따라 흘러넘친 각종 쓰레기와 분뇨, 빗물, 진흙이 뒤섞인 흙탕물로 도로를 오고 가는 사람의 왕래가 불편한 것은 물론이고 미생물이 번식하기 쉬워 공중위생에도 좋지 않았을 것이다.

각종 배설물 처리와 더불어 헤이안경에 거주하는 이들을 괴롭힌 또 다른 문제는 빈번히 발생하는 자연재해였다. 여러 재해 가운데서도 헤이안경을 괴롭히는 최대의 난제는 지진의 나라라는 명성에 걸맞게 역시나 지진이었다. 선행 연구에 따르면 천도 직후인 9세기에 발생한 지진 가운데 진도 6 이상의 강진만 하더라도 827년, 856년, 868년, 880년, 887년, 890년을 포함해 모두 6차례가 확인된다. 이 가운데 887년에 발생한 '난카이南海 대지진'은 수많은 민가와 관청에 피해를 일으켰을 뿐 아니라 건물이 무너져 압사한 이들도 적지 않았다고 한다. 이처럼 대지진은 인명뿐 아니라 건물과 도로, 제방, 다리 등과 같은 기반시설에 심대한 피해를 끼쳤고 이를 복구하는 데 많은 재원이 소요되었다.

헤이안경은 목조 건축물이 대부분이어서 화재에 취약할 수밖에 없는 구조적인 한계를 안고 있었다. 이에 따라 화재 역시 지진 못지않게 커다란 피해를 일으켰다. 대화재로 천황의 거처인 다이리가 소실되는 경우도 적지 않았다. 1011년 11월에 발생한 대화재 당시는 무려 700여 채의 가옥이 불탔으며, 1027년 정월에 발생한 대화재 역시 도시 곳곳으로 번져 무려 천여 채의 가옥을 잿더미로 만들었다. 이외에도 크고 작은 화재는 거의 매년 발생했다.

흥미로운 점은 시간의 경과에 따라 화재의 성격이 조금씩 변했다는 사실이다. 선행 연구에 따르면 10세기 전반에는 부주의로 인한 화재가 잦았지만, 후반이 될수록 방화에 의한 화재 발생 비율이 점점 높아지다가 10세기 말이 되면 방화 비율이 실화보다 높아졌다고 한다. 이는 10세기 후반 이후 헤이안경의 민심이 그만큼 흉흉하게 변했음을 방증하는 것이라 할 수 있다.

여름철에 찾아오는 태풍과 홍수로 인한 하천 범람 역시 화재나 지진 못지 않은 골칫거리였다. 그런데 따지고 보면 하천의 범람은 단순히 태풍이나 홍수 같은 기후적인 요인에다 무분별한 삼림 벌채가 더해져 발생한 사실상의 인재였다고 할 수 있다. 헤이안경을 조영하는 데 소요된 수많은 목재는 주로 교토 북서쪽의 단바국丹波國에서 벌채한 다음 오이大堰강으로 흘려보내 교토로 싣고 왔다. 하지만 인구증가와 화재로 인한 재건 사업 등으로 헤이안경의 목재 수요가 증가하고 벌채로 인한 삼림 파괴가 가속하면서 헤이안경의 서쪽을 흐르는 오이강은 조금만 홍수가 내려도 범람하는 지경에 이르렀다. 이 같은 상황은 헤이안경을 가로질러 흐르는 가모강 역시 마찬가지였다. 가모강은 다른 하천에 비해 유량이 많고 유속이 빨라 강물의 범람 또한 더욱 빈번했다. 이에 대처하기 위해 조정에서는 824년 가모강의 치수를 담당하는 관직을 설치하지만, 준설공사나 무너진 제방을 보수하는 정도에 그쳐 강물의 범람을 막는 것에 충분한 효과를 거두지 못했다.

불완전한 배수 시스템과 공중위생 문제로 후지와라경이 불과 십수 년 만에 폐도가 된 것처럼 도시 문제를 해결하지 못한 도시가 역사에서 사라진 예는 무수히 많다. 공중위생과 화재, 지진과 하천 범람 등의 다양한 도시 문제를 안고 있었던 헤이안경이 오늘날까지 살아남을 수 있었던 것은 이 같은 도시 문제를 해결하기 위해 끊임없이 노력해 왔기 때문일 것이다.

3.
오닌의 난과
교토의 공간 변화

| 오닌의 난과 상경, 하경의 결성 |

간무 천황의 천도 이후, 헤이안경은 왕조국가의 도읍으로 오랫동안 번성을 구가했다. 가마쿠라鎌倉에 무사 정권이 수립된 이후에도 도읍의 위상과 역할에는 변함이 없었다. 그러나 무로마치 막부의 쇼군 후계 계승을 둘러싸고 1467년에 시작한 무사 정권의 내란과 함께 커다란 위기를 맞게 되었다. 싸움이 시작된 해의 연호를 따서 '오닌應仁의 난'*(1467~1477)이라 부르는 10여 년의 전란 속에 교토는 권력 분쟁의 주된 무대가 되었고 그로 인해 사실상 쑥대밭이 되고 말았다.

오닌의 난이 교토에 끼친 영향은 단순히 물적·인적 피해에 그치지 않았다. [그림 4-10]은 에도 시대 교토를 중심으로 활동하던 지도제작자 모리 고안森幸安이 오닌의 난 당시 교토의 모습을 보여 주기 위해 1753년에 제작한 《중석경사지도中昔京師地圖》의 사본이다. 이 지도에서 흥미로운 점은 오닌의 난 이후 교토의 시가지가 크게 '상경上京'과 '하경下京'으로 나뉘었다는 것이다.

오닌의 난 당시 무사들은 교토에서 함부로 시가전을 벌이고 약탈을 일삼았다. 동서로 나뉜 무사 집단 사이의 전투가 장기화함에 따라 교토 주민은

---

* 1467년부터 1477년까지 약 11년에 걸쳐 무로마치 막부 쇼군과 주요 가신의 가독 계승 문제를 둘러싸고 전국의 무사가 호소카와細川 가문과 야마나山名 가문을 중심으로 나뉘어 벌인 항쟁을 말한다. 쇼군의 후계 문제를 비롯해 무사 집단의 내분을 해결해야 할 무로마치 막부 쇼군이 제대로 지도력을 발휘하지 못하면서 오닌의 난 이후 막부의 권위는 땅에 떨어졌다. 이후 각지의 다이묘가 쇼군을 대신해 무가 권력을 차지하기 위해 항쟁하면서 1세기에 걸친 센고쿠 시대가 시작되었다.

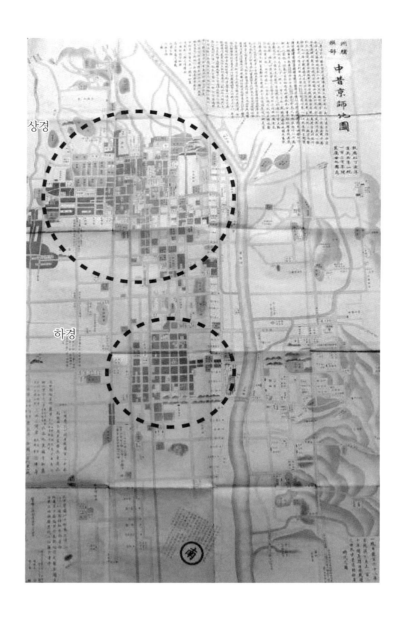

[그림 4-10] 오닌의 난 이후 교토의 시가지 변화를 보여 주는 《중석경사지도》.

01 고대: 도성제의 수용과 변용

이에 대응하기 위해 '상경'과 '하경'이라는 두 개의 독립된 거주지를 만들고 스스로 자위력을 갖춘 공동체를 구성했다. 교토의 북쪽에 해당하는 상경은 천황의 거처인 다이리와 무로마치 쇼군의 거택을 중심으로 공가와 무가의 저택이 밀집된 지역이다. 귀족의 저택을 보호하기 위해 토담과 목책을 둘러친 상경과 달리 교토의 남쪽에는 사원과 상공업자의 거주 공간을 지키기 위해 하경이 결성되었다. 그리고 상경과 하경 사이에는 무사들 간의 전투로 잿더미가 되어 버린 공터가 약 2킬로미터에 걸쳐 펼쳐졌다. 오닌의 난 이후 센고쿠 동란이 계속되는 동안 상경과 하경은 공간적으로 서로 분리되었을 뿐만 아니라 점차 독립적인 성격의 공동체가 되었다.

| 《낙중낙외도》를 통해 살펴본 도시 공간의 변화 |

오닌의 난이 교토에 남긴 상처와 영향은 《낙중낙외도洛中洛外圖》를 통해 더욱 구체적으로 살펴볼 수 있다. 교토의 경관을 묘사한 《낙중낙외도》는 현재 100여 점 이상 남아 있을 것으로 추정한다. 대개는 에도 시대 전기에 제작된 것이지만, 무로마치 막부 시기인 16세기에 만들어진 것도 4점 존재한다. 이 가운데 제작 시기가 가장 오래된 것은 일본 국립역사민속박물관에서 소장하고 있는 '역사민속박물관 갑본(이하 '갑본'으로 약칭)'이다. 갑본은 대략 1525년에 제작했을 것으로 추정하는데 오닌의 난으로 피해를 당한 교토의 모습을 시각적으로 확인할 수 있다는 점에서 매우 중요한 자료다. '갑본'을 소재로 오닌의 난 이후 교토에 나타난 변화의 모습을 살펴보도록 하자.

오닌의 난을 계기로 교토의 도시 공간은 급격한 변화를 겪게 되었다. 앞서 살펴본 바와 같이 헤이안경을 구성하는 기본 단위는 조방제에 따라 대로·소로로 나눈 사방 40장(약 120미터)의 구획을 뜻하는 '조'였다. 그러나 율령제의 쇠퇴와 함께 도성을 조영할 당시 관인 귀족에게 나누어준 택지가

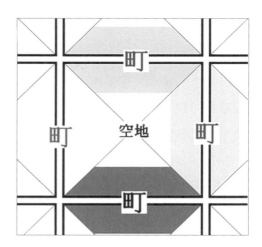

[그림 4-11] 대로를 사이에 두고 결성한 '조' 공동체.
[그림 4-12] 조 내부의 정방형 빈터.

01 고대: 도성제의 수용과 변용

점차 일반인에게 매각되면서 조의 형태와 의미가 변화하기 시작했다. 도성의 행정구획인 '조'가 점차 유명무실화하는 가운데 상공업에 종사하는 도시 거주민이 결성한 자치 조직을 '조'라고 부르기 시작했다. 그 결과 조는 [그림 4-11]과 같이 교토 시내의 상공업자 가운데 대로를 사이에 두고 양쪽에 주택과 상점을 소유한 이들이 치안, 상행위 등에서 공동의 이해관계를 공유하기 위해 만든 자치 조직을 뜻하는 명칭이 되었다.

다만 센고쿠 시대까지만 하더라도 옛 조방제의 자취가 완전히 사라지지 않았다. '마치슈町衆(또는 '조슈'라고도 읽음)'라고 불린 교토의 상공업자들은 옛 조방제의 구획을 따라 도로에 면한 바깥 부분으로 상점과 가옥을 지었다. 율령제에서 도성을 구획하는 조의 길이가 120미터로 너무 길다 보니 사방에 상점과 가옥을 짓더라도 [그림 4-12]에서처럼 그 내부에는 정방형의 거대한 공지, 즉 빈터가 남게 되었다. 옛 조방제의 자취에 따라 정방형으로 주택을 짓고 거주하는 주민들은 동서남북의 이웃한 대로를 사이에 두고 각기 다른 조 공동체를 구성하면서도 가운데 빈터를 정원, 우물, 텃밭, 빨래 건조장 등으로 함께 사용하면서 서로 협력할 수 있었다.

조 공동체를 결성한 주민들은 조에 속한 개인들이 마음대로 토지와 건물을 매매하거나 임차를 주지 못하도록 규제했다. 또한 과당경쟁을 막거나 생업에 지장을 초래하지 않도록 같은 조에 속한 상공업자의 직종을 제한하는 등 공동의 이해를 지키기 위해 협력했다. 더욱이 이들은 오닌의 난 이후 치안과 안전을 확보하기 위해 [그림 4-13]처럼 출입구를 제외하고 사방을 토담으로 두른 '가마에構'라 부르는 방어시설을 만들었다. 이들은 해자를 파고 토담을 세워 방어시설을 굳건하게 만드는 한편 검문소 역할을 겸하는 목호木戶를 세워 무사의 출입을 제한했다. 아울러 무사의 공격에 맞서기 위해 스스로 무장하거나 용병을 고용하기도 했다.

[그림 4-13]
목호와 토담을 갖춘 '가마에'의 모습.

01 고대: 도성제의 수용과 변용

'백지장도 맞들면 낫다'는 속담처럼 교토 주민은 개별 조 단위로 무사의 침입에 대항하기보다 서로의 힘을 합하기 위해 '조구미町組(또는 '마치구미'라고도 읽음)'라는 연합체를 결성했다. 센고쿠 동란으로 공권력이 제대로 기능하지 못한 상태에서 조구미와 같은 자치 공동체는 교토 주민의 안전과 치안을 사실상 책임지는 역할을 맡았다. 개인이건 공동체건 시련을 거치면서 한걸음 나아간다. 교토 주민들이 공동의 이해관계를 지키기 위해 결성한 '조' 역시 센고쿠 동란의 위기 속에서 주민의 생명과 재산을 지키는 자치와 자위 조직으로 발전하는 동시에 더욱 강한 결속력을 갖추게 되었다.

| '어령 신앙'과 기온마쓰리 |

매년 여름 7월에 개최하는 교토의 기온마쓰리祇園祭り는 교토뿐 아니라 일본을 대표하는 주요 전통 행사이다. 20여 미터가 넘는 가마를 힘차게 끌면서 교토 시내를 순행하는 기온마쓰리의 야마보코山鉾 행사를 보기 위해 수많은 관광객이 국내외에서 이곳을 찾아온다. 불행하게 죽은 이를 위로하는 '어령御霊 신앙'에서 비롯한 기온마쓰리가 일본을 대표하는 전통 축제로 정착하는 과정에 대해 살펴보도록 하자.

헤이안경의 주민 중에는 자연재해나 불결한 위생 탓에 제 수명을 다하지 못하고 사망하는 이가 적지 않았다. 당시 사람들은 예상하지 못한 재난이나 갑작스러운 죽음이 발생하면 이를 억울하게 죽은 원혼의 복수 탓으로 돌렸다. 재해나 재난의 원인을 과학적으로 설명할 수 없었기에 당시 사람들은 불행의 씨앗인 '원령怨靈'이야말로 어떻게든 저세상으로 쫓아 보내야 할 성가신 존재라고 생각했다. 이에 조정에서는 863년 5월 어령회를 개최했다. 원령 신앙에 바탕을 둔 어령회는 나가오카경 천도 당시 천황 측근의 암살 사건에 연루되어 유배 중에 세상을 떠난 사와라 친왕을 비롯해 억울

[그림 4-14]
오늘날 기온마쓰리
야마보코 행사 모습과
16세기 초 야마보코
순행(원 안).

01 고대: 도성제의 수용과 변용

하게 죽은 황실 인사 가운데 여섯 혼령을 모시고 성대하게 거행되었다. 이후 조정은 민심이 흉흉하거나 재난이 발생했을 때 부정기적으로 어령회를 개최했다. 하지만 원령을 저승에 보내는 데 적합한 곳에 신사를 건립하고 신사의 의례로 행사를 거행하면서 어령회는 점차 정례화되었다.

어령회를 주재하는 신사 가운데 가장 대표적인 곳은 현재 교토의 기온祇園에 위치한 기온 신사였다. 기온 신사의 첫 어령회는 869년에 시작되었을 만큼 역사가 깊다. 당시 전국적으로 역병이 유행하자 일본의 66개국을 상징하는 66개의 창을 앞세우고 역신인 우두천왕牛痘天王을 모신 가마를 현재의 니조성二條城 남쪽에 있는 연못인 신센엔神泉苑으로 모시는 행사에서부터 시작했다고 한다. 어령회 행사 중에서 지붕 없는 끌차에 배우들이 승차해 즉흥적으로 우스꽝스러운 가무와 퍼포먼스를 행하는 산가쿠散楽 행렬은 특히나 헤이안경 주민들의 많은 사랑과 호응을 받았다. 그 결과 화려한 장식으로 꾸민 거대한 수레를 끄는 야마보코 순행이 기온 어령회 행렬에 새롭게 추가되었다([그림 4-14]).

어령회 행렬에서 비롯된 야마보코 순행은 오닌의 난으로 잠시 중단된 적도 있지만, 1500년 다시 개최되었다. 이후 오늘날까지 계속 이어지면서 일본을 대표하는 전통 행사가 되었다. 기온마쓰리는 1979년 일본의 중요 무형민속문화재로 등록되었을 뿐 아니라 2009년에는 유네스코 인류무형문화유산으로 지정되었다.

4.
무사 세력의 득세와
교토의 위상 변화

| 도요토미 히데요시의 교토 개조 |

오닌의 난으로 교토 시내는 대부분 불타 버리고 말았다. 그나마 토담으로 둘러친 상경과 하경의 시가지가 고립된 섬처럼 남아 이곳이 교토임을 알려 주었다. 센고쿠 동란을 수습하고 일본 전역을 통일하려는 무가 정권의 입장에서 전란으로 황폐화한 교토의 재흥은 무엇보다 중요한 과제였다. 오다 노부나가의 뒤를 이어 전국 통일에 성공한 도요토미 히데요시는 1585년 조정의 최고 관직인 관백에 오르자, 교토로 상경해 그 이듬해부터 자신의 거처를 짓기 시작했다. 그는 자신의 저택에 '세상의 모든 즐거움을 모은 곳'이란 뜻에서 '취락제聚樂第'라는 이름을 붙였다.

히데요시는 취락제를 짓는 과정에서 병농분리의 원칙에 따라 교토 시가지를 전면적으로 개조하려는 계획을 수립했다. 그는 먼저 자신의 거처인 취락제 주변으로 교토에 상주하는 무가의 주택을 재배치했다. 그리고 천황의 거처인 고쇼御所 주변에는 공가의 저택을 이전하도록 했다. 이와 함께 상경의 북동쪽에 해당하는 교고쿠京極 지역으로 시내의 사찰을 모두 옮기도록 지시했다. 그 결과 교토 시내는 무가와 공가, 사원 세력이 공간적으로 명확히 분리되는 특징을 갖게 되었다.

더욱이 그는 1587년과 1589년 두 차례에 걸쳐 교토 시내를 대상으로 '검지檢地', 즉 토지조사를 단행했다. 이를 통해 교토 시내에서 조정이 징수하는 토지세가 은으로 따져 연간 5,530냥, 쌀로 환산해 800석 정도임을 알아냈다. 그런데 히데요시는 1591년 조정이 징수해 온 교토 시내의 토지세를 폐지하도록 지시했다. 그 대신 공가와 사원에는 교토 외곽의 토지를 영지로 주어 토지세 폐지에 대한 반발을 무마했다. 이 같은 조치로 히데요시는 오랫동안 토지세를 징수하던 공가와 사원 그리고 교토 주민 사이의 지배관계를 해체하는 동시에 히데요시 스스로 명실공히 교토의 지배자임을 만천하에 선전할 수 있었다. 다시 말해 히데요시는 교토 시내의 토지세를 면제함으로써 조정과 사원을 대신해 사실상 교토를 자신의 직할지로 삼을 수 있었다.

히데요시가 교토에 끼친 영향은 이에 그치지 않았다. 그는 다양한 사업을 통해 교토의 경관을 이전과 다르게 만든 일등 공신이었다. 히데요시의 교토 개조 사업에서 첫째로 꼽을 수 있는 것은 새로운 토지구획 방식의 도입이다. 앞서 살펴본 바와 같이 교토의 도시 공간은 헤이안경 이래 조방제의 원칙에 따라 사방 약 120미터에 이르는 정방형의 '조'를 기본 단위로 삼아 구획되었다. 정방형의 '조'는 귀족이나 관인에게 관위를 기준삼아 차등적으로 토지를 배분하기 위한 토지구획이었다. 하지만 가로에 접한 면을 중심으로 필지를 구획하고 건물을 짓다 보니, [그림 4-12]와 같이 가운데 공간이 공지로 남았다. 공지는 공동 화장실이나 텃밭처럼 이웃 주민이 함께 사용하는 공용 부지로 사용하기도 했지만, 공터로 남는 경우도 적지 않았다. 히데요시는 이 같은 공지의 활용도를 높이기 위해 남북 방향으로 가로지르는 10여 미터의 도로를 새로 내어 기존의 '조'를 가로 약 50미터, 세로 120미터의 직사각형 형태로 이분했다. 오늘날 교토 시내를 걷다 보면 [그림 4-15]에서와 같이 건물 전면이 가로에 접하면서 대지의 길이를 기다랗게 늘인 세장형 필지를 손쉽게 확인할 수 있다. 교토의 경관을 특징짓는 세장형 필지는 사실상 도요토미 히데요시의 교토 개조 이후 일반화된 역사적인 산물이라고 할 수 있다.

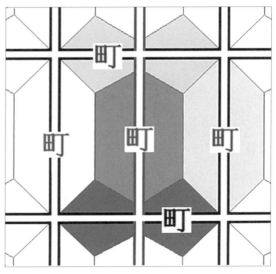

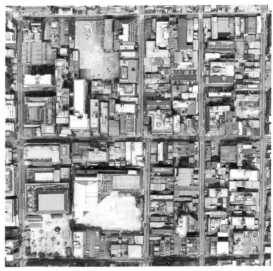

[그림 4-15] 도요토미 히데요시의 새로운 토지구획 방식(위)과 현재의 세장형 필지(아래). 이전 방식대로 필지를 나눈 왼편과 조 가운데 길을 내 세장형 필지가 된 오른편을 비교하면 양자의 차이를 한눈에 알 수 있다. ※출처: 구글 어스.

01 고대: 도성제의 수용과 변용

두 번째로 들 수 있는 것은 시내 전체를 감싸는 토담이다. 높이 약 3~5미터에 이르는 총 길이 23킬로미터의 토담을 축성함으로써 이를 경계로 그 안쪽과 바깥쪽의 공간이 확연하게 나뉘었다. 당시 사람은 토담 안쪽을 '라쿠추洛中', 그 바깥쪽을 '라쿠가이洛外'로 불렀다. 히데요시의 지시로 쌓은 토담은 오닌의 난 이후 상경과 하경으로 분리된 교토 시가지를 하나의 공간으로 통합하는 계기가 되었다. 이와 함께 가모강 연변을 따라 토담을 높게 쌓아 홍수 시 강물 범람에 대비할 수 있는 부수적인 효과도 얻을 수 있었다.

하지만 도시 전체를 감싼 토담의 가장 강력한 효과는 오닌의 난 당시 자위를 위해 교토의 주민들이 상경과 하경을 둘러친 '가마에'를 대신함으로써 이제 더는 교토의 평화가 조닌町人의 자위에 의해서가 아니라 새로운 권력자인 히데요시의 무력을 통해 보장된다는 사실을 시각적으로 선전하는 것이었다. 토담으로 둘러싸인 교토의 경관은 이후 에도 시대를 거쳐 오늘날까지 교토의 도시 공간인 '라쿠추'를 구분 짓는 물리적 경계이자 심상 공간의 원형이 되었다([그림 4-16]).

| 에도 막부의 성립과 '미야코'의 위기 |

도요토미 히데요시의 뒤를 이어 천하의 패권을 장악한 도쿠가와 이에야스의 입장에서도 교토의 장악과 지배는 중요한 문제였다. 1600년 세키가하라關ヶ原 전투에서 승리한 이에야스는 히데요시가 교토에 자신의 거처로 취락제를 지었던 것처럼 새로운 숙소를 겸한 성곽을 짓기 위한 계획을 수립하고, 이에 드는 경비를 기나이 일대의 다이묘들에게 부과했다. 1603년 2월 쇼군의 지위에 오른 이에야스는 교토 2조 일대에 새로 지은 니조성에 교토의 공가와 서국 일대의 다이묘를 초청하고 3월 27일 장군 취임을 축하하는 행사를 성대하게 거행했다. 이후 교토의 니조성은 제3대 장군 이에미쓰家光

[그림 4-16] 도요토미 히데요시의 지시로 쌓은 토담 가운데
현재까지 그 형태를 보존하는 일부와 이를 사적으로 지정한 기념비.
[그림 4-17] 상공에서 내려다본 교토 어소의 현재 모습. ※출처: 구글 어스.

01 고대: 도성제의 수용과 변용

시기까지 에도 막부 쇼군의 거처로 사용되면서, 새로운 쇼군의 취임을 축하하는 동시에 서국 일대의 다이묘에게 쇼군의 권위를 과시하는 장소로 활용되었다. 아울러 니조성 주변에는 교토의 공가 세력을 비롯해 서국 일대 다이묘에 대한 감시와 통제를 책임지는 교토쇼시다이京都所司代를 비롯해 에도 막부의 주요 기관과 무사 거주지가 배치되었다.

이와 함께 이에야스는 천황과 조정에 대한 무가 정권의 우위와 통제력을 과시하기 위해 천황의 거처인 어소의 신축과 조영에도 힘을 쏟았다. 에도 막부는 1612년 고미즈오 천황을 위한 어소 신축을 시작으로 화재로 인한 재건 등을 이유로 무려 8차례에 걸쳐 어소 조영 사업을 벌였다. 현재의 교토 어소는 1854년 불타 버린 것을 1855년에 재건한 것이다(그림 4-17).

더욱이 이에야스는 히데요시 당시 오사카에서 교토로 이전한 혼간사本願寺를 두 개의 사원으로 분리해 동쪽에 히가시 혼간사東本願寺를 신축하도록 지시했다. 그리고 교토 시내 중심에 소재해 있던 여러 종파의 본원 및 사원을 시가지 외곽으로 이전하거나 재배치해 혹시나 있을지 모를 전투에서 방어를 위한 엄폐물로 삼도록 하는 것은 물론이고 사원과 주민 사이의 유대 관계를 약화하려 했다. 그 결과 교토는 헤이안경 이래 도시의 전통적인 거주자인 천황과 공가 세력뿐 아니라 니조성 주변으로 교토·오사카 인근의 이른바 가미카타上方 지역을 지배하기 위한 막부 기관과 무가 세력이 병존하는 가운데 사원과 조닌의 거주 공간이 명확히 분리되는 근세 무가 도시의 일반적인 특징을 공유하게 되었다.

헤이안경 이래 오랫동안 도읍으로 명성을 떨쳐 왔던 교토의 위상과 역할은 센고쿠 동란 이후 점차 약해졌다. 교토를 지배해 온 귀족과 사원의 권위가 미약해진 데다가 정이대장군에 오른 도쿠가와 이에야스가 에도에 막부를 세우면서 왕조 도시의 '미야코都'로서 교토가 가진 부귀와 영화는 지속되기 어려운 것처럼 보였다. 하지만 헤이안경 이래 천황을 비롯한 관인 귀족을 중심으로 오랫동안 쌓아 온 화려한 궁중문화의 전통 덕분에 교토는 고급 수공업 생산지라는 명성을 유지할 수 있었다.

하이쿠俳句를 짓는 데 필요한 여러 문구나 속담 등을 모아 1638년에 출간한 《게후키구사毛吹草》에는 일본 각지에서 생산되는 1,800여 종의 명품 목록이 실려 있다. 그런데 여기에 실린 1,800여 종의 명품 가운데 교토를 포함한 기나이 지역의 생산 비율이 전체의 3분의 1에 달했다. 교토와 그 주변 지역에서 생산된 경우는 5분의 1을 점했다. 교토에서 생산되는 특산품을 다시 분류하면 주로 의료직물, 미술 공예품, 무구, 식료품, 의료품과 같이 대부분 여타 상품에 비해 뛰어난 기술과 오랜 전통이 필요한 품목이었다. 명품으로 손꼽히는 주요 수공업품은 사실상 교토를 중심으로 기나이 지역에서 생산하는 셈이었다. 에도 막부 성립 이후에도 수공업 제품의 주요 생산지로서 교토의 명성과 지위가 지속될 수 있었던 가장 중요한 요인은 훌륭한 기술을 가진 직인 집단과 전국 각지를 비롯해 해외로부터 원재료를 수입해 완성품을 수출하는 상인 조합이 활동하고 있었기 때문이다. 이 같은 이유에서 17세기 초반 교토는 고급 수공업품의 생산지라는 위상을 유지할 수 있었다.

| 삼도론의 유행과 교토의 위상 변화 |

17세기 중반 이후 상품 생산과 유통의 거점인 오사카, 거대 소비시장인 에도와 함께 문화와 전통의 중심지로 교토를 새롭게 인식하면서 서로 다른 문화와 개성을 가진 세 도시를 비교하는 삼도론三都論이 성황을 이루었다. 쇼군의 슬하인 에도, 천하의 부엌인 오사카 그리고 화려한 궁중문화와 오랜 역사를 자랑하는 교토에 대한 관심은 1686년에 출간한 《옹주부지雍州府

01 고대: 도성제의 수용과 변용

志》를 비롯해 에도 시대 중기 교토에 관한 여러 저작물로 이어졌다.

삼도론은 단지 출판 미디어가 만들어 낸 허구의 담론에 그치지 않았다. 이는 17세기 중엽부터 전국적인 유통망이 정비되는 가운데 상품 생산과 유통, 소비 기능을 에도, 오사카, 교토가 분담하면서 만들어진 개별 도시의 역할과 특성을 반영한 것이었다. 미쓰이三井 재벌의 시원인 포목점 에치고야越後屋가 사업을 확장하는 과정에서 에도, 오사카, 교토의 서로 다른 역할을 살펴볼 수 있다. 에도의 유명한 포목점 에치고야를 창업한 이세伊勢 마쓰자카松坂 출신의 상인 미쓰이 다카토시三井高利는 1673년 교토의 신마치新町와 에도의 혼마치本町에 상가를 열었다. 그는 교토의 니시진西陣에서 생산되는 고급 견직물을 다량으로 매입해 에도로 가져가 상급 무사와 상층 조닌에게 기존에 없던 현금 할인, 박리다매 등의 방식으로 판매해 막대한 부를 쌓을 수 있었다. 더욱이 그는 금화를 사용하는 에도와 주로 은화로 거래하는 오사카 사이에 화폐 유통의 차이를 이용해 에도와 교토에 환전상을 열어 사업을 더욱 확대했다. 오미近江 출신의 목재상으로 교토에 본점을 두고 있던 시로키야白木屋 역시 비슷한 시기 에도에 상점을 열고 견직물을 판매해 많은 부를 축적할 수 있었다.

17세기 후반 교토에 본점을 가진 에치고야와 시로키야가 니시진에서 생산되는 고급 견직물을 에도로 가져가 판매할 수 있었던 것은 오사카와 에도를 기점으로 하는 해상교통망이 정비되었기 때문이다. 17세기 초 에도와 오사카를 잇는 남해로가 정비되자 막부는 가와무라 즈이켄河村瑞賢에게 에도에서 태평양 연안을 따라 일본 열도의 동쪽 지역을 연결하는 동회항로東回り, 오사카에서 세토 내해瀬戸内海를 지나 동해를 거쳐 일본 열도 서쪽 지역을 잇는 서회항로西回り를 개발하도록 지시했다. 이후 17세기 중반 동회항로와 서회항로가 잇따라 개통하면서 오사카와 에도를 중심으로 일본 전

역을 연결하는 해운체계가 완성되었다.

　앞서 살펴본 바와 같이 17세기 중반 이후 고급 수공업품 생산기지인 교토와 전국적인 상품의 집하지인 오사카, 참근 교대제*의 실시로 최대의 소비 도시로 부상한 에도를 잇는 전국적인 분업체계가 만들어졌다. 에치고야와 시로키야의 성공은 삼도를 중심으로 하는 전국적인 상품 생산과 유통, 소비의 분업체계를 효과적으로 이용했기에 가능한 것이었다. 결과적으로 에도 막부의 근거지인 에도, 히데요시가 축성한 오사카성에서 비롯한 오사카 그리고 천황과 공가의 거주지인 교토는 17세기 중엽 전국적인 상품 유통망이 정비되는 가운데 거대 소비시장, 상품 생산 및 유통의 거점, 고급 수공업 제품의 생산지로 각자의 역할과 기능을 분화하며 각자 대도시로 발전할 수 있었다.

5.
메이지 유신과
'역사 도시' 교토의 탄생

| 메이지 천황의 동천과 교토의 위기 |

1868년 메이지 유신과 함께 에도 막부의 붕괴 이후 새로이 권력을 장악한 메이지 신정부는 천황을 국가적 통일의 중심에 두고 강력한 근대 국민국가를 건설하고자 노력했다. 이를 위해 주민의 반대에도 불구하고 1869년 천

＊ 에도 막부가 각 번의 영주인 다이묘에게 그들의 영지와 에도를 격년제로 오가며 쇼군에게 출사하도록 시행한 제도를 말한다.

황의 도쿄 이주를 단행했다. 메이지 신정부는 교토에 거주하던 귀족들에게도 천황을 따라 도쿄로 이주할 것을 권유했다. 하지만 헤이안경 이래 오랫동안 교토 생활에 익숙한 귀족들은 도쿄에서의 생활을 선호하지 않았다. 그러자 신정부는 1870년 11월 20일 옛 무가와 귀족에게 도쿄 거주를 명하는 포고문을 발령했다.

교토 주민에게 천황을 비롯한 귀족의 이주는 커다란 충격이었다. 도쿄 천도 이후 수도의 지위를 상실한 교토는 정치적인 위상이 급속히 하락했을 뿐 아니라 경제적인 불황마저 계속되었다. 그 결과 1870년 37만 4,000명에 달하던 교토 인구는 1889년 말에 이르러 28만 명으로 30퍼센트 가깝게 감소했다. 교토부는 주민들이 떠나 빈집으로 남은 택지에 뽕나무와 차나무를 심도록 지시했다. 해외 주요 수출품인 일본산 생사와 차를 생산해 외화도 벌고 도심의 공동화도 막으려는 심산이었다. 하지만 천황과 귀족이 떠나고 텅 빈 저택에 뽕나무와 차나무를 심는 것은 어디까지 미봉책에 불과할 뿐 부흥을 위한 근본적인 해결책이 될 수 없었다.

도쿄 천도를 단행한 이후 교토의 전통 산업계 역시 커다란 타격을 입었다. 황실과 귀족이 고급 수공예품의 주된 소비층인 만큼 교토의 상공인들은 이들을 따라 도쿄로 이주하든가 아니면 새로운 시장을 개척해야 하는 선택의 갈림길에 섰다. 메이지 신정부는 교토의 경제부흥을 위해 각종 산업기금을 제공했다. 교토부 역시 지역 경제를 활성화하기 위해 프랑스로부터 근대적인 직물 기술을 이전받기 위해 외국인 기사를 초청하거나 니시진의 직공을 직접 프랑스에 파견하는 등 전통 직물산업의 근대화를 꾀했다.

교토부에서 실시한 여러 근대화 정책 가운데 가장 중요한 것으로 '비와호소수琵琶湖疏水 건설 사업'을 들 수 있다. 일본에서 가장 큰 담수호인 비와호 연변의 오쓰大津와 교토 사이의 운송을 용이하게 만드는 동시에 식수와 생활용수를 확보하기 위해 추진한 비와호소수 사업은 수로 건설이 주된 내용이었다. 하지만 수로 건설의 이면을 살펴보면 교토 인근을 포함한 종합적인 지역개발 사업의 성격을 띠고 있었다. 1885년 8월에 시작한 수로 건설은 4년 8개월의 시간과 125만 엔의 경비를 들여 1890년 4월에 완공되었다. 수로 건설 사업에 이어 미국 콜로라도 아스펜 수력발전소를 본떠 현재의 게아게蹴上에 일본 최초의 상업용 수력발전소가 1891년 건설되었다. 여기서 생산된 전력을 이용해 1895년 일본 최초의 전기철도를 교토와 후시미伏見 사이에 부설하고 영업을 시작했다. 그러나 이 같은 노력에도 불구하고 근대적인 공업 도시로의 전환은 그다지 성공적이지 못했다. 예컨대 '동양의 맨체스터'로 불린 오사카의 경우 지방의회 의원 가운데 산업자본가의 비율이 높았던 반면 교토는 종래의 특권 세력인 지주 계층이 대부분을 차지했다. 지방의회 의원의 이 같은 차이는 도시 인프라를 개선하기 위한 예산 편성과 집행에서 교토와 오사카 사이에 중대한 변화를 가져온 요인이 되었다.

| '제4회 내국권업박람회'와 '헤이안 천도 1100주년 기념제' |
근대 도시로의 이행 과정에서 주의 깊게 살펴보아야 할 대목은 역사 도시로의 전환이다. 근대국가는 국가적 통합과 국민적 일체감을 부여하기 위해 '내셔널 히스토리'를 창출하거나 새로운 전통과 의례를 창출하는 등, 모든 국민이 하나의 운명공동체임을 인식하기 위한 다양한 장치를 고안했다. 특명전권대사로 구미 각국을 시찰했던 이와쿠라 도모미岩倉具視는 유럽 각국이 영국의 하노버 왕조, 러시아의 로마노프 왕조, 오스트리아의 합스부르크 왕조 등을 비롯한 여러 왕실의 '의례'와 '자산'을 각국의 역사적 '전통'으로 만들어 가는 문화전략을 눈으로 직접 살펴보는 기회를 얻었다. 그는 국제 사회에서 열강이 되려면 단순히 군사력이나 경제력뿐만 아니라 문화나

전통의 우수성을 인정받아야 한다고 생각하고, 1883년 1월 메이지 천황에게 〈교토 황궁 보존에 관한 의견서〉를 상주했다.

> 헤이안경의 아름다운 토지와 선한 풍속은 해외 각국의 사람들 역시 칭찬하고 부러워하는 바입니다. 천황 폐하께서 매년 이곳으로 피서를 위해 거둥하시기를 바라며 드리는 말씀입니다. 이에 바라옵건대 (교토의) 궁궐을 보존하시면 쇠퇴하고 있는 민업의 회복을 꾀할 수 있을 뿐만 아니라 여러 예식을 거행할 수 있어 타국 사람들을 이곳에 불러들이는 방법으로 이만한 것이 없을 것입니다.

여기서 주목해야 할 점은 이와쿠라가 천황의 거처인 고쇼, 즉 교토의 궁궐을 단순히 황실 의식을 거행하는 의례의 장소로서뿐 아니라 '타국의 사람들을 이곳에 불러들이'기 위한 관광명소로 활용할 것을 염두에 두었다는 점이다. 국제 사회에서 근대국가의 중요한 덕목으로 유·무형의 황실 자산, 즉 전통 의례와 고쇼御所(교토에 있는 황궁), 이궁, 역대 천황릉 등이 중요하다는 인식은 이와쿠라뿐만 아니라 신정부 인사 역시 공유하고 있었다. 이에 따라 이와쿠라의 상주 이후, 도쿄 천도 이후 주인 없이 빈 곳으로 남게 된 고쇼와 주변 공가 저택 부지의 관할 부처는 교토부에서 궁내성으로 바뀌었다. 아울러 천황 즉위식과 대상제大嘗祭 역시 (교토의) 고쇼에서 거행하도록 황실전범에 규정되었다. 이로써 교토는 일본의 역사와 전통을 담는 역사 도시로 재탄생하는 기회를 얻게 되었다.

그러나 국제 사회에 어깨를 나란히할 수 있는 문화적 자산과 황실의 오랜 의식과 전통을 계승·보존하기 위한 역사적 공간의 가치를 강조할수록 고쇼는 역설적으로 일반 시민에게 점점 '닫힌' 장소가 되었다. 1889년 '교토

고쇼 및 이궁 관람자 취급자 내규'가 제정되고 1890년 고쇼가 황실 재산에 포함되면서 일반인의 입장과 관람은 제한되었다. 1906년에 개정한 내규에서 고쇼에 입장할 수 있는 이는 '고등관, 화족, 각국 대사 및 직원 가족' 등으로 제한되었고 일반인은 입장할 수 없게 되었다. 1915년 11월 10일에 거행한 다이쇼 천황의 즉위식을 계기로 전통 의식의 계승·보존을 위한 장소로 고쇼에 대한 대대적인 정비가 이루어지면서 비로소 현재와 같은 모습을 갖추게 되었다.

한편 역사 도시로의 전환을 위해 천황가의 유서와 역사를 적극 활용한 도시진흥책이 시행되었다. 특히나 1895년의 제4회 내국권업박람회와 헤이안 천도 1100주년 기념제는 교토를 역사 도시로 위치 짓는 중요한 계기였다. 제4회 내국권업박람회는 천도 이후 침체에 빠진 교토의 부흥과 근대화의 성과를 대내외에 보여 주기 위해 1895년 4월 1일부터 약 4개월간에 걸쳐 개최되었다. 그리고 제4회 박람회의 여운이 채 가시지도 않은 같은 해 10월 22일 박람회가 열렸던 오카자키岡崎에서 '헤이안 천도 1100주년 기념제'가 열렸다. 가모강 동편 교토 시내 외곽에 해당하는 오카자키는 박람회와 기념제 개최지로 결정되기 이전까지만 하더라도 경작지와 잡목이 무성한 곳이었다. 이처럼 자연 상태에 가까운 오카자키를 박람회와 기념제 개최지로 결정한 것은 비와호소수 사업의 결과 방수로와 수차가 설치된 게아게 근처인 데다가 아직 시가지가 조성되지 않아 넓은 부지를 확보할 수 있었기 때문이었다.

박람회에 필요한 여러 건물과 함께 기념제 회장으로 사용하기 위해 헤이안 시대의 대극전을 본뜬 헤이안 신궁을 새로이 조영했다([그림 4-18]). 그리고 박람회와 기념제를 찾는 방문객의 편의를 위해 교토역에서 오카자키를 잇는 노면전차 같은 근대적인 교통시설과 도로가 부설되었다. 이와 함께

[그림 4-18] 위는 상공에서 내려다본 헤이안 신궁의 모습.
※출처: 구글어스.
아래는 대극전을 본떠 만든 헤이안 신궁.

역사 도시 교토의 이미지를 대내외에 선전하기 위한 사업들이 다양하게 시행되었다. 먼저 메이지 유신 직후 불교 세력을 탄압하기 위한 폐불훼석운동으로 훼손된 여러 신사와 사원에 대해 대대적인 정비가 이루어졌다. 이와 함께 헤이안경에 대한 실측조사와 함께 헤이안경 대극전 유적과 나가오카경 유적의 발굴 및 보존, 수축 사업이 전개되었다. 또한 역사와 전통의 이미지를 연출하고자 행사 기간 교토 시내의 유명 사찰과 신사에서는 비장의 보물 전시회를 개최했다.

역사 도시로의 연출은 비단 제4회 박람회와 헤이안 천도 기념제에 그치지 않았다. 메이지 천황의 뒤를 잇는 다이쇼 천황의 즉위식은 1889년 제정된 황실전범에 따라 교토에서 거행될 예정이었다. 다이쇼 천황의 즉위를 기념하기 위한 여러 행사가 식민지 조선을 포함한 일본제국 내 각지에서 대대적으로 준비되는 가운데 교토에서는 이를 계기로 대대적인 시가지 정비 사업을 추진하였다. 오늘날 교토 시내를 남북으로 관통하는 중심축인 가라스마도오리烏丸通와 마루타마치도오리丸太町通는 교토역에 내린 천황이 황궁으로 행차하는 이른바 '행행도로行幸道路'를 정비한다는 명목과 함께 대대적으로 확장되었다. 또한 대례를 기념하기 위한 교토박람회가 특별히 오카자키 공원 일대에서 개최되었다. 이처럼 주기적으로 반복되는 박람회와 각종 기념식을 통해 교토는 대내외적으로 일본의 역사와 전통을 어깨에 짊어진 기념 공간으로 소개되었다. 더욱이 역사 도시의 이미지는 외부에서 찾아온 관광객과 이를 보도하는 매스컴을 통해 소비되면서 더욱 강화되었다.

| 경관 보존을 위한 교토 시민사회의 노력 |

2018년 교토시에는 13곳에 이르는 세계유산과 212점에 이르는 국보(일본 전체의 19.1퍼센트), 1,879점의 중요문화재(일본 전체의 14.3퍼센트), 3,000여

곳에 이르는 신사와 사원이 위치한다. 게다가 도시 곳곳이 '전통적 건조물 보존지구(4곳 14.9헥타르)', '역사적 경관 보전 수경지구(3곳 14.1헥타르)' 등으로 지정되어 전통 경관을 해치지 않도록 주변 자연환경의 보존에도 힘쓰고 있다. 이처럼 수많은 문화재와 사원, 오랜 전통 유산과 역사적인 경관을 보기 위해 한 해 5,000만 명이 넘는 관광객이 교토를 찾고 있다. 그러나 알고 보면 오늘날 일본을 대표하는 교토가 명성을 떨칠 수 있었던 것은 여러 행운과 우연이 작용한 결과였다.

제2차 세계대전 말기 사이판과 괌 일대를 장악한 미군은 이곳을 발판삼아 일본 본토에 대한 공격을 감행했다. 항공기에 의한 폭격으로 막대한 피해를 보았던 도쿄, 오사카 같은 대도시와 달리 교토는 운 좋게 공습에서 비켜날 수 있었다. 하지만 미군이 교토를 공습하지 않은 것은 다른 목적을 가지고 있었기 때문이다. 전쟁 말기 미군은 히로시마, 니가타新潟와 함께 교토를 원폭 투하의 최종 후보지 가운데 한 곳으로 염두에 두고 있었다. 그리고 연이은 공습으로 잿더미로 변한 다른 대도시와 달리 차후에 감행할 원폭 투하의 효과를 정확히 측정하기 위해, 일부러 공습하지 않았다. 그런데 원폭 투하의 최종 후보지를 결정하는 마지막 회의에서 오랜 역사와 문화의 중심지인 교토에 원폭을 투하하면 미국에 대한 일본 국민의 감정이 나빠질 수 있다는 점 등을 고려해 최종 후보지에서 제외했다고 한다.

다만 천년고도 교토의 명성에는 역사의 행운과 함께 시민사회의 노력 역시 깃들어 있다는 점을 기억할 필요가 있다. 1960년대 이후 일본은 한국전쟁으로 인한 전시경제의 호황을 발판삼아 고도 경제성장에 돌입했다. 고도 경제성장에 따른 급속한 산업화와 도시화는 교토의 오랜 도시 경관에 심각한 영향을 끼쳤다. 지가가 비싼 도심을 중심으로 종래의 2층 목조 주택을 허물고 고층 콘크리트 건물이 속속 들어서면서 전통적인 도시 경관이 급속히 파괴되기 시작했다. 이러한 가운데 1963년에 시작한 교토역 앞의 교토타워 건설 사업은 '개발'이냐 '보전'이냐를 놓고 시정 당국과 교토 시민 사이에 치열한 논쟁을 일으키는 계기가 되었다. 여러 차례 논쟁을 거치면서 1966년 〈고도에서의 역사적 풍토 보존에 관한 특별조치법〉이 제정되었다.

이후 교토시는 1978년 〈세계문화자유도시선언〉을 발표하고 역사문화 도시의 매력을 높이기 위한 여러 정책을 수립해 시행 중이다. 일례로 지난 2007년 9월부터 교토시는 '신경관 조례'를 제정해 시내 중심가의 고도 제한을 45미터에서 31미터로 낮추는 한편 옥외광고에서 네온사인의 사용을 제한하고 있다. 교토의 경관을 유지하려는 노력은 이뿐만이 아니다. 교토 시내에서 영업하는 프랜차이즈 업체들은 고즈넉한 시내 분위기를 헤치지 않도록 간판의 채도를 낮추거나 크기를 작게 하고 있다. 일본의 여느 도시와 차별화되는 '천년고도' 교토의 위상과 이미지는 도시의 '경관'을 모두의 공공재산으로 여기는 시민사회의 의식과 노력이 쌓여 만들어진 결과라고 말할 수 있을 것이다.

02

중·근세

무사의

등장과

조카마치의

성립

05

가마쿠라:

다채로운
매력을 가진
무가의 고향

1.
원정의 붕괴와
무가 정권의 등장

| 무가의 도시에서 애니메이션 팬들의 성지순례 장소로 |

도쿄에서 전철로 한 시간 정도면 닿을 수 있는 가마쿠라鎌倉는 아름다운 해변으로 인기가 높을 뿐 아니라 오랜 역사를 가진 도시이다. 게다가 최근에는 이곳만의 독특한 분위기를 배경삼아 만들어진 소설, 만화, 영화, 애니메이션 등이 인기를 끌면서 작품 속에 등장하는 장소를 직접 방문하려는 팬들 사이에 인기 있는 성지순례의 명소가 되었다. 이렇듯 다양한 면모를 가진 가마쿠라를 부르는 또 하나의 이름은 '무가의 고향'이다. 다이라平 가문과 미나모토源 가문, 두 무사단의 오랜 싸움에서 승리한 미나모토노 요리토모源頼朝가 이곳에 막부를 세우면서 무사 정권을 수립한 곳이기 때문이다. 역사 깊은 고도이면서도 율령국가의 도읍이자 관인 귀족이 모여 살던 교토, 나라와 다른 분위기를 갖는 무사의 고향 가마쿠라는 가마쿠라 막부의 본거지였다.

하지만 가마쿠라 막부가 무너지면서 이곳은 쇠락의 길을 걷게 된다. 사람의 발길이 끊기면서 앞서 살펴본 후지와라경과 같이 역사에서 사라지는 듯이 보였다. 위기에 처한 가마쿠라가 다시 재기에 성공할 수 있었던 것은 '가마쿠라 대불'로 유명한 고토쿠인高德院 같은 유서 깊은 고찰과 신사 덕분이다. 가마쿠라 막부의 붕괴로 수많은 무사와 주민은 뿔뿔이 흩어졌지만, 사찰과 신사는 이곳에 그대로 남았다. 그 덕에 가마쿠라는 고즈넉하고 종교색 짙은 장소가 되었다. 가마쿠라 막부와 운명을 함께했던 비운의 장소라는 역사에다 오랜 사찰과 신사가 만들어 내는 정숙하고 엄숙한 분위기, 바닷가 해변의 아름다운 풍광 이 세 가지가 한데 어울리며 가마쿠라는 오늘날 많은 관광객이 방문하는 인기 도시가 될 수 있었다.

　다채로운 매력을 가진 가마쿠라에 대해 알아보려면 이곳에 무사 정권을 수립한 요리토모로부터 이야기를 풀어 가는 편이 좋을 듯싶다([그림 5-1]). 무사의 고향 가마쿠라의 시작은 사실상 그의 삶과 궤적을 같이한다고 해도 과언이 아니다. 그리고 그 과정에서 빠뜨릴 수 없는 또 한 명의 인물이 등장한다. 바로 다이라노 기요모리平清盛이다([그림 5-2]). 역사 속 라이벌이자 숙명의 관계였던 두 사람의 행보를 중심으로 가마쿠라 막부가 만들어지는 과정을 살펴보도록 하자.

| 상황의 원정과 다이라노 기요모리의 전횡 |

11세기 후반 이후 일본의 조정에서는 군주의 지위를 후계자에게 물려준 전임 천황이 상황의 지위에 올라 신임 천황의 후견인 자격으로 거처인 '院원'에 머물면서 정무에 관여하는 '원정院政'이 일반화했다. 상황은 원정 정치를 통해 오랫동안 외척이라는 관계를 이용해 조정 정치에 개입해 온 후지와라 가문의 '섭관攝關' 정치를 배제하고 실권을 장악할 수 있었다. 하지만 원정 정치는 득과 함께 실도 적지 않았다. 천황이 성인으로 자라 상황의 지시를 듣지 않고 독자적으로 행동하기 시작하면 아무리 혈육이라 하더라도 양자의 관계가 극단으로 치닫는 경우가 적지 않았다. 차기 태자를 누구로 결정할 것인지 민감한 사안을 놓고 상황과 천황이 대립하다가 각자 지방 무사단을 동원해 종종 싸움을 벌이는 때도 있었다. 간토 지역의 무사단을 이끌던 미나모토노 요시토모源義朝와 서국 일대의 무사단을 세력 기반으로 삼은 다이라노 기요모리는 원정 정치 아래서 황실과 권세가가 뒤얽힌 정치 분쟁을 무력으로 해결하기 위해 지방에서 상경한 무사단의 주요 리더들이었다.

[그림 5-1] 도쿄국립박물관에서 소장 중인
미나모토노 요리토모의 좌상.
[그림 5-2]《천자섭관어영天子攝關御影》에 실린
다이라노 기요모리의 초상.

02 중·근세: 무사의 등장과 조카마치의 성립

미나모토노 요리토모는 동국 무사단을 이끌던 요시토모의 셋째 아들로 태어났다. 그런데 그가 열 살 되던 해인 1156년, 천황의 후계 문제를 둘러싸고 스토쿠崇德 상황과 고시라카와後白河 천황 사이에 분쟁이 일어났다. 상황과 천황 사이의 정치적인 대립은 마침내 '호겐의 난保元の亂'*이라는 무력 충돌로 이어졌다. 호겐의 난에서 고시라카와 천황은 요리토모의 아버지인 요시토모와 다이라노 기요모리를 끌어들여 스토쿠 상황 세력을 무너뜨리는 데 성공할 수 있었다. 조정의 정쟁을 해결하는 데 무사의 무력 동원이 결정적인 요인이 된 셈이었다.

미나모토노 요시토모와 다이라노 기요모리 양자 모두 호겐의 난 당시 함께 고시라카와 천황 편에 섰지만, 같은 대우를 받지는 못했다. 고시라카와 천황의 마음은 요시토모보다 기요모리 쪽에 더 기울어 있었다. 고시라카와 천황은 기요모리를 총애하며 중용하는 대신, 요시토모를 멀리했다. 일족을 희생하면서까지 정쟁에 가담해 전투를 승리로 이끌었던 요시토모는 자신의 공을 알아 주지 않는 것에 억울한 마음이 들었지만, 기요모리의 기세에 눌려 울분을 삭여야 했다. 미나모토 가문과 다이라 가문의 오랜 악연은 여기서부터 시작되었다.

그로부터 3년이 지난 1159년 교토에서 또다시 정쟁이 발생했다. 훗날 '헤이지의 난平治の亂'**으로 불린 내란을 일으킨 이는 바로 요시토모였다. 호

---

* 호겐 1년, 즉 1156년 황위 계승을 둘러싼 상황과 천황 사이의 대립과 섭관가 내부의 권력 다툼이 격화하면서 고시라카와 천황과 스토쿠 상황으로 나뉜 조정 세력이 각기 지방 무사단을 동원하면서 일어난 군사 정변을 말한다. 호겐의 난 이후 조정의 권력 투쟁이 지방 무사단을 동원할 만큼 치열해지면서 군사력을 바탕으로 한 지방 무사의 정계 진출이 본격화했다.

** 호겐의 난 이후 고시라카와 상황의 총애를 받은 다이라노 기요모리의 독주에 불만을 가진 미나모토노 요시토모가 헤이지 1년, 즉 1159년 섭관가의 반목을 틈타 후지와라노 노부요리藤原信頼와 손을 잡고 일으킨 반란을 말한다. 하지만 요시토모의 반란은 곧 기요모리에 의해 진압되었고, 이후 기요모리는 그 공을 인정받아 태정대신의 지위에 오르며 조정 권력을 장악할 수 있었다.

겐의 난이 끝나고 상황에 오른 고시라카와 상황의 총애를 받으며 권세를 부리는 기요모리에 불만을 품은 요시토모가 섭관가인 후지와라노 노부요리藤原信賴와 손을 잡고 군사를 일으켰다. 요시토모는 기요모리가 잠시 교토를 벗어난 틈을 이용해 궁성을 포위하고 승기를 잡는 듯 보였지만, 기요모리의 반격으로 결국 패배하고 만다.

헤이지의 난에서 기요모리에게 패한 요시토모와 그의 일족은 죽음을 면치 못했다. 불행 중 다행으로 요리토모만큼은 어린 그를 어여삐 여긴 기요모리의 계모가 구명에 나서 간신히 목숨을 부지할 수 있었다. 졸지에 아버지와 형제를 잃고 열세 살의 어린 나이에 미나모토 집안의 적자가 된 요리토모는 간토의 이즈伊豆로 유배를 떠나야 했다. 역사에 가정이란 있을 수 없지만, 만약 헤이지의 난에서 요리토모가 살아남지 못했더라면 후에 가마쿠라 막부와 무사 정권의 앞날은 기대할 수 없었을지 모른다. 당시만 하더라도 애송이에 불과한 요리토모가 20여 년 후 '겐페이源平 쟁란'*에서 다이라 가문에 승리를 거두고 가마쿠라에 막부를 세울 것이라고 예상한 이는 아무도 없었다.

한편 헤이지의 난에서 승리한 기요모리는 상황의 근신이란 지위를 이용해 조정에 대한 영향력을 키우며 1167년 마침내 최고 관직인 태정대신太政大臣에 오르게 되었다. 천황가나 후지와라 가문 이외의 사람으로 태정대신에 오른 첫 번째 인물이었다. 조정 권력을 한 손에 쥐고 한층 기고만장해진 기요모리는 자기 딸을 다카쿠라高倉 천황에 후궁으로 시집보내고, 그 사이

* 헤이안 시대 말기인 1180년부터 1185년까지 다이라, 미나모토 두 무사 가문을 중심으로 일본 전역에서 벌어진 전란을 말한다. 전투가 발생한 시기의 연호를 따서 지쇼·쥬에이의 난治承·壽永の亂이라고 한다. 1180년 모치히토 왕자의 영지에 따라 거병한 미나모토노 요리토모는 처음에 반란군으로서 다이라 가문에 맞섰지만, 1183년 10월 동국東國 일대의 경영에 관한 선지를 획득하고 난 이후 관군으로 다이라 가문의 토벌에 나서 승리함으로써 가마쿠라 막부를 수립하는 기틀을 마련했다.

에서 태어난 외손주를 황태자로 책봉했다. 후지와라 씨의 섭관 정치를 흉내 내어 천황의 외척 세력으로 조정 권력을 장악하려는 계획을 세운 것이다. 그리고 이를 행동으로 옮기기 위해 1179년 자신이 섬기고 있던 고시라카와 상황을 유폐시키는 사실상의 쿠데타를 일으켰다. 기요모리는 반대파를 모두 제거한 다음 그 이듬해에 외손자를 안토쿠安德 천황에 즉위시켰다. 이로써 다이라 가문의 후손이 천황에 오르게 되었고 권력에 대한 그의 야심은 마침내 성공하는 듯 보였다.

| 미나모토 요리토모와 가마쿠라 |

천하의 권력을 장악하는 데 성공한 기요모리는 천황의 외조부라는 지위를 이용해 일족을 조정의 주요 관직에 임명했다. 시중에는 "다이라 씨가 아니면 사람도 아니다"라는 말이 떠돌 만큼 다이라 가문의 기세가 하늘을 찔렀다. 그러나 달이 차면 반드시 기우는 법. 기요모리의 권세가 올라갈수록 그와 다이라 가문에 대한 불만의 목소리 또한 거세졌다. 이러한 가운데 고시라카와 상황의 아들인 모치히토以仁 왕자가 반反 다이라운동의 전면에 나섰다. 1180년 4월 그는 기요모리의 토벌을 지시하는 영지令旨를 전국에 내리고 교토에서 군사를 일으켰다. 하지만 예상했던 바와 달리 교토 인근의 대사원이 그와 같은 편에 서기를 주저하면서 결국 모치히토의 군대는 기요모리에게 패배하고 만다. 다이라 가문을 타도하기 위한 모치히토 왕자의 거병이 실패로 끝나면서 기요모리의 권력은 더욱 공고해지는 듯이 보였다.

그러나 언제나 그렇듯이 예상치 못한 곳에서 반전이 일어났다. 헤이지의 난에서 아버지와 형을 잃고 열세 살 어린 나이에 이즈로 유배를 갔던 요리토모는 이즈음 번듯한 성인이 되어 있었다. 호시탐탐 기회를 엿보던 요리토모는 모치히토 왕자의 영지를 명분으로 내걸고 1180년 8월 마침내 거병을 선언한다. 다이라 가문에 대한 복수의 칼을 뽑아 든 것이다. 그러자 옛 가신단을 비롯해 동국 지방의 무사들이 구름처럼 모여들었다. 이로써 다이라 가문과 5년에 걸친 '겐페이 쟁란'이 시작되었다.

거병 직후 호기롭게 벌인 첫 전투에서 요리토모는 병력의 열세로 패배를 맛보아야 했다. 하지만 그의 회유와 설득으로 간토 지역의 무사단이 속속 합류하면서 반전의 기회가 만들어졌다. 간토 남부 일대를 장악한 요리토모는 1180년 10월 선대 당시부터 깊은 연고를 가진 가마쿠라를 본거지로 삼고, 다이라 가문과 본격적인 전쟁에 돌입했다.

요리토모가 가마쿠라를 본거지로 삼은 것은 일족의 씨족 신을 모신 쓰루가오카와카궁鶴岡若宮이 이곳에 있었기 때문이다. [그림 5-3]의 쓰루가오카와카궁은 요리토모의 선조인 요리요시頼義가 1063년 씨족 신을 모실 요량으로 건립한 사원이었다. 요리토모의 아버지 요시토모는 가마쿠라의 북서쪽 산록에 해당하는 가메가야쓰亀ヶ谷에 자신의 거관을 짓고 동국 일대의 가신단을 지휘하며 이곳을 미나모토 가문의 세력 기반으로 삼았다. 이러한 점에서 가마쿠라는 미나모토 가문에게 마치 고향과도 같은 곳이었다.

그러나 이 같은 인연에 앞서 가마쿠라는 무엇보다 지리적으로 많은 이점을 가진 곳이었다. 가마쿠라는 교토와 간토를 잇는 도카이도東海道 연변에 있어 이동이 매우 편리했다. 게다가 주변에 좋은 항구가 있어 바다로 쉽게 진출할 수 있는 교통의 요지였다. 그리고 무엇보다 [그림 5-4]와 같이 해안가인 남쪽을 제외하고 나머지 삼면이 산으로 둘러쳐진 자루 모양의 계곡 지형이어서 외부의 침입을 막는 데도 유리했다. 이처럼 천혜의 요새라 부를 수 있는 가마쿠라에 터를 잡은 것은 요리토모의 입장에서는 어찌 보면 당연한 결정이었다.

가마쿠라를 본거지로 정한 요리토모는 곧바로 시가지 정비에 착수했다.

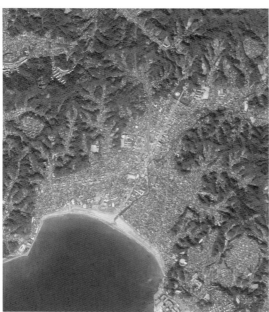

[그림 5-3]
쓰루가오카와카궁의 현재 모습.
[그림 5-4]
남쪽의 바닷가를 제외하고
삼면이 산으로 둘러싸인
가마쿠라의 항공사진.
※출처: 구글 어스.

먼저 씨족 신을 모신 쓰루가오카와카궁을 북쪽 산기슭 아래에서 현재의 장소로 옮기고 이곳에서부터 남쪽의 해변까지 일직선으로 이어지는 와카미야若宮 대로를 정비했다. 그리고 쓰루가오카와카궁 아래 동서 도로를 따라 서쪽의 오쿠라大倉에 거관을 짓고 도로 남쪽 밑에 부친 요시토모의 위패를 모신 사원을 건립했다.

가마쿠라 막부의 역사서라 할 수 있는 《아즈마카가미吾妻鏡》에 따르면 1180년 10월 가마쿠라에 도착한 요리토모는 오쿠라에 거관을 짓고 그해 12월 12일 이곳으로 처소를 옮겼다. 그러자 300여 명이 넘는 무사들이 집결해 그를 '가마쿠라의 주군'으로 추대하고 주변에 거처를 마련했다고 한다. 무사 사회에서 주군과 주종관계를 맺은 이들은 주군의 거소 인근에 거처를 마련해 주군을 경호해야 하는 책임을 졌기 때문이다. 이처럼 씨족 신을 모시는 신사를 중심으로 주변에 거관과 가신단의 거처를 둔 공간 배치는 이후 무로마치 막부나 에도 막부를 비롯해 여타 무가 정권에서 찾아볼 수 없는 가마쿠라만이 갖는 공간적인 특징이다.

쓰루가오카와카궁은 미나모토 집안뿐만 아니라 가마쿠라 막부 쇼군과 주종관계에 있는 고케닌御家人*을 비롯해 동국 지방 무사단 모두의 수호신이자 경배 대상이 되었다. 도시의 중심축을 쇼군의 거처가 아닌 씨족 신을 섬긴 신사에 두고자 했던 것은 군사 권문으로 무위武威를 중시하는 가마쿠라 막부의 지향점을 보여 준다는 점에서 의미심장하다. 가마쿠라 이래 무가 권력은 씨족 신을 기리는 신사를 중히 여겼다. 이 같은 전통은 에도 막부에까지 이어졌다. 에도 막부는 조선 통신사가 쇼군을 알현하기에 앞서 반

---

* 가마쿠라 막부의 쇼군과 미나모토 요리토모와 주종관계를 맺어 토지 소유를 인정받은 대신 쇼군에 충성을 맹세하고 가신이 된 이를 높이 부르는 말에서 시작되었다. 하지만 에도 막부 아래서는 쇼군의 가신 가운데 쇼군을 직접 알현할 수 있는 자격을 갖지 못한 하급 무사를 지칭하는 용어로 사용되었다.

드시 도쿠가와 이에야스를 모신 도쇼궁東照宮 참배를 요구할 정도로 도쇼궁을 소중히 생각했다.

| 고시라카와 상황의 계략과 동북 지방 정벌 |

5년에 걸친 미나모토, 다이라 양 가문의 싸움은 1185년 4월 혼슈와 규슈를 잇는 간몬關門해협에서 벌어진 단노우라檀ノ浦 해전을 마지막으로 마침내 종지부를 찍었다. 다이라 씨를 물리친 요리토모는 그 공을 인정받아 종2위에 해당하는 공경 귀족의 지위에 오르게 되었다. 하지만 천황의 친정 정치를 꿈꾸던 고시라카와 상황의 입장에서 요리토모의 부상은 마냥 달갑지만은 않은 일이었다. 그는 무사들끼리 싸움을 붙여 모두 자멸하게 만든 다음 조정의 실권을 되찾기 위해 이간책을 쓰기로 한다. 겐페이 쟁란이 끝나고 고시라카와 상황은 요리토모의 이복동생 요시쓰네義經에게 접근해 그를 가까이 두고 후대했다. 요리토모가 요시쓰네를 질투해 형제 사이의 우애를 상하게 하기 위해서였다.

고시라카와 상황의 농간으로 서로에 대한 의심과 불화가 깊어지는 가운데 동생 요시쓰네가 형을 배신하고 먼저 행동에 나섰다. 요시쓰네는 1185년 10월 고시라카와 상황에게서 요리토모 토벌에 관한 선지宣旨를 얻어 군사 행동의 정당성을 확보한 다음 군대를 일으켰다. 그러나 그의 기대와 달리 교토 일대의 무사단은 그에게 동조하지 않았다. 오히려 대다수의 무사단은 요리토모에게 충성을 맹세했고 그 결과 요시쓰네의 거병은 실패로 끝났다.

한편 고시라카와 상황이 자신에 대한 토벌을 지시했다는 소식을 전해 들은 요리토모는 장인 호조 도키마사北條時政에게 대군을 이끌고 교토를 점령하도록 지시를 내렸다. 그해 11월 도키마사의 군대가 교토에 진입하자, 요리토모는 자신을 토벌하라는 선지를 내린 고시라카와에게 책임을 추궁하며 궁지로 몰아넣었다. 이 기회를 이용해 요리토모는 역으로 고시라카와에게 요시쓰네를 토벌하라는 선지를 내리도록 요구하는 한편 전국에 군사·치안을 책임지는 슈고守護를 임명하고 장원·공령의 관리를 위해 지토地頭를 두는 권한을 인정받았다. 요리토모는 겐페이 쟁란의 과정에서 자신에게 충성을 맹세한 동국 지방의 무사를 전국 각지의 슈고와 지토에 임명함으로써 이들과 주종관계를 확립하는 동시에 조정 권력으로부터 독립적인 무가 정권을 수립할 수 있는 제도적인 기반을 확보하게 되었다.

거병에 실패한 요시쓰네는 각지를 떠돌다가 1187년 2월 후지와라 씨의 방계 혈족으로 동북 지방에 내려와 독자적으로 군사 세력을 형성하고 있던 오슈奧州 후지와라 가문에 몸을 의탁했다. 후지와라 씨의 비호 아래 요시쓰네가 몸을 숨기고 있다는 소식은 곧바로 요리모토의 귀에 흘러 들어갔다. 요리토모의 지시로 요시쓰네를 향한 포위망이 점차 좁혀지자 1189년 4월 요시쓰네는 마침내 자결을 선택하고 만다. 형제 간의 싸움을 획책한 고시라카와 상황의 이간질로 요시쓰네는 비극적인 최후를 맞게 된 셈이었다. 요시쓰네의 죽음으로 무가 권력은 요리모토에게 한층 더 집중되었다.

후지와라 가문의 당주인 야스히라泰衡는 요시쓰네의 머리를 베어 요리토모에게 보내고 그의 죽음을 알렸다. 그러나 요리토모는 요시쓰네를 두둔한 것을 죄로 들어 대규모 군대를 동원해 후지와라 가문을 공격했다. 요리토모는 후지와라 가문에 대한 전투를 빌미삼아 간토는 물론이고 기나이와 규슈를 포함한 전국의 무사단에 출동하도록 지시했다. 이를 통해 그는 무가 정권의 수장이 갖는 권위와 군사력을 천하에 과시하고자 했다. 1189년 9월 요리토모는 동북 지방의 정벌을 마지막으로 모치히토 왕자의 선지에서부터 시작한 8년간의 내란을 끝낼 수 있었다.

2.
가마쿠라 막부와
정이대장군

| 정이대장군의 칭호와 가마쿠라 막부의 의의 |

8년에 걸친 오랜 내란을 평정한 요리토모는 1190년 11월 천여 기에 이르는 기병 무사를 앞세우고 위풍당당하게 교토로 입경했다. 그리고 조정으로부터 정3위에 해당하는 권대납언權大納言과 우근위대장右近衛大將의 지위를 하사받았다. 근위대장은 율령에 규정되지 않은 '영외관令外官'의 하나로 궁중 경호 등을 담당하는 근위부近衛府의 장관을 말한다. 그런데 정작 요리토모는 조정에서 하사하는 관직에 별다른 관심이 없었다. 그는 오랜 내란을 거치는 동안 무사단의 '무력'을 자각하고, 이에 대한 자부심을 바탕으로 새로운 무가 정권을 수립하려는 계획을 품고 있었다. 그는 태정대신의 지위에 올라 딸을 천황과 혼인시켜 조정 권력을 장악하고자 했던 다이라노 기요모리와 달리 조정이 수여한 관직을 사임하고 가마쿠라로 돌아갔다.

그렇다고 그가 동국 무사단을 통솔하는 데 필요한 지위와 명예를 모두 포기한 것은 아니었다. 1192년 4월 고시라카와 상황이 사망하자 요리토모는 조정에 '대장군'의 직책을 요청했다. 조정의 경호 대장을 뜻하는 '우근위대장'을 버리고 실제 전투에서 군대를 이끄는 지휘관임을 보증하는 '대장군'의 직책을 요구한 것이다. '대장군'은 조정의 정식 관직체계에서 벗어난 영외관에 해당하는 직책이었다. 요리토모의 요청에 따라 조정은 '정이대장군征夷大將軍'의 직함을 수여했다. 정이대장군은 8세기 일본 열도의 동북쪽 지방과 홋카이도 지역에 거주하는 이민족 에미시蝦夷와 싸우기 위해 파견하는 군사 지휘관에게 내린 임시 직책이었다.

'정이대장군'의 칭호에서 알 수 있듯이 가마쿠라 막부는 동국을 기반으로 삼은 군사 정권임이 분명하지만, 그렇다고 왕조국가에서 독립하거나 이에 반하는 태도를 취하지 않았다. 오히려 국가체제를 유지하기 위한 공권력으로 가마쿠라 막부의 군사력이 갖는 정당성을 인정받고자 했다. 다시 말해 요리토모의 가마쿠라 막부는 동국의 독립 국가가 아닌, 조정 아래 일본 전역의 치안과 질서를 수호하는 군사 정권으로 스스로 자리 매김하고자 했다.

요리토모 이후 '정이대장군'은 조정이 무사 정권의 수장에게 하사하는 공식적인 직책이 되었다. 아울러 가마쿠라 막부에서 시작한 무사 정권은 무로마치와 에도 막부로 이어져 1868년 메이지 유신에 의한 신정부 수립에 이르기까지 무려 700여 년간 계속되었다. 요리토모의 가마쿠라 막부로부터 무사 정권이 시작된 만큼 가마쿠라는 '무가의 고향'이란 이름으로 불리게 되었다.

| 호조 야스토키의 집권과 가마쿠라 개조 |

1199년 정월 요리토모는 말에서 떨어져 갑자기 사망하고 만다([그림 5-5]). 그의 죽음으로 장남 요리이에賴家가 아버지의 뒤를 이어 제2대 쇼군에 올랐다. 하지만 개인적인 카리스마와 인간관계를 통해 고케닌을 하나로 통합했던 요리토모와 달리 요리이에는 쇼군이란 직책만으로 무사단을 통솔하기엔 모든 것이 부족했다. 요리토모의 아내 호조 마사코北條政子는 그녀의 아버지 호조 도키마사와 모의해 요리이에를 쇼군에서 끌어내리는 대신 요리이에의 어린 동생인 사네토모實朝를 제3대 쇼군으로 옹립했다. 그 결과 미나모토 가문의 쇼군은 허수아비가 되었고 막부의 실권은 외척 세력인 호조 씨 일족에게 넘어갔다. 이후 '싯켄執權'이라 불린 호조 씨 일족의 적자는 쇼군의 후견인을 자처하며 무사 정권의 행정을 담당한 만도코로政所와 동국

[그림 5-5]
쓰루가오카와카궁에서
북동쪽으로 약 300미터 떨어진
곳에 있는 요리토모의 묘지.

무사단을 통치하는 사무라이도코로侍所의 장관직을 세습하면서 막부 권력을 장악할 수 있었다.

그런데 제3대 쇼군 사네토모가 후사 없이 세상을 떠나 쇼군가의 적통이 단절되는 상황이 발생했다. 땅에 떨어진 조정 권력을 회복하기 위해 절치부심하던 고토바後鳥羽 상황은 이 틈을 노려 싯켄 호조 요시토키를 '조적朝敵'이라 칭하며 1221년 막부 타도를 내걸고 거병에 나섰다. 이른바 '조큐의 난承久の亂'*의 시작이었다. 고토바 상황은 호조 씨의 독재에 불만을 가진 무사 세력이 자신 편에 설 것으로 생각하고 이들의 분열을 꾀했다. 그러나 기대와 달리 요리토모의 아내 호조 마사코를 중심으로 결속을 다진 막부군은 불과 1개월 만에 고토바 상황을 지지하는 군대를 격파하고 교토에 입성했다. 이로써 조큐의 난은 막부의 일방적인 승리로 막을 내렸다. 막부는 상황 편에 선 교토의 공가와 서국 일대 무사의 영지 수천 곳을 몰수해 유력 고케닌에게 나누어주었다. 그 결과 동국을 거점으로 삼은 막부의 지배력은 전국에 걸쳐 더욱 확대되었다.

조큐의 난 이후 가마쿠라 막부의 명실상부한 권력자로 거듭난 제3대 싯켄 호조 야스토키北條泰時는 고토바 상황을 비롯해 준토쿠順德, 쓰치미카도土御門 상황을 유배 보내고 황위에 오른 지 불과 2개월밖에 지나지 않은 주쿄仲恭 천황마저 폐위시켰다. 이로써 막부가 명실공히 최고 권력자일 뿐만 아니라 무가의 세상이 도래했음을 세상에 알렸다. 아울러 야스토키는 막부의 지위와 위상에 걸맞도록 가마쿠라의 대대적인 정비에 나섰다.

---

* 조큐 3년, 즉 1221년 고토바 상황이 가마쿠라 막부에 빼앗긴 권력을 되찾기 위해 막부 토벌을 지시한 것에서 비롯된 쟁란을 말한다. 고토바 상황은 호조 씨의 전횡에 불만을 가진 무사와 승병이 봉기해 손쉽게 승리할 것으로 생각했지만, 예상과 달리 상황의 군대는 호조 마사코를 중심으로 결집에 성공한 막부 측 군대에 의해 불과 1개월 만에 진압되었다.

02 중·근세: 무사의 등장과 조카마치의 성립

[그림 5-6] 1860년대 당시 와카미야 대로(위)와 현재(아래) 모습.

미나모토노 요리토모가 가마쿠라를 세운 장본인이라고 한다면 현재와 같은 도시의 기틀을 정립한 이는 호조 야스토키라고 말할 수 있다. 그는 1225년 가마쿠라 북서쪽에 위치한 쇼군의 거소를 쓰루가오카와카궁 아래 와카미야 대로 남쪽으로 옮기고, 와카미야 대로를 중심축으로 삼아 새로운 시가지 정비에 착수했다([그림 5-6]). 씨족 신을 모시는 쓰루가오카와카궁을 북단에 두고 남쪽 해변까지 일직선으로 뻗은 와카미야 대로를 중심축으로 삼은 공간 구조는 도성의 황궁과 주작대로를 의식한 것이었다.

쇼군의 거소를 경호하는 오반야쿠大番役 제도를 정비하면서 경호 업무를 수행하고자 지방에서 상경한 무사단에는 남북으로 뻗은 와카미야 대로 양편의 토지를 나누어주었다. 당시 택지를 나누는 단위로 '헤누시尸士'를 사용했는데 1헤누시는 대략 460평방미터 정도였다. 일반 무사의 경우는 1헤누시의 절반, 즉 230평방미터(약 70평)에 해당하는 택지를 받았다. 헤이조경이나 헤이안경에 거주하던 관인과 비교하면 가마쿠라에 거주하는 무사의 택지 면적은 매우 협소했다. 각자 고향에서 영지를 가진 지주이자 경작자로 활동하다가 주군을 경호하기 위해 단신으로 올라온 고케닌의 입장에서 가마쿠라는 계속해서 거주하는 곳이 아니라 잠시 머물다 돌아가는 곳에 불과할 따름이었다.

3.
도시의 변화와
가마쿠라 불교의 번성

| 상공업의 발전과 시가지 확장 |

가마쿠라를 무사의 도시라고 하지만 실제 이곳의 주민은 따로 있었다. 지방에서 상경한 무사들은 봉공을 위해 잠시 머물다 갈 뿐, 정작 이곳에 터전을 잡고 생활하는 이는 무사를 상대로 물건을 팔거나 제조하는 상공인들이었다. 최근 연구에 따르면 가마쿠라에는 대략 131헥타르의 무사 거주지에 최소 1만 7,500명에서 최대 2만 9,000명에 이르는 무사 계층이 거주했을 것으로 추정한다. 이에 반해 상공인의 거주지는 이보다 협소한 95헥타르에 불과했다. 하지만 거주 인구는 훨씬 많아 최소 3만 1,600명에서 최대 5만 6,900명에 달했을 것으로 보인다. 한마디로 가마쿠라는 무가의 고향인 동시에 상공인의 도시이기도 했다.

가마쿠라가 상업 도시로 번성할 수 있는 기틀을 마련한 이는 앞서 언급한 호조 야스토키였다. 야스토키는 가마쿠라 해변에 선박이 정박할 수 있도록 인공적인 항만시설을 만들었다([그림 5-7]). 아울러 가마쿠라를 둘러싼 산록을 개척해 간토 인근 지역으로 이어지는 도로를 정비했다. 이처럼 해변의 항만시설을 정비하고 주변 지역과 가마쿠라를 잇는 사통팔달의 도로망을 개통한 덕에 천혜의 군사 요충지인 가마쿠라는 간토를 포함한 동국 일대의 상업 중심지로 거듭날 수 있었다.

그런데 상공업의 발전은 예상치 못한 도시 문제를 초래했다. 가뜩이나 비좁은 시내에 상공인의 주택과 상가가 무질서하게 들어선 것이다. 이 같은 도시 문제에 대응하기 위해 막부는 1245년 시가지 설립에 관한 법령을 제정했다. 그 내용은 첫째, 도로를 마음대로 정비하지 말 것, 둘째, 주택 처마가 도로를 침범하지 않도록 할 것, 셋째, 도로 양면에 상가를 지어 도로 폭을 좁게 만들지 말 것, 넷째, 도랑 위에 소가小家를 짓지 않도록 할 것, 다섯째, 밤늦게 돌아다니는 행위를 금지할 것 등이었다.

그러나 이 같은 법령을 제정한 이후에도 상공인은 계속해서 증가했고 시가지는 더욱 무질서하게 확대되었다. 삼면이 산록으로 가로막혀 더는 시가지 확장이 힘든 가마쿠라의 상황을 고려해 1251년 막부는 시내에서 상가를 짓고 상행위를 할 수 있는 장소를 오마치大町, 고마치小町, 고메마치米町를 비롯한 7곳으로 제한하는 법령을 제정했다. 하지만 이번에도 막부 법령은 별다른 실효성을 가지지 못했다. 그 후에도 막부는 몇 번이고 상가나 주택을 짓는 것을 금지하는 법령을 내렸지만, 시간이 지날수록 가마쿠라에 유입되는 이들은 계속해서 늘어났다. 이들은 7곳으로 제한한 상업 지역을 벗

[그림 5-7]
호조 야스토키가 가마쿠라 해변
와카에노시마和賀江島에 조성한
항만시설을 기념하는 석비.

02 중·근세: 무사의 등장과 조카마치의 성립

어나 무사에게 택지를 빌려 도로에 면한 곳에 상가나 주택을 짓고 생활했다. 그 결과 가마쿠라는 무사와 서민의 거주지가 명확하게 구분되지 않고 무사 거주지에 서민들의 상가와 주택이 혼재하는 형태가 되었다.

| 불교의 대중화 |

가마쿠라에는 무사와 상공업자뿐 아니라 상당히 많은 승려들이 거주했다. 가마쿠라에 승려들이 많았던 것은 미나모토노 요리토모를 비롯한 막부 권력자들이 불교를 적극적으로 후원했기 때문이다. 요리토모는 씨족 신을 모신 쓰루가오카와카궁뿐만 아니라 스기모토사杉本寺를 비롯해 여러 사원을 조영했다. 요리토모에 이어 가마쿠라 막부의 권력자들은 일족의 번영과 무가 정권의 안녕을 기원하기 위해 불교 세력을 적극적으로 후원하는 한편 사원 조영에 힘을 쏟았다. 요리토모의 부인 호조 마사코는 승려 에이사이榮西를 가마쿠라로 불러들여 1200년에 주후쿠사壽福寺를 건립했다. 두 차례에 걸쳐 송을 방문해 선종 계열의 임제종을 공부하고 돌아온 에이사이는 참선을 통해 누구나 깨달음을 얻을 수 있다는 가르침으로 번잡함을 싫어하고 간결함을 선호하는 무사들로부터 많은 호응을 얻었다.

조큐의 난 이후 막부 권력을 장악한 호조 씨 역시 불교에 대한 후원을 아끼지 않았다. 호조 씨는 미나모토 씨와 같이 황족의 후손도 아니며 다이라 씨나 후지와라 씨와 같이 황실의 외척도 아니었다. 따라서 강력한 권위를 가진 교토의 조정에 대항하기 위해서라도 불법의 수호자라는 인상을 심어 줄 필요가 있었다. 가마쿠라를 대표하는 상징물인 청동 대불은 호조 야스토키의 지원 아래 건립되었다고 한다([그림 5-8]). 더욱이 가마쿠라 막부는 1274년과 1281년 두 차례에 걸친 원元의 침공에 맞서 전쟁의 승리를 기원하기 위해 가쿠엔사覺園寺를 비롯해 여러 사원의 건립을 추진했다.

[그림 5-8] 고토쿠원高德院에 있는 가마쿠라 대불의 모습.

02 중·근세: 무사의 등장과 조카마치의 성립

가마쿠라에는 막부나 무사 계층이 지원하는 선종뿐 아니라 일반 민중을 대상으로 불법을 포교하려는 불교 종파 역시 앞다투어 들어왔다. 신란親鸞의 정토진종淨土眞宗과 잇펜一遍의 시종時宗, 니치렌日蓮의 일련종日蓮宗(또는 법화종法華宗으로 칭함)과 같은 신흥 불교 종파는 염불을 외우거나 참선을 통해 깨달음을 얻을 수 있다고 설파했다. 배움이 부족해 불경을 읽지 못해도 돈이 없어 보시하지 못해도 누구나 염불만 외울 수 있고 신심만 있으면 부처님의 구원을 받을 수 있다는 가르침은 불교로부터 소외되었던 일반 대중과 사회적인 약자에게 인기를 얻으며 널리 전파되었다.

가마쿠라에서 활동하던 사원 세력의 규모는 1323년 호조 사네토키北條貞時의 13주기 행사에 관한 기록을 참조하면 대략적으로나마 추정할 수 있다. 이에 따르면 당시 행사에는 엔가쿠사圓覺寺 350명을 비롯해 주후쿠사 260명, 조치사淨智寺 224명 등 가마쿠라 일대 38개 선종 사원 승려 2,000여 명이 참석했다고 한다. 일반적으로 승려 숫자의 1.7배에 상당하는 인력이 사원에서 생활하던 것을 고려하면 선종 계열의 사원만 하더라도 승려를 비롯해 종자와 일꾼 등을 포함한 숫자가 대략 5,400여 명에 이를 것으로 보인다. 여기다가 행사에 참석하지 않은 정토종과 법화종 등을 더하면 가마쿠라의 불교사원에 거주하는 이들은 대략 1만 5,000여 명에 이르렀을 것이다.

가마쿠라의 인구가 얼마나 되는지 정확하게 알려 주는 기록은 아직 찾을 수 없다. 다만 발굴성과를 토대로 대략적인 숫자를 추론한 연구에 따르면 대략 6만 4,100명에서 최대 10만 900명 정도가 가마쿠라에 거주했을 것으로 보고 있다. 당시 교토 인구를 대략 10만 명 정도로 추정하는 점을 염두에 둔다면 이는 조금 과장된 숫자일지 모른다. 설령 그렇다 치더라도 도시의 역사와 규모에서 교토와 비교가 되지 않을 것 같았던 가마쿠라는 이제 교토와 어깨를 나란히하며 간토를 중심으로 동국 무사단의 '도읍'이자 무가의 '고향'으로 불릴 만한 자격을 갖추게 되었다.

4.
무가 도시의 흥망과
새로운 장소의 무늬

| 막부의 멸망과 무가 도시의 위기 |

1318년 즉위한 고다이고後醍醐 천황은 황위 계승 문제에 개입하면서 조정을 통제하려는 막부의 전횡에 불만을 품고 '도막倒幕'을 계획하기에 이른다. 그러나 그의 첫 번째 도막계획은 측근의 밀고로 실패하고 만다. 두 번째 세운 도막계획마저 사전에 발각되어 궁지에 몰리게 되자 고다이고 천황은 1331년 병사를 소집해 거병을 추진한다. 하지만 이번에도 그의 거병은 실패하고 막부에 체포되는 몸이 되었다. 이듬해 3월 막부는 고다이고 천황을 오키隱岐섬으로 유배 보내는 대신 고후카쿠사 계열의 고곤光嚴 천황을 새롭게 즉위시켰다. 이로써 고다이고 천황의 막부 타도계획은 실패로 끝난 것처럼 보였다.

그런데 고다이고의 아들인 모리요시護良 친왕이 1333년 막부 타도의 기치를 내걸고 군사를 일으키면서 새로운 전기가 찾아왔다. 두 차례에 걸친 여·몽 연합군의 침략에 맞서 오랫동안 규슈에서 경계를 서느라 경제적으로 궁핍한 처지에 몰린 무사 계층이 막부에 등을 돌린 것이다. 게다가 구스노키 마사시게楠木正成 같은 신흥 영주 세력이 고다이고 측에 합류하면서 반막부 세력은 조금씩 힘을 얻게 되었다. 이 같은 분위기를 틈타 오키섬에서 탈출한 고다이고 천황은 막부 타도를 지시하는 선지를 전국에 발령했다.

이를 계기로 반막부운동이 전국적으로 불타오르기 시작했다.

막부는 반막부 세력을 진압하기 위해 아시카가 다카우지足利尊氏를 비롯한 유력 고케닌을 교토로 급파했다. 그러나 이들마저 막부를 배신하고 교토의 막부 군대를 공격하면서 정세가 급변하기 시작했다. 막부와 반막부 세력 사이에서 눈치를 보던 무사 집단이 속속 반막부 진영에 가담하는 가운데 닛다 요시사다新田義貞가 간토 일대의 무사를 이끌고 가마쿠라를 향해 진격에 나섰다. 닛가가 이끄는 반막부군과 막부군 사이에 치열한 공방전이 계속되는 가운데 1333년 5월 22일 가마쿠라 막부를 이끌던 호조 다카토키北條高時는 패색이 짙어지자 일족과 함께 자결을 선택한다. 이로써 한 세기 반에 걸친 가마쿠라 막부는 마침내 마침표를 찍게 되었다.

가마쿠라 막부가 붕괴하자 이번에는 천황 친정을 꿈꾸는 고다이고 천황과 새로운 무가 정권을 수립하려는 아시카가 다카우지 사이에 정치적인 대립이 시작되었다. 이러한 가운데 1336년 다카우지는 17조에 달하는 〈겐무시키모쿠建武式目〉를 반포했다. 〈겐무시키모쿠〉는 다카우지가 구상한 무가 정치의 방향을 제시한 일종의 의견서라 할 수 있다. 여기서 그는 "가마쿠라에 막부를 두어야 하는가?"라는 질문과 함께 제1조를 시작하며 다음과 같이 답했다.

> 가마쿠라의 땅은 미나모토 요리토모가 막부를 설립할 만큼 인연이 좋은 토지였으나 호조 씨의 부패한 정치로 막부가 멸망하고 말았다. 이 같은 역사를 돌이켜 보건대 막부에 중요한 것은 토지가 아니라 사람이며 정치의 좋고 나쁨에 달렸다. 따라서 만약 많은 이들이 원한다면 막부를 가마쿠라에 두는 것도 생각해 보겠다.

이 글에서 다카우지는 "만약 많은 이들이 원한다면"이라는 단서를 달아 여운을 남겼지만, 가마쿠라 막부가 있던 '토지'에 연연하지 않고 '사람'에 중점을 두고 새 막부를 교토에 둘 심산을 은연중에 밝히고 있다. 아시카가 가문 역시 미나모토 씨에서 유래한 만큼 가마쿠라와의 연고를 무시할 수 없었다. 그러나 고다이고 천황을 견제하고 전국적인 유통망을 장악하려면 동쪽에 치우친 가마쿠라보다 교토가 훨씬 유리하다고 판단한 것이다. 결국, 1338년 정이대장군의 칭호를 얻은 아시카가 다카우지는 교토의 무로마치室町에 새로운 막부를 세웠다.

한편 다카우지는 차남인 모토우지基氏를 가마쿠라에 파견해 '가마쿠라 구보鎌倉公方'로 삼았다. 가마쿠라 구보는 간토를 비롯해 동국 일대의 무사단을 지배하기 위해 설치한 가마쿠라부의 장관으로 막강한 권력을 가진 자리였다. 그러나 역설적으로 가마쿠라 구보의 막강한 권력은 막부와의 사이에 알력과 대립을 낳는 동시에 간토 일대 무사단의 반발을 초래했다. 결국, 제4대 구보인 모치우지持氏가 무로마치 막부에 반기를 들고 대립하는 가운데 모치우지의 자손이 무사단의 반발로 가마쿠라에 발을 들여놓지 못하면서 가마쿠라부는 폐지되고 만다. 가마쿠라부가 해체되자 가마쿠라의 쇠락은 더욱 가팔라졌다. 이곳을 찾는 이의 발길이 끊기면서 어느새 농사와 어업을 함께하는 한적한 촌락으로 되돌아갔다.

| 《신편 가마쿠라시》와 관광 도시로의 부활 |
가마쿠라에 사람들의 이목이 다시 쏠리게 된 것은 17세기 후반에 와서의 일이다. 세간의 관심을 가마쿠라에 되돌린 인물은 미토번水戸藩의 제2대 번주 도쿠가와 미쓰쿠니德川光圀였다. 미토번은 기이번紀伊藩(현재의 와카야마현 일대), 오와리번尾張藩(현재의 아이치현 일대)과 함께 이에야스에서부터 시작한 도쿠가와 막부의 종가를 대신해 유사시 쇼군의 지위를 계승할 수 있는

권한을 갖는 지체 높은 고산케御三家의 하나였다. 미쓰쿠니는 다이묘 재임 시절 흉년이 들어 생계가 힘든 백성을 위해 세금을 감면하거나 구휼미를 나누어주는 등 인정으로 평판이 높은 인물이었다. 많은 미담과 선정의 주인공인 미쓰쿠니는 에도 시대 후기, 다이묘에서 은퇴한 지체 높은 무사가 노인 행세를 하고 일본 전역을 떠돌면서 악한 이를 벌하고 힘없는 서민을 돕는다는 낭송극의 주인공으로 재탄생했다. 조선 후기 탐관오리를 벌주는 암행어사 박문수 이야기처럼 막부 관료의 실정과 부정부패에 맞서 권선징악을 행하는 정의로운 인물로 미쓰쿠니가 소환된 것이다.

다만 미쓰쿠니는 서민들의 낭송극 주인공으로 설정된 가상의 인물상과 달리 유학뿐 아니라 일본의 고전에까지 관심이 많은 학구파 다이묘였다. 그는 1657년부터 주자학의 대의명분론에 따라 편찬한《대일본사》사업을 지시한 장본인이었다. 이처럼 역사와 고전에 관한 깊은 관심이야말로 당시까지 아무도 거들떠보지 않던 가마쿠라를 미쓰쿠니가 방문했던 주된 이유였을 것이다. 1674년 가마쿠라와 인근의 에노시마江の島섬을 방문하고 깊은 감명을 받은 그는 돌아와 추가 조사와 문헌 자료를 보완한 다음 1685년《신편 가마쿠라시新編鎌倉志》를 간행했다.

《신편 가마쿠라시》는 가마쿠라 막부의 역사서인《아즈마카가미》를 비롯해 옛 고전에 바탕을 두고 가마쿠라의 여러 명소와 경승지에 얽힌 일화와 역사를 기술한 책이다([그림 5-9]).《신편 가마쿠라시》는 단순히 개인적인 여행담이나 설화, 민담에 기초한 이야기를 모아 놓은 서적들과 달리 실증적인 현지 조사와 문헌 연구를 바탕에 둔 서술로 가마쿠라 현지의 명소에 권위와 신빙성을 부여했다. 이후《신편 가마쿠라시》를 오늘날의 여행 안내서와 같이 이를 길잡이 삼아 가마쿠라를 방문하는 것이 에도 서민 사이에 인기를 끌면서 가마쿠라는 옛 무가 정권의 발상지이자 유서 깊은 사찰과 신사가 남아 있는 관광지로 새롭게 인식되기 시작했다.

| 새로운 장소의 무늬 |

메이지 유신은 에도 막부의 붕괴에 따른 정치·사회적인 혼란을 초래함으로써 에도, 교토, 오사카를 비롯한 전통 도시의 일시적인 쇠락과 위기를 가져왔다. 하지만 위기는 곧 새로운 기회가 되기도 했다. 메이지 유신 이후 근대화와 함께 도쿄, 요코하마 같은 대도시에 인구가 급증하자 가마쿠라에 새로운 전기가 찾아왔다. 특히나 1889년 도쿄에서 요코하마를 거쳐 요코스카를 잇는 요코스카선橫須賀線이 개통되면서 온난한 기후와 아름다운 해변 풍광을 가진 가마쿠라에 별장을 지으려는 부호들이 앞 다투어 몰려들었다. 그 결과 가마쿠라는 도쿄 인근의 고급 휴양지라는 명성을 얻게 되었다.

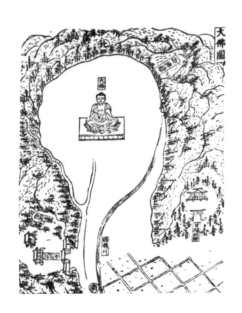

[그림 5-9]
《신편 가마쿠라시》에 실려 있는
가마쿠라 대불.

02 중·근세: 무사의 등장과 조카마치의 성립

간토 대지진은 의도치 않게 가마쿠라에 또 다른 다채로움을 더하는 계기가 되었다. 대지진으로 인한 피해와 혼란을 피해 나쓰메 소세키夏目漱石, 시마자키 도손島崎藤村, 아쿠타가와 류노스케芥川龍之介를 비롯한 여러 문호가 이곳으로 내려와 작품 활동을 했다. 가마쿠라에 여러 문필가와 예술가가 터를 잡으면서 이들을 가리켜 '가마쿠라 문사'라는 말까지 생겨날 정도였다.

패전 이후 1960년대 들어 가마쿠라는 젊은이가 모이는 핫 플레이스가 되었다. 고도 경제성장을 거치면서 해수욕과 서핑을 즐기려는 젊은이가 아름다운 해변을 가진 가마쿠라에 몰려들면서 한순간에 '태양족'의 성지로 거듭난 것이다. '태양족'은 인기 작가인 이시하라 신타로石原慎太郎가 1956년에 발표한 《태양의 계절》에서 전통적인 가치관을 거부하고 자유분방한 사고방식과 미국식 생활양식을 동경하는 젊은 세대를 가리키는 말이다.

최초의 무사 정권이 들어선 '무가의 고향'에서 태양족의 성지이자 서핑과 보드로 대표되는 대항문화의 성지로까지 가마쿠라는 시간의 경과와 함께 여러 가지 얼굴을 갖게 되었다. 가마쿠라 막부와 운명을 함께했던 무가 도시라는 역사성에다 사찰과 신사의 정숙하고 엄숙한 분위기, 바닷가 해변의 아름다운 풍광이 잘 어우러진 덕에 이곳은 다채로운 색상이 담긴 모자이크 그림 같은 감성을 풍긴다. 그래서인지 가마쿠라는 이곳만의 독특한 개성과 분위기로 다양한 작품에서 단골 배경이 되었다. 여러 작품에 등장하는 가마쿠라의 모습은 모자이크 그림의 무늬만큼이나 다채롭다. 일본을 대표하는 영화감독인 오즈 야스지로小津安二郎의 《만춘》(1949)이나 《도쿄이야기》(1953)에서 가마쿠라는 과거의 전통이 숨쉬는 원초적인 공간으로 등장한다. 이에 반해 만화 《슬램덩크》에서는 [그림 5-10]과 같이 교외의 한적한 소도시로, 최근에 개봉한 판타지 영화 《데스티니, 가마쿠라 이야기》(2017)에서는 요괴와 인간이 함께 사는 신비스러운 공간으로 묘사되었다.

[그림 5-10]
가마쿠라를 배경으로 삼은 《슬램덩크》의 한 장면(위)과
만화에 등장하는 장소를 실제로 방문한 슬램덩크 팬들(아래).

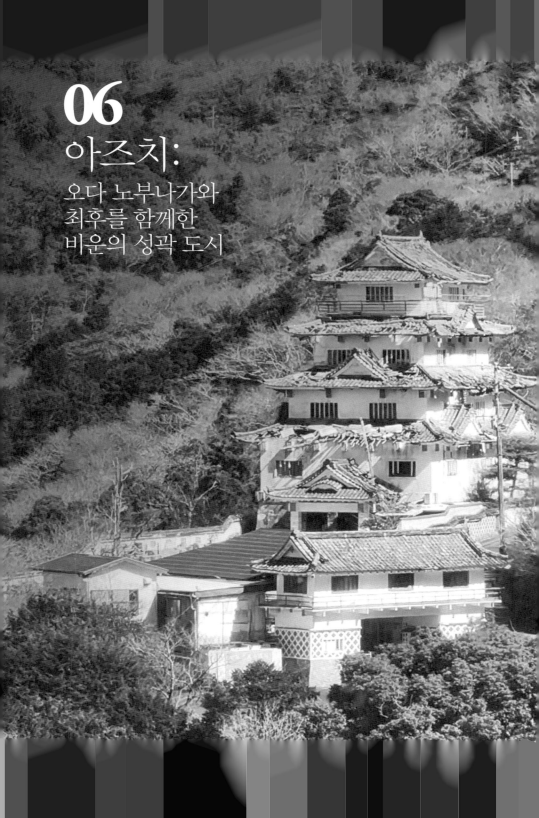

06
아즈치:
오다 노부나가와
최후를 함께한
비운의 성곽 도시

1.
센고쿠 다이묘의 산성에서
성곽 도시로

| 일본적인 성곽 건축의 특성, '덴슈' |

아스카, 후지와라경, 헤이조경, 헤이안경은 모두 천황을 비롯해 관인 귀족이 거주하는 미야코, 즉 왕조국가의 도읍이었다. 가마쿠라는 무사 정권이 만든 도시지만, 교토를 의식해 가도나 시가지를 조성했다는 점에서 변형된 도성이라고 말할 수 있다. 이에 반해 센고쿠 시대가 되면 이전의 도성과 전혀 다른 성격과 공간 구조를 갖는 도시가 등장한다. 바로 센고쿠 다이묘가 만든 성곽 도시인 '조카마치城下町'다.

조카마치에 대한 이해를 돕기 위해 잠시 일본의 성곽 건축에 대해 살펴보도록 하자. [그림 6-1]은 1993년 유네스코 세계문화유산으로 지정된 히메지성姫路城의 모습이다. 히메지성은 건물 외벽에 회칠을 해서 하늘을 나는 하얀 새와 같다고 해서 '흰 백조'라는 이름으로 불린다. 성곽에 별로 관심이 없는 문외한이라 할지라도 높이 치솟은 장대한 규모의 '덴슈天守' 앞에 서면 저절로 탄식을 자아내게 만든다. 일본의 성곽은 크기와 규모에 차이가 있지만 많은 경우 히메지성과 같이 성 중앙에 '덴슈'라고 부르는 높은 누각을 가지고 있다. 웬만한 고층아파트 정도의 높이를 가진 덴슈는 한반도나 중국에서 비슷한 사례를 찾기 힘들 뿐 아니라 중세 유럽의 성곽과 비교해도 구조나 형태에서 많은 차이가 있다. 이러한 점에서 덴슈는 일본의 성곽 건축이 갖는 독자성 혹은 특수성으로 이야기하곤 한다.

이처럼 거대한 규모의 덴슈를 성 중앙에 높이 쌓은 이는 다름 아닌 오다 노부나가織田信長이다([그림 6-2]). 천하통일의 원대한 꿈을 품고 교토로 상경한 노부나가는 무로마치 막부를 무너뜨리고 본격적인 통일 전쟁에 앞서 교토 동편의 비와호 연안에 있는 아즈치安土라는 곳에 새로운 성을 쌓았다. 그런데 아즈치성은 완공 후 불과 3년 만에 불타 버리고 만다. 부장의 배신으로 교토의 혼노사本能寺에서 노부나가가 자결했다는 소식이 알려지자, 누군가 성에 불을 지르고 만 것이다. 노부나가의 갑작스러운 죽음과 함께 아즈치성은 한순간에 폐허가 되어 역사에서 사라졌다.

하지만 노부나가가 지향했던 통일의 꿈과 무가 도시의 건설 사업은 그의 후계자인 도요토미 히데요시와 도쿠가와 이에야스에게 이어졌다. 전국적인 상공업 도시로 발전하는 오사카와 인구 100만이 넘는 대도시로 성장한 에도는 히데요시와 이에야스가 앞선 아즈치의 축성 경험을 계승·보완해 건설한 조카마치였다. 아즈치가 없었다면 오사카나 도쿄 역시 현재와 매우 다른 모습을 가진 도시가 되었을 것이다.

역사에 '만약'이란 가정은 있을 수 없지만, 노부나가가 혼노사에서 죽지 않고 살아생전 일본 전역을 통일했더라면 아즈치는 현재의 도쿄나 오사카를 대신해 일본을 대표하는 메갈로폴리스가 되었을지 모르는 일이다. 오다 노부나가와 그 운명을 함께했던 비운의 도시 아즈치, 그리고 아즈치성에서 비로소 그 모습을 드러낸 덴슈에 대해 알아보도록 하자.

| 센고쿠 다이묘의 산성 |
일본에서는 신석기 시대에 해당하는 조몬 시대부터 외부의 침략과 약탈을 막기 위해 둥그렇게 해자를 파고 그 안에 목책과 토루를 설치한 성채 촌락이 등장했다. 하지만 성채를 일상적인 거주시설로 삼고 발전시킨 이들은 바로 헤이안 시대 후기에 나타난 무사 집단이다. 센고쿠 시대 이전까지 무

[그림 6-1] 5층 구조의 히메지성 덴슈.
[그림 6-2] 아이치현愛知縣 기요스시清須市 공원의 오다 노부나가 동상.

02 중·근세: 무사의 등장과 조카마치의 성립

사 집단은 영지 가운데 평야나 구릉지대에 '다치館'라고 부르는 거관을 짓고 생활했다. 다치는 대개 네모난 형태인데, 사방에 깊은 해자와 높은 토담을 둘러 성채와 같은 구조를 갖추었다. 그리고 그 주위에는 가신의 거주지와 상공인이 거주하는 마치아町屋를 두었다.

그러나 15세기 후반 센고쿠 시대가 시작되면서 무사의 거주 형태에 커다란 변화가 나타났다. 센고쿠 다이묘는 군사적인 방어와 공격을 위해 평지가 아닌 산꼭대기나 산중턱에 성을 쌓고 본거지로 삼았다. 게다가 이들은 자신이 통치하는 지역 내의 모든 무사 세력을 휘하의 가신단으로 편입시키고 일원적으로 지배하고자 했다. 이를 위해 가신단에 속한 무사들을 자신의 거관 근처로 이주시켰다. 얼마나 빠르고 통일적으로 가신단을 지휘할 수 있는가에 따라 전투의 향방이 결정되었을 뿐 아니라 센고쿠 다이묘의 생존이 결판났기 때문이다. 그 결과 센고쿠 다이묘는 외부의 공격을 감시하거나 일시적인 피란용으로 만든 간단한 형태의 성채와 달리 상공인 같은 민간인을 포함해 가신단이 장기간 체류할 수 있도록 대규모로 복잡한 구조를 갖는 산성을 쌓았다.

발굴조사에 따르면 센고쿠 다이묘의 산성은 영주의 거주 공간뿐 아니라 행정시설을 비롯해 신사와 사원 같은 종교시설까지 갖추었다고 한다. 이에 반해 가신의 거주지는 산성 바깥에 산등성이와 비탈을 따라 지었다. 그리고 영민領民이 거주하는 촌락과 생필품을 거래하는 시장은 산 아래 평지에 두는 것이 일반적이었다. 센고쿠 다이묘는 자신을 정점으로 고도에 따라 가신단과 영민의 거주 공간을 수직적으로 배치함으로써 사회적인 권력관계를 시각적으로 가시화할 수 있었다. 이러한 점에서 산성은 단지 군사적인 방어 목적뿐 아니라 그 자신이 영지의 지배자임을 과시하려는 센고쿠 다이묘의 지배 전략에 따라 건설된 일종의 기념비적인 공간이었다.

2.
오다 노부나가의 아즈치성과
'덴슈'의 탄생

| 오다 노부나가의 부상과 교토 입경 |

아즈치는 오늘날 행정구역상 시가현 오미하치만시近江八幡市 아즈치정에 해당한다. 이곳은 [그림 6-3]에서 알 수 있듯이 일본 열도 중앙에 있는 비와호 연변에 있어 호수의 수로를 이용하면 손쉽게 비와호 주변으로 이동할 수 있었다. 이 같은 지리적인 이점을 살려 아즈치산에 거성을 쌓고 항구와 시장을 열어 새로운 도시를 건설한 이는 오다 노부나가이다.

노부나가는 오늘날 아이치현의 서부에 해당하는 오와리尾張 지방의 영주 아들로 태어났다. 그는 1559년 오와리 일대를 통일하고 명실공히 센고쿠

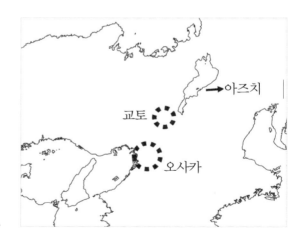

[그림 6-3] 아즈치성의 위치.

　　　　　　　　　　　　　02 중·근세: 무사의 등장과 조카마치의 성립

다이묘의 행보를 시작한다. 이듬해 3만 명의 대군을 이끌고 교토로 상경하던 이마가와 요시모토今川義元에 맞서 불과 수천 명의 병력으로 대승을 거두며 그의 이름을 일본 전역에 알렸다. 노부나가는 요시모토에게 인질로 잡혀 있던 도쿠가와 이에야스와 동맹을 맺고 동쪽 방면의 방어를 든든히 한 다음, 정치와 경제, 문화의 중심지인 교토를 장악하기 위한 준비에 착수했다. 1567년 오와리 인근 미노美濃를 수중에 넣은 다음 '천하포무天下布武'라는 문구를 넣은 인장을 만들어 사용하면서 무력으로 일본 전역을 통일하겠다는 웅지를 표명했다.

1568년 마침내 교토에 입경하는 데 성공한 노부나가는 아시카가 요시아키足利義昭를 무로마치 막부의 제15대 쇼군에 옹립했다. 그러나 요시아키가 노부나가 반대 세력의 구심점이 되어 무로마치 막부의 재흥을 위해 노력하자 1573년 쇼군을 교토에서 추방하고 사실상 무로마치 막부를 멸망시켰다. 이어 1575년 나가시노長篠 전투에서 다케다 가쓰요리武田勝頼를 물리쳐 전국 통일의 유리한 위치를 선점하게 되자 1576년 정월 무렵부터 비와호 동쪽에 면한 아즈치에 새로운 성곽과 조카마치를 건설하기 시작한다.

| 일본의 성과 '덴슈'의 기원 |

여기서 잠깐 일본의 성에 대해 알아보도록 하자. 우리나라와 중국은 궁성 주변에 높은 담을 쌓은 내성과 도성 전체를 보호하기 위한 외성으로 이중의 방어 구조를 갖추었다. 궁성을 감싼 내성에다 일반 주민을 보호하기 위해 외성을 쌓아 도성의 방어를 견고하게 만들었다. 그렇다 보니 가장 중요한 방어시설은 성벽 그 자체였다. 우리나라의 산성 대부분은 남한산성처럼 성벽을 견고하게 만들기 위해 돌로 쌓는 것이 일반적이었다.

일본은 우리나라나 중국과 달리 전투에 종사하는 무사와 일반인이 명확

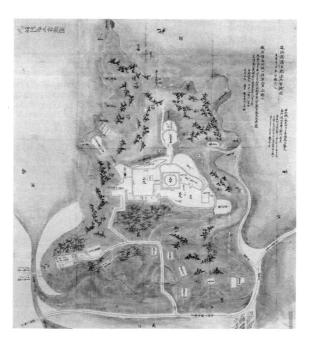

[그림 6-4] 1687년에 작성한 《오미국近江國 가모군蒲生郡 아즈치 고성도古城圖》.
[그림 6-5] 에도 시대에 작성한 아즈치성 상상도.
산 정상에 높이 솟은 덴슈의 모습을 확인할 수 있다.

02 중·근세: 무사의 등장과 조카마치의 성립

히 구분되었다. 게다가 이민족이나 다른 왕조와의 전쟁이 잦았던 한국과 달리 섬나라인 관계로 전투는 어디까지나 무사 사이의 교전에 그치는 경우가 일반적이었다. 따라서 전투가 시작되더라도 주민 모두를 성 내부로 피신시킬 필요가 없었다. 그 결과 성은 어디까지나 영주를 중심으로 무사 집단의 전투 기능을 우선시하는 방향으로 발전했다. 그에 따라 일본의 성은 성벽을 높이 쌓기보다 외부의 침입을 어렵게 만들기 위해 해자를 깊이 파거나 토담으로 보루를 쌓아 내부 공간을 여러 겹으로 나누는 방식을 취했다. 이에 따라 일본의 성은 영주의 거주시설이 있는 혼마루本丸를 중심에 두고, 영주의 혈족이나 가까운 인물이 거주하는 니노마루二の丸, 주요 가신들의 거주지와 군량미, 무기 창고 등을 배치한 산노마루三の丸 순으로 내부 공간을 구분하는 것이 일반적이다.

다만 오다 노부나가는 아즈치에 새 성을 쌓으면서 당시까지 찾아볼 수 없는 새로운 축성술을 도입했다. 앞서 살펴본 바와 같이 센고쿠 다이묘는 군사적인 목적을 우선시해 산성을 쌓는 것이 일반적이었다. 하지만 노부나가는 군사 방어를 위해 편의적으로 쌓아 올린 센고쿠 다이묘의 산성과 달리 평지에 기단을 쌓고 그 위에 초석과 기와를 갖춘 건축물을 지어 성곽의 안전성과 영구성을 확보하고자 했다. 그리고 해자나 성벽 등의 인공구조물을 강화해 방어력을 강화했다([그림 6-4]).

하지만 노부나가의 축성술 가운데 가장 중요한 점은 여타 센고쿠 다이묘와 달리 성곽의 중심에 수직으로 높이 솟은 '덴슈'를 쌓았다는 것이다([그림 6-5]). 덴슈의 기원은 군수물자를 보관하고 적을 경계하기 위한 망루, 즉 '야구라櫓'에서 비롯된 것으로 보고 있다. 최근에는 초석을 쌓고 기와를 올린 점 등을 고려해 중국 누각 건축과의 관련성에 주목하는 견해도 제기되었다. 덴슈의 기원에 대해서는 앞으로 많은 연구가 필요하지만, 이를 성곽

한가운데로 끌어들여 수직의 높은 장대한 건축물을 축조한 이가 오다 노부나가라는 사실에 대해서는 많은 이들이 동의하는 바다.

3.
'덴슈'에 관한 기록과
공간의 의의

| 덴카비토의 새로운 기념 공간 |

오다 노부나가는 일본인이 존경하는 역사인물 가운데 항상 상위에 꼽힐 만큼 대중적으로 인기가 높은 인물이다. 혼란한 센고쿠 시대를 마무리하고 전국 통일의 마지막 단계에서 부하의 배신으로 스스로 생을 마감했던 비운의 주인공이란 사실에 많은 이가 회한과 동정을 표한 것이 인기 비결일 것이다. 하지만 시대를 초월해 사랑받는 이유 가운데 하나는 그가 시대를 앞서 나간 혁신의 아이콘이라는 사실 때문이다.

기병 중심의 사무라이를 앞세운 다케다 군단과 벌인 나가시노 전투에서 철포로 무장한 경보병 아시가루足輕를 대거 동원해 압승을 거둔 것은 그의 혁신성을 보여 주는 대표적인 사례로 오늘날까지 많은 이의 입에 오르내리고 있다. 과거의 전통이나 인습에 구애받지 않고 다가올 시대의 변화를 선도했다는 점에서 아즈치성의 축성 역시 노부나가의 혁신성을 아주 잘 보여 주는 사례라고 할 수 있다. 그렇다면 노부나가는 도대체 어떤 이유에서 이처럼 장대한 덴슈를 지으려 했던 것일까?

아마도 이 질문에 대한 해답을 찾으려면 아즈치성을 축성할 당시 노부나가가 처한 정치적 상황에 대해 좀 더 알아 볼 필요가 있다. 기나이 일대의 센고쿠 다이묘를 정복한 노부나가는 통일을 위한 본격적인 행보에 나서기 시작했다. 일본의 통일을 꿈꾸는 노부나가를 당시 사람들은 '덴카비토天下人', 즉 천하를 손에 넣을 사람이라고 불렀다. 무사들 사이에 전투와 싸움이 끊이지 않던 센고쿠 시대, 사람들은 통일 전쟁에 나선 노부나가 같은 호걸이야말로 오랜 전쟁을 끝내고 평화를 가져다줄 인물이라고 믿은 것이다.

한편 과시욕이 강한 노부나가는 천하통일이라는 자신의 야망을 만천하에 보여 주기로 마음먹었다. 1576년 공사를 시작해 아즈치성을 건설하는 동안 노부나가는 자신에게 적대감을 표시한 반 노부나가 세력과의 전투에서 연달아 승리하면서 전국 통일의 장애물을 하나하나 제거해 갔다. 이 같은 자신감을 바탕으로 그는 조정에서 수여한 '우대신右大臣'의 지위를 사임했다. 이를 계기로 노부나가는 조정의 전통적인 관위제도에서 벗어날 수 있었다. 그리고 오다 가문의 가독家督과 이전의 본거지인 기후성岐阜城을 아들 노부타다信忠에게 물려주었다. 이처럼 전국 통일과 권력 계승을 위한 기반을 정비하는 가운데 마침내 1579년 아즈치성이 완성되었다.

| 《신장공기》의 묘사 |

안타깝게도 아즈치성은 1582년 6월 노부나가의 사망 직후 누군가의 방화로 불타 버려 현재는 [그림 6–6]과 같이 주춧돌밖에 남아 있지 않다. 이에 따라 당시 모습은 축성을 전후해 이곳을 직접 방문했던 예수회 선교사 루이스 프로이스Luis Frois가 집필한 《일본사Historia de Japan》와 노부나가가 사후 그의 가신인 오타 규이치太田牛一가 노부나가의 일생을 정리한 《신장공기信長公記》 등의 자료를 통해 대략적으로나마 추정할 수밖에 없다. 일본에서의 기독교 포교 상황을 보고하기 위해 루이스 프로이스가 작성한 기록에 따르면 "성 중심에는 이들이 덴슈라 부르는 일종의 탑이 있는데 우리들의 탑보

다 기품이 있고 장대한 건축이다. 탑은 7층이며 안팎 모두 뛰어난 건축술로 조영되었다"고 하여 장대한 규모의 덴슈에 대해 찬탄하는 모습을 찾아볼 수 있다.

프로이스의 기록과 함께 《신장공기》에 따르면 아즈치성은 바위를 쌓아 12간間(1간=1.8미터), 대략 20여 미터 높이의 창고를 만들어 1층으로 삼고 그 위에 2층부터 7층까지 6층의 건물을 지어 올린 것으로 보인다. 또한 노부나가는 바위를 쌓아 만든 1층 창고를 제외하고 2층부터 7층까지 각 층에는 다양한 회화와 벽화로 내부를 화려하게 장식했다고 한다. 이 가운데 팔각으로 지은 6층에는 바깥 기둥을 붉게 칠하는 대신 안쪽 기둥에 금박을 붙이고 석가모니의 설법도, 십육제자도를 그리는 한편 주위의 툇마루에는 아귀를 그려 넣었다. 노부나가는 평상시 7층에 기거했는데 이곳의 내·외벽에 모두 금박을 입히고, 당대 유명화가를 불러 중국 고대의 전설적인 제왕 삼

[그림 6-6]
아즈치성 덴슈 기단부의
현재 모습.

황오제三皇五帝를 비롯해 공문십철孔門十哲, 노자 등을 그리게 했다.

그렇다면 덴슈의 이곳저곳에 중국의 황제와 공자, 노자를 포함해 부처까지 동아시아의 유불선에서 숭앙하는 이상적인 인물을 그려 넣은 것은 무슨 이유 때문일까? 통일에 대한 거대한 야심을 품고 있던 노부나가가 단지 공간을 예쁘게 꾸미려고 이 같은 인물을 그렸을 것이라고 보기는 힘들다. 노부나가는 엔랴쿠사延曆寺와 일향종一向宗의 전투에서 한 사람도 살려 두지 않을 만큼 불교 세력에 대해 눈곱만치의 관용도 보여 주지 않았다. 여타 다이묘나 당시 사람들이 두려워하던 종교적 권위나 믿음조차 오히려 그는 철저히 부정하고자 했다. 그렇다고 한다면 공자와 노자, 부처를 숭배하기 위해 이들을 그린 것이라고 보기도 힘들다. 그가 어떤 마음으로 유불선의 이상적인 인물을 그린 것인지는 정확히 알 수 없지만 천하인을 꿈꾼 그의 야망을 고려한다면 아마도 이들을 배경삼아 스스로 유불선의 초월자로 자리매김하려는 의도에서 그리게 한 것은 아닐지 모르겠다.

| 오다 노부나가의 신격화와 덴슈의 시각적 효과 |

노부나가가 자신을 신격화하는 과정은 루이스 프로이스의 《일본사》를 통해 좀 더 구체적으로 살펴볼 수 있다. 이에 따르면 노부나가는 아즈치성 내부에 소켄사總見寺라는 사원을 짓고, 전국에서 참배 오도록 권유했다고 한다. 소켄사는 여타 사원과 달리 불상이나 사탑 등을 두지 않았는데 이는 노부나가가 그 자신을 신체神體로 삼아, '살아 있는 신불'로 기리려고 했기 때문이었다. 노부나가는 일반인이 소켄사를 방문해 참배하면 부를 얻는 것은 물론이고 여든까지 장수하고 질병을 치유하며 소원을 성취할 수 있다고 선전했다. 이처럼 자기 자신을 마치 신불과 같은 존재로 신격화하고자 했던 것은 여타 센고쿠 다이묘에서 찾아보기 힘든 노부나가만의 개성이기도 하다.

그런데 노부나가의 신격화는 어디까지나 그의 독특한 취향이나 정신세계에서 비롯한 것이라기보다 그가 기존 가치관이나 질서에서 벗어나 새로운 권력을 지향했던 것과 깊은 관련이 있던 것 같다. 다시 말해 조정의 권위와 신불의 영향에서 벗어나 무력에 근간해 일본 전역을 통일하겠다는 구상을 세운 그는 여타 센고쿠 다이묘와 비교할 수 없을 만큼 압도적인 권위를 세상에 보여 주고자 했다. 그래서 기존 방식과 달리 그가 찾은 새로운 무언가가 바로 신격화였던 것이다.

　다만 그가 신과 같은 존재라는 사실을 온 세상에 과시하고, '덴카비토'에 걸맞은 권력을 보여 주려면 그가 거주하는 거성 또한 그만큼 장엄해야만 했다. 노부나가가 해발 198미터에 달하는 아즈치산 정상에 다시 큰 돌을 올려 축대를 쌓고 그 위에 약 34미터 높이의 7층 천수각을 지은 것은 이처럼 장대한 건축물을 건립할 수 있을 만큼의 강력한 권력을 가지고 있다는 사실을 만천하에 과시하기 위해서였다.

　당시 아즈치를 방문하는 상인이나 외부인들은 시가지에 들어서기 전부터 높이 솟은 덴슈를 바라보며 그곳에 거주하는 노부나가의 존재를 자연스럽게 인식했을 것이다. 아즈치성의 덴슈는 주변 어느 곳에서나 노부나가를 의식하게 만들었다는 점에서 사방을 조망하는 감시탑과 같은 '팬옵티콘 Panopticon'인 동시에 노부나가의 현실 권력과 천하통일의 의지를 과시한다는 점에서 일종의 랜드마크인 셈이었다.

　천하통일 과정에서 노부나가는 "두견새가 울지 않으면 죽여 버린다"라는 말처럼 자신에 반대하는 세력을 가혹하게 처벌했다. 하지만 아즈치성 아래 조카마치에 거주하는 주민에게 노부나가의 압도적인 군사력과 무위는 오히려 도시의 평화와 안전을 보증하는 방벽이자 방패처럼 인식되었을지도 모른다. 이들은 이마가와 요시모토, 다케다 신겐 같은 유력 다이묘와 잇코잇키 세력을 하나하나 평정하며 기나이 일대를 지배하고 천하통일의 장정에 한걸음 다가선 노부나가야말로 센고쿠 시대의 혼란을 마무리 지을 수 있는 '덴카비토'이자 평화를 가져올 수 있는 난세의 영웅이라 생각했을지 모른다.

| 전투시설에서 의례 공간으로 |

노부나가가 사망한 다음 그의 권력을 계승한 이는 도요토미 히데요시였다. 그는 노부나가가 아즈치성에 건립한 '덴슈'의 시각적인 효과와 이데올로기적인 중요성을 누구보다 깊이 이해했다. 히데요시는 자신의 본거지로 삼은 오사카에 아즈치성을 능가하는 규모로 성을 쌓고 장대한 덴슈를 만들었다. 그는 자신이 가진 권력의 절대성과 우월성을 과시하기 위한 상징물로 덴슈를 도시 중심에 두고 조카마치 어디에서나 시각적으로 조망할 수 있도록 통일적으로 공간을 구획했다. 그러자 히데요시의 뒤를 따라 일본 각지의 다이묘들은 앞 다투어 석담을 쌓고 해자를 판 다음 성곽 가운데에 높은 덴슈를 건립하기 시작했다. 센고쿠 시대의 하극상을 종식하고 지역의 패자가 된 각지의 다이묘 역시 권력의 우월성을 과시하기 위해 덴슈라는 상징물이 필요했던 것이다. 도요토미 정권에서 덴슈의 기본 형태는 5층 구조로 정형화되었다. 그리고 이는 앞서 살펴본 히메지성에서처럼 에도 막부로 계승되었다.

히데요시의 사후 무가 권력은 도쿠가와 이에야스를 지지하는 동군과 히데요시의 아들 히데요리에 충성을 맹세하는 서군으로 나뉘지만 세키가하라 전투 이후 에도 막부 아래 통합되면서 점차 안정을 되찾았다. 이처럼 평화가 지속하고 사회가 안정되자 덴슈의 역할과 기능에 많은 변화가 일어났다. 에도 막부 아래에서 다이묘의 지위는 더는 개인의 무력이나 실력이 아닌, 무사 집단의 수장인 장군으로부터 위임받는 공권력, 즉 '공의'에 의해 보장받는 것으로 바뀌었다. 그리고 에도 막부는 1615년 다이묘의 전투력을 제한하기 위해 영주의 거성居城 이외에 모든 성곽을 파괴하도록 지시하는 '일국일성령一國一城令'을 발령했다. 아울러 다이묘 사이의 사적인 전투 역시 일절 금지했다. 이처럼 쇼군 권력이 강대해지고 다이묘 사이에 전투가 발생할 수 있는 실제적인 위험성이 사라지면서 성곽과 덴슈는 더는 군사시설이 아니라 영주 권력을 상징적으로 드러내기 위한 의례적 공간으로 그 성격이 변질되었다.

덴슈의 군사적 가치가 퇴색하면서 낙뢰나 화재로 소실되더라도 재정난 등을 이유로 이를 재건하지 않는 경우 역시 빈번해졌다. 에도성의 덴슈는 1638년에 완성되지만, 불과 20년도 지나지 않아 1657년 대화재로 소실되고 말았다. 하지만 에도 막부는 막대한 건설비가 소요되는 덴슈를 두 번 다시 건립하지 않았다. 1615년 두 차례의 오사카성 전투로 소실된 오사카성 덴슈는 1629년 에도 막부에 의해 재건되지만 1666년 낙뢰로 전소된 다음 마찬가지로 다시 재건되지 않았다. 이러한 상황은 여타 다이묘의 경우도 마찬가지였다. 예컨대 후쿠오카福岡, 사가佐賀, 요도淀, 기시와다岸和田, 후쿠이福井, 히로사키弘前 등지에서는 낙뢰나 화재 등으로 덴슈가 소실되었지만, 다시 건립하지 않았다. 덴슈와 같은 시각적인 건축물을 통해 영주 권력을 과시할 필요가 없을 만큼 이미 무사 지배가 안정적이었던 것이 그 이유였다.

4.
메이지 유신 이후 성곽과
덴슈의 운명

| 성곽과 덴슈의 해체 |

성곽과 덴슈의 운명은 메이지 유신을 계기로 크게 요동치게 되었다. 개항 이후 영국, 프랑스 등의 서구 열강과 벌인 전투에서 일본의 전통적인 성곽 은 근대적인 화포 공격 앞에 얼마나 무용한지를 여실히 보여 주었다. 특히 나 메이지 신정부와 막부 지지 세력 간에 벌어진 보신 전쟁戊辰戰爭(1868~ 1869)에서 근대적인 화포로 무장한 신정부군은 막부 편에 선 동북 지방의 우쓰노미야宇都宮, 와카마쓰若松, 이와키岩木 등지를 공격해 이곳의 성을 무 참하게 파괴했다([그림 6-7]). 뒤이어 세이난 전쟁西南戰爭 당시에도 규슈 일 대의 구마모토성熊本城, 히토요시성人吉城이 커다란 피해를 보았다.

전투나 내란으로 파괴되는 경우뿐만 아니라 "수리가 어렵다"는 이유를 들어 자발적으로 성곽 철거에 나서는 사례도 적지 않았다. 메이지 신정부 수립 이후 지방행정관에 임명된 옛 번주들은 막대한 비용이 소요되는 성곽 유지·보수의 어려움을 정부 주요 인사들에게 호소했다. 가와고에번川越藩, 우쓰노미야번宇都宮藩은 비용 문제를 들어 성곽 철거를 신정부에 요청했다. 심지어 주민들이 성곽을 철거하는 일마저 발생했다. 시코쿠의 이마바리번 今治藩에서는 폐번치현廢藩置縣에 따라 옛 영주가 영민들과 고별인사를 나누 고 화족 신분이 되어 도쿄로 이주하자 더는 영주의 거처인 성곽이 필요 없 을 것으로 생각한 일부 주민이 성벽과 성채 건물 등을 철거하는 사태가 발 생했다. 메이지 유신 이후 천황을 중심으로 중앙집권적인 국민국가를 건설 하려는 움직임이 본격화하면서 성곽은 폐기해야 하는 구 영주 권력의 상징

[그림 6-7]
보신 전쟁 당시 신정부군의 대포 공격으로
막대한 피해를 입은 아이즈성会津城의 모습.

02 중·근세: 무사의 등장과 조카마치의 성립

물이자 청산해야 할 봉건 시대의 유제遺制로 인식된 것이다.

메이지 유신 이후 근대화 과정에서 성곽과 덴슈는 전투시설의 가치와 의의를 상실하고 말았다. 그러나 성터의 장소적 가치마저 완전히 소멸한 것은 아니었다. 근대적인 군대의 육성이 절실했던 메이지 신정부는 병제를 개편하는 가운데 병력 주둔지이자 군사시설로 성곽 부지, 즉 성터의 공간적 중요성을 다시금 인식하게 되었다. 그 결과 전국의 성곽에 대한 관리를 육군성에서 맡도록 했다. 육군성은 성곽의 존속과 폐기를 결정하는 기준을 마련한 다음 1873년 에도성을 비롯해 41개 성곽을 보존하는 대신 144곳의 '폐성'을 결정하는 태정관령을 반포했다. 유지 보수에 드는 비용 문제로 폐성을 결정한 성곽의 덴슈와 망루, 정원, 수목 등은 입찰을 통해 민간에 매각하도록 지시했다. 이로써 성곽과 덴슈의 본격적인 해체와 파괴가 시작된 셈이었다.

그러나 존속을 결정한 41개 성곽 역시 그 운명이 그리 순탄하지 못했다. 예산과 경비가 부족해 수리와 보존을 제대로 하지 못한 모리오카森岡, 와카마쓰若松, 마쓰마에松前, 히코네彦根, 돗토리鳥取, 쓰津 등지의 성곽과 덴슈는 시간이 지나면서 점차 황폐해졌다. 그 결과 메이지 말기 온전히 덴슈를 보존하면서 파괴를 면한 성곽은 겨우 18개에 불과한 형편이었다. 이마저도 제2차 세계대전 당시 미군의 공습 등으로 파괴되어 현재까지 본래의 형태를 온전히 보존하는 것은 12개에 불과하다. 12개의 덴슈는 현재 모두 국보와 중요문화재로 지정되었다.

| 고향의 발견과 덴슈의 재건 |

고향은 역사적인 시간과 풍경의 공간, 그리고 언어의 공유를 통해 만들어진 근대의 발명품이다. 일본에서 '고향'은 1880년대 후반에서 1890년대에 걸쳐 지방에서 도시로 이동한 시골 청년들이 동향회를 조직하고 그 구체적인 형식과 내용을 부여하면서 만들어졌다. 이처럼 고향은 선험적으로 존재하는 실재가 아니기 때문에 오락회나 운동회 같은 각종 모임과 동향 기숙사, 그리고 '성곽'과 같은 구체적인 사물을 통해 구현되어야 했다. 이 중에서 특히나 성곽은 '실감'에 근거한 고향의 역사성을 담아 내는 데 더할 나위 없이 좋은 상징물이었다. 이 같은 이유에서 일부 지역에선 옛 성에 고향의 역사성을 부여하고 이를 통해 고향 의식을 공유하기 위해 지역 주민과 동향회를 중심으로 덴슈 보존운동이 일어났다.

예컨대 마쓰모토성의 경우는 지역 주민이 나서 덴슈를 보존한 대표적인 사례라고 말할 수 있다. 1504년에 건립한 마쓰모토성은 1876년에 발생한 화재로 많은 건물이 소실되어 겨우 덴슈 한 동만이 옛 모습 그대로 남아 있는 상태였다. 이를 안타깝게 여긴 어느 주민이 지역 신문에 "옛날을 회고하는 정"과 "향리의 체면을 중시하는 지성"을 들어 덴슈를 보존하자는 기고문을 투고했다. 마쓰모토성 덴슈가 마쓰모토=고향의 상징임을 전제로 향리의 역사와 체면을 위해 보존의 필요성을 주장한 것이다.

이처럼 덴슈가 고향의 감정을 불러일으키는 매개물이자 지역의 자랑스러운 역사물로 새롭게 인식되기 시작하면서 본래 없던 덴슈를 지역 주민이 새롭게 복원하는 예도 생겨났다. 예컨대 기후성은 1539년 센고쿠 다이묘인 사이토 도잔斎藤道三이 축성한 것이다. 하지만 오다 노부나가와의 전투에서 도잔이 패하면서 노부나가의 아들이 이곳을 차지한 이래 여러 차례 성주가 바뀌었고 1601년 마침내 해체되었다. 기후성의 덴슈와 야구라 같은 시설물은 이웃한 가노성加納城을 축성하는 자재로 활용되었다. 그로부터 무려 300여 년이 흐른 1910년 기후시에서는 산 정상에 폐허로 버려진 옛 성터에 덴슈를 재건하자는 주민운동이 시작되었다. 지역 관광협회의 전신인 보승회

保勝會와 지역 건설조합을 중심으로 지역 주민이 나서 하천에 사용했던 교각의 폐자재를 활용해 에도 시대 양식의 덴슈를 재건했다.

앞서 살펴본 바와 같이 메이지 유신과 함께 군사시설의 실용성과 기능성을 상실한 채 소멸의 위기에 봉착했던 성곽과 덴슈는 근대 도시의 성립 과정에서 '향리의 체면'과 '지역의 통합'을 위한 상징물로 그 가치와 의의가 새롭게 인식되면서 보존과 복원의 전기를 맞이하게 되었다. 그 결과 19세기 후반 이후 현재까지 일본에서는 100여 건이 넘는 덴슈 재건 사업이 진행되었다. 이 가운데 아타미熱海, 요코테橫手, 오카자키岡崎, 지바千葉 등지는 과거에 덴슈가 존재하지 않았던 곳임에도 불구하고 관광시설 등으로 활용하기 위해 건물을 지었다. 그리고 도야마富山, 나카쓰中津, 가라쓰唐津 등지에서는 덴슈에 대한 확실한 사료적 근거가 존재하지 않음에도 불구하고 복원 사업을 강행했다. 지방자치단체가 건립한 덴슈는 과거의 역사적 사실을 치밀하게 고증하고 복원하기보다 장대하고 화려하게 외관을 장식했다는 점에서 공통점을 가진다. 이렇게 재건한 덴슈 대부분은 그 지역의 향토자료관이나 관광시설로 사용하고 있다.

하지만 비슷한 형태의 건물이 많아지고 시설이 노후화하면서 실제 활용도는 미미한 편이다. 심지어 지방자치단체뿐 아니라 개인이나 기업에서도 숙박시설이나 박물관 등으로 사용하기 위해 덴슈 형태의 건축물을 지었다가 이용객 감소 등으로 경제적 가치가 없어지면 폐관한 다음 지역의 흉물이 되는 경우가 많았다([그림 6-8]). 덴슈가 지역의 과거를 재현하는 역사 유적이기보다 지역의 관광시설로 기획했던 경우일수록 이 같은 일은 비일비재하게 일어났다.

| 2020 도쿄올림픽과 성곽 투어리즘 |

최근 들어 일본에서는 성곽과 덴슈에 대한 사회적인 관심이 부쩍 높아지고 있다. 성곽과 덴슈에 세간의 이목과 호기심이 높아지게 된 것은 지난 2006년 일본 정부가 제정한 〈관광 입국 추진 기본법〉과 관련이 깊다. 〈관광 입국 추진 기본법〉은 인구감소와 고령화로 인한 저성장 문제를 해결하기 위해 급속히 성장하는 아시아 지역의 해외 관광 수요를 일본으로 흡수하려고 제정한 것이다. 일본 정부의 관광 입국 정책은 2013년 부에노스아이레스의 국제올림픽위원회IOC 총회에서 2020년 도쿄올림픽 개최가 결정된 이후 국가적인 과제가 되었다.

한편 재단법인 일본성곽협회는 〈관광 입국 추진 기본법〉이 제정된 2006년 전국의 '이름 있는 성곽' 100곳을 선정하고 본격적인 선전 활동에 나섰다. 방문지의 성곽에서 스탬프를 찍도록 고안한 《일본 100곳의 명성에 가

[그림 6-8]
사설 미술관으로 사용하다
오랫동안 방치되어
지역의 흉물이 된 시즈오카현
시모다시下田市의 건축물.

자》라는 이름의 공식 안내 책자는 이듬해 36만 부 이상을 판매하며 이른바 '성곽 붐'을 일으키는 계기가 되었다. 이후 전국에 산재한 성곽을 여행하려는 이들이 늘면서 '성곽 투어리즘'은 일본 국내 여행의 새로운 경향이 되었다. 이처럼 성곽이 지역의 새로운 '매력' 내지 개성 있는 '관광 자원'으로 인기를 얻자 일본 정부는 성곽을 손쉽게 복원할 수 있도록 지난 2020년 4월 17일 '사적 등의 역사적 건축물 복원 등에 관한 기준'을 개정해 성곽 건축 복원의 법적 기준을 완화했다.

이 같은 '성곽 붐'에 편승해 아직 덴슈를 복원하지 못한 지자체는 지역의 새로운 관광 자원을 마련하거나 혹은 지역 활성화를 위해 성곽과 덴슈의 재건 사업을 추진하고 있다. 아즈치성이 위치한 시가현滋賀縣에서는 축성 450년이 되는 2026년을 목표로 지난 2019년부터 '환상의 아즈치성' 복원 프로젝트를 시작했다. 시가현에서는 막대한 건축비를 들여 성곽과 덴슈를 건립하는 대신 최신의 디지털 기술을 활용해 건립 당시 아즈치성의 모습을 역사적 사실과 고고학적 발굴자료를 토대로 재현하기로 했다([그림 6-9]).

최근의 '성곽 붐'은 역사와 전통에 대한 일본 사회의 인식 변화를 보여준다는 점에서 흥미롭다. 다만 한 가지 우려스러운 점은 성곽의 역사성을 간과한 채 지역 활성화의 자원으로 활용하기 위해 정부나 지자체, 일부 이익단체가 앞장서서 성곽 투어리즘을 주도하고 있다는 것이다. 그렇다 보니 성곽이라는 장소에 담긴 다층적인 기억에 초점을 맞추기보다 관광객의 호기심을 자극할 만한 볼거리를 만드는 데 급급한 실정이다. 예컨대 관광안내센터에 비치된 성곽 안내서는 성곽과 덴슈의 '물성物性'에 관심을 두는 호사가의 취향에 맞추어 축성자, 축성술, 축성의 일화를 기술하는 데 초점을 맞추고 있다. 이처럼 성곽의 시원만을 강조하는 서술 방식은 독자의 감각을 축성 당시의 경관과 회상으로 연결해, 이곳이 오랜 풍파를 버텨 온 역사적 산물임을 인식하기 어렵게 만든다. 세계화 이후 장소 마케팅 차원에서 경제적 가치와 사회적 활용이 중시되는 현실에서 성곽과 덴슈가 장차 지역의 역사와 지역민과의 애착을 담은 기억의 장소가 될 것인지 아니면 외부인의 시선을 의식한 관광 자원이 될 것인지 주의 깊게 살펴볼 필요가 있을 것이다.

[그림 6-9]
실제 아즈치성 덴슈의
20분의 1 사이즈로
재현한 모형.

02 중·근세: 무사의 등장과 조카마치의 성립

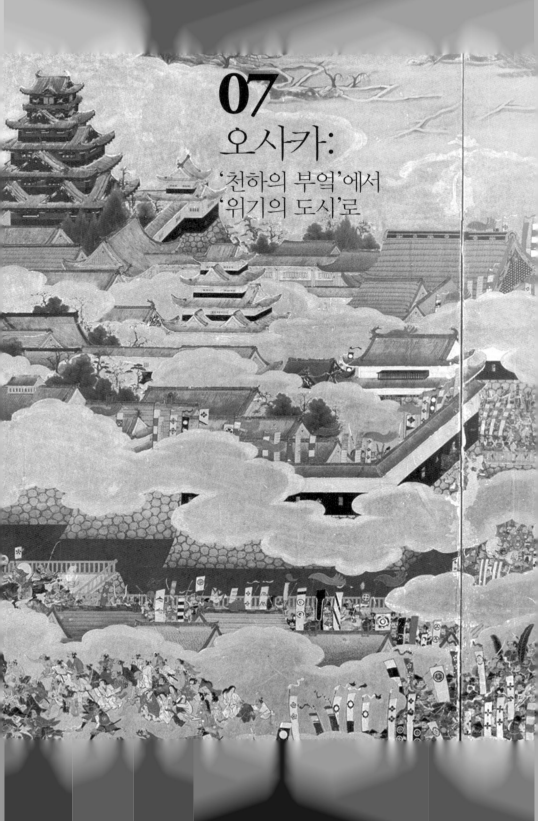

07
오사카:
'천하의 부엌'에서
'위기의 도시'로

1.
도시의 상징과
오사카성

| 오사카 역사박물관과 나니와궁 |

세계 주요 도시는 저마다 그 도시를 대표하는 랜드마크를 가지고 있다. 직접 방문한 적이 없다 하더라도 자유의 여신상 하면 뉴욕, 에펠탑 하면 파리, 빅벤 하면 런던, 자금성 하면 베이징을 연상하는 것은 랜드마크가 가진 상징 효과 때문이다. 일본에서 '제2의 도시'라고 불리는 오사카의 랜드마크는 단연 '오사카성'이라 할 수 있다. 그래서인지 매년 수많은 관광객이 오사카성 공원을 방문한다. 다만 오사카성의 전경을 제대로 보고 싶다면 그 옆에 있는 '오사카 역사박물관'부터 먼저 들러볼 것을 추천한다.

지난 2001년에 개관한 오사카 역사박물관은 오사카방송회관 10층부터 7층 사이에 있다. 엘리베이터를 타고 건물 10층으로 올라가서 한 층씩 내려가며 다음 전시관으로 이동하다 보면 계단 창을 통해 [그림 7-1]처럼 자연스럽게 오사카성을 조망할 수 있다. 이곳은 아마도 오사카성을 멀리서 살펴볼 수 있는 최고의 전망대가 아닐지 모르겠다.

그리고 전시관을 둘러본 관람객은 건물 1층 출입구를 나가기 전에 마지막으로 또 하나의 전시물을 만나게 된다. 건물을 짓던 도중에 발견한 옛 나니와나가라노토요사키궁難波長柄豊碕宮의 유적이 바로 그것이다. [그림 7-2]와 같이 강화유리를 통해 나니와궁의 유구를 살펴본 관람객은 자신이 문득이 도시의 시원 위에 있다는 사실을 실감하게 된다.

[그림 7-1] 오사카 역사박물관에서 내려다본 오사카성과 덴슈의 전경.
[그림 7-2] 오사카 역사박물관 지하에 보존된 나니와궁 유적.

| 네 명의 인물과 오사카의 역사 |

여기서는 네 명의 인물을 중심으로 오사카의 과거와 현재에 대해 살펴보고 자 한다. 첫 번째로 살펴볼 인물은 도요토미 히데요시(1537~1598)이다. 히 데요시는 혼간사本願寺와의 전투로 폐허가 된 이곳에 성을 쌓고 각지의 상 공인을 불러들여 훗날 오사카가 상공업 도시로 발전할 수 있는 기틀을 다 지는 데 중요한 역할을 했다. 이후 오사카는 전국적인 상업·유통의 중심지 로 성장하며 경제적인 번영을 누린 덕에 '천하의 부엌'으로 불리게 되었고, 히데요시는 [그림 7-3]과 같이 오사카의 상징이 되었다.

두 번째 인물인 고노이케 유키모토鴻池幸元(1571~1651)는 에도 시대 엄청 난 부를 일군 오사카의 대표적인 상인이다. 유키모토에서 시작한 고노이케 가문은 장사의 달인으로 소문난 오사카 상인의 전형이란 점에서 이들이 부 를 축적하는 과정을 통해 오사카가 경제적으로 번영할 수 있던 요인이 무 엇인지 알아볼 것이다.

세 번째는 20세기 초반 대중적인 인기를 바탕으로 오랫동안 오사카시의 시장을 연임한 세키 하지메關一(1873~1935)이다. 메이지 유신 이후 산업 도 시로 전환하는 데 성공한 오사카는 1920년대 도쿄를 제치고 인구와 경제력 에서 일본 제1의 도시를 기록하며 '대오사카'를 자칭했던 적이 있다. 당시 오사카 시장을 역임한 세키 하지메는 급속한 도시화에 따른 부작용을 해결 하며 일본 제1의 산업 도시에 걸맞은 대대적인 도시 기반시설을 계획해 현 재의 오사카를 만드는 데 중요한 역할을 했다.

마지막으로 살펴볼 이는 지난 2015년 오사카 시장을 끝으로 정계에서 은 퇴한 하시모토 도루橋下徹(1969~)다. 1960년대 중반 이후 오사카는 제조업 의 쇠퇴에다 주거환경의 노후화로 도심 인구가 교외로 빠져 나가면서 정체 에 빠졌다. 이를 극복하기 위해 대규모 도심 재개발 사업과 이벤트성 국제 행사를 연이어 개최했지만, 별다른 성과를 얻지 못했다. 그렇다 보니 현재는 요코하마를 비롯해 나고야, 후쿠오카와 같은 경쟁 도시로부터 심각한 도전을 받으며 제2의 도시라는 지위마저 불안한 형편이다. 하시모토는 이같은 오사카의 현실과 미래에 대해 주민들이 가진 불안과 불만을 선동하며 대중적인 인기를 얻은 정치인이다. '일본의 트럼프'라고 불릴 만큼 극우적인 발언으로 유명한 그는 지난 2012년 오사카를 연고로 삼는 오사카유신회라는 정치 조직을 결성했다. 시간이 지나 오사카유신회는 현재 일본의 대표적인 극우 정당인 '일본유신회'가 되었다. 하시모토 도루의 부상과 몰락을 통해 도요토미 히데요시의 본거지에서 출발해 에도 시대 이래 일본의 대표적인 상공업 도시로 경제적인 번영을 구가했던 오사카가 오늘날 '혐한'과 극우 세력의 본거지가 되기까지의 과정을 살펴보도록 하자.

[그림 7-3]
도요토미 히데요시가 쌓은 오사카성과 그의 투구를 형상화한 관광 도시 오사카의 로고.

2.
오사카성의
축성과 개조

| 오사카의 시원과 렌뇨의 이시야마 혼간사 |

오사카는 해안지대에 위치해 거친 파도가 밀려든다고 예부터 '나니와難波 (또는 浪速, 浪花)'라고 불렸다. 《고사기》에 따르면 오사카의 시원은 4세기 무렵 닌도쿠仁德 대왕이 이곳에 왕궁을 짓고 요도강의 치수를 위해 대규모 토목공사를 벌이고 항구를 정비한 기사에까지 거슬러 올라간다. 《고사기》의 기사가 사실인지 아닌지는 많은 고증이 필요하지만, 사실 여부를 떠나 야마토 왕조가 세토 내해로 진출하는 요지에 해당하는 오사카를 오래전부터 중시했음을 알 수 있는 대목이다.

오사카의 중요성이 다시 부각한 것은 고토쿠 대왕에 이르러서다. 앞서 살펴보았듯이 645년 잇시의 변을 일으켜 전횡을 행사하던 소가 씨를 제거하고 왕위에 오른 고토쿠 대왕은 국정을 일신하고자 나니와에 새 궁을 짓고 천도를 단행했다. 하지만 고토쿠 대왕의 갑작스러운 죽음과 함께 다시 아스카로 천도하면서 나니와는 한동안 역사에서 잊혔다.

나니와의 폐궁으로 오랫동안 사람의 기억에서 잊힌 오사카는 일향종 제8대 종주인 렌뇨蓮如와 함께 다시 한번 역사의 전면에 복귀할 수 있었다. 기록에 따르면 1496년 렌뇨는 현재의 오사카성이 있던 곳에 포교를 위한 승방을 지었다고 한다. 당시는 이곳 지형이 지금과 매우 달라 바다에 접한 해안지대에 야트막한 돌산이 언덕을 이루고 있었다. 그래서 '소판小坂', 즉 작은 언덕이라고 불렸는데 작은 것보다야 큰 게 좋으니까 큰 언덕을 뜻하는 '대판大坂'이라 적고 '오사카'라고 부르게 되었다. 하지만 메이지 유신 직후 새로 오사카부를 신설하면서 '판坂' 자가 땅土을 뒤엎는다(反)는 뜻에서 좋지 않다는 여론에 따라 언덕 '판阪' 자로 교체한 결과 현재와 같은 한자 표기가 일반화되었다.

한편 렌뇨는 지상에 왕법=불법의 세상을 구현하기 위해 노력했다. 렌뇨의 후계자들은 이를 위해 1532년 지금의 교토 야마시나山科에 위치한 일향종 총본사인 혼간사를 오사카로 이전했다. 오사카 혼간사는 해안가의 돌산, 즉 이시야마石山에 지었다고 해서 '이시야마 혼간사'라는 이름으로 세상에 알려졌다. 사람들의 접근과 왕래가 어려운 해안가 돌산에 새 사원을 건립한 것은 왕법=불법의 세상을 속세에 구현하려는 일향종을 불온한 세력으로 간주해 무력으로 탄압하려는 다이묘들의 군사적인 압박에 대응하기 위해서였다. 혼간사는 다이묘의 공격에 맞서기 위해 험준한 돌산 위에 성채와 해자를 갖춘 사원을 짓고 교단 조직을 정비했다. 성채와 같이 튼튼한 방어시설을 갖춘 이시야마 혼간사가 완성되자 기나이 일대의 신도들이 구름같이 모여들어 광대한 사원 도시가 형성되었다. 오사카가 도시 형태와 규모를 갖추게 된 것은 바로 이때부터였다.

| 도요토미 히데요시의 오사카성 확장 사업 |

일본 전역을 무력으로 통일하겠다는 꿈을 가진 오다 노부나가는 오사카를 중심으로 기나이 일대에 강력한 종교 세력을 구축한 혼간사를 방치할 수 없었다. 정치, 경제, 문화의 선진 지역인 기나이 일대를 장악하지 않고서는 일본을 통일할 수 없었기 때문이었다. 노부나가는 혼간사를 포위하고 10여 년 (1570~1580) 넘게 치열한 전투를 벌였다. 하지만 요도강을 엄폐물 삼아 돌산 위 성채에서 농성을 벌이는 혼간사 세력을 쉽게 굴복시킬 수 없었다. 노부나가는 오랜 포위에 지친 일향종 신도를 회유해 1580년 마침내 강화조약을 체

결하는 데 성공했다. 양쪽 모두 전투 중지에 동의하는 형식이지만 실은 오랜 농성에 지친 일향종 세력이 패배를 자인인 셈이었다. 신도들이 떠나자, 노부나가는 기다렸다는 듯이 불을 질러 혼간사를 폐허로 만들었다. 두 번 다시 일향종 신도가 이곳으로 돌아오지 못하도록 하기 위해서였다. 결국 이시야마 혼간사는 잿더미가 되었고, 일향종 신도의 종교 도시로 번성을 누리던 오사카는 또다시 역사의 뒤안길로 사라질 위기에 놓였다.

오다 노부나가가 폐허로 만든 오사카를 다시 재흥시킨 이는 다름 아닌 도요토미 히데요시였다([그림 7-4]). 히데요시는 교토의 혼노사本能寺에서 자결한 노부나가의 뒤를 이어 오다 정권의 계승자가 되었다. '성 쌓기의 귀재'로 불릴 만큼 축성의 대가였던 그는 폐허로 변한 이시야마 혼간사의 전략적 가치를 누구보다 잘 알고 있었다. 히데요시는 일본 전역의 통일을 위한 장정을 시작하기에 앞서 난공불락의 요새를 자랑했던 이시야마 혼간사 자

[그림 7-4]
나고야시의
히데요시키요마사기념관
秀吉淸正記念館에서
소장 중인
도요토미 히데요시 초상화.

02 중·근세: 무사의 등장과 조카마치의 성립

리에 자신의 본거지를 만들 계획을 세웠다. 그가 이곳에 자신의 거성을 쌓고자 했던 것은 군사적인 이유와 함께 오사카가 기나이 지역의 중앙에 위치할 뿐 아니라 천황이 거주하는 교토와 국제 무역으로 번성하던 사카이堺 사이에 있는 요충지이기 때문이었다.

히데요시는 자신에게 충성을 맹세한 30여 다이묘의 도움을 얻어 축성 사업을 시작했다. 그리고 불과 2년 만인 1585년에 오사카성을 완성했다. 당시 일본에서 포교 활동을 벌이던 포르투갈 선교사의 기록에 따르면 축성 당시 히데요시는 교토의 천황과 주요 사원을 오사카로 이전한다는 계획을 세우고 만약 이에 반대하는 자가 있으면 교토에 불을 지르겠다고 엄포를 놓았다고 한다. 도읍을 교토에서 오사카로 옮기려 했던 것은 오사카의 도시 기능을 강화하기 위해서였다. 그러나 실제로 천도를 실행하지는 않았다. 대신 노부나가의 본거지였던 아즈치와 국제 무역으로 번성하던 사카이의 상인을 강제로 이주시켜 오사카를 일거에 광대한 상업 도시로 만들었다. 이처럼 오사카는 히데요시 치하에서 기나이 일대뿐 아니라 전국적인 상공업 중심지로 명성을 떨치며 번영을 구가했다.

히데요시의 권력이 점차 공고해지는 가운데 그와 오사카의 운명에 커다란 영향을 끼치게 될 사건이 발생했다. 임진왜란을 일으킨 이듬해인 1593년 측실 요도도노淀殿 사이에서 아들 히데요리秀賴를 얻게 된 것이다. 그의 나이 57세의 일이었다. 불과 2년 전에 요도도노가 낳은 아들을 잃고 상심하던 차에 다시 늦둥이를 얻게 되자 기쁘기가 이를 데 없었다. 오랫동안 친자를 얻지 못한 히데요시는 이복누이의 아들이자 조카인 히데쓰구秀次를 양자로 삼아 관백의 지위까지 넘겨주고 후계 문제를 일단락 지은 상태였다. 하지만 히데요리가 성장하면서 마음이 흔들렸다. 결국 그는 히데쓰구와 그 일족을 모두 제거하고 세 살배기 어린 아들 히데요리에게 모든 권력을 넘겨주기로 한다.

그러나 고령에 접어든 히데요시로서는 어린 히데요리가 성인으로 자라 제대로 권력을 계승할 수 있을지 불안한 마음을 금할 수 없었다. 특히나 자신의 최대 경쟁자이자 간토 지역의 패자인 도쿠가와 이에야스가 어떻게 행동할지 불안했다. 실리주의자이자 전략가인 히데요시는 그럴 바에야 이에야스와 사돈관계를 맺기로 한다. 히데요시는 아들 히데요리를 이에야스의 장손녀인 센히메千姬와 혼인시키기로 약조를 맺고 이에야스에게 히데요리의 안위를 부탁했다.

하지만 이것으로도 안심할 수 없었다. 히데요시는 4년에 걸쳐 오사카성을 대대적으로 확장하는 공사를 벌였다. 덴슈와 본성[本丸]을 둘러싼 '니노마루', 그 외곽으로 '산노마루'를 겹겹이 쌓아 강력한 성곽을 건설했다. 요도강을 끌어들여 조성한 삼중의 해자와 삼중의 성곽으로 겹겹이 둘러싸인 오사카성은 난공불락의 요새로 거듭날 수 있었다. 4년에 걸친 오사카성의 대대적인 확장·보강 공사는 인생 말년에 어렵사리 얻은 늦둥이 히데요리를 보호하려는 아버지 히데요시의 염원에서 비롯된 것이었다.

한편 점점 죽음이 다가오고 있음을 실감한 히데요시는 자신의 사망 후 이에야스의 전횡을 막기 위해 이에야스를 포함한 유력 다이묘 5명을 다이로大老에 임명하고 이들이 상호 견제와 균형 속에 권력을 행사하도록 부탁한다. 그러나 그의 바람은 실현되지 않았다. 그가 사망하자마자 곧바로 이에야스는 숨겨 왔던 야망을 드러냈다. 이에야스는 히데요시의 유언을 무시하고 새로운 무사 정권을 수립하기 위한 행보를 시작했다.

| 세키가하라 전투와 두 차례의 오사카성 전투 |

히데요시가 사망한 지 불과 2년도 채 지나지 않아 일본 전역을 뒤흔든 커다

란 전투가 일어났다. 1600년 10월 21일 세키가하라에서 벌어진 전투는 도쿠가와 이에야스와 도요토미 정권의 명운을 가르는 계기가 되었다. 일본 전역의 다이묘가 이에야스에게 신하로 따를 것을 맹세한 동군, 도요토미 정권의 수장인 이시다 미쓰나리에게 협력한 서군으로 나뉘어 벌인 싸움에서 승리한 쪽은 동군이었다. 이로써 무가 권력의 패권은 최종적으로 도쿠가와 이에야스의 차지가 되었다.

다만 히데요리는 세키가하라 전투 당시 중립을 표방한 관계로 목숨을 부지할 수 있었다. 하지만 영지의 상당 부분을 빼앗기고 셋쓰, 가와치, 이즈미 일대에 65만 석을 보유한 일개 다이묘의 처지로 전락하게 되었다. 그렇지만 이에야스의 눈에 히데요리는 언제든지 반 도쿠가와 세력을 결집할 수 있는 위험인물이었다. 따라서 어린 히데요리가 성인으로 성장하기 전에 하루라도 빨리 제거하는 편이 낫다고 보았다. 그리고 그를 제거하기 위한 기회를 엿보았다.

그러던 가운데 1614년 7월 교토 호코사方廣寺의 대불 개안 공양식은 좋은 핑곗거리였다. 이에야스는 히데요리가 호코사에 바친 종명의 문구가 불손하다는 이유로 이른바 '종명鐘銘 사건'을 일으켰다. [그림 7-5]와 같이 '국가안강國家安康'이라는 문구가 이에야스의 이름인 가강家康의 '가家'와 '강康'을 갈라놓을 뿐 아니라 도요토미를 군주로 삼고 그 자손의 번창을 빌기 위해 '군신풍락君臣豊樂 자손은창子孫殷昌'을 일부러 종명에 넣었다고 억지를 부린 것이다. 결국 이에야스는 이를 트집 잡아 그해 10월 히데요리를 제거하기 위해 '오사카 겨울 전투'를 일으켰다.

그러나 이에야스의 예상과 달리 전투는 손쉽게 끝나지 않았다. 난공불락의 요새라는 명성만큼이나 오사카성의 해자와 성곽을 무너뜨리기가 좀처럼 쉽지 않았다. 이에야스는 히데요리와 거짓으로 화평을 맺는 척하며 바

[그림 7-5]
호코사의 종각(위)과 종명 사건의 문구(아래).

02 중·근세: 무사의 등장과 조카마치의 성립

깥 해자와 성 일부를 무너뜨린 다음 다시 공격을 시도했다. 이듬해인 1615년 '오사카 여름 전투'에서 이에야스는 15만 명에 이르는 대병력을 동원해 겹겹이 성을 에워쌌다([그림 7-6]). 마치 독 안에 든 쥐와 같은 신세가 되어버린 히데요리는 적의 공격으로 성이 불길에 휩싸이자, 그의 어머니와 자결을 선택했다. 히데요리의 죽음으로 도요토미 가문의 본거지였던 오사카는 또다시 위기에 빠졌다.

| 에도 막부의 오사카성 개조 |

오사카성 전투에서 승리한 이에야스는 손자인 마쓰다이라 다다아키라松平忠明에게 오사카의 통치와 재건 업무를 위임했다. 오사카는 요도강과 세토내해가 맞닿은 곳에 있어 히데요시 당시부터 물류 수송을 원활히 하기 위한 운하 조성 사업이 활발히 시행되었다. 다다아키라는 오사카성 전투로 일시 중단된 운하 조성 사업을 재개하는 동시에 오사카 남단을 동서로 횡단하는 미나미호리南堀를 완성했다. 미나미호리는 현재 오사카의 가장 번화가를 관통하는 도톤보리道頓堀에 해당한다. 도시 곳곳을 관통하는 운하를 건설함으로써 오사카의 물류 수송 기능은 어느 도시와 비교할 수 없을 정도로 좋아졌다. 오사카가 일본 전역의 상업·유통 중심지로 부상할 수 있는 도시 인프라를 갖추게 된 셈이었다.

이처럼 시가지 복구가 어느 정도 일단락되자 에도 막부는 1619년 오사카를 직할 도시로 삼았다. 서국 일대의 도자마 다이묘外樣大名를 감시·통제하기 위한 군사적 요충지로 최적의 장소였기 때문이다. 오사카성을 비롯해 오사카 일대의 통치를 책임지는 오사카조다이大坂城代에는 막부의 신임이 두터운 후다이 다이묘譜代大名를 임명했다. 오사카조다이는 오사카성의 경비와 함께 서국 일대에 포진한 도자마 다이묘의 감시를 책임지는 막중한

[그림 7-6]
오사카성 덴슈각에서 전시하는
〈오사카 여름 전투 병풍도大坂夏の陣圖屛風〉 가운데 일부.

02 중·근세: 무사의 등장과 조카마치의 성립

자리였다. 교토의 조정과 공가 세력을 감시하는 교토쇼시다이京都所司代와 함께 오사카조다이는 막부로부터 서국 일대의 지배를 사실상 위임받은 중책이었다.

한편 에도 막부는 두 차례의 전투로 허물어진 오사카성을 재건하기 위해 1620년부터 3차례에 걸쳐 대대적인 토목공사를 벌였다. 1620년에 시작한 제1차 공사는 성 외곽의 해자를 정비하는 것이었다. 막부는 여러 다이묘를 동원해 해자와 성곽 기단 공사에 필요한 석재를 공급하도록 지시했다. 제2차 공사는 1624년부터 3년간에 걸쳐 진행되었다. 제1차 공사 때보다 많은 60여 명의 다이묘를 동원해 덴슈를 비롯해 성곽 내 주요 건물을 정비했다. 완성된 덴슈는 히데요시 당시와 비교해 높이는 1.5배, 면적은 2배 가까이 크고 넓게 조영했다. 히데요시 당시의 규모를 능가하는 장대한 크기의 덴슈와 성곽을 쌓은 것은 도요토미 가문에 특별한 애정을 가진 오사카 주민에게 막부의 권위와 위신을 과시하기 위해서였다.

이에야스는 도요토미 가문을 단절시킨 이후에도 혹시나 모를 불온한 움직임에 경계의 끈을 풀지 않았다. 조정에서 수여한 '도요쿠니다이묘진豊國大明神'의 칭호를 금지하는 한편 히데요시를 모신 도요쿠니 신사를 파괴해 그의 존재와 권위를 부정하려고 했다. 하지만 역설적이게도 히데요시에 대한 막부의 탄압이 거세면 거셀수록 그에 대한 인기는 오히려 높아졌다. 흙수저인 농민의 자식으로 태어나 오직 자신만의 능력으로 입신출세를 거듭해 운 좋게 '덴카비토'의 지위에까지 오른 히데요시의 성공담은 신분 간 이동이 엄격히 제한되었던 에도 시대 서민들에게 많은 사랑을 받았다. 특히나 오사카 주민들은 히데요시의 본거지로 오사카가 누린 옛 영화와 도요토미 가문의 비참한 결말에 대한 동정에다 에도 막부에 대한 현실 비판의식 등을 담아 그에 대해 특별한 애정을 가졌다. 한편 오사카의 출판업자들은 히데요시에 대한 시중의 관심과 인기를 바탕으로 그의 일생을 출세 과정에 따라 삽화 형식으로 제작한 《에혼타이코기繪本太閤記》를 간행했다([그림 7-7]). 막부는 히데요시에 대한 서민들의 인기가 현실 정치에 대한 비판과 반감으로 이어질 것을 두려워한 나머지 그에 관한 출판물을 금서로 지정했지만, 히데요시에 대한 인기는 식을 줄 몰랐다.

[그림 7-7]
《에혼타이코기》에 등장하는
도요토미 히데요시.

02 중·근세: 무사의 등장과 조카마치의 성립

3.
오사카의 경제적 번영과
메이지 유신 직후의 위기

| 전국 시장의 형성과 오사카의 번영 |

오사카는 나니와궁의 조영과 폐궁, 오사카 혼간사의 건립과 노부나가의 공격, 오사카성의 축성과 두 차례의 오사카 전투 등을 거치는 등 역사의 부침이 끊이질 않았다. 그런 위기를 극복하며 마침내 오사카에도 번영의 계기가 찾아왔다. 본래 무사 출신인 고노이케 가문은 센고쿠 시대가 끝날 무렵 오사카 인근의 고노이케촌鴻池村(현재의 다카라즈카시宝塚市)에 정착해 탁주를 만들어 팔기 시작하면서 상인의 길을 걷기 시작했다. 가문의 시조인 고노이케 유키모토는 생계를 위해 술을 빚었지만, 점차 개량을 거듭해 맛 좋은 청주를 개발하고 높은 인기를 얻게 되었다. 아마도 여기까지는 어디서나 있을 법한 성공담이다. 그런데 유키모토는 이에 그치지 않고 남들과 조금 다른 행보를 보여 주었다. 청주를 멀리 에도에 싣고 가서 판매한 것이다.

17세기 초만 하더라도 에도 일대는 습지와 초목으로 가득 찬 전원지대에 가까웠다. 도쿠가와 이에야스가 이곳에 막부를 건립하고 전국 각지의 다이묘를 거주하도록 지시한 이래 무사 인구가 폭발적으로 증가했다. 하지만 에도 주변은 아직 농업과 수공업이 발전하지 못해 이들에게 필요한 먹거리와 물품을 제대로 공급할 수 없었다. 그에 따라 에도에서 소비하는 미곡과 각종 생필품은 기나이, 특히나 경제적으로 앞선 오사카에서 들여와야만 했다. 에도 주민들은 오사카에서 싣고 온 물품을 '내려온 것', 즉 '구다리모노下りもの'라고 부르면서 질 좋은 상품으로 귀하게 여겼다. 이에 반해 에도 근방에서 생산된 물품은 '구다라나이모노下らないもの', 즉 오사카에서 내려오

지 않은 것이라 부르며 하찮게 취급했다. 오늘날 일본어에서 '구다라나이모노'가 하찮은 물품을 지칭하게 된 것에는 이 같은 유래가 담겨 있다.

유키모토는 술도가가 많아 경쟁이 치열한 오사카가 아니라 수요는 많은데 공급이 부족한 에도를 새로운 시장으로 보고 판로를 개척했다. 그는 말한 필에 4두짜리 술통을 양쪽에 싣고 에도로 가지고 가서 비싸게 팔았다. 결과는 대성공이었다. 그는 여기서 얻은 수익을 가지고 1619년 오사카에 상점을 열고 본격적으로 양조업에 뛰어들었다.

고노이케 가문의 사업은 양조업에 그치지 않았다. 다음 분야는 해운업이었다. 오사카와 에도를 오가는 물동량이 많아지자, 대량 수송을 위해 해운업에 뛰어든 것이다. 1630년대부터 자신의 가게에서 만든 청주를 선박에 대량으로 싣고 에도로 가져가 팔고, 오사카로 돌아오는 길에 에도의 다이묘로부터 위탁받은 화물이나 물품을 싣고 왔다. 고노이케가에서 제조하는 청주 '아이오이相生'를 만드는 데 필요한 쌀은 연간 최대 10만 석에 달할 정도였다고 한다. 당시 일본 전체의 쌀 생산량이 대략 3,000만 석 정도임을 고려하면 엄청난 물량이 아닐 수 없다. 그런데 고노이케가는 1680년대 후반 이후 무슨 이유에서인지 사실상 양조업을 중단하고 만다. 표면적으로는 쌀값 상승을 막고 쌀 소비를 줄이기 위해 막부가 내린 '술 제조 금지령'에 따른 조치 때문이라고 하나, 실은 경쟁이 치열해지면서 이윤이 줄어든 것이 양조업을 접은 솔직한 이유였을 것이다.

하지만 언제나 그렇듯이 위기를 극복하면 성공이 찾아온다. 고노이케가는 과감하게 양조업을 접는 대신 해운업과 금융업에서 새로운 사업 기회를 찾기로 했다. 17세기 후반 오사카를 중심으로 일본 열도를 동서로 횡단하는 항로가 정비되면서 해운업을 둘러싼 사업환경이 점차 좋아졌다. 1670년을 전후로 일본 북부에서 동해 연안을 따라 시모노세키下關해협을 통과해 오사카로 이어지는 서회항로와 동북 지방에서 태평양을 따라 에도를 거쳐 오사카로 이어지는 동회항로가 정비되었다. 그 결과 전국 각지에서 생산된 쌀, 잡곡 등의 농산물이 오사카에 유입되었다.

1714년의 기록에 따르면 당시 오사카에 들어오는 물품은 모두 119종으로 은으로 치면 28만 6,561관이었다. 한편 오사카에서 전국 각지로 유통된 상품은 95종으로 채종유, 목면, 간장, 술, 도자기 등을 비롯해 농산물을 가공한 상품이 주를 이루었다. 전체 가격은 9만 5,799관에 이르렀다. 이처럼 막대한 양의 상품이 오사카를 중심으로 유통될 수 있었던 것은 무엇보다 인구 40만 명에 이르는 오사카를 비롯해 인근 교토, 사카이, 나라 등을 포함하면 무려 100만에 달하는 대규모 소비시장이 존재했기 때문이다. 이들 기나이 지역의 도시들은 직물업, 염색업, 수공업, 농산물 가공업 등의 분야에서 일본 내 여타 지역과 차별화된 기술과 전통을 보유하고 있었다. 그 결과 전국 각지에서 이곳으로 유입된 미곡, 채종, 면화 등의 원료는 오사카, 교토 등지에서 간장, 술, 기름, 면직물 등으로 가공한 다음 다시 전국으로 팔려 나갔다. 이처럼 전국 각지의 산물이 모이고 유통된다고 하여 오사카를 '천하의 부엌'이라고 부르게 되었다.

이 가운데 거래량이 가장 많은 것은 쌀이었다. 연간 거래량이 대략 30만 석에 달했다. 오사카에서 거래되는 대부분의 쌀은 각지의 다이묘가 세금으로 징수한 영주미領主米였다. 서국 일대는 물론이고 서회항로를 통해 동해 연안의 호쿠리쿠北陸 지역에서 생산된 영주미는 오사카의 도지마堂島에 위치한 쌀시장에 집결되었다. 에도 막부 아래서 도지마는 기나이, 호쿠리쿠 지역뿐만 아니라 전국 각지에서 생산된 영주미가 집결해 화폐로 교환하는 쌀 유통의 중심 시장으로 번성했다([그림 7-8]). 고노이케가는 이러한 사업 기회를 놓치지 않았다. 이득이 별로 남지 않는 양조업 대신에 서국 일대에서 생산한 영주미를 오사카로 싣고 오거나 에도에 물건을 싣고 가는 운송업에 전념했다. 고노이케가에서 운영하는 선박 수는 무려 100여 척에 이르렀다고 한다.

에도 시대 다이묘는 영지에서 징수한 미곡의 일부를 오사카에 가져와 팔고 거기서 얻은 이익으로 참근 교대參勤交代와 에도의 체류 등에 필요한 비용을 충당했다. 따라서 얼마만큼 제값을 받고 영주미를 팔 수 있는가는 번 재정에 직결되는 중요 사안이었다. 다이묘 중에는 이재에 뛰어난 조닌이나 상인을 오사카의 쌀 창고를 관리하는 '구라모토藏元', 자금 출납을 담당하는 '가케야掛屋'에 임명해 영주미 판매와 자금 관리 업무를 위탁하는 경우가 적지 않았다. 재정이 좋지 않은 다이묘는 영주미를 담보로 내놓고 구라모토나 가케야로부터 자금을 빌리는 경우도 빈번했다. 양조업과 해운업을 통해 막대한 자본을 축적한 고노이케가에서 다음 사업으로 주목한 분야는 자금

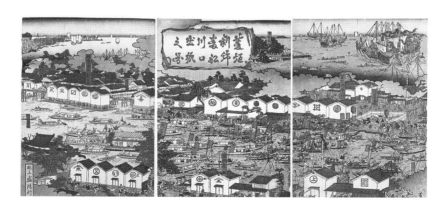

[그림 7-8] 19세기 중반 오사카 도지마 쌀시장과 그 앞에 모여든 선박의 모습을 그린 우키요에.

02 중·근세: 무사의 등장과 조카마치의 성립

사정이 좋지 못한 다이묘를 대상으로 한 금융업이었다. 17세기 후반 고노이케가는 후쿠오카·히로시마를 비롯해 무려 30여 곳이 넘는 다이묘에 자금을 융통해 주었다.

앞서 살펴보았듯이 양조업에서 해운업을 거쳐 금융업에 이르는 고노이케가의 업종 전환 과정은 에도 시대 오사카의 경제적인 역할 변화와 그 궤를 같이한다. 고노이케가가 대상인 가문으로 성장할 수 있었던 것은 오사카의 경제조건과 상업환경을 누구보다 재빠르게 간파하고 이를 활용하는 능력을 보여 주었기 때문이다. 만약 그가 '천하의 부엌'이라 일컬었던 오사카를 주된 활동 무대로 삼지 않았더라면 그렇게 막대한 부를 축적할 기회는 얻지 못했을 것이다.

| 에도 막부의 화폐 정책과 오사카의 환전상 |

오사카는 상품 유통의 결절점일 뿐만 아니라 금융의 중심지였다. 앞서 살펴보았듯이 일본 각지의 연공미는 오사카의 도지마 쌀시장에서 화폐로 환전되었다. 오사카에서 영주미와 교환하는 주요 화폐는 은화였다. 이참에 잠시 에도 막부의 화폐 정책에 대해 살펴보도록 하자.

에도 막부에 앞서 전국적인 화폐 유통에 관심을 가진 이는 도요토미 히데요시였다. 그는 이와미石見 은광을 비롯해 전국의 주요 금은 광산을 직할지로 삼았다. 그리고 교토의 조금彫金업자인 고토 시로베後藤四郎兵衛에게 무게 10냥(약 165그램)의 '덴쇼 오반天正大判'이라는 금화를 제조하도록 지시했다. '덴쇼 오반'은 상인 간의 실제 상거래보다는 다이묘 간에 인사나 선물용으로 사용하기 위해 만든 것이다. 다만 '덴쇼 오반'은 도요토미 정권이 단명한 탓에, 전국적으로 유통하는 통일적인 화폐는 되지 못했다.

한편 이에야스는 세키가하라 전투 직후인 1601년 교토 인근 후시미伏見

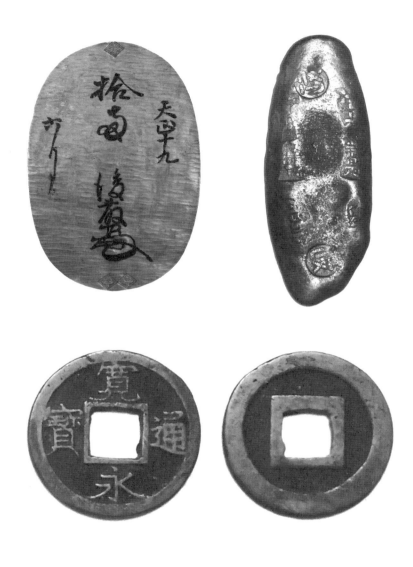

[그림 7-9]
금·은·동으로 주조한 덴쇼 오반(위 왼쪽), 정은(위 오른쪽), 간에이 통보(아래).

에 은화를 주조하는 긴자銀座를 설치한 다음 덩어리 형태의 정은丁銀과 콩알 모양의 두판은豆判銀을 주조하도록 지시했다. 그리고 에도에는 긴자金座를 설치해 소판小判, 일분판一分判의 금화를 제조하도록 지시했다. 또한 금·은화의 주조에 비해 조금 늦지만 1636년에는 '간에이 통보寬永通宝'라는 동전을 발행했다. 이로써 에도 막부는 금·은화, 동전의 세 가지 금속화폐를 주된 교환수단으로 사용하게 되었다([그림 7-9]). 대체로 금·은화는 고액 결제에 사용했지만, 동전은 소액 결제 수단이었다. 또한 교토, 오사카를 중심으로 서일본 지역에서는 은화를 주로 사용했지만, 에도 주변 동일본 지역에서는 금화를 기본 화폐로 이용했다.

이처럼 에도 막부 아래 복잡하고 다양한 화폐 거래를 뒷받침한 장본인은 다름 아닌 환전상이었다. 이들은 금화, 은화, 동전 서로 다른 세 가지 화폐의 무게를 달고 가치에 맞게 교환하는 등, 사실상 에도 막부의 금융거래를 뒷받침했다. 사회적인 분업이 발전하고 원거리 거래가 증가하면서 이들의 역할은 더욱 중요해졌다. 특히나 오사카에서 최대 소비시장인 에도에 싣고 간 각종 상품의 판매 대금 회수와 도지마 쌀시장의 연공미 판매 대금을 에도에 거주하는 다이묘에게 송금하려면 반드시 환전상을 거쳐야 했다. 막부는 오사카에서 영업하는 환전상 가운데 '주닌료카에十人両替'라는 공인 환전상을 지정해 금은의 시장 시세를 통제하고자 했다. '주닌十人'이라 해서 반드시 10인으로 구성된 것은 아니며 때에 따라 7인, 5인 이하인 경우도 있었는데 이들은 금·은화의 환전, 오사카와 에도 간의 송금 업무뿐 아니라 막부의 재정 적자를 메우기 위한 자금을 조달하는 역할을 맡았다. 주닌료카에의 기능과 역할은 사실상 현재의 국책은행에 버금가는 것이었다.

앞서 살펴본 고노이케가는 바로 주닌료카에의 한 사람이었다. 막부가 1691년부터 기나이 지역의 막부 직할 영지에서 거둔 연공미를 쌀시장에 판매한 다음 그 수익을 은화가 아닌 금화로 환전해 에도로 상납하도록 지시하면서 이들의 중요성은 더욱 커졌다. 금융업자 가운데 많은 이들이 다이묘에게 자금을 빌려주고 나서 제대로 자금을 회수하지 못해 파산했지만 고노이케가는 달랐다. 고노이케가는 막부의 공적 자금을 관리하는 주닌료카에의 한 사람인 관계로 아무리 다이묘라 하더라도 그의 자금을 떼먹을 수는 없었다. 그의 뒤에는 에도 막부라는 든든한 후원자가 있었기 때문이다.

한편 막부의 막대한 연공미 판매 대금이 오사카 금융시장에 공급되면서 오사카의 경제적 지위는 더욱 높아졌다. 이 같은 경제적인 발전에 힘입어 1665년 약 26만 명에 불과하던 오사카의 인구는 30년 만인 1699년 36만 명으로 급속히 증가했다. 이후 인구증가 속도는 둔화하지만 1765년 42만 명에 이르기까지 점진적으로 늘어났다.

| 메이지 유신 초기의 정치 혼란과 오사카의 인구감소 |

1868년 1월 3일 교토 인근의 도바鳥羽, 후시미에서 사쓰마薩摩·조슈長州 중심의 신정부군과 구막부군 사이에 치열한 전투가 벌어졌다. 승리는 병력의 열세에도 불구하고 신식 장비로 무장한 사쓰마·조슈 연합군에게 돌아갔다. 전투에서 패배한 막부군은 쇼군 도쿠가와 요시노부德川慶喜가 머물고 있던 오사카성으로 후퇴해 전열을 가다듬기로 했다. 그런데 정작 싸움을 지휘해야 할 요시노부는 일부 측근과 몰래 성을 빠져 나와 에도로 돌아가 버리고 말았다([그림 7-10]). 요시노부가 성을 빠져 나갔다는 소식이 퍼지자, 농성을 준비하던 막부군은 성을 버리고 도망치기 시작했다.

사쓰마·조슈 군대가 오사카성을 접수하기 위해 진군한다는 이야기가 전해지자, 오사카는 삽시간에 불안과 혼란에 휩싸였다. 이러한 가운데 사쓰마·조슈 군대가 시내로 진입하기 직전인 1월 9일 오사카성에서 원인 모를 화재가 발생했다. 막부군이 성을 비운 틈을 이용해, 물건을 훔치려는 이들이 일으킨 소행이었다. 화재로 오사카성의 주요 건물들이 소실되는 피해가 발생했지만 이보다 더 큰 상처는 오사카 주민이 느낀 상실감과 박탈감이었다. 오사카성의 화재를 지켜보는 주민들에게 이는 곧 오사카의 붕괴를 암시하는 것이었다.

결과적으로 메이지 유신 직후 오사카의 인구는 정치적인 혼란과 함께 큰 폭으로 감소했다. 18세기 중반 42만 명에 달했던 오사카 인구는 사회 불안으로 사람들이 떠나면서 1870년대 초반 26만 명으로 급감했다. 오사카의 인구감소는 다른 도시와 비교해도 큰 편이었다. 그 이유는 메이지 유신에 따른 경제 혼란과 산업 구조의 변화가 다른 곳보다 심각했기 때문이다. 신정부는 오사카와 에도에서 각기 통용되던 은화와 금화를 대신해 통일적인 화폐제도를 수립하기 위해 1868년 5월 은화 사용을 전면적으로 금지했다.

[그림 7-10]
불타는 오사카성을 뒤로하며
배를 타고 탈출하는 도쿠가와
요시노부 일행을 그린 우키요에.

이러한 조치는 금은의 교환 차익을 이용해 부를 축적해 온 오사카의 환전상과 호상에게 커다란 충격이었다. 엎친 데 덮친 격으로 1871년 폐번치현이 시행되면서 전국의 다이묘들이 연공미와 특산물을 보관·판매하기 위해 오사카에 설치했던 각종 창고와 지점이 모두 폐지되었다. 또한 이듬해인 1872년에는 막부가 공인한 도매업자 조합인 '가부나카마株仲間'가 해산되었고, 다이묘가 발행했던 번채藩債를 처분하는 등의 경제 조치가 시행되었다. 그 결과 다이묘를 비롯한 무사 계층에 빌려준 돈을 돌려받지 못해 오사카 상인이 줄지어 도산하면서 오사카의 경제력은 급속히 약해졌다.

신정부와 결탁해 어용상인에서 재벌로 거듭난 미쓰이처럼 새로운 사업 기회를 잡아 근대적인 산업자본가로 성장한 이들도 있지만, 시대의 변화를 따라잡지 못한 이들은 사업을 접을 수밖에 없었다. 앞서 살펴본 고노이케가는 메이지 유신 이후 근대적인 은행 설립에 나서는 등 시대의 변화에 따라가고자 노력했지만 거기까지가 마지막이었다. 고노이케가의 사업은 지방 금융업으로 축소되고 말았다. 메이지 유신은 막부와 다이묘 같은 무사 계층뿐 아니라 상인들에게도 커다란 변화와 혼란의 시기였다.

4.
산업 도시로의 전환과
세키 하지메의 '대오사카 도시계획'

| 군수산업과 방적업의 호황 |
메이지 유신 직후 오사카는 사회적인 혼란으로 전통적인 상공업 도시의 기능에 심대한 타격을 입게 되었다. 신정부는 이를 만회하기 위해 조병사造兵司, 조폐국과 같은 관영 공장을 유치하여 근대적인 군사 도시, 공업 도시로 전환할 계획을 수립했다. 광대한 오사카성 일대의 무가 거주지를 활용해 육군의 중심지로 삼는다는 계획을 수립한 이는 일본 육군 창설자인 오무라 마스지로大村益二郎였다. 그의 주도로 1869년 7월 육군사관학교의 전신인 병학료兵學寮 청년학사와 육군성의 전신인 육군소가 옛 오사카성 내에 창설되었다. 그리고 이듬해에는 오사카성 주변으로 조병사, 육군 군의학교, 교도대教導隊(하사관 양성소)가 건립되었다. 그러나 1869년 갑작스러운 오무라의 암살 사건 이후 군사 중심지를 오사카에 두려는 계획은 흐지부지되고 말았다.

그러나 이 같은 변수에도 불구하고 오사카의 군사 도시화는 계속 진행되었다. 1871년 도쿄, 오사카, 구마모토熊本, 센다이仙台에 지방 주둔병인 진다이鎭臺를 두면서 오사카성은 오사카진다이의 본부가 되었다. 1888년 진다이제가 사단병제로 전환됨에 따라 오사카진다이는 제4사단으로 개편되었고, 오사카성은 육군 제4사단 사령부와 주둔지가 되었다. 이와 함께 성 외곽의 광대한 옛 무사 거주지에는 1879년부터 '오사카 포병공창'으로 이름을 바꾼 포병창을 비롯해 여러 병창공장이 들어섰다([그림 7-11]). 이들 관영 군수공장은 청일전쟁(1894), 러일전쟁(1904)의 거듭된 대외전쟁으로 규모를 확대하며 대포에 사용하는 강철이나 동을 제련하는 금속공업, 나사나 볼트를 제조하는 부품산업, 공작기계 등의 중심지가 되었다. 이후 군수산업은 오사카가 근대적인 산업 도시로 발전하는 데 중요한 디딤돌이 되었다.

관영 군수공장과 함께 오사카의 산업화에 중요한 역할을 한 분야는 방적업이다. 1882년 일본은행의 설립과 함께 은 태환권이 발행되었다. 이를 통해 엔화의 가치가 고정되면서 요동치던 물가가 조금씩 안정되었다. 이 같은 경제적인 안정을 바탕으로 1880년대 후반부터 산업화가 본격적으로 전

[그림 7-11]
1940년대 오사카성과 주변
일대에 들어선 군사시설과
각종 군수공장.
[그림 7-12]
오사카 방적회사에서
일하는 여공.

　　　　　　　　　　　　02 중·근세: 무사의 등장과 조카마치의 성립

개되었다. 민간자본으로 설립된 오사카 방적회사는 1883년부터 조업을 시작했다. 오사카 방적회사는 1만여 대의 방적기를 도입해, 전등을 사용한 철야 작업, 원거리 지역의 여공 모집 등과 같이 당시로서는 획기적인 경영기법을 도입해 커다란 성공을 거두었다([그림 7-12]). 이후 여러 방적공장이 오사카에 설립되어 생산을 시작하면서 주요 수입품이던 면사를 자급하는 것은 물론이고 해외로 수출까지 하게 되었다. 이를 통해 면직업은 기계공업, 금융·상업과 함께 오사카의 3대 핵심 산업으로 발전했다.

방적업과 함께 오사카의 산업화를 선도한 분야는 견직업이다. 누에고치에서 빼낸 섬유를 여러 겹으로 꼬아 실로 만든 일본산 생사生絲는 품질이 좋아 해외에서 높은 호응을 얻었다. 개항 이후 영국에서 제작한 제사기를 수입해 기존 수공업 방식을 대체하면서 제사업은 빠르게 근대화되었다. 이렇게 생산된 생사 대부분은 해외로 수출되었다. 일본산 생사는 제1차 세계대전까지 전체 수출액의 3분의 1 이상을 차지하는 주요 상품이었다. 이 같은 산업 발전에 힘입어 오사카는 산업혁명의 발상지인 영국의 맨체스터에 빗대어 '동양의 맨체스터'라 불리게 되었다.

| 오사카의 인구증가 |
메이지 유신 직후 26만 명까지 감소한 오사카의 인구는 점진적인 산업화와 함께 1880년대에 이르러 18세기 중반에 도달했던 40만 명 수준을 다시 회복하게 된다. 다만 이 시기까지 도시 지역은 열악한 주거환경, 콜레라 등의 전염병, 빈약한 영양 상태 등으로 인한 사망률이 높아 인구의 실질적인 자연증가율은 오히려 농촌에 비해 높지 않았다. 이처럼 자연증가율이 높지 않은 상태에서 1890년대 오사카의 인구가 증가한 것은 사실상 농촌의 과잉 인구가 유입된 결과였다.

일본의 전체 인구는 메이지 유신으로 인한 사회적 혼란이 진정되는 1870년대 이후 급속히 증가하기 시작했다. 하지만 이 시기에 농촌의 전체 호수는 550만 호 정도로 거의 변화가 없었다. 이는 남성 가주에게 호주의 지위를 인정하는 이에家제도를 유지하기 위해 상속을 인정받은 장남 부부를 제외한 여타 형제나 가족 구성원이 농촌에 거주하지 않고 도시로 이주했다는 사실을 의미한다. 이처럼 농촌에서 도시로 이주한 이들은 산업화에 필요한 노동력을 값싸게 제공하는 원동력이 되었다. 하지만 거주 공간이 부족하다 보니 농촌에서 상경한 이들은 도시 외곽에 급조한 시가지에서 거주할 수밖에 없었고, 그에 따라 도시화는 무질서하게 진행되었다.

메이지 유신 직후 옛 오사카마치부교大坂町奉行가 통치하던 오사카는 새로운 행정구역인 '오사카부'로 개편되었다. 이후 1889년 시제市制 실시와 함께 오사카부는 다시 '오사카시'가 되었다. 오사카시는 농촌의 과잉인구 유입에 따른 무분별한 도시화에 대응하기 위해 도심 외곽 지역을 편입해 시정 정책을 통일적으로 시행하는 방안을 고심하게 된다. 그에 따라 1897년 4월 1일 인접한 28곳의 지자체를 오사카 시역에 편입하는 제1차 시역 확장안이 결정되었다. 그 결과 오사카는 이전과 비교해 면적은 약 3.5배, 인구가 1.5배 늘어 75만 명으로 급증하게 되었다.

이러한 가운데 1903년 3월 오사카에서 열린 제5회 내국권업박람회는 제1차 시역 확장에 따른 도시 인프라의 부족을 개선하는 좋은 기회였다. 사실 내국권업박람회는 메이지 정부가 추진한 부국강병과 식산흥업의 성과를 국내외에 널리 소개하려는 목적에서 기획한 국가적인 전시 행사였다. 이에 따라 오사카박람회는 내무성이 행사 진행을 맡아 산업진흥을 주된 목적으로 삼았다. 하지만 오사카가 개최지인 만큼 시정부가 행사에 거는 기대감은 그와 조금 달랐다. 당시 오사카 시장은 시의회 연설에서 "오사카를 찾아온 이가 하루라도 더 머물면 그만큼 오사카에 많은 이익이 될 것"이라며 이번 기회에 각종 인프라를 정비해 도시 발전의 중요한 계기로 삼을 것을 역설했다. 오사카시는 박람회 개최에 맞추어 시내 최초의 전철 노선 사업을 결정하고 건설을 추진해 1903년 9월부터 영업을 시작했다.

청일전쟁의 승리로 타이완을 식민지로 얻은 데다 박람회 개최 직전인 1902년 1월 영일동맹까지 체결한 만큼 오사카박람회는 일본이 구미 열강과 어깨를 나란히 하는 '일등국'의 반열에 들어섰음을 국내외에 과시할 수 있는 절호의 기회로 간주되었다. 이에 따라 오사카시에서는 "다수 외국인이 찾아오는 이상 오사카시 전역이 박람회장"이라는 마음가짐을 가지고 행동할 것을 당부했다. 이와 함께 인력거 요금을 거리에 따라 정산하고 정찰 가격대로 상품을 판매하는 것은 물론이고 단정한 복장을 착용하도록 권고하는 시민 캠페인을 벌이면서 사회 풍속을 교정하고자 노력했다. 하지만 이 같은 시정부의 노력이 모두 성과를 거둔 것은 아니었다. 인력거 차부가 부당한 요금을 청구하거나 무더운 날씨에 웃통을 내놓고 거리를 활보하는 행위를 지적하는 신문 사설이 행사 기간 내내 끊이지 않았다.

여러 에피소드에도 불구하고 오사카 내국권업박람회는 전기를 이용한 각종 광학기구와 전구로 장식한 전시관 등이 관람객의 눈길을 사로잡으며 많은 인기를 얻었다. 그 결과 530만 명에 이르는 입장객이 박람회장을 찾았다. 당시까지 일본에서 열린 박람회 가운데 최고의 흥행 성적이었다. 단순히 흥행 성공뿐만 아니라 도시 발전에도 제5회 내국권업박람회는 중요한 전기가 되었다. 박람회를 준비하는 동안 전철과 도로 등 도시 발전에 필요한 각종 인프라를 정비한 오사카는 1900년대 후반에 이르면 도쿄와 함께 일본 전체 공업인구 가운데 11퍼센트씩을 차지하는 제1의 공업 도시로 성장하게 된다.

| 제1차 세계대전 이후의 사회 변화와 다양한 도시 문제 |

1914년 6월 28일 오스트리아-헝가리제국의 황태자 부처를 노린 세르비아계 청년의 저격에서 비롯된 제1차 세계대전은 1918년 11월 11일 독일과 연합국 사이의 휴전협정으로 종결될 때까지 830여만 명의 전사자와 1,300만 명이 넘는 민간인 사망자를 낳았다. 산업혁명 이후 새롭게 개발한 기술을 토대로 탱크, 비행기, 독가스 등의 신병기가 전투에 사용되었고, 진지전과 후방 폭격 등의 새로운 전술이 전쟁의 형태를 바꾸어 놓았다. 참혹한 전쟁만큼이나 그 결과는 파괴적이었다. 러시아의 로마노프 왕조와 독일, 오스트리아의 호엔촐레른 왕조, 합스부르크 왕조가 무너졌고 오스만 왕조 역시 붕괴했다. 유럽의 정치 지형이 급격히 변모하는 가운데 연합국의 일원으로 참가한 미국은 전쟁이 끝난 후 신흥 강국의 반열에 올라섰다.

한편 일본 정부는 제1차 세계대전의 발발을 동아시아에서 세력을 확장할 수 있는 천재일우의 기회라고 생각했다. 그 바람대로 일본은 제1차 세계대전 기간에 구미 열강이 유럽의 전쟁에 열중하는 틈을 타 식민지 종주국을 대신해 일시나마 동아시아의 지역 패권을 차지하는 동시에 군수용품 등을 유럽에 수출하면서 비약적인 경제성장을 이룰 수 있었다.

그러나 이 같은 전시경제의 호황에도 불구하고 노동자의 생활여건은 거의 나아진 게 없었다. 특히나 도시 노동자의 열악한 거주환경은 제1차 세계대전 발발 이전부터 이미 중요한 사회 문제였다. 의사인 이시하라 오사무石原修는 1913년 10월 국가의학회 월례회 강연에서 과학적인 데이터를 제시하며 여공들의 열악한 거주환경을 지적했다. 그에 따르면 공장노동자의 상당수를 차지하는 여공은 타지에서 돈을 벌기 위해 온 경우로 20세 미만의 미성년자가 많았는데, 이들은 주로 기숙사에 거주하며 매우 열악한 식사로 하루하루를 생활했다. 일 평균 13시간에서 15시간을 근무하며 철야 근무도 적지 않았다. 매년 20만여 명이 공장에 취업하고 8만여 명이 귀향하는데 귀향자의 6분의 1 정도는 각종 질병에 걸린 상태였고 3,000명 정도는 결핵에 걸렸다. 이시하라는 이 같은 데이터를 제시하며 여공의 열악한 노동환경과 결핵의 발병률 사이에 밀접한 관련이 있다고 주장하면서 공업 발전을 위해 '희생'된 여공 수가 러일전쟁의 사상자 수에 필적할 만큼 많다고 비판했다.

　일본의 주요 공업지대인 오사카와 인근 지역의 거주환경은 다른 지역과 비교해 더욱 열악했다. 일자리를 찾아 도시로 몰려드는 이들의 행렬이 끊이지 않았기 때문이다. 예컨대 오사카에 인접한 도요자키정豊崎町의 경우 1916년 불과 29개에 불과하던 공장 수가 1925년이 되면 54개로 증가하는 등, 대도시 인근 지역의 공장 신설이 특히나 활발히 이루어졌다. 하지만 이에 비해 노동자를 위한 주택 건설은 제대로 이루어지지 못했다. 그 결과 제1차 세계대전 이후 오사카의 도심은 이미 과포화 상태였고 농촌에서 이주한 이들이 도시 외곽 지역에 몰리면서 시가지가 무질서하게 팽창하는 현상이 점점 심각해졌다.

| 세키 하지메의 〈오사카 시가개량법〉(1917) |

오사카 시정 당국은 점차 가시화되는 도시 문제에 대응하기 위해 1914년 도쿄고등상업학교(현재 히토쓰바시대학교의 전신) 교수로 재직 중인 세키 하지메를 시장 보좌관에 해당하는 조역助役으로 초빙했다. 세키는 도쿄고등상업학교에서 교수로 재직하는 동안 주로 교통, 경제, 사회 정책 등을 연구하는 도시 행정 분야의 전문가로 활약했다([그림 7-13]). 그는 오사카 시장의 조역에 취임하자마자 공설시장, 직업소개소 등을 신설해 도시 문제를 해결하는 데 일조했다.

　그는 도시 문제를 근본적으로 해결하려면 무엇보다 '통일적인' 도시계획을 수립해야 한다고 보았다. 그는 근대 도시계획이 주택 문제 해결, 특히나 시가지 예정지에 사전계획을 세워 무질서한 도시 팽창을 억제하는 방식으로 이루어져야 한다고 주장했다. 그리고 도시계획의 구체적인 과제로 교통·운수 계통의 정비, 공원 및 공지의 확보, 시역을 넘어선 계획구역의 설정, 토지 사용과 건축 제한, 공업·주택 등의 지역 용도 분할, 토지개발로 인한 수익 부담제도 등을 실시하도록 제시했다. 대학교수이자 시정 행정가로 이론과 실제 양쪽에서 풍부한 경험을 쌓은 세키의 눈에 '무질서한 시가지 팽창'은 오사카 시정 당국이 무엇보다 시급히 해결해야 할 도시 문제였다. 주택 문제의 해결과 도시 팽창의 억제를 주된 목적으로 삼은 세키의 도시계획은 오사카가 처한 현실에 비추어 볼 때 매우 적확한 처방이었다고 할 수 있다.

1917년 4월 오사카시는 세키의 조언을 받아들여 도시 문제 조사와 도시

[그림 7-13]
오사카시 청사 앞에 서 있는
세키 하지메 동상.

02 중·근세: 무사의 등장과 조카마치의 성립

계획 시안을 논의하기 위해 '도시개량계획조사회'를 설치하고 그를 위원장으로 임명했다. 도시개량계획조사회는 11회에 걸쳐 심의를 진행하고 시장에게 최종보고서를 제출하면서 도시계획을 뒷받침할 법령을 제정할 것을 요청했다. 이에 오사카시는 도시개량계획조사회의 제안을 받아들여 1918년 1월 19일 〈오사카 시가개량법〉 초안을 작성하고 그 내용을 언론에 발표했다.

그 이전까지 도시계획에 관한 법규는 1888년과 1889년에 각기 제정된 〈도쿄시구 개정 조례〉와 〈도쿄시구 개정 토지건물 처분규칙〉이 전부였다. 이들 법규는 서구의 근대 도시에 필적할 만큼 수도 도쿄의 외형을 근대적으로 정비하는 데 목적을 두었다. 이에 따라 비좁은 가도를 대신해 새로운 교통수단인 전차 등이 운행할 수 있는 간선도로를 건설하고 근대적인 시가지 정비를 주된 내용으로 삼았다. 이에 반해 〈오사카 시가개량법〉 초안은 첫째, 시 구역 외부까지 법 적용 구역의 확대, 둘째, 토지 증가세·수익자 부담세 등의 특별세 신설, 셋째, 토지 수용제, 넷째, 슬럼가 개량을 위한 토지·건물 수용권의 인정, 다섯째, 택지 조성 등을 위한 토지구획 정리제도의 신설, 여섯째, 용도에 따른 건축·토지 사용의 제한 등으로 구성되었다. 〈오사카 시가개량법〉은 공공의 이익을 위해 개인의 토지 소유를 제한하고 공적으로 활용할 수 있도록 규정했다는 점에서 그 이전의 〈도쿄시구 개정 조례〉와 달리 근대적인 도시계획법이라 말할 수 있다. 그러나 〈오사카 시가개량법〉은 아쉽게도 중앙부처인 내무성의 심의를 통과하지 못해 법률로 제정되지 못한 채 초안에 그치고 말았다. 이는 내무성에서 내부적으로 〈오사카 시가개량법〉을 오사카뿐만 아니라 여타 대도시에도 공통으로 준용하는 법으로 제정한다는 방침을 설정했기 때문이었다. 따라서 오사카시만을 단독 대상으로 삼은 〈오사카 시가개량법〉은 통과되지 못했다.

| 〈도시계획법〉 제정(1919) |

세키의 주도로 작성된 〈오사카 시가개량법〉은 미완으로 끝이 났다. 하지만 그것이 갖는 의의는 적지 않았다. 법안을 심의하는 과정에서 세키를 비롯해 오사카시의 적극적인 로비로 이케다 히로시池田宏(후에 내무성 초대 도시계획과장) 서기관을 비롯한 내무성 관료들 사이에 종래의 〈시구 개정 조례〉를 대신해 새로운 도시계획령을 법제화해야 한다는 공감대가 조성되었기 때문이다. 기존의 도로 중심인 〈도쿄시구 개정 조례〉를 대신할 새로운 도시계획령이 필요하다는 공감대가 내무성 관료와 전문가 사이에 형성되면서 1919년 4월 마침내 〈도시계획법〉과 〈시가지 건축물법〉이 제정되었다. 이두 가지 법률은 일본의 근대 도시계획에서 중요한 위치를 차지한다. 〈도시계획법〉은 도시 사회를 공적인 공간으로 파악해 개인의 사적 재산인 토지 사용에 대해 일정 정도 공적인 개입을 인정한다는 점에서 비로소 근대적인 도시계획이 등장한 것이라 평가할 수 있다.

〈도시계획법〉은 무분별한 시가지 팽창을 막고 체계적인 도시계획을 시행하기 위해 도시계획 구역 안에 시 행정구역의 외곽 지역까지 포함했다. 아울러 구역 내의 토지 용도를 '주택', '상업', '공업', '미지정'으로 구분하고, 각기 용도에 맞도록 보호와 규제를 수반한 용도지역제를 시행했다. 이처럼 〈도시계획법〉과 〈시가지 건축물법〉은 도로 건설에 주된 역점을 두었던 종래의 〈시구 개정 조례〉와 달리 주택 문제를 해결하고 무분별한 시가지 팽창을 억제하기 위해 시 외곽에까지 그 범위를 확장했다는 점에서 가장 큰 특징을 갖는다. 양 법률이 제정됨에 따라 시정 당국은 도시 정책을 종합적이고 체계적으로 입안·시행할 수 있는 법적 근거를 갖게 되었다. 이후 〈도시계획법〉, 〈시가지 건축물법〉은 도쿄뿐만 아니라 오사카, 교토, 요코하마, 고베, 나고야의 6대 도시로 법률 적용 지역을 확대했다.

앞서 살펴보았듯이 도로 중심의 〈시구 개정 조례〉를 대신해 〈도시계획법〉이 제정된 것은 제1차 세계대전 이후 대도시 인근 지역을 중심으로 급격한 공업화에 따른 무질서한 도시 팽창을 더 이상 방치할 수 없기 때문이었다. 이처럼 무질서한 시가지 팽창에 따라 노동자의 거주환경이 악화할수록 이에 불만을 품은 이들의 반발 역시 커질 수 있었다. 제1차 세계대전의 전시특수에 의한 경제 호황과 대조적으로 도쿄, 오사카와 같은 대도시 주변부의 무질서한 시가지 팽창은 노동자의 거주환경을 악화시키는 주된 요인일 뿐만 아니라 사회 안정을 훼손시킬 수 있는 위험 요소였다. 이러한 점에서 〈도시계획법〉이 제정될 수 있었던 것은 무엇보다 '무질서한 시가지 팽창'을 새로운 도시 문제로 보는 시정 행정가, 내무성 관료의 인식 변화에 기인한 바가 크다. 세키를 중심으로 오사카 도시개량계획조사회에서 준비한 〈오사카 시가개량법〉에 동감을 표시한 내무성 관료와 도시계획에 지대한 관심을 가진 일부 정치가와 건축계 인사의 적극적인 지지와 후원이 없었다면 〈도시계획법〉 제정은 좀 더 늦어졌을지 모른다.

| 세키 시장의 〈오사카종합도시계획〉(1923)과 대오사카 |
세키는 1923년 시장 선거를 통해 제7대 오사카 시장에 취임하게 된다. 이를 통해 조역 시절에 자신이 구상한 이상적인 도시계획론을 실현할 수 있는 절호의 기회를 얻게 되었다. 그는 시장으로 취임하자마자 일련의 도시계획 사업을 시작했다. 먼저 1925년 4월 오사카시 인근의 히가시나리東成·니시나리西成 2개 군郡을 합병하는 제2차 시역 확장 사업을 단행했다. 시역 확장 사업은 그가 주장해 온 위성도시론을 실시하기 위한 사전조치라고 말할 수 있다. 그는 무분별한 시가지 확장을 억제하고 택지의 계획적인 개발을 위해 광대한 농지와 함께 인근 농촌 지역을 새로이 오사카에 포함했다.

그 결과 종전에 비해 오사카 인구는 무려 50퍼센트가 증가한 211만 명으로, 면적은 3배 이상 넓어진 60여 평방헥타르로 늘어났다. 이 같은 시역 확장 사업의 결과 오사카는 인구와 면적에서 도쿄를 누르고 일본 내 최대 도시에 오르며, '대오사카大大阪'로 불리게 되었다.

시역 확장으로 일본 제1의 도시가 된 대오사카의 발전을 위해 세키는 1926년 남북과 동서로 고속 횡단하는 새로운 교통기관으로 지하철 건설계획을 확정했다. 그리고 1928년에 〈오사카종합도시계획〉(이하 〈종합계획〉)을 마련해 발표했다. 〈종합계획〉은 수도 도쿄를 누르고 일본 제1의 도시가 된 '대오사카'의 발전을 위해 도로 위주의 종전 도시계획과 달리 100만 평의 공원 확보, 확장된 전 시역의 하수도 설치, 가로·운하·묘지 등의 정비에 관한 내용을 포함한, 그야말로 종합적인 도시계획이었다. 새롭게 편입된 시 외곽 지역을 주된 대상으로 삼은 〈종합계획〉이 실시되면 "태양과 같이 가운데 커다란 중심 도시를 두고 유기적인 조직에 의해 그 주위에 개별 도시가 만들어져 이것들이 연합해서 하나의 커다란 유기체, 하나의 태양계"와 같은 새로운 오사카가 만들어질 것으로 기대했다. 이 같은 도시계획을 통해 세키는 최종적으로 "오사카의 구시舊市를 중심으로 도시계획, 즉 구시를 중심으로 그 주위에 필요한 지역을 더한 유기적 구역으로 정해 이 구역을 완전한 대오사카로 만들 것"을 기대했다.

세키는 이후 내리 3선에 성공하면서 1935년 시장 재임 중에 티푸스로 사망하기까지 자신이 수립한 〈종합계획〉에 따라 [그림 7-14]와 같이 오사카 중심부를 관통하는 미도스지御堂筋 거리를 비롯해 도로, 지하철, 공원, 하수도 건설 사업을 시행했다. 세키의 도시계획 사업안은 당시로서 매우 파격적이자 이상적이었다. 하지만 중앙정부의 재정 지원이 부족한 데다가 사업에 대한 이해관계가 복잡해 시행 초기부터 많은 난관에 부딪혔다. 그러나

[그림 7-14]
〈오사카종합도시계획〉에 따라 1931년 완성된 직후의 미도스지 거리(위)와 지하철(아래)의 모습.

세키는 도시계획 사업에 반대하는 이들을 설득하고자 노력했다. 이를 위해 천황의 권위를 이용하거나, 또는 오사카인의 남다른 자치정신을 강조하는 등 남다른 기지와 노력을 발휘하며 사업을 추진했다. 그 결과 세키의 재임 기간 오사카는 명실공히 '대오사카'로 발전하며 수도 도쿄와 사뭇 다른 모습을 보여 주었다. 국가 권력의 강력한 지원 속에 성장한 '제도帝都' 도쿄와 달리 오사카는 상대적으로 자립적인 산업자본을 도시 발전의 기반으로 삼았다. 그 결과 오사카는 1920년대 후반 도쿄를 능가할 만큼의 경제력을 갖춘 대도시로 성장할 수 있었다. 이후 오사카는 1930년대 후반까지 공업생산력에서 제1의 위치를 차지하여 산업혁명의 중추적인 역할을 맡으며 제도 도쿄와 함께 일본의 근대화를 이끌어 온 또 하나의 주인공이 되었다.

| 〈오사카종합도시계획〉의 문제점과 한계 |

세키의 도시계획론은 시정 당국자 개인의 역량과 의지뿐만 아니라 러일전쟁 이후 급격한 공업화와 도시화에 따른 주거환경의 악화를 개선하려는 도시 사회의 바람을 담은 것이었다. 그러나 그의 도시계획안은 실제 사업 과정에서 적지 않은 문제점과 한계를 노출했다. 무엇보다 가장 큰 문제점은 재정 부족이었다. 도시계획 사업이 성공하려면 무엇보다 중앙정부의 지원이 절대적인 조건이었다. 하지만 1931년 만주사변과 함께 준전시 상태에 돌입함에 따라 가뜩이나 부족한 정부 지원마저 더는 기대하기 힘든 형편이었다. 1928년에 시작한 〈종합계획〉은 만주사변 발발 직후인 1932년이 되면 예산 삭감으로 겨우 도로와 운하만 건설하는 정도에 그치고 말았다.

당시 도시계획 사업의 진척 상황을 살펴보면 도로계획은 비록 완공 시기가 조금씩 뒤처지더라도 계획대로 진행되었다. 하지만 정작 세키가 가장 중시했던 공원계획(녹지 사업)과 하수도 사업의 진척률은 30퍼센트, 고속철도 사업(지하철)은 15퍼센트에 불과했다. 무엇보다 정작 도시 중하층을 위한 주택개량 사업은 재정 부족, 지주층의 반발 등을 이유로 거의 실현되지 못했다. 결과적으로 1920~30년대 "살기 좋은 도시"를 이상으로 삼았던 오사카의 도시계획 사업은 중일전쟁 개전과 오사카 경제의 약화, 세키의 죽음 등을 이유로 1930년대 중반 이후 사실상 중단되고 말았다.

세키의 오사카 도시계획 사업은 비록 미완에 그쳤다고 하더라도 1920~30년대 일본의 근대 도시를 살펴보는 데 중요한 의의가 있다. 그것은 앞서 언급했듯이 국가적 차원의 지원과 계획하에 추진된 도쿄와 구분되는 일본 근대 도시계획 사업이 가진 또 다른 면모를 보여 주기 때문이다. 요컨대 다음 장에서 살펴볼 고토 신페이의 제도帝都 부흥 사업과 달리 세키의 오사카 도시계획 사업은 국가 권력에 수렴되지 않는 근대 도시에 관한 일본 사회의 이상과 열망을 반영한 것이라 할 수 있다.

5.
전후의 '오사카론'과
하시모토 도루의 '오사카도' 구상

| 도쿄에 대한 라이벌 의식 |

제2차 세계대전 말기 미군은 동양 최대의 병기공장인 육군 조병창을 비롯해 주요 군수공업 시설이 밀집한 오사카에 대공습을 실시했다. 총 여덟 차례에 걸친 미군의 소이탄 공격으로 주요 시가지와 공업시설이 초토화되었다. 그러나 패전 이후 한국전쟁의 특수를 계기로 빠르게 산업시설을 복구할 수 있었다. 더욱이 1950년대 후반부터 고도경제성장이 본격화하면서 오사카는 일본을 대표하는 근대적인 상공업 도시로 재도약할 수 있었다. 하지만 역설적으로 고도경제성장을 지속하던 1960년대 오사카의 경제 지위가 상대적으로 하락하는 위기를 겪게 되었다. 이 기간에 오사카의 전체 생산력은 계속해서 상승세를 유지했다. 따라서 표면적으로는 별다른 문제가 없는 듯 보였다. 하지만 도쿄와 비교해 일본 국내총생산에서 오사카가 차지하는 점유율이 지속해서 하락했다. 일본 국내시장에서 오사카의 경제 지위가 하락한 주된 요인은 도쿄에 비해 중화학공업의 비중이 작았을 뿐 아니라 전국적인 행정·관리 기능에서 뒤처졌기 때문이었다.

고도경제성장기에 도쿄는 수도라는 이점을 살려 정치, 문화, 교육, 기술 등의 여러 분야에서 전국적인 거점이자 수위 도시로 성장할 수 있었다. 이러한 가운데 미쓰이, 야스다安田와 같이 오사카에 본사를 둔 대기업들이 앞다투어 도쿄로 본사를 이전했다. 1964년 도쿄올림픽 개최를 전후해 소매업 매출마저 도쿄에 역전당하자, 오사카는 '상도商都'라는 오랜 자존심마저 지키기 힘든 상황이 되었다.

한편 오사카시는 이를 만회하기 위해 대규모 항만 개발과 '일본만국박람회'(1970)와 같은 이벤트성 국제 행사를 개최해 도시 경제를 진흥하는 한편 국제 도시라는 이미지 쇄신을 꾀했다. 하지만 그 효과는 그렇게 크지 않았다. 1965년 최대 315만 명을 기록한 오사카시 인구는 이후 점차 감소하기 시작했다. 공업시설의 해외 유출과 기업 본사의 도쿄 이전이 계속되는 가운데 주변 위성 도시로 인구가 유출하면서 도심부의 공동화 현상이 시작되었다. 더욱이 오사카 경제권에 포함되었던 규슈, 주고쿠中國 지역의 자립도가 높아지는 가운데 후쿠오카, 히로시마 같은 도시가 이들 지역의 중심 도시로 부상하면서 서일본의 중심 도시라는 지위마저 위협당하는 형편이 되었다.

흥미로운 점은 도쿄 중심의 일극체제가 심화하고 오사카의 경제 지위가 상대적으로 약화할수록 오사카의 정체성을 강조하면서 '오사카 사람'의 기질과 개성을 중시하는 이른바 '오사카론'의 인기가 더욱 높아지고 있다는 점이다. 사실 오사카론은 단순히 도쿄에 대한 열등감이나 현실에 대한 불만 해소라고 치부하기 힘든 역사적인 맥락이 있다. 메이지 유신 이전까지 헤이조경(나라), 헤이안경(교토) 등의 도성이 위치한 간사이關西 지역이 일본 내 정치, 경제, 문화의 중심지였고 오사카야말로 간사이의 중심 도시라는 역사적인 자부심과 문화적인 긍지를 그 안에 담고 있기 때문이다.

오사카와 도쿄 사이의 경쟁 의식은 그 연원이 상당히 오래되었다. 17세기 중반 오사카를 중심으로 일본 각지를 연결하는 해운 운송망이 정비되자 막부 중심지인 에도와 오랜 왕조 도시인 교토를 더해 세 도시를 '삼도三都'라 칭하며 서로 다른 도시성과 도시문화를 비교하는 출판물이 대중으로부터 많은 인기를 얻었다. 막부 말기를 거치면서 삼도 비교론은 더욱 정형화되었는데 이는 교토, 오사카에 비해 상대적으로 신흥 도시라 할 수 있는 에도의 주민이 가지고 있던 문화적 열등감을 해소하기 위해 만들어 낸 것이었다. 한편 삼도 비교론은 1920년대 들어 또다시 부각되었다. 당시의 삼도 비교론은 메이지 유신 이후 천황의 동천東遷으로 수도의 지위에 오른 도쿄를 부러워하는 마음에서 시작된 것이었다. 다시 말해 수도 도쿄와의 비교를 통해 경제력에서 뒤처진 오사카의 발전을 고무하고 새로운 도시계획 사업을 통해 근대 도시를 만들어 가려는 오사카 주민의 기대와 바람에서 비롯한 것이었다.

개인 간의 관계에서 그렇듯이 남보다 나아지려는 경쟁심은 사회 전체의 발전이나 혁신을 촉진하는 계기가 될 수 있다. 이런 점에서 도쿄에 대한 오사카의 라이벌 의식은 상대의 장점을 받아들여 자신의 단점을 보완하는 계기가 된다면 도시 발전의 좋은 기제가 될 수 있다. 그러나 현실을 살펴보면 현재 오사카가 처해 있는 상황은 그렇게 녹록지 않다. 무엇보다 인구감소가 큰 문제다. 2023년 1월 기준으로 오사카시는 일본 내 도시 인구 순위에서 도쿄(23구) 973만 명, 요코하마시 377만 명에 이어 3위에 해당하는 275만 명이다. 오사카시를 포함해 33개의 시와 9정, 1촌으로 이루어진 오사카부는 도쿄 수도권에 이어 두 번째로 큰 광역경제권이지만 인구는 47개 도도부현都道府縣 가운데 1,384만 명의 도쿄도, 921만 명의 가나가와神奈川현에 이어 878만 명으로 3위에 해당한다. 오사카시, 오사카부 모두 자연적인 인구감소에다 수도권으로의 인구 유출이 가중되면서 수도권과 비교해 인구가 계속해서 감소하는 추세다. 게다가 세계화 이후 도시 간 경쟁이 치열해지면서 이제 도쿄를 따라잡기는커녕 요코하마, 나고야와 같은 일본 내 경쟁 도시의 도전을 걱정해야 할 상황이다. 그렇다 보니 인구와 경제 모두 더는 '제2의 도시'라는 타이틀을 유지하기 힘든 실정이다.

이처럼 글로벌 시티 도쿄로 자본과 인구가 집중할수록 오사카의 정체성은 역사적인 자부심에 근거하기보다 도쿄에 대한 심리적인 저항 또는 중앙에 대한 대항 의식으로 구성되는 듯싶다. 예컨대 도쿄에 대비되는 오사카의 문화적 특성, 이를테면 약간 거센 말투의 간사이벤關西弁(간사이 방언), 오사카 여성의 활기찬 생활력, 오사카 상공인의 고집스러운 경영철학 등이 이른바 수도 도쿄에 매몰되지 않는 오사카의 '타자성'으로 이야기되곤 한다. 지역 연고 프로야구 구단인 한신타이거스를 열렬히 응원하는 마음속 저편에는 이처럼 인구감소와 지역 경기 침체 등에 관한 불안함과 박탈감이 자리 잡고 있는 셈이다.

| 하시모토 도루의 '오사카도' 구상과 '혐한' 정서 |

일본의 문호 나쓰메 소세키夏目漱石가 1906년에 발표한 《도련님坊っちゃん》
은 도쿄에서 나고 자란 햇병아리 교사가 마쓰야마松山의 시골 중학교에 부
임해 그곳의 학생, 교사와 좌충우돌하는 과정을 그린 일종의 성장소설이
다. 이 소설에서 흥미로운 점은 낯선 이방인인 주인공이 시골 도시 마쓰야
마에서 겪게 되는 여러 에피소드를 철저하게 '에돗코江戸っ子', 다시 말해 도
쿄 토박이의 시점에서 그리고 있다는 것이다. 소세키 본인이 마쓰야마 중
학교에서 교사로 재직했던 경험을 바탕으로 한 소설 《도련님》은 도쿄와 마
쓰야마의 관계를 중앙과 지방으로 대비하는 것에 그치지 않고 문화적인 세
련됨과 야만스러움, 나아가 도덕적 정당함과 부조리로 묘사했다.

소세키가 소설의 주제로 삼은 도쿄의 중심성은 비단 시골 도시나 지방과
의 관계에 그치지 않는다. 도쿄의 위상은 '제2의 도시'인 오사카라 하더라
도 예외가 되지 않았다. 문제는 《도련님》 출간 이후 100여 년이 지난 오늘
날까지 도쿄의 위상과 중심성에 별 변화가 없다는 사실이다. 일본의 총 인
구는 지난 2010년 1억 2,800만 명을 정점으로 매년 감소하고 있다. 그런데
유일하게 도쿄만큼은 외부로부터 유입되는 이들로 인해 오히려 전체 주민
수가 꾸준히 늘고 있다. 지난 2016년부터 3년간의 통계를 살펴보더라도 도
쿄도의 전체 주민은 1,362만(2016)에서 1,373만(2017), 1,383만(2018)으로
증가했다. 도쿄로의 인구 집중과 그에 따른 일극 중심을 완화하고자 잠시
수도 이전 문제가 논의된 적도 있지만 2020년 도쿄올림픽 개최를 앞두고
이 같은 논의 역시 수면 밑으로 가라앉았다. 그 결과 현재에도 도쿄 도심으
로의 인구 집중과 회귀 현상은 계속해서 진행 중이다.

도쿄로의 일극 중심이 진행되는 가운데 지난 2011년 오사카에서는 비자
민당 계열의 젊은 변호사인 하시모토 도루橋本徹가 시장 선거에서 당선되는

이변이 일어났다. 하시모토 도루는 오사카의 독립과 부활을 선거공약으로 내세웠다. 이처럼 다소 황당한 공약을 내건 젊은 정치 신인이 오사카 시장에 당선될 수 있었던 것은 그만큼 오사카의 미래에 불안감을 느끼는 시민이 많았기 때문이라고 할 수 있다. 그가 내건 핵심 선거공약은 오사카부와 오사카시를 합쳐 도쿄도처럼 '오사카도大阪都'를 만든다는 행정 개혁안이었다. 오사카부와 오사카시의 행정구역이 상당 부분 일치하는 상황에서 두 개의 지방행정기관이 각기 독립적으로 행정을 실시하지 말고, 오사카시를 5개의 특별구로 재편해 행정 중복과 인력 낭비를 없애자는 것이었다. 그리고 이를 통해 감축하는 행정 비용을 부족한 도시 인프라 확충이나 주민복지 예산 등으로 사용하자는 것이 선거공약의 핵심이었다.

하시모토는 시장에 당선되고 나서 오사카부와 오사카시를 '오사카도'로 일원화하는 행정 개편안을 주민 투표에 부쳤다. 주민 투표에 앞서 실시한 여론조사에서는 행정 개편에 찬성하는 쪽이 더 많았다. 따라서 하시모토의 공약은 현실화하는 듯 보였다. 하지만 2015년 5월에 실시한 투표의 실제 결과는 1만 표 차이로 반대가 많아 그의 공약은 결과적으로 부결되었다. 그는 자신의 공약이 부결되자마자 시장직을 그만두고 정계 은퇴를 선언했다. 그 결과 오사카의 독립을 꿈꾸며 하시모토가 내세운 '오사카도' 행정 개편안은 현재 유보 상태다.

다만 오사카도 행정 개편안이 유보된 직후 오사카에서는 혐한을 공공연하게 부채질하는 극우 세력이 더욱 극성을 부리고 있다는 점에 유의할 필요가 있다. 얼마 전에 오사카를 방문한 관광객이 가장 많이 찾는 도톤보리에서 한국 여행객을 대상으로 고추냉이를 가득 넣은 초밥을 내놓거나 린치를 가한 폭행 사건이 발생했다는 뉴스는 아직도 기억에 새롭다. 10여 년 전부터 한국을 적대시하는 '혐한' 서적이 인기를 끌면서 일본 내 혐한 분위기는 일반적인 현상이 되었다.

오사카는 일제강점기 여러 가지 이유로 일본으로 건너간 동포들이 가장 많이 거주하는 곳이다. 게다가 간사이공항을 통해 방문하는 한국 관광객 수가 하루 수천 명에 이를 만큼 한국과의 접촉이 빈번한 곳이기도 하다. 일본 내에서 재일교포의 거주 비율이 가장 높고 한국인과의 교류가 빈번한 오사카에서 '혐한' 감정이 일본 내 여타 지역에 비해 높다는 것은 단지 양국 간 교류가 늘어난다고 해서 서로에 대한 이해가 깊어지지 않는다는 점을 역설적으로 시사한다.

그런데 한 가지 걱정스러운 점은 오랜 경제불황에다 행정 개편안이라는 자구책마저 실패하면서 오사카 주민 사이에서 미래에 대한 불안감이 커지고 있다는 점이다. 그리고 이 같은 공포와 불안감에 기대어 오사카 지역이 일본 내 극우 세력의 중심지가 되고 있다. 지난 2010년 하시모토 도루가 오

[그림 7-15]
하시모토의 후원자들이 그를
지지하기 위해 만든 셔츠.

사카도 구상을 실현하기 위해 창당한 '오사카유신회'는 보수 성향의 오사카부, 오사카시 의원을 중심으로 모인 정치 집단이었다. 하지만 2012년 당명을 '일본유신회'로 바꾸고 2016년 선거에서 국회의원을 배출하면서 점차 그 세를 불려 왔다. 오사카 지역 정당에서 출발한 일본유신회는 2021년 중의원 선거에서 오사카 지역구 15곳 모두를 휩쓸고 비례대표 등을 포함해 40석이 넘는 의원 수를 확보하며 자민당, 입헌민주당, 공명당에 이어 네 번째 정당이 되었다. 일본유신회가 선전한 이유에 대해 국내외 매스미디어는 자민당과 기존 야당에 대한 실망감을 주된 이유로 들었다. 하지만 오사카에 세력 기반을 둔 지역 정당 성격의 일본유신회가 이토록 높은 지지를 얻은 이면에는 또 다른 이유가 작용하고 있는 것으로 보인다.

일본유신회는 표면적으로 동아시아 정세 변화 속에 중국에 이어 한국에까지 뒤처질지 모른다는 불안함을 자극하는 '혐한', '혐중'의 배타적인 발언과 극우적인 행보를 통해 대중의 인기를 얻고 있는 것처럼 보인다. 하지만 오사카에 기반한 지역 정당이 전국적인 인기를 얻는 이면에는 수도 도쿄로의 인구와 경제 집중이 개선되지 않는 현실에 대한 절망감이 자리 잡고 있다. 도쿄올림픽의 실패에서 드러났듯이 도쿄를 중심에 둔 일극주의 정책은 더는 일본의 회생안이 될 수 없다는 사실이 명백해졌다. 도쿄 일극주의에 대한 대항으로 오사카의 독립과 자치를 꿈꾸는 오사카도 행정 개혁안이 과연 성공할 수 있을 것인지 관심 있게 지켜볼 필요가 있다.

08
도쿄:
성곽 도시 '에도'에서
세계 유수의
메갈로폴리스로

1.
도쿠가와 이에야스의
에도 입성과 성곽 건설

| 다층적이고 다면적인 도쿄를 이해하려면 |

오늘날 일본을 대표하는 도시는 단연 수도인 '도쿄'라고 말할 수 있다. 그런데 한국의 방송이나 신문에서 서울시를 염두에 두고 일본의 수도를 '도쿄시'라고 보도하는 경우가 왕왕 있다. 하지만 이는 틀린 표현이다. 행정구역상 도쿄의 공식 명칭은 도쿄시가 아닌 '도쿄도東京都'이다. 23개 특별 구와 26개 시, 5개 정, 8개 촌으로 이루어진 도쿄도는 제2차 세계대전이 한창이던 1943년 수도의 군사방위체제를 강화하고 행정체계를 일원화하기 위해 메이지 유신 직후에 옛 에도와 주변 지역에 설치한 '도쿄부東京府(1868~1943)', 그리고 1889년 시정촌제市町村制 실시로 도쿄부에서 떨어져 나간 '도쿄시(1889~1943)'를 다시 하나의 특별 광역단체로 통합한 것에서 시작했다.

현재 950여만 명 이상이 거주하는 23개 특별 구를 포함해 1,400여만 명이 거주하는 도쿄도는 인구뿐만 아니라 정치, 경제, 사회, 문화 모든 면에서 일본의 최대 도시이자 중심이라고 해도 과언이 아니다. 그런 만큼 도쿄의 역사를 알지 못하고 일본을 이해한다고 말할 수 없다. 다만 본격적으로 도쿄 역사를 이야기하기 전에 먼저 고백하자면 한마디로 정리하기에 도쿄는 너무 크다는 사실이다. 물리적인 공간이나 면적을 이야기하는 것이 아니다. 서울만 하더라도 강남과 강북이 다르고 홍대 앞과 종로거리가 다르듯이 도쿄 23개 특별구만 하더라도 서로 너무 달라 각기 다른 도시라 해도 과언이 아닐 정도다. 도쿄의 대표적인 번화가인 신주쿠新宿와 시부야涉谷, 이케부쿠로池袋는 지하철 노선으로 수개 역밖에 떨어져 있지 않지만, 시가지 분위기와 개성이 전혀 다른 별개의 공간이다.

게다가 도쿄에는 서로 다른 시간의 층위가 중첩되어 있다. 두툼한 층위를 이루는 시간대는 에도 시대이다. 급속한 근대화와 함께 지진, 공습 등의 피해를 재건하는 과정에서 과거 에도 시대의 모습을 찾기란 쉽지 않다. 하지만 당시에 조성한 성곽, 사원, 가로 등이 만들어 내는 '에도스러운' 분위기는 여전히 도쿄를 전통이 숨 쉬는 도시로 느끼게 만드는 중요한 요소다. 다음은 메이지 유신 이후 제2차 세계대전까지의 시기다. 이 시기 동안 도쿄는 서구적인 근대 도시를 지향하는 가운데 그 나름의 일본적인 개성을 만들어 갔다. 예컨대 메이지(1868~1912)와 다이쇼(1912~1925) 시기에 건설된 도쿄역, 도쿄국립박물관 등의 건축물은 벽돌과 유리, 철재 등을 사용해 만든 근대 건축물이지만 자세히 살펴보면 서구와 다른 일본적인 느낌을 물씬 풍긴다. 마지막으로 제2차 세계대전 이후 급속한 경제성장 속에 세계 제2위의 경제대국으로 부상하던 시기의 도쿄다. 이 시기에 국제주의 양식으로 건립한 초고층 건물은 뉴욕, 런던과 함께 도쿄를 글로벌 시티로 인식하게 만드는 중요한 요소다. 이처럼 공간적·시간적으로 서로 이질적인 건축물과 장소가 촘촘히 뒤섞여 있는 메갈로폴리스 도쿄를 제한된 지면에서 한마디로 설명하기란 사실상 불가능한 일이다.

그래서 이 장에서는 도쿠가와 이에야스가 막부를 건립한 1603년부터 간토대지진으로 옛시가지가 모두 파괴된 다음 근대적인 도시로 재건하는 1920년대까지로 제한해 에도·도쿄의 역사를 살펴보고자 한다. 앞서 언급한 도쿄의 시간 층위에 따르자면 가장 밑바닥의 에도 시대와 그 위의 메이지·다이쇼 시기에 해당한다. 이 시기 동안 도시의 명칭은 '에도'에서 '도쿄'로 바뀌었다. 물론 명칭이 바뀌었다 해서 물리적인 공간 자체가 달라진 것은 아니다. 하지만 에도 막부의 슬하에 조성한 조카마치에서 메이지 유신 이후 근대 국가의 수도로 도시의 성격과 위상이 바뀌었다는 점에 유념할 필요가 있다.

| 야마노테와 시타마치 |

한강을 경계삼아 서울을 강북과 강남으로 나누듯이 황거를 중심으로 도쿄 중심가에서 표고가 높은 북서쪽을 '야마노테山の手', 바닷가에 접한 남동쪽의 저지대를 '시타마치下町'로 나누어 부른다. 다만 서울의 강남과 강북이 1970년대 과밀인구 분산을 위해 수립한 〈남서울개발계획〉 이후에 등장한, 비교적 최근의 지역 개념이라고 한다면 야마노테와 시타마치는 이미 17세기 후반부터 에도 조닌의 문학작품에서 그 용례를 확인할 수 있다. 당시 야마노테와 시타마치는 지형에 따른 구분이자 신분에 따른 거주지를 지칭하는 말이었다. 지대가 높은 야마노테는 전망이 좋고 쾌적한 거주조건을 갖추고 있어 무사의 저택이 늘어선 반면 에도성 아래 바다를 메워 조성한 매립지의 시타마치는 상공업에 종사하는 조닌이 촘촘히 모여 살았다. 하지만 이는 어디까지나 문학적인 수사의 표현일 뿐 신분에 따른 거주 공간의 분리는 절대적이지 않았다. 시타마치에도 다이묘의 저택이나 하급 무사의 거주지가 뒤섞여 있었고, 야마노테에도 통행이 잦은 가로 양편에 조닌의 상가와 주택이 늘어서 있었다.

　야마노테와 시타마치를 가르던 신분적인 차이는 메이지 유신과 함께 사라졌다. 신분질서의 해체와 함께 두 개의 공간은 새로운 변화의 갈림길에 섰다. 하지만 공간에도 관성이 작용한 탓인지 두 공간을 가르는 틈은 메워지지 않았고, 이내 새로운 경계가 만들어졌다. 신분이 사라진 대신 소득과 교육, 직업 등에 따른 '계층'으로 거주지가 나뉘었다. 무사의 저택이 자리했던 야마노테는 관청, 대학 등이 들어서며 이곳에서 일하는 전문직 중산층의 거주지가 되었다. 시타마치의 일부는 긴자와 같이 상업 중심지로 변모했지만, 스미다隅田강 동쪽으로 근대적인 공장이 들어서면서 노동자와 서민의 주거지를 지칭하는 용어가 되었다.

| 에도성의 공간 구조 |

세키가하라 전투 이후 1603년 마침내 쇼군에 오른 이에야스는 히데요시의 눈치를 살피느라 약소하게 지었던 에도성을 대대적으로 확장하기로 마음먹었다. 하지만 본격적인 에도성의 확장공사는 후계자의 몫이었다. 이에야스는 후계체제를 공고히 하기 위해 쇼군에 오른 지 불과 2년도 지나지 않은 1605년 히데타다秀忠에게 쇼군을 양위하고 은거생활에 들어갔다. 자신이 살아 있는 동안 후임 쇼군의 권력 구조를 탄탄하게 만들기 위한 의도적인 조치였다.

한편 제2대 쇼군에 오른 히데타다는 에도성과 조카마치를 짓는 데 필요한 석재와 자재는 물론이고 건설 인부까지 다이묘에게 분담시켰다. 다이묘의 경제력을 소진하게 만들어 반란이나 군사적인 행동에 나서지 못하게 만들기 위해서였다. 신임 쇼군의 권위를 과시하기 위해 에도성의 규모와 덴슈의 높이는 노부나가의 아즈치성, 히데요시의 오사카성보다 훨씬 크고 장대하게 계획했다. 그 결과 에도성은 일본에서 가장 큰 성곽이 될 수 있었다.

에도성은 규모뿐 아니라 구조 역시 남다르다. 에도성의 내부 공간은 [그림 8-1]처럼 마치 미로와 같이 복잡하다. 밖에서부터 산노마루, 니노마루, 혼마루의 세 겹에 이르는 해자에다 쇼군의 지위에서 물러난 선대 쇼군이 거주하는 니시노마루西の丸, 쇼군과 가까운 관계의 다이묘와 친인척이 거주하는 기타노마루北の丸를 더해 마치 소라 껍데기처럼 소용돌이치는 듯한 복잡한 구조를 가졌다. 니노마루, 산노마루, 기타노마루로 둘러싸인 에도성

[그림 8-1]
〈게이초에도에즈慶長江戶繪圖〉(1608)의
에도성(위)과 현재 황거 일대 지도(아래).

02 중·근세: 무사의 등장과 조카마치의 성립

의 내곽 면적은 대략 1.8평방킬로미터에 이른다. 이는 당시 일반적인 조카마치의 평균 면적에 해당한다. 웬만한 다이묘의 성곽 도시에 해당하는 면적을 가진 에도성의 위용이 어떠했을지 가히 짐작할 수 있다.

1608년 무렵에 제작한 것으로 보이는 〈게이초에도에즈慶長江戸繪圖〉는 에도성과 그 주변의 내곽 일대를 그린 지도이다. 현재 황거 일대의 지도와 비교하면 이에야스 당시의 성곽 구조가 그다지 바뀌지 않은 점을 확인할 수 있다. 한편 이에야스가 사망한 이후에도 그의 후계자들은 성곽 개조와 시가지 확장 사업을 멈추지 않았다. 에도성의 덴슈는 1638년 제3대 쇼군 이에미쓰에 의해 마침내 완성되었다. 60미터에 이르는 5층의 덴슈를 중심으로 쇼군과의 친소관계에 따라 다이묘와 쇼군의 가신에 해당하는 하타모토旗本, 고케닌御家人의 저택이 성곽과 삼중의 장대한 해자 사이에 늘어섰다. 그리고 에도만과 스미다강 연안의 저지대를 메워 조성한 매립지에는 조닌의 주택과 상점, 사찰 등이 들어섰다. 이로써 에도는 막부 가신단뿐만 아니라 일본 전역의 다이묘가 거주하는 명실공히 무가의 수도로 그 모습을 갖추게 되었다.

| 덴슈다이와 텅 빈 중심? |

황거는 영국의 버킹엄 궁전처럼 천황과 그 가족이 거주하는 곳으로 영어의 '임피리얼 팰리스Imperial Palace'를 번역한 말이다. 그런데 이곳을 방문한 이들은 황거 앞 광장에서 전망 좋은 니쥬바시二重橋를 배경으로 기념사진을 찍거나 황거 정원을 돌아보고 다음 장소로 이동하는 경우가 대부분이다. 하지만 기왕에 이곳을 찾았다면 옛 에도성의 정문에 해당하는 오테몬大手門을 지나 성 중심에 있는 '덴슈다이天守台'에 올라가 볼 것을 권하고 싶다([그림 8-2]).

[그림 8-2] 1630년대 에도성의 덴슈(위)와 현재 석축만 남은 덴슈다이(아래).

02 중·근세: 무사의 등장과 조카마치의 성립

덴슈다이란 덴슈를 지탱하기 위해 석재로 쌓은 기단을 말한다. 에도성의 덴슈다이는 그 자체 높이만 하더라도 14미터에 달한다. 여기에 45미터 정도로 추정하는 덴슈 건물까지 더하면 전체 높이는 대략 오늘날 20층 정도의 고층빌딩에 상당했을 것이다.

1960년대 일본을 방문한 프랑스의 기호학자 롤랑 바르트는《기호의 제국》이란 책에서 황거를 '텅 빈 중심'에 비유한 적이 있다. 황거를 중심으로 동심원적인 구조를 갖는다는 점에서 도쿄는 서구의 도시와 별반 다르지 않다. 하지만 파리의 개선문이나 워싱턴의 국회의사당처럼 기념비적인 건축물로 도시 중심을 채운 서구와 달리 도쿄의 황거는 "잿빛 성벽과 개천, 나무"로 둘러싸여 마치 '텅 비어 있는' 공간처럼 보인다는 것이다. 롤랑 바르트는 서구와 유사하지만 무언가 다르고 이국적인 공간으로 도쿄를 바라보려 했던 것 같다.

하지만 덴슈다이에 올라가 사방을 둘러보면 황거 주위에 빽빽하게 들어찬 고층빌딩을 한눈에 확인할 수 있다. 모두 일본의 대표적인 기업과 은행, 언론사의 본사 건물이다. 황거 남쪽에 인접한 가스미가세키霞が關의 국회의사당, 총리 관저, 관청가까지 생각이 미치면 이곳을 왜 일본의 중심이라 부르는지 실감할 수 있다. 도심 한복판에서 천황의 존재를 끊임없이 의식하게 만든다는 점에서 황거는 롤랑 바르트가 이야기한 것처럼 '비어 있는' 공간이 아니라 '꽉 찬' 중심일지 모르겠다.

2.
참근 교대제 실시와
야마노테의 형성

| 야마노테의 어원과 지역적 범위 |

세계 유수의 글로벌 시티 도쿄는 수십 년째 경제불황에 시달리고 있는 일본과 달리 각국에서 몰려든 인력과 자본을 바탕으로 나 홀로 성장을 멈추지 않고 있다. 다국적 기업과 금융업, 서비스업에 종사하는 이들이 늘면서 고급주택에 대한 수요는 경기침체에 아랑곳하지 않고 꾸준히 증가하고 있다. 도쿄 시내에서도 서울의 강남처럼 고급 주택지로 인기가 높은 곳은 바로 '야마노테'이다. 일본의 한 부동산 인터넷 사이트는 다음과 같이 이곳을 소개하고 있다.

> 도쿄의 고급 주택가 – 누구나 동경하는 브랜드 지역, 야마노테선 안쪽
>
> "야마노테선 안쪽"이란 말에서 자산가치가 높은, 셀럽이 사는, 도심의 일등지라는 이미지가 떠오릅니다. 에도 시대에는 현재의 황거인 에도성을 중심으로 다이묘의 저택이 자리했기 때문에 야마노테선 안쪽에는 유서 깊은 고급 주택가가 많이 보입니다.

여기서 야마노테는 "야마노테선 안쪽"을 가리키는 실체적인 지역인 동시에 메이지 유신 이후 옛 다이묘의 저택 부지에 등장한 도시 중산층의 거주지라는 역사적인 공간으로 소개된다. 하지만 야마노테가 야마노테인 것은 "자산가치가 높은, 셀럽이 사는, 도심의 일등지"라는 이미지 덕분이다.

[그림 8-3] 가스미가세키에서 내려다본 시타마치와 에도만의 모습.

그러나 야마노테의 본래 어원은 '고급 주택가'와 전혀 무관하게 높은 곳의 '산지 마을山の里'이란 뜻을 가진 일반명사였다. 야마노테는 시타마치와 대비되는 공간 개념으로 사용되었다. 야마노테와 시타마치를 에도의 특정 공간으로 지칭한 용례는 적어도 17세기 후반부터 소설이나 수필 등의 문학 작품에서 찾아볼 수 있다. 막부에서 편찬한《어부내비고御府內備考》에서 시타마치는 "에도성의 슬하", 즉 '성 아랫마을御城下の町'이란 뜻으로 정의되었다. 그리고 시타마치와 비교해 주변보다 상대적으로 고도가 높은 평지를 야마노테라고 했다. 야마노테에 해당하는 가스미가세키에서 시타마치를 내려다보는 에도 시대의 우키요에를 살펴보면 확실히 표고가 높은 언덕이었음을 알 수 있다([그림 8-3]). 다만 문학적인 표현이나 관념상의 지역이다 보니 명확한 경계를 가지지 않고 시기에 따라 가리키는 범위는 조금씩 달라졌다.

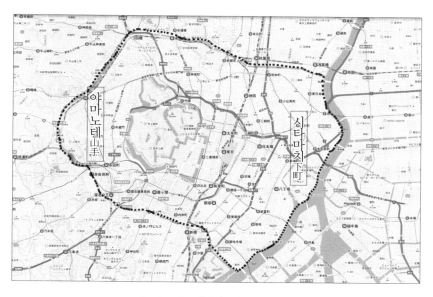

[그림 8-4] 17세기 에도의 범위와 야마노테, 시타마치의 대략적인 위치.

02 중·근세: 무사의 등장과 조카마치의 성립

현재의 도쿄와 비교하면 과거의 에도는 그렇게 넓지 않았다. 황거를 중심에 두고 동심원상으로 대략 3~4킬로미터 정도의 범위였다([그림 8-4]). 도쿄 도심을 둥그렇게 환상으로 운행하는 야마노테선의 안쪽과 대략 일치한다고 이해하면 좋을 것 같다. 이 가운데 야마노테는 황거의 서쪽에 걸쳐 있으며 도쿄 23구 가운데 치요다구千代田區, 분교구文京區, 신주쿠구新宿區에 해당한다. 이곳에 무사 계층이 집단으로 거주하게 된 것은 에도 막부의 다이묘 통제 정책과 깊은 관계가 있다.

| 참근 교대제 실시와 무사 계층의 야마노테 거주 |

세키가하라 전투의 승리 이후 에도에 막부를 세운 도쿠가와 이에야스의 입장에서 가장 큰 과제는 독립된 군사력을 가진 다이묘 세력을 어떻게 관리할 것인지의 문제였다. 이에야스는 먼저 전국의 다이묘를 불러 모아 자신에게 충성을 맹세하도록 요구했다. 하지만 생각해 보면 어린 히데요리를 보호해 달라는 히데요시의 약속을 깨고 천하를 차지한 이가 바로 이에야스 본인이 아니었던가. 지금이야 다들 고개를 조아리지만, 막부의 힘이 약해지면 누구라도 반란 주동자가 될 수 있는 이들이 바로 다이묘였다. 따라서 이에야스와 그의 후계자들은 250여 가문에 이르는 다이묘 세력이 반란을 일으킬 수 없도록 이들의 일거수일투족을 감시하고 통제하는 시스템을 구축해야만 했다.

그 첫 번째 조치는 대규모 토목공사였다. 에도성 축성을 비롯해 대규모 토목공사에 필요한 인력과 자재를 다이묘에게 요구한 것은 이들의 경제력을 소진시켜 군사력을 약하게 만들려는 의도를 담고 있었다. 이 같은 조치와 함께 다이묘의 군사력을 좀 더 직접적으로 제어하기 위한 정책을 시행했다. 그 대표적인 것이 1615년 일본 전역의 다이묘를 대상으로 발령한〈일국일성령一國一城令)이다. 〈일국일성령〉은 말 그대로 다이묘가 거주하는 거성 이외에 여타 성곽을 모두 파괴하도록 지시한 것이다. 세키가하라 전투 이후 전국의 다이묘가 앞 다투어 성곽을 건설하던 풍조를 잠재우는 동시에 이들의 군사력을 약화시키기 위한 조치였다.

이와 함께 다이묘가 준수해야 할 법령을 제정하고 이에 따르도록 강제했다. 1615년 반포한 〈무가제법도武家諸法度〉는 무가, 즉 다이묘에 대한 막부의 법적인 통제를 묶어 놓은 것이다. 이를 통해 다이묘의 성곽 신축을 금지하고 개축 시에는 반드시 미리 막부에 신고하도록 지시하는 한편(제6조), 다이묘가 일정 기간 에도에 머무르게 하는 '참근參勤' 교대를 지시했다(제9조). 막부는 상황에 따라 〈무가제법도〉의 내용을 조금씩 수정하며 다이묘에 대한 통제를 강화했다. 예컨대 제3대 쇼군인 도쿠가와 이에미쓰家光는 1635년 〈무가제법도〉를 개정하면서 다이묘의 참근 교대를 더욱 구체적으로 명시했다. 이에 따라 매년 4월을 기점으로 서국과 동국 지역의 다이묘가 교대로 참근하도록 의무화하는 동시에 그 시기와 기간을 명확하게 제도화했다.

본래 참근은 중국에서 제후가 천자를 알현하는 '참관參觀'에서 비롯된 용어다. 이처럼 하급자가 상급자를 찾아가 안부를 묻고 알현하는 의례는 비단 일본뿐만 아니라 세계 여러 지역에서 이와 유사한 형태를 찾아볼 수 있다. 하지만 '참근'이란 용어에서 알 수 있듯이, 막부는 단순히 쇼군의 알현에 그치지 않고, 격년제로 1년씩 에도에 체류할 것을 강제했다. 애초에 참근 교대는 세키가하라 전투 이후 도쿠가와 가문에 복속을 맹세한 도자마外樣 다이묘를 대상으로 했다. 하지만 1642년 이후부터는 대대로 도쿠가와 가문에 충성해 온 후다이譜代 다이묘를 포함한 모든 다이묘에게 예외 없이 적용했다([그림 8-5]).

260여 가문에 이르는 다이묘가 집단적으로 에도에 거주하는 참근 교대를 실시하면서 막부와 다이묘 사이의 권력관계는 물론이고 사회, 경제, 문화의 모든 방면에서 중대한 변화가 일어났다. 그중에서 가장 큰 변화는 다이묘를 비롯한 전국의 무사 계층이 에도로 이주하면서 인구가 폭증하게 되었다는 것이다. 이에야스 입성 당시 7,000여 명 정도였던 에도의 주민은 1630년에 이르러 무려 50여만 명에 이를 정도로 급증했다. 이렇게 폭발적으로 증가한 인구 대부분은 무사와 그들의 가족이었다. 지방 무사단이 정착한 곳은 야마노테 지역이었다. 지방 무사단의 유입으로 에도의 인구는 17세기 중반까지 계속해서 늘어났다.

무사 인구의 유입으로 에도의 경제는 활성화되었다. 17세기 초 하기번萩藩의 재정 상태를 살펴보면 번 재정에서 '에도·교토·오사카의 용무'에 관한 지출이 무려 60퍼센트를 차지했다. 하기번은 참근 교대로 상경해서 거주하는 에도의 저택을 비롯해, 교토와 오사카에도 번 소유의 저택을 두었

[그림 8-5] 〈가가번加賀藩 참근 교대 행렬도〉의 일부. ※출처: 이시카와石川 현립역사박물관.

다. '에도·교토·오사카의 용무'는 참근 교대로 다이묘가 에도에서 거주하는 동안의 생활비를 포함해, 참근 교대 비용, 교토·오사카의 저택 유지비 등으로 구성되었다. 번 재정에서 두 번째로 높은 비중을 차지하던 '번사 급료[書御切米]' 항목이 12.3퍼센트인 것과 비교하면 다이묘 재정에서 참근 교대와 에도 체류 비용이 얼마나 과중한지를 알 수 있다.

   이처럼 막대한 비용이 드는 참근 교대는 다이묘의 처지에서 보자면 과중한 부담임이 틀림없었다. 하지만 그 덕에 에도를 비롯해 참근 교대의 경로에 있는 도시와 상인은 일종의 '낙수 효과'를 누릴 수 있었다. 다이묘를 따라 에도에 상경한 무사단이 쓰는 돈으로 에도의 경제는 활성화되었다. 참근 교대의 효과는 이뿐만이 아니었다. 지방의 여러 특산물과 토산품이 참근 교대를 통해 에도에 집결한 다음 일본 각지로 퍼져 나갔다. 일본 각지의 특산물과 정보가 에도로 모이고 다시 전국으로 확산하는 네트워크가 만들어진 셈이었다. 참근 교대가 제도적으로 정착하는 17세기 중반까지 에도는 지방에서 몰려든 무사 계층과 이들의 소비 활동을 통해 도시 사회와 경제가 유지되었다고 해도 과언이 아니었다.

3.
메이레키 대화재와
에도 개조

| 시타마치에 거주하던 그 많은 이들은 어디서 왔을까? |
야마노테는 에도성을 기점으로 오늘날 도쿄 시내를 순환하는 전철 노선 야마노테선의 안쪽 영역 가운데 대략 북서쪽에 해당한다. 야마노테의 영역은 시간이 지나도 크게 바뀌지 않았다. 야마노테 지역이 단단한 지반 위에 자리 잡고 있어 지진으로 인한 피해가 상대적으로 적을 뿐 아니라 주택가이다 보니 제2차 세계대전 당시 미군의 공습도 거의 없어 지금까지 본래의 용도를 유지할 수 있었기 때문이다.

이에 반해 시타마치는 구체적인 영역이라기보다 '시타마치 문화', '시타마치 사람'과 같이 서민적인 문화와 정서를 담고 있는 다소 추상적인 공간 개념으로 인식되고 있다. 시타마치는 조닌과 일용노동자, 하급 무사 등이 어울려 살면서, 다이묘를 비롯해 중상급 무사 계층이 주로 거주하던 야마노테와 달리 서민적인 문화와 분위기를 가진 곳이라고 말할 수 있다. 흔히 에도 토박이를 뜻하는 '에돗코'나 '에도문화'는 바로 시타마치에 거주하던 조닌과 그들의 문화를 지칭하는 것이다. 다만 시타마치의 범위는 현재와 비교해 훨씬 작았다. 오늘날 도쿄 안내서에는 아라카와荒川강 동쪽 일대를 시타마치로 소개하지만, 사실 이 지역은 과거 에도에 포함되는 근교 농촌 지역이었다. 에도성을 축성할 당시만 하더라도 시타마치는 말 그대로 성 아랫마을을 지칭하는 것으로, 에도성 동쪽에서 스미다강 연안까지 해안 일대와 하구를 메워 조성한 매립지 일대를 가리켰다.

에도 시대는 신분제 사회이다 보니 지배 계층인 무사와 일반 상공업자인 조닌은 거주 지역뿐만 아니라 거주조건도 매우 달랐다. 1630년대 10만 명에 불과하던 에도의 조닌 인구는 40년이 지난 1695년에 이르면 무려 3배 이상 늘어나 35만 명으로 급증했다. 인구가 3배 이상 증가했으면 당연히 공간도 3배 이상 늘어나야 했지만, 실상은 그렇지 못했다. 17세기 중반 이후 시타마치에는 1평방킬로미터 당 5만~7만 명이 모여 살았다고 한다. 이렇게 많은 인구가 비좁은 곳에 살았지만, 에도로 유입되는 이들의 행렬은 멈추지 않았다. 시타마치에 거주하던 그 많은 사람은 어디서, 어떤 이유로 이곳을 찾아왔던 것일까?

사람들을 에도로 불러들인 주요 사건 가운데 첫손에 꼽을 만한 것은 1657년에 발생한 이른바 '메이레키 대화재明曆の大火'를 들 수 있다. 에도는 화재에 매우 취약한 구조였다. 건물 대부분이 목재로 지어져 불이 옮겨 붙기 쉬웠을 뿐만 아니라 기후조건도 좋지 못했다. 습기가 많은 우기는 그럭저럭 괜찮지만, 겨울부터 봄까지 계속되는 건기 동안에는 작은 불씨가 강풍을 만나 화재로 번지기 십상이었다. 일단 화재가 발생하면 부족한 용수시설, 협소한 시가지, 과잉인구 등으로 말미암아 삽시간에 도시 전체로 퍼졌다. 화재를 진압하는 소방수의 화려한 복장에서 "화재는 에도의 꽃"이라는 말까지 생겨날 정도로 대화재는 끊이지 않았다.

특히나 메이레키 대화재로 인한 피해는 다른 경우와 비교할 수 없을 만큼 엄청났다. 메이레키 대화재 직후인 1661년 아사이 료이淺井了意가 간행한

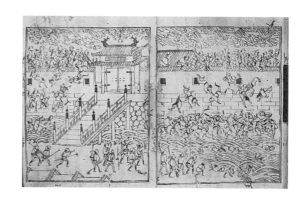

[그림 8–6]
《무사시아부미むさしあぶみ》에
실린 아사쿠사교 일대의 모습.

《무사시아부미むさしあぶみ》에는 대화재 당시 많은 사상자가 발생한 아사쿠사교浅草橋 일대의 모습이 실려 있다. 밤늦은 시간에 발생한 탓에 [그림 8-6]에서처럼 잠긴 문을 넘어 불길을 피하다 아사쿠사교 일대에서 많은 사상자가 발생했다고 한다. 메이레키 대화재는 에도성의 덴슈를 비롯해 시가지 면적의 과반 이상을 잿더미로 만들었을 뿐 아니라 10만여 명이 넘는 사상자를 낳았다.

화마가 지나고 나서 피해를 복구하기 위해 대대적인 주택 건설 붐이 일어났다. 일본 각지에서 목재를 비롯한 건설 자재가 에도로 이송되었고, 다이묘의 저택과 조닌의 주택을 짓기 위해 간토와 도호쿠 일대에서 가난한 농민들이 일거리를 찾아 에도로 몰려들었다. 수많은 이들이 에도로 몰려들면서 일거에 인구가 폭증했다. 그리고 이들 가운데 상당수는 건설 사업이 끝난 후에도 고향으로 돌아가지 않고 에도에 남기를 선택했다.

대화재로 인한 복구 사업뿐만 아니라 상시적인 기근이나 재난 역시 시타마치의 인구를 늘어나게 만든 주된 요인이었다. 기근이나 재난으로 삶의 터전을 잃은 이재민 중에는 고향을 떠나 에도로 이주하는 이가 적지 않았다. 이들 가운데 일부는 뒷골목의 점포를 빌려 가게를 열거나 시장에서 좌판을 벌여 생계를 꾸렸다. 하지만 이들 대부분은 자신의 가게를 갖지 못하고 조닌이 경영하는 상점이나 공방의 봉공인이 되었다. 긴 장대에 바구니를 달아 과일이나 야채, 생선 등을 팔러 돌아다니는 행상[棒手振り]이나 '닌소쿠人足'라 부르며 특별한 기술 없이 육체노동으로 생계를 이어 가는 일용직은 에도에 흘러들어 온 하층민이 구할 수 있는 대표적인 직업이었다.

이렇게 도시로 흘러들어 온 하층민들은 '나가야長屋'라고 불린 비좁은 공동주택에서 생활했다. 나가야는 지금의 쪽방촌이나 고시원처럼 겨우 몸 하나 누일 수 있는 아주 협소한 공간이었다. 화장실이나 부엌이 없다 보니 나가야에 거주하는 이들을 상대로 다양한 서비스를 제공하는 직업이 새롭게 생겨났다. 채소와 생선 따위를 익혀 간단히 술과 함께 식사를 해결할 수 있는 좌판 가게[煮賣屋]는 이미 17세기 후반부터 에도, 오사카, 교토 같은 대도시에 나타났다. 또한 이 시기에는 대중목욕탕도 점차 일반화했다. 교토의 경우 18세기 초 탕에 들어가 몸을 씻을 수 있는 '유야[湯屋]'의 경우 60여 곳 가까이 영업했으며, 사우나처럼 증기욕을 즐기는 '후로야[風呂屋]'도 30여 곳이나 성업을 누렸다. '센토[錢湯]'라고 부르는 일본의 대중목욕탕은 자기 몸 하나 씻을 수 있는 공간조차 갖지 못했던 도시 서민의 열악한 거주환경에서 생겨난 것이었다.

이처럼 서민의 청결과 위생, 식사 등에 관한 서비스를 제공하는 새로운 일자리가 생겨나면서 에도의 경제 구조에 많은 변화가 나타났다. 앞서 살펴보았듯이 17세기 초반까지만 하더라도 에도의 주된 거주민은 참근 교대제의 실시로 다이묘를 따라 지방에서 상경한 무사 계층이었다. 하지만 서민의 도시 생활에 필요한 각종 서비스를 제공하는 직종과 직업이 늘면서 도시 경제의 주된 소비층은 이제 무사에서 조닌으로 점차 바뀌었다. 농촌에서 이주한 도시 하층민의 생활과 서비스를 위한 일자리가 만들어지고 이 같은 고용 창출이 또다시 외부의 인구 유입을 촉진하는 순환 구조가 만들어졌다. 그 결과 17세기 후반 에도의 인구는 (50만 명의 무가 인구를 포함해) 대략 100만 명에 이르렀다.

| 시타마치는 개미지옥? |

시타마치의 인구는 계속해서 증가했다. 하지만 한 가지 유의해야 할 사실은 시타마치 자체의 인구 재생산이 매우 낮았다는 것이다. 에도를 비롯한 근세 도시는 화재나 지진 등의 재난에 매우 취약했다. 10만여 명의 사상자

를 기록한 메이레키 대화재뿐만 아니라 1854년 이른바 '안세이安政 대지진' 당시는 대화재로 인해 사망자만 무려 13만 명에 이르렀다. 도시민의 생명을 위협하는 재난은 비단 대화재에 그치지 않았다. 좁은 지역에 많은 사람이 모여 살다 보니 콜레라 같은 유행병에도 매우 취약했다. 1858년 7월부터 9월까지 2개월간 콜레라가 창궐해 에도에서만 23만~26만 명의 사망자가 발생했다고 한다. 에도 인구의 4분의 1이 사망한 셈이었다. 콜레라뿐 아니라 인플루엔자, 홍역, 장티푸스, 결핵 역시 도시민의 생명을 위협하는 전염병이었다. 전염병이나 유행병으로 인한 사망률은 도시 지역이 농촌과 비교해 훨씬 높았다. 일본에서 도시 지역의 사망률이 농촌보다 낮아지게 된 것은 러일전쟁 이후 콜레라를 비롯한 전염병에 대한 방역체계와 상수도 같은 근대적인 용수 설비가 정비되고 나서의 일이다.

근세 도시의 인구 재생산이 낮은 또 하나의 이유는 출생률 자체가 낮았던 것과 무관하지 않다. 19세기 말까지 대부분의 도시 지역은 농촌과 비교해 출생률이 낮았다. 심지어 출생률이 사망률을 밑돌 정도였다. 이처럼 출생률이 낮은 것은 남녀 간 성비가 불균형해 결혼율 자체가 낮았기 때문이다. 1721년의 조사에 따르면 에도의 시타마치에 거주하는 이들 가운데 남성은 32만 명인 데 반해, 여성은 18만 명에 불과할 정도로 성비의 불균형이 극심했다. 에도처럼 극단적인 경우는 아니지만, 지방 도시 역시 사정은 마찬가지였다. 쓰시마번의 기록에 따르면 18세기 초 쓰시마번에서 출생률이 높은 곳은 조카마치인 이즈하라嚴原가 아니라 농촌 지역이었다.

이처럼 도시 지역의 출산율이 낮은 이유는 봉공인으로 일하는 가임기 세대의 성비 불균형으로 결혼하지 못한 젊은이가 많았기 때문이다. 도시 지역의 심각한 성비 불균형은 결혼뿐만 아니라 출생에도 영향을 미쳐 심지어 출생률이 사망률보다 낮은 지역도 적지 않았다. 이처럼 낮은 출생률과 높은 사망률로 인해 근세 도시는 구조적으로 자기 재생산이 불가능한 상태였다. 기후현 다카야마高山시를 소재로 에도 시대 지방 도시의 인구에 관한 시뮬레이션 연구에 따르면 외지로부터 인구 유입이 없었다면 다카야마의 경우 100여 년간 대략 33퍼센트 정도 인구가 감소했을 것이라는 결과가 나왔다.

에도는 다카야마 같은 지방 도시보다 인구밀도가 훨씬 높아 위생환경이나 거주요건이 매우 열악했고 사망률 역시 높았다. 어느 연구자의 표현을 빌자면 에도의 시타마치는 마치 '개미지옥' 같은 형국이었다. 하지만 기근이나 자연재해로 고향을 떠날 수밖에 없는 농민들은 이에 아랑곳하지 않고 에도로 몰려들었다. 다시 말해 에도의 인구증가는 대부분 주변 농촌에서 유입한 이들에 의한 결과였다.

| '제3의 장소'와 에도 최고의 번화가 아사쿠사 |

농촌과 비교해 사망률도 높고, 위생환경이나 거주요건도 좋지 않은 에도로 사람들이 끊임없이 몰려든 것은 무엇 때문일까? 앞서 살펴보았듯이 대화재 이후에 일시적으로 증가한 건설업이나 일용직 같은 일자리를 얻기 위해 상경하는 이들이 적지 않았다. 만약에 돈벌이가 상경의 목적이라면 어느 정도 돈을 벌고 나서 다시 고향으로 돌아갔어야 했다. 그런데 에도에 올라와 비좁은 시타마치에 엉덩이 하나 비빌 곳이라도 마련하면 두 번 다시 고향으로 내려가려고 하지 않았다. 오히려 에도로 향하는 이들의 발길은 계속되었다. 막부는 농촌에서 이주한 하층민이 많아지면 도시의 치안이 좋지 않을 것이라고 보았다. 그래서 이들에게 고향으로 돌아갈 수 있는 여비와 얼마간의 농토를 지급할 것을 약속하며 귀향을 유도했다. 하지만 제 발로 고향에 돌아가려는 이는 거의 없었다. 단순히 일자리나 돈이 에도에 사는 목적의 전부가 아니었다. 농촌에서 상경한 이들이 고된 도시의 삶을 계속하게 만든 에도의 매력은 과연 무엇이었을까?

미국의 사회학자 올덴버그Ray Oldenburg는 인간이 살아가기 위한 정주조건으로 집이나 가정처럼 휴식을 위한 제1의 장소, 직장이나 일터처럼 생산을 위한 제2의 장소와 함께 사람들이 일상적으로 만날 수 있는 제3의 장소가 필수적이라고 언급한 바 있다. 현대인에게 제3의 장소는 주점, 카페, 주민자치센터, 공원, 도서관 같은 다양한 공공장소를 들 수 있다. 코로나 팬데믹은 일상의 삶에서 제3의 장소가 얼마나 소중한지 일깨워 준 계기였다. 삶의 방식은 지금이나 옛날이나 크게 다르지 않았다. 에도에 거주하는 이들에게 제3의 장소는 아마도 '사카리바盛り場'라고 부른 번화가였을 것이다. '사카리바'는 많은 이들로 북적이는 장소를 뜻한다.

사람들이 모이는 곳은 언제 어디서나 존재했다. 에도 시대 이전까지 신사나 사원 앞 빈터는 시장이 서는 장소가 되었다. 시장이 서는 동안에는 많은 사람이 드나들면서 북적였지만, 거래나 행사가 끝나면 다시 본래의 공터로 돌아갔다. 관습적으로 약속한 날짜가 되면 사람들이 모여 거래하고 북적이는 가운데 흥겨움을 나누고 다시 헤어졌다. 신사나 사원에서 벌이는 축제나 기일처럼 특정한 날이나 기간에 제한되지 않고 연중 어느 때든 불특정 다수의 사람이 방문하는 번화가가 등장한 것은 에도 시대에 들어서면서부터였다.

에도 서민들에게 최고의 인기를 누린 번화가는 단연 아사쿠사淺草였다. 아사쿠사라는 지명은 1181년에 저술된 《아즈마카가미》에서부터 그 용례를 찾아볼 수 있다. 명칭의 유래에 대해선 여러 가지 설이 있지만, 스미다강 연안에 자갈이 많아 '풀草이 적게淺い 나는 곳'에서 비롯했다는 이야기가 가장 그럴듯하다. 이곳에 있는 센소사淺草寺는 7세기경에 창건된 유서 깊은 사원이다. 에도 인근은 물론이고 간토 일대에서 관음 신앙의 중심지로 손꼽히며 참

배객의 발길이 끊이지 않았다. 이곳의 영주였던 오타 도칸太田道灌이 에도성을 쌓기 이전부터 센소사 앞에는 이곳을 찾는 참배객에게 각종 물품을 파는 상점가가 형성되었다.

이에야스가 에도성에 입성할 당시까지만 하더라도 아사쿠사 일대는 센소사를 제외하고 황량한 벌판에 가까웠다. 당시만 하더라도 이곳은 에도 시내에서 조금 떨어진 외곽에 해당했다. 막부는 1625년 이곳에 간토 일대 천태종의 총본산이자 역대 쇼군의 혼백을 모시는 보리사菩提寺인 간에이사寬永寺를 창건했다. 도쿠가와 이에야스의 측근인 승려 덴카이天海는 불교뿐만 아니라 음양도에도 해박한 지식을 가지고 있었다. 덴카이는 에도성의 북동쪽에 위치한 우에노上野가 음양도에서 말하는 '귀문鬼門', 즉 나쁜 기운이 흘러드는 지세에 해당한다고 보아 부처의 힘으로 이를 지키고자 간에이사를 지었다고 한다. 간에이사는 제3대 쇼군인 이에미쓰를 비롯해 여러 쇼군의 영묘靈廟가 있어 막부의 전폭적인 후원을 받았다. 경내에는 연꽃과 벚꽃으로 유명한 시노바스不忍 연못이 있어 평소에도 이곳을 찾는 이들이 끊이지 않았다.

메이레키 대화재 이후 막부는 화재를 방지하기 위해 도심에 있는 신사와 사원을 아사쿠사 일대로 이전시켰다. 이를 계기로 도심에서 멀리 떨어지지 않은 아사쿠사에 대규모 사원가가 조성되었다. 이곳으로 이전한 사원들은 영험하기로 소문난 비불秘佛과 보물을 일반에게 공개하는 '가이초開帳'를 비롯해 스모 행사 등을 적극적으로 주최했다. 이 같은 행사는 아사쿠사 사원의 경우 개최료를 징수할 수 있어 좋았던 반면 시타마치에 거주하는 서민들에게는 진귀한 볼거리와 흥겨움을 즐기면서 일상의 피로를 날리는 기회였다. 누이 좋고 매부 좋은 셈이었다. 행사 때마다 사람들이 구름같이 몰려들자, 이곳의 사원은 넓은 부지를 활용해 경제적인 이익을 얻기 위해 토지의 일부를 아예 조닌에게 빌려주거나 건물을 지어 임대 사업을 벌였다. 그 결과 신사와 사원 앞에 새로운 시가지가 형성되었다. 이로써 아사쿠사는 에도 인근에 자리한 '명소'의 지위를 얻게 되었다.

하지만 아사쿠사가 에도 제일의 번화가로 번창하게 된 결정적인 계기는 요시와라吉原의 유곽이 이전하면서부터였다. 돈벌이에 밝은 어느 조닌이 창가娼家야말로 가산을 탕진하도록 부추겨 사회 풍속에 악영향을 끼칠 뿐 아니라 주군을 잃고 각지를 떠도는 무사가 몸을 숨기기에도 좋은 곳이니 이를 따로 모아 관리하자는 의견을 막부에 제안했다. 이를 타당하다고 여긴 막부는 1617년 시내에 산재한 창가들을 현재의 주오구中央區 니혼바시日本橋 일대에 이전하도록 지시했다.

17세기 초 에도는 시가지 건설을 위해 일본 각지에서 몰려든 상인과 직인, 게다가 참근 교대제로 다이묘를 따라 상경한 무사 등을 포함해 남성 인

[그림 8-7] 에도 시대 우키요에 형태로 제작된 아사쿠사의 요시와라 유곽 안내도.

구가 압도적으로 많았다. 이러한 상황에서 매춘 영업을 근절하기는 쉽지 않았다. 이 같은 사정을 참작해 막부는 매춘을 용인하되 효과적으로 관리하기 위해 니혼바시에 '요시와라'라는 유곽의 영업을 공식적으로 허용했다. 니혼바시의 유곽은 성업을 이루며 계속해서 규모를 확대해 갔다. 그러자 도심에 끼칠 악영향을 우려한 나머지 1655년 막부는 니혼바시의 유곽을 도심 외곽의 아사쿠사로 이전하도록 지시했다. 그 결과 아사쿠사는 센소사와 간에이사 같은 대사원과 요시와라라는 공허 유곽이 기묘하게 공존하는 말 그대로 '성'과 '속'이 혼재하는 번화가로 거듭나게 되었다([그림 8-7]).

4.
메이지 유신 이후 도쿄의 공간 변화

| 에도성에서 도쿄성, 황성, 궁성 그리고 황거로 |

에도 막부의 본거지로 오랫동안 번영을 누린 에도는 메이지 유신을 계기로 존망의 갈림길에 처하게 되었다. 왕정복고와 함께 새로운 정권을 수립하는 데 성공한 메이지 신정부는 그간의 정치를 일신하기 위해 '천도'를 계획했다. 에도의 운명을 가를 순간이 다가온 것이다. 가장 먼저 새로운 국가의 수도로 부상한 곳은 교토에 인접한 천하의 부엌, 오사카였다.

유신 직후인 1868년 1월 신정부의 실세인 오쿠보 도시미치大久保利通는 정치적으로 불안한 에도보다 경제 중심지인 오사카를 새로운 국가의 수도로 삼는 편이 적합하다며 오사카 천도를 주장하는 의견서를 정부에 제출했다.

그런데 같은 해 4월 구막부 세력이 장악하고 있던 에도를 손에 넣으면서 상황이 급변했다. '오사카 천도론' 대신 이른바 '동서이도론東西二都論'이 급속히 부상한 것이다. 교토를 서쪽의 수도로 삼는 대신 에도를 도쿄, 즉 동쪽의 수도로 삼아 막부의 영향력이 강하게 남아 있는 동일본 일대의 통치 중심지로 삼자는 주장이었다. 이를 통해 헤이안 천도 이래 천 년 넘게 천황이 거주하고 있는 교토의 상징성을 인정하면서도 국가적인 차원에서 에도의 정치적인 중요성을 재인식하는 계기가 만들어졌다.

이처럼 에도의 중요성이 재차 환기되는 가운데 새로이 권좌에 오른 메이지 천황은 그해 7월 17일 에도를 '도쿄'로 칭하는 조서를 발표했다. 그 내용을 살펴보면 "짐이 이제 정치를 직접 재결하여 만민을 돌보게 되었다. 에도는 동국東國 제일의 대도시로 사방에서 사람과 물자가 모이는 곳"인지라 막부를 대신해 "친히 정치를 시행하고자 하니 에도를 도쿄東京라 칭하고, 일본의 동서 모두를 함께 다스린다"는 것이다. 이를 계기로 에도는 도쿄라는 이름과 함께 부활의 날개를 달 수 있었다.

메이지 천황은 8월 27일 즉위식을 거행하고 전국을 순행한 다음 마침내 도쿄에 입성했다. 그리고 10월 13일 "에도성을 도쿄성으로 개칭하고 이를 황거로 삼는다"라는 포고를 내렸다. 이로써 에도성은 더는 쇼군이 아닌 천황의 정식 거처가 되었다. 본래대로라면 천황의 거처는 에도성의 중심인 혼마루에 두어야 했다. 하지만 신정부가 에도성을 접수하고 나서 정작 사용할 수 있는 공간은 니시노마루가 유일했다. 막부의 운이 다했는지 19세기 중반 이후 연이은 화재로 에도성은 커다란 피해를 보았다. 혼마루, 니노마루, 니시노마루 일대를 포함해 이전에 공들어 지은 건물 대부분이 소실된 상태였다. 하지만 이를 재건할 만큼 막부 재정이 좋지 못했다. 혹시나 있을지 모를 서구 열강의 침입에 대응하기 위해 군사력을 증강해야 하는 데다 쇼군의 지도력마저 흔들리는 상황에서 막대한 비용이 소요되는 에도성 재건 사업은 도저히 꿈도 꿀 수 없는 형편이었다. 결국, 천황의 거처는 겨우 재건을 마친 니시노마루의 전각으로 결정되었다.

메이지 천황은 귀환을 바라는 교토 주민의 뜻에 화답하기 위해 1868년 12월 일시적으로 교토로 돌아갔다가 이듬해인 1869년 3월 도쿄를 수도로 정하고 다시 복귀했다. 도쿄성은 새로운 수도에 걸맞게 '황성皇城'으로 바꾸어 부르도록 했다. '황성'이란 천황과 그 가족이 거주하는 '황거'에다 모든 정부기관을 일체화한 정치 공간을 뜻하는 것이다. 황성이란 명칭에서 알 수 있듯이 당시 신정부는 옛 에도성에 황거를 비롯한 모든 관청을 집중시키려는 계획을 세웠던 것으로 보인다. 하지만 이 같은 계획은 1873년 천황의 거처로 사용하던 니시노마루 일대에 화재가 발생하면서 무산되고 말았다. 메이지 천황은 일단 아카사카에 마련한 별궁으로 피신해 생활하다가 1888년 니시노마루에 새 궁을 짓고 복귀했다. 새 궁을 지은 만큼 '황성'이란 이름 대신 '궁성宮城'이라 불렀다. 하지만 궁성이란 이름 역시 오래가지 못했다. 제2차 세계대전 당시 니시노마루의 메이지 궁전이 화재로 소실되었다. 패전을 계기로 궁성이란 명칭을 대신해 황거가 이곳의 공식적인 명칭이 되었다.

오늘날 황거를 방문한 관광객은 옛 에도성의 정문에 해당하는 오테몬을 거쳐 산노마루, 니노마루를 지나 쇼군과 그 일족이 생활하던 혼마루까지 입장할 수 있다. 일반인의 출입은 여기까지다. 천황의 거처로 사용하는 니시노마루와 그 주변 일대는 삼엄한 경비 아래 일반인의 출입을 엄격히 금지하고 있다. 에도성에서 도쿄성, 황성, 궁성, 황거로 여러 차례 바뀐 이름만큼이나 파란만장한 역사를 가진 점을 고려한다면 만세일계의 천황제를 주장하는 일본 우익의 주장과 달리 황거는 여러 우여곡절 끝에 살아남은 현 일본 황실의 고달픈 여정을 상징적으로 보여 주는 곳이라고 말할 수 있다. 일본이 입헌군주제 국가임을 눈으로 확인하는 동시에 만세일계의 허구성을 다시 생각해 볼 수 있다는 점에서 황거는 도쿄 여행에서 빠뜨릴 수 없는 장소다.

| 메이지 신정부 수립과 야마노테의 변화 |

무사와 조닌, 에도의 사회와 경제를 떠받치는 두 개의 기둥은 메이지 유신을 전후로 급격히 흔들리기 시작했다. 막부 붕괴와 신정부 수립이라는 정치적인 격랑 앞에서 에도는 여러 시련과 도전에 직면했다. 가장 먼저 극복해야 할 시련은 무사 계층의 귀향이었다.

1862년 막부는 다이묘의 재정 부담을 이유로 참근 교대제를 폐지했다. 그러자 에도에 거주하던 무사 계층의 상당수가 고향으로 돌아가기를 선택했다. 메이지 신정부가 수립되자 쇼군 요시노부마저 가신단을 이끌고 도쿠가와 가문의 본거지인 시즈오카靜岡로 낙향하면서 에도 시내는 극심한 불황에 휩싸이게 되었다.

무사 계급의 해체와 이들의 낙향으로 에도의 인구가 감소하는 가운데 치안 악화라는 문제점이 발생했다. 요시노부의 낙향으로 에도 막부는 사실상 신정부에 항복을 선언한 것이나 마찬가지였다. 하지만 시내 곳곳에서 막부군의 저항은 산발적으로 계속되었다. 내란이 일어날지 모른다는 불안함과 함께 치안마저 불안해지자 에도를 떠나는 이들이 늘어났고, 그 결과 19세기 초 120만 명에 달했던 에도의 인구는 메이지 유신 직후인 1869년 50만 명을 약간 넘는 정도로 급감하게 된다. 그 결과 사람이 살지 않는 빈 주택과 문 닫은 상점이 시내 곳곳에서 속출했다.

새로 정권을 장악한 신정부가 당장에 해결해야 할 급선무는 수도 도쿄의 정상화였다. 그러나 정권 초기만 하더라도 신정부 인사들은 도쿄의 청사진을 어떻게 그릴 것인지 명확한 목표와 계획을 세우지 못한 상태였다. 그래서 임기응변으로 현안을 처리하다 보니 지금으로서는 이해하기 힘든 황당한 정책을 남발하는 경우 또한 적지 않았다.

예컨대 메이지 유신 직후인 1868년 7월 신정부는 각 번의 공관과 다이묘 저택을 제외한 나머지 무가 저택 모두를 정부의 것으로 수용한다는 명령을 내렸다. 무가 저택 일부는 관청으로 사용하고 나머지는 모두 철거해 시가지로 만들 요량이었다. 그런데 불안한 치안 상황은 좀처럼 나아지지 않았고 무사 계층이 떠나 버린 저택의 상당수는 시간이 흐르면서 점차 노후화해 애물단지가 되었다. 특히나 다이묘와 무사 계층이 주로 거주하던 야마노테와 에도성 일대는 인적마저 드물어 다른 곳과 비교해 황폐함이 도를 더해 낮에도 부녀자가 다니기 힘들 정도였다.

무가 저택의 사용처를 놓고 고심하던 신정부는 1869년 8월 나름의 해결책을 내놓았다. 무가 저택을 빈집으로 방치하지 말고 뽕나무 숲과 차밭을 조성하라는 포고를 내린 것이다. 외국에서 인기 높은 수출 효자상품인 일본산 비단과 차를 생산해 말 그대로 님도 보고 뽕도 따려는 심산이었다. 이 같은 조치에 따라 현재 아오야마가쿠인青山學院대학교가 있는 아오야마를 비롯해 도쿄 시내에 총 100만여 평이 넘는 곳에 뽕나무와 차나무를 심었다고 한다.

오늘날 트렌디한 카페와 쇼핑가로 유명한 아오야마 일대가 뽕나무와 차밭이었다는 사실은 쉽게 상상이 가지 않는다. 하지만 불과 2년도 되지 않아 신정부는 이 같은 조치를 철회해야만 했다. 정치 상황이 안정되면서 옛 무가 저택을 관공서나 군사시설, 교육기관, 외국 공관 등으로 활용하려는 수요가 폭증했기 때문이다. 교토에서 이전하는 황실 가문과 관청, 군대 등을 위한 용지로 야마노테의 무가 저택을 활용했다. 근대화를 담당할 새로운 인재를 육성하기 위한 대학 용지로도 전환했다.

오늘날 도쿄대학교 혼고本鄕 캠퍼스, 게이오대학교 미타三田 캠퍼스를 비롯해 도쿄 도심에 있는 주요 대학교의 캠퍼스는 야마노테에 있던 다이묘의 거택 대지에 건립한 것이다. 이렇게 들어선 관청과 연병장, 대학 주변에는 자연스레 관료와 교원, 군인, 학생 등이 거주하는 주택지가 만들어졌다. 그 결과 야마노테 일대는 무사 계층의 거주지라는 옛 모습을 대신해 벽돌과 석조로 지은 관공서와 상가, 고급주택이 차례차례 들어서면서 수도 도쿄의 근대화를 상징하는 공간으로 거듭났다.

| 이와쿠라 사절단의 구미 도시 견문 |

메이지 신정부는 막부를 무너뜨리는 데 중요한 역할을 담당한 사쓰마·조슈를 중심으로 도사土佐·히젠肥前의 주요 인사가 참여해 만든 일종의 '번벌藩閥' 정권이었다. 이들은 당장에 목표였던 막부 타도를 위해 행동을 함께했지만, 정작 정권을 교체한 이후에 어떤 국가를 만들 것인지 명확한 비전과 목표를 세우지 못했다. 그러나 서구 열강에 제대로 대응하지 못한 막부의 무능력을 질타하며 무력으로 막부를 타도한다는 '도막倒幕' 운동으로 집권에 성공한 이상, 막부가 서구 열강과 맺은 불평등조약을 그대로 용인할 수 없었다. 그에 따라 폐번치현으로 봉건적인 특권을 상실한 옛 무사 계층이 불만을 표출하며 사회적인 불안이 높아지는 상태에도 불구하고 조약 개정을 위해 정부 주요 인사를 포함한 대규모 사절단 파견을 서둘러야 했다.

전권대사인 이와쿠라 도모미岩倉具視를 필두로 사쓰마·조슈의 주요 인사가 포함된 대규모 정부 사절단은 1871년 11월 요코하마를 떠나 첫 방문지인 미국을 향해 출발했다. 하지만 기대와 달리 조약 개정 교섭은 처음부터 난항을 겪었다. 사절단의 상당수가 해외를 방문한 적이 없을 뿐 아니라 사전 준비가 부족한 것은 말할 것도 없고 서양의 외교 관례에 미숙한 탓에 미국을 비롯한 상대국은 일본의 조약 개정 요구에 무성의한 태도로 일관했다. 그 결과 조약 개정은 실패로 끝이 났다.

하지만 나름의 성과도 있었다. 사절단에 참가한 신정부 주요 인사들은 1873년 9월 귀국까지 약 2년 동안 세계 각지를 돌아보며 서구 문명을 직접 체험하고 비교하는 기회를 얻었다. 이들은 귀국 후에 구미 각국을 방문하면서 보고, 듣고, 느낀 바를 《특명전권대사미구회람실기特命全權大使美歐回覽實記》라는 보고서로 정리했다. 100여 권에 이르는 방대한 분량의 보고서에서 눈에 띄는 한 가지는 상수도를 비롯해 도로, 철도, 전기, 항만같이 각국의 주요 도시 기반 설비에 관한 정보와 인상을 상세히 기록해 두었다는 것이다.

예컨대 미국 시카고를 방문한 사절단은 미시간 호수에서 식수를 끌어오는 터널을 둘러보고 나서, "땅 밑에 관을 매설하여 용수를 지역으로 배분하는 것은 로마 시대 이래의 방법으로 서양의 도시에 이 같은 설비가 없는 곳이 없다.…… 수원을 잘 살펴 원거리에서 철관으로 끌어와 저수지에 가두어 두거나 우물을 파서 정화한 후에 거리로 배수하고 있다. 그러므로 수돗물은 달고 독이나 오염이 없어 전 시민이 식수로 마신다"고 하면서 수원지에서 물을 취수해 각 가정으로 깨끗하게 보급하는 상수도 시설의 우수성을 기록했다. 미국을 거쳐 유럽을 방문한 사절단 일행은 프랑스 파리에 대해 "100년 전까지 이 도시의 거리는 매우 비좁고 건물도 크고 작은 것이 뒤섞여 깨끗한 곳과 지저분한 곳이 혼재"한 곳이었지만 "나폴레옹 1세가 절대적인 군사력으로 각국에 승리를 거두고 뺏어 온 부를 바탕으로 이 도시의 미관을 정비하기" 시작한 점에 주목했다. 유럽 제1의 도시인 파리가 근대적인 거리로 정비된 것이 얼마 되지 않는 점에서 일본 역시 할 수 있다는 자신감을 얻은 것 같다. 구미 각국을 시찰하는 동안 근대 도시의 놀라운 발전상에 깊은 감명을 받은 사절단 일행은 귀국 후에 일본의 도시를 어떻게 개조할 것인지 머릿속에서 많은 그림을 그려 보았을 것이다.

그러나 구미 각국을 시찰하면서 얻은 교훈을 일본의 현실에 반영하기까지는 적지 않은 시간이 소요되었다. 세이난 전쟁西南戰爭을 비롯해 연이은 내전으로 재정 여력이 없는 상태에서 런던이나 파리처럼 도시 생활의 "편리를 도모하고, 그 좋음을 얻기 위해서 비용을 아끼지" 않고 개조 사업을 단행하기란 사실상 불가능했기 때문이다. 다만 서양에 필적할 만한 근대 국가를 만들기 위한 '문명개화'의 필요성에 대해 더는 의심을 제기하는 이는 아무도 없었다. 문명개화의 성과를 내외에 선전하기 위해서라도 수도 도쿄의 개조는 미룰 수 없는 필수적인 과제임을 인식하게 되었다.

| 시타마치의 변신과 근대적인 번화가의 등장 |

1872년 2월 황거에서 얼마 떨어지지 않은 긴자 일대에서 대화재가 발생했다. 황거 안쪽의 옛 아이즈번会津藩 저택에서 시작된 화재는 바람을 타고 삽시간에 인근 긴자 일대로 번졌다. 황거 남쪽의 시타마치 일대에 2,900호 이상이 불에 타 잿더미가 되었다. 이곳은 에도성을 건립할 당시 해안을 메워 조성한 매립지였는데, 은화를 주조하는 상인조합이 이주하면서 '긴자銀座'라는 이름이 붙여진 거리였다.

화재 직후에 도쿄부 지사는 좁은 도로를 확장하되 건물은 종전대로 소유주가 자유롭게 재건해야 한다는 의견을 제시했다. 하지만 신정부는 기왕 복구 사업을 하는 김에, 화재에 강한 벽돌로 건물을 지어 서구식 시가지로 재건할 것을 결정했다. 당시만 하더라도 문명개화는 서구의 풍습이나 방식을 그대로 모방하는 것이었다. 신정부는 황거에 가까운 데다 시타마치의 중심부에 있는 긴자에 벽돌 거리를 조성함으로써 도쿄의 개조를 대내외에 만방으로 과시하고자 했다.

긴자의 재건 사업은 영국인 기사인 토마스 제임스 워터스Thomas James Waters에게 위임했다. 워터스는 정규 교육을 마친 정식 건축가는 아니지만, 신정부로부터 다양한 사업을 맡아 수행한 적이 있는 경험 많은 엔지니어였다. 그는 전차와 같은 근대적인 교통수단이 왕래할 수 있을 정도로 넓은 가로를 정비한 다음 벽돌과 돌을 자재로 사용해 1층에 아케이드를 두는 영국의 조지안 주택 양식 2층 건물로 통일적인 경관을 가진 시가지를 건설했다.

신정부는 긴자의 벽돌 거리를 근대적인 도시 경관의 모델로 삼아 옛 목조 건축물을 도쿄 시내에서 몰아 내어 일거에 서구적인 경관을 갖춘 근대 도시로 전환하고자 했다. 하지만 정부 계획과 달리 긴자의 벽돌 거리는 1877년에 완공된 이후에도 긴자 이외에 다른 지역으로 확산하지 못했다. 목재에 비해 값비싼 벽돌과 석재를 사용해 건축 비용이 지나치게 비쌀 뿐 아니라 습기가 많은 도쿄의 기후에 적합하지 않았기 때문이다. 그나마 햇볕이 드는 전면부의 상점은 사정이 나았다. 건물 뒤쪽의 거주시설은 음습하고 축축해, 입주자를 구하는 데 많은 어려움을 겪었다. 결과적으로 긴자 벽돌 거리는 주거시설로 부적합했고 임차인을 구하지 못해 빈집만 늘어갔다.

당시 일본을 방문한 외국인에게 새롭게 조성된 긴자는 동양의 거리라기보다 런던이나 시카고 같은 구미 대도시의 변두리에 와 있는 듯한 느낌을 주었다. 영국의 여행기 작가인 필립 테리Philip Terry는《일본 제국 안내서 Terry's Guide to the Japanese Empire》에서 긴자를 뉴욕의 신개발지인 브로드웨이에 비유하며, "크기는 하지만 장려함이 없고, 개성은 있어도 위엄과 단순함을 전혀 지니지 못할" 뿐 아니라 "건축상 뒤죽박죽인 이 거리를 특징짓는 두드러진 성격"이라고 평가했다. 테리의 눈에 긴자의 벽돌 거리는 주변의 전통 가옥과 뒤섞여 "뒤죽박죽"으로 보인 것이다([그림 8-8]).

분명 긴자 벽돌 거리는 서구에서 온 테리의 눈에 "뒤죽박죽"이었을지 모른다. 하지만 당시 사람들에게 이곳은 예전에 보지 못한 새로운 명소였다. 한 가지 다행스러운 점은 서구식 벽돌 건물이 연출하는 '문명개화' 분위기에 끌려 주거가 아닌 업무 공간으로 임대하는 경우가 늘어났다는 것이다. 긴자의 가능성에 가장 먼저 주목한 이들은 항상 새로운 것에 목말라하던 신문사와 잡지사였다. 이들은 발 빠르게 긴자 벽돌 거리로 사옥을 옮겼다. 1873년《닛신신지시日新眞事誌》를 비롯해 1874년《도쿄니치니치신문東京日々新聞》과《초야신문朝野新聞》, 1888년 일본 최초의 일간지인《요코하마마이니치신문橫浜每日新聞》에 이르기까지 다양한 신문사가 이곳으로 사옥을 이전했다. 신문사에 이어 긴 대로를 따라 양복, 연초 같은 수입품과 시계, 약, 화장품 등의 근대적인 상품을 파는 상점 역시 속속 들어섰다. 긴자에 새로 점포를 낸 기무라야木村屋라는 빵집에서 우리에게 익숙한 단팥빵을 처음 만

[그림 8-8]
1880년대 긴자 거리의 모습.

들어 팔기 시작한 것도 바로 이즈음이었다.

| 도쿄 개조 사업과 황거 일대의 변화 1—가스미가세키 |

메이지 유신 이후 10여 년간 도쿄 개조에 관해 관심을 가지는 이는 거의 없었다. 대내외적인 정치 현실이 급박하게 돌아간 만큼 여기에 신경을 쏟을 여력이 없었다. 하지만 정치적인 긴장이 다소 완화하는 가운데 긴자 벽돌 거리가 그 모습을 드러내자, 도쿄 개조에 관한 논의는 급물살을 타게 되었다.

가장 먼저 수도 개조의 필요성에 대해 언급한 이들은 도쿄의 시정 당국이었다. 그러자 다들 기다렸다는 듯이 이에 대해 다양한 아이디어와 갖가지 청사진을 내놓았다. 긴자 벽돌 거리 사업을 진두지휘했던 인사들은 특별한 시선을 끌 수 있는 도시의 상징물을 건설해야 한다고 주장했다. 일부 경제학자와 상공인은 상업이 번성해야 국력이 신장한다면서 옛 다이묘의 광대한 저택 부지를 상업지구로 만들어 국제적인 상업 도시로 개조하자는 의견을 내놓았다.

당시 가장 영향력 있는 저널리스트 가운데 한 사람인 후쿠자와 유키치福澤諭吉 역시 나름의 견해를 피력했다. 그는 도쿄의 시정 당국이 전체적인 계획을 세우지 않고 수도, 도로, 철로 공사 등을 응급 처치하듯이 진행하는 것을 비판하면서 도쿄의 중심에 있는 황거부터 가장 먼저 정비하자고 주장했다. 그가 황거 정비에서부터 도쿄 개조를 시작하자고 주장한 것은 의례 공간으로 황거가 갖는 중요성 때문이었다. 그는 장차 "만국의 군주 및 대통령과 상호 친근한 관계를 맺어야 할 시대"에 이에 걸맞은 장엄한 천황의 거처가 필요하다고 역설했다. 도쿄 개조 사업에 황거를 포함해야 한다는 후쿠자와의 견해는 많은 반향을 일으켰다. 그 결과 1885년 도쿄의 도시 개조를 논의하기 위해 '도쿄시구 개정 심사회'가 설치되었다. 이곳에서는 황거와 그 주변 일대를 도시계획의 중요 대상 지역에 포함했다.

메이지 유신 이후 제대로 된 도시계획을 수립하지 않고 제멋대로 관청과 주택지가 들어서다 보니 관청 사이의 유기적인 소통이 어려운 것은 물론이고, 도시 미관도 좋지 못한 문제가 발생했다. 이를 해결하기 위해 황거 주변과 야마노테 일대에 산재한 정부 관청을 한 곳으로 집중해 업무의 효율성을 기하는 한편 수도에 걸맞은 기념비적인 공간을 만들자는 목소리가 높아졌다. 이에 외무대신으로 '임시 건설국' 총재에 취임한 이노우에 가오루井上隆는 1886년 독일 출신의 건축가인 베크만W. Böckmann에게 '관청집중계획'의 설계를 의뢰했다.

베크만은 에도성 일대의 해자를 메워 옛 에도의 풍경을 일소하는 대신 지금의 긴자 일대를 중심으로 오스만G. E. Haussmann 남작의 파리 대개조 사업에 버금갈 만한 수도 개조 사업을 제안했다. 그러나 베크만의 수도 개조 사업은 그를 적극적으로 지원하던 이노우에 가오루의 실각과 재정 부족 등의 이유로 여러 차례 수정되었다. 하지만 그런 문제점에도 불구하고 어느 정도의 성과를 얻을 수 있었다.

도쿄의 도시 개조에 관한 논의는 1888년 〈도쿄시구 개정 조례〉로 제도화되었다. 이에 따라 도쿄의 도시계획을 논의할 '도쿄시구 개정위원회'가 구성되었다. 도쿄시구 개정위원회는 여러 차례 논의 끝에 옛 에도성의 중심부와 서쪽 일대에다 에도성 아래의 옛 다이묘 저택 부지 일부를 황거로 사용하는 대신 남쪽에 인접한 가스미가세키와 히비야日比谷 일대를 관청가로, 황거 동쪽의 마루노우치丸の內를 상업지구로 사용하도록 결정했다. 황거와 황거 앞 광장에 정치, 경제의 중심 기능을 집중하는 수도 개조 사업의 윤곽이 만들어졌다. 오늘날 도쿄의 가장 핵심적인 공간을 차지하는 황거 주변의 가스미가세키 관청가와 마루노우치 상업지구의 미래는 이렇게 정해졌다.

| 도쿄 개조 사업과 황거 일대의 변화 2—마루노우치 |

도쿄시구 개정위원회는 1889년 5월 황거 남쪽의 다이묘코지大名小路 일대의 광대한 육군 용지를 민간에 매각할 것을 결정했다. 본래 다이묘 저택 부지였던 다이묘코지 일대는 폐번치현으로 번주의 지위를 잃게 된 다이묘가 떠나면서 급격히 황폐해졌다. 메이지 유신 초기 신정부는 황거와 가까운 이곳에 육군 연병장과 막사를 설치했다. 구막부군과 신정부에 반감을 품은 저항 세력으로부터 황거를 호위하기에 안성맞춤의 장소였기 때문이다. 그러나 도쿄 중심의 노른자위 부지를 언제까지 군대 주둔지로 사용할 수 없는 노릇이었다.

8만 4,000여 평에 해당하는 다이묘코지 일대의 육군 용지는 이듬해인 1890년 신흥 재벌로 부상하던 미쓰비시 일가에 매각되었다. 매각 대금은 당시 육군 연간예산의 10분의 1에 해당하는 막대한 금액이었다. 해운업에서 시작한 미쓰비시는 이 금싸라기 땅을 이용해 사업 다각화를 추진하고자 오피스 타운을 조성하려는 계획을 수립했다. 근대적인 디벨로퍼의 시작이었다. 그 결과 이곳에는 1894년 서양식 벽돌 건물로 지은 1호관이 들어선 이래 10여 년간 7채에 이르는 서양식 상업 건축물이 완공되었다([그림 8-9]. 당시 신문에서는 런던의 어느 상업지구에 와 있는 느낌이 든다고 해서 '작은 런던'이라고 불렀다. 현재와 같은 '마루노우치'는 1920년대 말부터 사용하기 시작했는데, 우치구루와內郭, 즉 옛 에도성의 '내곽 안쪽'이라는 뜻을 담은 지명이었다. 마루노우치는 1914년 이곳에 도쿄역이 들어서면서부터 일본의 상업 중심지로 본격적인 발전을 시작했다. 간토대지진과 제2차 세계대전을 거치면서 큰 피해를 보기도 하지만 그때마다 재기에 성공하며 오늘날 일본의 '월 스트리트'로 불리고 있다.

∣ 전통적인 번화가의 변신, 아사쿠사와 우에노 공원 ∣

메이지 유신 이후 문명개화의 풍조 속에 극적인 변화를 경험한 옛 에도의 도시 공간을 들자면 무엇보다 아사쿠사와 우에노를 뽑을 수 있지 않을까 싶다. 에도 서민에게 최대 행락지로 인기가 많았던 아사쿠사는 메이지 유신과 함께 커다란 변화를 겪게 되었다. 구막부군은 아사쿠사 인근의 간에 이사에서 정부군에 맞서 마지막까지 저항을 계속했고 그 결과 이곳은 삽시간에 잿더미가 되고 말았다.

1873년 1월 15일 신정부는 태정관 포고를 통해 폐허로 변한 옛 간에이사 부지를 아사쿠사의 센소사 등과 함께 일본 최초의 공원으로 지정했다. 태정관 포고에 따르면 "고래의 경승지이자 위인의 유적 등은 오늘날까지 군중이 모여들어 유람을 즐기는" 장소 가운데 도쿄에서는 "센소사, 간에지사 경내", 교토에서는 "야사카八坂 신사, 기요미즈사淸水寺 경내, 아라시야마嵐

[그림 8-9]
미쓰비시 1호관 건물. 본래 1968년에 해체되었지만, 사진 자료 등을 토대로 2009년 다시 재현해 현재는 '미쓰비시 1호관 미술관'으로 이용하고 있다.

山"와 같이 "연공 상납을 면제받은 사사의 경내와 예전부터 과세 대상이 되지 않은 공유지"를 선정해 "만인이 모두 즐기는 땅", 즉 공원으로 지정했다. 태정관 포고에 따라 도쿄부는 도쿄 시내에 위치한 센소사, 간에이사, 조죠사增上寺, 후쿠오카 하치만사富岡八幡社의 경내와 아스카야마飛鳥山 다섯 곳을 공원으로 삼았다.

구미 각국을 시찰하고 돌아온 이와쿠라 사절단은 도심에 있는 공원에 깊은 인상을 받았다. 이들은 파리 안에 공원과 광장의 수가 70여 곳이 넘는다는 사실에 놀라면서도 도심 속 공원에 넓은 연못과 숲, 폭포 등이 자연 그대로 보존된 사실을 상세히 기술했다. 이러한 점에서 신정부의 공원 지정은 문명개화의 풍조와 깊은 연관을 가진 것으로 보인다. 하지만 '공원'이란 새로운 공간에 대해 얼마만큼 깊은 이해를 하고 있었는지 다소 의문이다.

어찌 되었든 아사쿠사의 유서 깊은 고찰 센소사는 메이지 유신과 함께 '공원'이란 이름을 새로 얻게 되었다. 하지만 에도 시대 이래 서민들이 자주 찾는 번화가라는 특성은 큰 변화 없이 이어졌다. 공원으로 지정된 이후에도 에도 시대 이래 이곳에서 영업하던 상인들은 사행성 많은 오락과 공연을 상연하는 상점가를 운영하며 인기를 누렸다.

아사쿠사 일대를 근대적인 공원으로 개조·정비하려는 시도가 본격화한 것은 1880년대 중반에 와서의 일이다. 도쿄부는 공원을 운영하는 데 필요한 재원을 마련하기 위해 먼저 아사쿠사 공원을 확대하는 계획을 세웠다. 센소사 서쪽 일대 습지에 커다란 연못을 만들어 주위에 수목을 심고 상가를 조성해 아사쿠사의 상인을 이곳으로 이주시킨다는 계획이었다. 에도 시대 이래 음란하고 사행성이 넘치는 서민의 유흥 공간인 아사쿠사 일대를 근대적이고 서구적인 공원으로 전환하려 한 것이다. 하지만 결과적으로 도쿄부의 의도는 계획대로 실현되지 못했다. 비싼 임대료와 영업 규제로 말

02 중·근세: 무사의 등장과 조카마치의 성립

미암아 이곳으로 이전하려는 상점이 좀처럼 나타나지 않았다. 결국 도쿄부는 얼마 지나지 않아 영업 규제를 사실상 철폐하고 만다. 이후 이곳에는 오락과 흥행물을 주로 공연하는 극장이 밀집해 새로운 번화가로 명성을 누리게 되었다.

특히나 1890년 센소사 경내에 건설된 '료운카쿠凌雲閣'는 그 이름대로 '구름을 뚫을 정도의 높이를 자랑하는 전망대'였다([그림 8-10]). 건물 12층에 해당하는 52미터의 높이는 건설 당시 도쿄 시내에서 최고층에 해당하는 것으로 개장과 동시에 아사쿠사의 명물이 되었다. 료운카쿠는 본래 10층 높이의 벽돌 건물로 건설되었으나 목조로 2층을 증축해 12층이 되었고, 그 결과 '12층'이라는 이름으로 널리 알려졌다. 내부에는 엘리베이터를 설치해 불과 몇 분 만에 전망대까지 올라갈 수 있었다고 한다.

센소사 인근의 또 다른 공원인 간에이사 경내는 신정부 내의 견해 차로 구체적인 용도를 확정하지 못한 채 오랫동안 빈터로 남아 있었다. 그러던 차에 박람회 개최를 식산흥업의 계기로 삼으려는 내무성의 주도로 1877년 제1차 내국권업박람회가 이곳에서 개최되었다. 메이지 신정부는 내국권업박람회 개최 4년 전에 오스트리아 빈에서 개최된 국제만국박람회에 참가했던 경험을 살펴 "공예의 진보를 돕고, 물산 무역의 판로를 개척"하기 위해 "사람들이 돌아다닐 필요 없이 한 곳에 가서 전국의 온갖 물품을 둘러보고, 이로써 그 우열과 차이를 판별할 수 있도록" 서구식 건물과 조경을 대대적으로 도입해 대규모 박람회장을 건설했다. 이후 옛 간에이사의 경내인 우에노 공원에서 1881년과 1890년에 제2차, 제3차 내국권업박람회가 연이어 개최되었다. 그리고 그 과정에서 박물관과 도서관, 미술관 등의 문화시설이 속속 건설되었다. 그 결과 우에노 공원은 일본의 근대화, 즉 문명개화의 성과를 과시하는 장소가 되었다.

1883년에 건립한 우에노 역사는 우에노의 변화를 더욱 빠르게 만들었다. 우에노역은 도쿄에서 동북 지방을 향하는 철도 노선의 관문이 되었다. 우에노역 주변에는 동북 지방에서 도쿄로 이주한 이들의 정착촌이 만들어졌다. 패전 이후 우에노 역사 맞은편에는 미군 물품을 거래하던 암시장이 형성되었다. 오늘날 도쿄를 방문한 관광객이 자주 찾는 아메요코초ア〆横丁 시장은 바로 여기서부터 시작되었다. 이처럼 공원과 철도, 시장을 한 곳에 모두 끌어안고 있는 우에노 일대는 온종일 인파가 끊이지 않는 도쿄의 대표적인 번화가 중의 한 곳이 되었다.

[그림 8-10]
료운가쿠의 모습을 담은
사진엽서.

　　02 중·근세: 무사의 등장과 조카마치의 성립

5.
간토대지진과
도쿄의 확장

| 대지진의 혼란과 간토대학살 |

일본 정부는 근대화의 성과를 과시하기 위해 수도 도쿄를 서구 열강의 여러 도시에 뒤지지 않는 '문명개화'의 공간으로 만들고자 노력했다. 긴자 벽돌 거리를 조성한 것은 이러한 노력의 일환이었다. 하지만 긴자의 '쇼윈도우'는 애초 기대했던 바와 달리 일본의 풍토에 맞지 않았을 뿐 아니라, 건설비가 너무 비싸 다른 지역으로 확산하지 못했다. 그 결과 1890년대 이후 산업화와 함께 도시화가 급속히 진행되었음에도 도쿄의 모습은 일부 도심을 제외하고 예전과 크게 달라지지 않았다. 특히나 서민들이 거주하는 시타마치 일대는 에도 시대의 목조 건물과 비좁은 골목 그대로였다. 일자리를 구하기 위해 도쿄로 상경한 이들은 목재로 값싸게 지은 시타마치의 불량주택에 거주할 수밖에 없었다. 청일·러일 전쟁 이후 제국의 수도에 걸맞은 근대적인 도시를 건설하자는 제안과 함께 시타마치의 주거환경 개선을 바라는 목소리가 여기저기서 터져 나왔다. 이를 실현하려면 무엇보다 도시 곳곳에 남아 있던 '에도스러운' 옛 경관과 풍경을 일소해야만 했다. 바로 이 같은 상황에서 대지진이 도쿄의 낡은 시가지를 뒤흔들었다.

　1923년 9월 1일 오전 11시 58분 도쿄 인근 연안에 발생한 진도 7.9의 대지진은 도쿄를 포함해 가나가와·지바 등의 간토 6개 현에 심각한 피해를 일으켰다. 피해의 상당 부분은 건물 붕괴보다 지진 직후에 발생한 화재로 인한 것이었다. 점심을 짓기 위해 피운 불씨에서 시작한 화재는 무려 3일간 계속되었다. 그 결과 당시 도쿄의 전체 84만 3,000세대 가운데 30만 924세대가 전소하는 피해를 보았을 뿐 아니라 시가지 면적의 44퍼센트가 소실되었다.

　지진 피해의 공포감과 사회 혼란의 불안감이 고조되는 가운데 도쿄 주민 사이에서 "조선인이 방화했다"는 유언비어가 나돌았다. 주민들은 유언비어를 의심하지 않고 지역마다 자경단을 결성해 보이는 대로 조선인을 학살했다([그림 8-11]). 학살당한 조선인의 대부분은 한일병합 이후 힘든 생활고를 견디지 못해 일본으로 도항한 이들이었다. 토지조사사업과 산미증산계획에 따라 총독부로부터 토지를 빼앗기고 소작농으로 전락한 이들은 일본에 건너와 도쿄, 오사카 같은 대도시 변두리 슬럼가에 터를 잡고, 별다른 기술이 필요 없는 품팔이나 직공, 일용 등으로 생계를 유지했다.

　간토대지진 당시 이른바 '간토대학살'로 불리는 조선인 학살 사건은 아라카와荒川를 비롯해 도시 하층민의 거주 비율이 높은 시타마치 일대에서 주로 발생했다. 당시 죽임을 당한 조선인은 최소 6,000명이 넘었을 것으로 추정한다. 지진 발생 직후 경찰과 군대는 조선인을 보호한다는 명목으로 '불온한' 조선인들을 검거했는데, 오히려 이 같은 조치가 자경단에게 유언비어가 사실이라는 그릇된 판단을 내리게 만드는 요인이 되었다고 한다.

　사실 도시 하층민의 소요 사태는 간토대지진 이전에도 심심치 않게 발생했다. 1783년 7월 아사마산의 화산 폭발로 시작된 '덴메이天明 대기근' 당시, 굶주림에 시달린 에도의 하층민들은 일본 역사상 최초의 도시 폭동을 일으켰다. 이들은 사재기를 통해 돈을 벌려고 쌀을 시장에 내놓지 않는 미곡상을 주된 표적으로 삼아 가옥과 가재도구를 파괴하고 쌀을 빼앗았다. 메이지 유신 이후에도 물가가 폭등하거나 식량이 부족한 경제 위기가 발생하면 도시 하층민은 쌀값 폭등을 이유로 '쌀소동' 같은 소요 사태를 일으키는 경우가 적지 않았다.

　그러나 간토대학살은 정부나 권력자에게 불만을 표시한 것이 아니라 경제적으로 비슷한 처지에 있던 조선인을 공격 대상으로 삼았다는 점에서 이전의 소요 사태와 달랐다. 간토대학살은 사회적 약자인 식민지 주민을 차별·배제하고 이들을 희생양으로 삼아 집단적인 공포감을 해소하고자 했다는 점에서 오늘날 세계적으로 문제가 되는 증오 범죄에 유사한 것이었다. 대지진의 혼란을 틈타 벌어진 증오 범죄가 엄청난 사상자를 초래한 '대학살'로 나아간 것은 사회적인 차별과 증오를 해소할 책임이 있는 정부나 미디어가 오히려 이를 방조하거나 조장했기 때문이다.

　간토대지진에서 드러났듯이 사회적 약자에 대한 증오심을 이용해 집단적인 불안감을 해소하려는 움직임을 국가나 사회가 통제하지 못하면 이는 곧 개인이나 집단을 넘어, 사회나 국가적인 범죄가 될 수 있다는 점을 잊어서는 안 될 것이다.

[그림 8-11] 간토대지진 당시 죽창 등으로 무장하고 조선인을 살해했던 자경단 모습.

| 시타마치와 야마노테의 엇갈린 운명 |

간토대지진은 당장에 커다란 시련과 고통이었다. 하지만 재건과 부흥의 기회이기도 했다. 지진 발생 당시 하코네에 체류하고 있던 수필가 다니자키 준이치로谷崎潤一郞는 가족의 안위를 걱정하면서도 장차 재건 사업을 통해 탄생할 새로운 도시의 미래를 다음과 같이 꿈꾸었다.

> 나는 대지진이 발생했을 당시 자신이 살았다고 깨달은 찰나 요코하마에 있는 처자의 안부를 걱정하면서도 거의 같은 순간에 '어이쿠, 이제 도쿄가 좋아지겠구나!' 하는 환희가 솟는 것을 억누를 수 없었다. 샌프란시스코는 10년이 지나자, 예전보다 훌륭한 도시가 되었다고 들었는데 도쿄 역시 10년 뒤에는 멋지게 부흥할 것이다. 그리고 그때야말로 상하이 빌딩이나 마루노우치 빌딩처럼 높고 그럴듯한 건물들로 전부 채워질 것이다.

다니자키는 에도 시대의 낡고 오랜 시가지가 불타 버린 것을 기뻐하면서 폐허로 변한 도쿄가 머지않아 높은 고층빌딩으로 가득 찬 도시로 변신하리라 예언했다. 그러나 간토대지진의 피해는 같은 도쿄라 하더라도 균일하지 않았다. 에도성 건립 당시 해안 매립지에 조성한 시타마치는 원래부터 지반이 약한 데다 목조 건물이 대부분인 관계로 지진에 의한 건물 붕괴와 함께 화재로 인한 피해가 극심했다. 긴자, 아사쿠사를 비롯해 시타마치의 주요 시가지는 [그림 8–12]와 같이 대부분 파괴되었다. 시타마치에 살던 이들의 상당수는 직장과 집을 잃고 도심을 떠나야 했다. 이들 가운데 일부는 야마노테로 이주했지만, 시타마치에 거주하던 대다수 주민은 불타 버린 상점과 집을 등지고 인접한 도쿄 외곽의 북부와 동부 농촌 지역으로 이주했다. 이곳에 땅을 가진 지주나 소규모 부동산업자는 제대로 기반시설을 갖추지 않고 무질서하게 교외 주택지를 개발했다. 이처럼 도쿄 외곽의 전원지대로 도심 인구가 이동하면서 새로운 '시타마치'가 만들어졌다.

결국 이렇게 급격히 인구가 늘어난 북동쪽의 교외지대는 1932년 행정구역 개편에 따라 도쿄시에 편입되었다. 당시 새로 편입된 지역은 오늘날 도쿄도 23개 특별 구에 해당한다. 결과적으로 도쿄 도심을 구성하는 23개 특별 구는 간토대지진에 따른 도심 인구의 이동과 확산으로 만들어진 결과물이라 말할 수 있다.

대지진의 피해에서 보자면 야마노테는 시타마치에 비해 비교적 양호한 편이었다. 단단한 암반 위에 자리 잡은 야마노테 지역에서는 상대적으로 건물 붕괴가 적었을 뿐 아니라 화재로 인한 피해도 크지 않았다. 결국 간토대지진 이후 시타마치와 야마노테 두 지역의 명운은 크게 갈리게 되었다.

[그림 8-12]
간토대지진 직후
니혼바시와 간다
주변 일대의 모습.

| 야마노테선의 개통과 교외의 확장 |

오늘날 전 세계에서 아침 일찍 일어나 자동차나 전차 등을 갈아타고 직장이 위치한 도심까지 매일같이 통근하며 '교외'에서 생활하는 이들은 5억 명이 넘는다고 한다. 외곽 교외에 살면서 도심 직장에 출퇴근하는 통근문화는 철도 같은 새로운 교통수단의 등장과 함께 새롭게 나타난 것이다. 교외 통근문화의 첫 시작은 1836년 런던과 그리니치를 잇는 편도 6킬로미터의 철도가 개통하면서부터였다. 런던-그리니치 철도는 휴일에 도심 외곽으로 나들이를 떠나는 승객을 염두에 두고 건설한 것이었다. 하지만 휴일의 나들이 손님뿐 아니라 철도 노선 인근 거주자들이 런던으로 출퇴근하는 용도로 이용하면서 10년도 지나지 않아 통근자가 승객 대부분을 차지하게 되었다. 런던-그리니치 철도의 성공 이후 영국을 중심으로 대도시 주변에 철도를 따라 교외 거주지를 개발하는 사업이 유행처럼 퍼져 나갔다.

영국과는 조금 다른 방식이지만 20세기 초 일본에서도 철도를 중심으로 대도시 인근에 교외 거주지를 개발하는 사례가 나타났다. 1907년 고바야시 이치조小林一三는 오사카와 고베 인근을 운행하는 미노아리마箕面有馬 전기 궤도회사를 설립했다. 그런데 그의 경영 방식은 이전의 철도회사와 달랐다. 교통 수요가 많은 곳을 운행하는 기존 철도회사와 달리 후발주자인 그의 회사는 기차역 주변에 주택지를 개발해 분양한 다음 철도 이용객을 늘려 경영수지를 맞추는 전략을 취했다. 그러려면 무엇보다 주택 분양에 성공해야만 했다. 고바야시의 회사는 교외 주택지에 사람들을 끌어들이기 위해 다양한 공연·체육 시설을 건립하는 것은 물론이고 터미널에 백화점을 지어 입주민에게 높은 인기를 얻었다.

하지만 일본에서 교외 개발 사업을 대중화시킨 일등 공신은 다름 아닌 간토대지진이었다. 대지진 이후 도쿄 주민 가운데 비좁은 도심을 떠나 안전하고 쾌적한 곳으로 거주지를 옮기려는 이들이 늘었다. 도쿄 인근에서 교외 전차를 운영하거나 설립을 계획하고 있던 사철 회사들은 대지진 이후 이 같은 수요를 새로운 사업 기회로 여기고 교외 주택지 개발 사업에 뛰어들었다. 이들은 고바야시의 사업 방식을 모방해 철도 노선을 부설하고 그 연변에 주택지를 조성하는 계획을 수립했다. 때마침 수력발전으로 전력 생산이 비약적으로 증가하고 장거리 송전으로 전기요금이 저렴해진 결과 사철 노선이 발전할 수 있는 경제적인 요건이 갖추어졌다.

이 같은 상황에서 간토대지진 직후인 1925년 지금의 간다에서 우에노까지 연결하는 선로가 개통하면서 도심을 일주하는 환상선인 야마노테선이 완공되었다. 야마노테선은 본래 군마群馬현을 비롯해 동북 지방에서 생산한 생사를 요코하마역으로 싣고 간 다음 요코하마항에서 선박에 실어 외국에 수출하려는 목적에서 부설한 수출화물 전용 노선이었다. 번잡한 도쿄 도심을 비켜나 전원지대로 우회하도록 둥그렇게 노선을 부설한 것이 시작이었다. 1910년 172만 명에서 1920년 217만 명으로 도쿄 인구가 빠르게 급증하자 시내 교통 문제는 점점 걷잡을 수 없는 지경이 되었다. 이에 일본 정부는 도쿄 도심의 교통 문제를 완화하기 위해 철도 국유화법에 따라 국유화한 야마노테선을 1916년 전철화할 것을 결정한다. 이로써 화물 수송을 위해 부설한 야마노테선의 주된 기능과 역할은 여객 수송으로 바뀌었다.

간토대지진 직후 도쿄 도심을 순환하는 야마노테선이 개통하자 도쿄 인근의 사철 회사들은 통근자들이 손쉽게 도심 직장으로 이동할 수 있도록 신주쿠·시부야·이케부쿠로역에 터미널을 짓고 사철을 접속했다. 그리고 사철 노선을 따라 역 인근에 대규모 주택지를 조성하고 분양 사업을 시작했다. 대지진 직후인 1927년 3월 신주쿠와 오다하라小田原를 잇는 오다큐小田急 전철에 이어, 같은 해 8월 시부야와 가나가와를 잇는 도요코東橫 전철

(현재 도큐東急 전철의 전신) 등이 분양 사업에 성공하면서 신주쿠역과 시부야역의 이용객 수가 크게 늘었다. 1929년 5월의 전차 교통조사에 따르면 신주쿠역은 이용객 수에서 도쿄역, 우에노역을 능가해 제1위에 올랐다. 신주쿠역뿐만 아니라 사철회사의 교외 노선이 접속하는 시부야역, 이케부쿠로역 역시 이용객 수에서 신바시新橋역, 간다神田역과 같은 옛 시타마치 도심의 주요 역을 넘어서게 되었다. 결과적으로 간토대지진 이후 야마노테선의 주요 환승역을 따라 교외 거주지가 확장하면서 '야마노테'의 심상지리 역시 야마노테선을 넘어 도쿄 서쪽 지역으로 확장해 갔다. 야마노테의 확장은 도심이라는 공간을 나누는 경계 의식에도 영향을 끼쳤다. 이제 더는 도쿄 도심을 시타마치와 야마노테로 나누기보다 시내와 교외로 구분하는 새로운 경계 의식이 나타난 것 역시 이 무렵이었다.

한편 많은 이들이 환승하는 신주쿠·이케부쿠로·시부야역 근처에는 교외 통근자를 위한 백화점, 상점가, 영화관 같은 유흥시설이 들어섰다. 그 결과 이곳들은 단순한 환승역에 머물지 않고, 도심과 교외를 잇는 부도심으로 거듭나며 새로운 번화가가 되었다. 특히나 도쿄 서부의 다마多摩 지역과 도심을 잇는 중앙선을 비롯해 여러 사철의 터미널이 들어선 신주쿠는 제2차 세계대전 이후 다마 지역의 교외 개발이 본격화하면서 출퇴근 시에 오가는 샐러리맨뿐만 아니라 쇼핑과 유흥을 목적으로 이곳을 찾는 방문객이 늘면서 일본 최대의 번화가가 되었다.

사철 노선의 확장과 주택지 개발로 도심에 직장을 가진 봉급생활자가 교외에 집을 마련하는 것이 일반화되었다. 그에 따라 도심 직장까지 전철로 출근하는 통근자의 삶은 점차 도시 중산층의 표준적인 생활양식이 되어 갔다. 양복을 입고 커피와 빵 같은 서양식 음식을 즐기면서 백화점에서 상품을 구매하는 샐러리맨 중산층이야말로 근대 도시의 소비문화를 이끌어 가는 주인공이었다. 바야흐로 도쿄는 대도시를 넘어 그야말로 도시적인 삶의 양식이 작동하는 메트로폴리스의 내실을 갖춘 거대 도시로 변모해 갔다
.

6.
'글로벌 시티'로의 전환과 도시 공간의 초고층화

| 에스닉 타운의 등장과 초고층 건물의 건설 |

냉전체제의 붕괴와 세계화의 진전을 바탕으로 1990년대 이후 도쿄는 뉴욕, 런던과 함께 대표적인 '글로벌 시티'가 되었다. 글로벌 시티로 전환하는 가운데 세계 각지에서 이주민이 몰려왔고, 새로운 거주자의 유입과 함께 시내 곳곳에 '에스닉 타운'이 형성되었다. 다만 글로벌 시티 도쿄에 나타난 변화의 양상은 새로운 거주자의 유입과 에스닉 타운의 형성에 그치지 않는다.

지난 2003년 4월 25일에 개장한 롯폰기힐즈六本木ヒルズ는 세계화 이후 도쿄에 나타난 공간 변화, 즉 도심 공간의 수직화를 알린 서막이었다고 할 수 있다. 일본의 최대 부동산개발회사인 모리빌딩에서 주도한 롯폰기힐즈는 소방차가 드나들기 힘들 정도로 좁은 골목을 사이에 둔 롯폰기 6정목 일대 주택 밀집 지역을 재개발하는 사업이었다. 오늘날 이곳에는 높이 238미터에 이르는 고층건물을 중심으로 대규모 복합 건물군이 들어섰다. 그리고 골드만 삭스, 구글을 비롯해 세계적인 글로벌 기업과 금융기관이 입주해 있다([그림 8-13]).

롯폰기힐즈에 이어 미쓰이그룹이 주도한 미드타운Midtown 사업(2007)이 연이어 분양에 성공한 이후 도쿄 도심에는 하루가 다르게 초고층 건물이

[그림 8-13]
롯폰기힐즈의 전경.

02 중·근세: 무사의 등장과 조카마치의 성립

들어서고 있다. 이 같은 초고층 건물군은 IT, 금융, 서비스업과 같이 세계화를 이끄는 새로운 성장산업에 필요한 사무실과 함께 여기서 일하는 이들의 거주 공간으로 구성되어 있다. 다만 롯폰기힐즈와 미드타운은 도심 속 쇼핑몰이나 여타 고층건물과 차별화하기 위해 각기 모리미술관(롯폰기힐즈), 산토리미술관(미드타운)을 유치해 초고층 거주 공간에 미적 가치를 부여하는 전략을 취했다. 이 같은 새로운 공간 전략은 일단 성공한 듯 보인다. 롯폰기힐즈와 미드타운의 레지던스 건물에는 글로벌 기업에 종사하는 초엘리트 계층과 상류층이 거주하며, 글로벌 시티 도쿄를 상징하는 새로운 중심지가 되었다.

| 야마노테의 도쿄타워와 시타마치의 스카이트리 |

흥미롭게도 지진과 같은 자연재해를 견디기 위해 초고층 건물을 주로 단단한 암반대를 가진 야마노테 일대에 건립하다 보니 도쿄의 경관은 대체로 서고동저의 스카이라인을 갖게 되었다. 거품경제 붕괴 이후 '일억 중산층'이라는 일본 사회의 오랜 신화가 무너지는 가운데 세계화에 따른 글로벌 시티로의 전환 과정에서 시타마치와 야마노테라는 수평적인 공간 분리가 초고층 빌딩의 등장과 함께 고도 차에 따른 수직적인 도시화로 재편되는 양상이 벌어진 셈이다.

다만 세계화에 따른 수직적인 도시화는 야마노테에 그치지 않는다. 지난 2020년 도쿄올림픽 중계방송에서 가장 인상적인 장면 가운데 하나는 도쿄타워와 스카이트리를 중첩해서 만든 현지 스튜디오의 배경 화면이 아니었나 싶다. 이로써 스카이트리는 오랫동안, 이 도시를 대표해 온 도쿄타워와 함께 새로운 랜드마크의 자리를 꿰찬 것이 분명해 보였다. 전체 높이가 634미터에 달하는 스카이트리는 현재 두바이의 부르즈 할리파 빌딩에 이어 세계에서 두 번째로 높은 건축물에 해당한다.

스카이트리는 그 거대한 규모도 놀랍지만, 남달랐던 점은 신속한 의사 결정과 건설 속도였다. 일본에서 스카이트리에 대한 논의가 시작된 것은 지난 2003년이었다. 공영방송인 NHK를 비롯해 도쿄의 주요 방송국은 날로 고층화하는 도심의 전파환경과 디지털 방송 송출을 고심하던 끝에 기존의 도쿄타워를 대신해 새 송신탑을 건립하기로 한다. 때마침 도쿄의 국제경쟁력을 높이기 위해 도시재생 사업에 많은 관심을 가진 일본 정부와 도쿄도 역시 도심의 명물이 될 스카이트리 건립 사업에 행정적인 지원을 아끼지 않았다. 그 결과 논의를 시작한 지 불과 10년도 지나지 않은 지난 2012년에 공사를 완공하고 일반에 개장할 수 있었다.

건설 초기만 하더라도 거대한 건축물을 두고 우려와 비판의 목소리가 작지 않았다. 일본 각지에 고층 타워나 전망대가 이미 난립한 상황인데 많은 돈을 들여 스카이트리를 건설할 필요가 있을지 의문을 제기하는 이들이 많았다. 거품경제의 붕괴로 가뜩이나 소비가 위축된 상태에서 이처럼 거대한 토목공사를 벌이는 것은 일종의 도박처럼 보였다. 하지만 현 스미다墨田구 오시아게押上의 폐화물역 부지가 스카이트리의 부지로 최종적인 낙점을 받았다. 많은 관광객이 방문하는 아사쿠사에서 가까운 데다 넓은 부지를 차지한 레미콘공장을 이전하고 도시재생 사업을 실시하면 주변 시타마치 일대에 가져올 경제 효과가 클 것이라 기대했기 때문이다. 롯폰기힐즈와 미드타운을 비롯한 초고층 건물이 우후죽순처럼 들어서는 야마노테 지역과 비교해 도심 재개발 사업이 뒤처진 시타마치의 분위기를 반전시킬 수 있는 랜드마크를 건설하려는 계획이었다.

그런데 막바지 공사가 한창이던 2011년 3월 11일 스카이트리의 미래를 뒤바꾼 사건이 발생했다. 바로 도쿄를 비롯해 동일본 지역에 엄청난 피해를 안겨준 3·11 도호쿠東北 대지진이었다. 대지진 발생 이후 엄청난 진동을 견딘 스카이트리를 찾는 이들의 행렬이 시작되었다. 이들은 이곳에서 대재앙으로 목숨을 잃은 이들을 추모하고 무너진 일본의 재건을 기원했다. 이로써 구태의연한 거대 건축물이나 흉물스러운 중계탑이 될 뻔한 스카이트리는 오랜 경제 불황으로 움츠러든 일본인의 마음을 달래 주는 힐링의 장소이자 대지진의 슬픔을 극복하고 재기를 상징하는 기념 공간이 되었다.

흥미로운 점은 스카이트리가 대지진에도 아랑곳하지 않는 글로벌 시티 도쿄의 상징이라는 의미소를 획득하는 동안에도 옛 명소인 도쿄타워의 인기가 식지 않고 굳건하다는 것이다. 도쿄타워는 전후 일본의 고도 경제성장이 한창이던 1957년에 공사를 시작해 그 이듬해인 1958년 12월 24일 크리스마스 이브에 개장했다. 애초에는 우에노 공원에 건설하는 방안도 검토했지만, 지대가 높고 암반층이 깊어 고층 건물을 짓는 데 유리한 야마노테에 건립했다. 이후 도쿄타워는 제2차 세계대전 당시 잿더미로 변한 도쿄의 부활을 알리는 상징물로 1964년 도쿄 올림픽을 통해 후지산과 함께 일본의 재기와 경제 부흥을 알리는 명소로 세상에 알려졌다.

최근 설문조사에 따르면 도쿄타워와 스카이트리에 대한 인식은 연령대별로 조금씩 차이를 보였다. 10대, 20대의 경우 스카이트리에 대한 선호도가 높았지만 30대는 반반, 40대 이후의 장년층은 오히려 도쿄타워를 여전히 도시의 상징물로 인식하려는 경향이 높았다. 1960~1970년대 고도 경제성장기를 경험했거나 혹은 어린 시절 이곳을 방문한 추억을 가진 이들에게 도쿄타워는 '후루키요키지다이古き良き時代', 즉 일본 경제가 호황이던 '과거의 좋은 시절'을 회상하는 장소로 인식되고 있다. 고도 경제성장의 과실을 좇아 지방에서 상경한 이들의 '도쿄 드림'을 상징하는 도쿄타워와 세계 도시 'TOKYO'를 조망할 수 있는 스카이트리, 황거를 사이에 두고 야마노테

와 시타마치에 들어선 도쿄타워와 스카이트리는 이제 각자의 역할을 달리 하며 도쿄의 새로운 기억을 만들어 가는 중이다.

[그림 8-14] 도쿄 중심가를 사이에 두고 마주 보는 스카이트리(좌)와 도쿄타워(우).

02 중·근세: 무사의 등장과 조카마치의 성립

03

근대

조카마치의

해체와

근대

도시의

형성

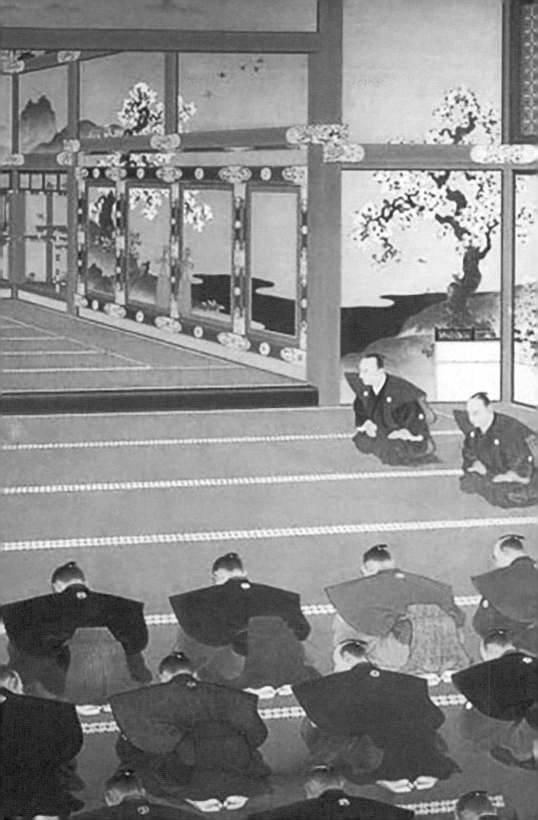

09
하기:
'양이'와 '도막' 운동의 진원지에서
위기의 지방 도시로

1.
메이지 산업혁명 유산의
유네스코 세계유산
등재

| 메이지 산업혁명 유산의 빈곤한 내러티브 구성 |

지난 2015년 7월 일본 정부는 미쓰비시 나가사키 조선소를 비롯해 규슈, 야마구치 일대의 산업유산 23곳을 하나로 묶어 '메이지 일본의 산업혁명 유산, 제철·철강·조선·석탄 산업(이하 '메이지 산업혁명 유산')'을 유네스코 세계유산에 등재하는 데 성공했다. 메이지 산업혁명 유산은 국내에도 널리 알려진 '군함도(일본명 하시마[端島])'를 비롯해 제2차 세계대전 당시 조선인과 중국인, 연합군 포로 등을 강제 노역에 동원한 시설이 무려 7곳이나 포함되었다. 이 같은 이유로 유네스코 세계유산 등재 과정에서 한국을 비롯한 주변국으로부터 거센 항의를 받기도 했다.

한국에서 메이지 산업혁명 유산은 과거 일본제국주의의 강제 동원에 초점을 맞추어 보도되었지만, 실은 일본 우익의 역사 인식을 강하게 반영한 사실상의 국가 기획 프로젝트였다는 점에 주의할 필요가 있다. 메이지 산업혁명 유산 목록에 포함된 장소 가운데 요시다 쇼인吉田松陰의 쇼카손주쿠松下村塾와 옛 조슈번(현재의 야마구치현 일대)의 하기萩 조카마치는 이 같은 특성이 잘 드러난 곳이다([그림 9-1]). 사실 쇼카손주쿠와 하기 조카마치는 세계유산 등재 신청 당시에 일본에서도 산업유산으로 볼 수 있을지 갑론을박이 많았다. 하지만 두 곳 모두 메이지 산업혁명 유산 목록에 그 이름을 올릴 수 있었다. 무슨 이유에서였을까?

03 근대: 조카마치의 해체와 근대 도시의 형성

대답은 사실 간단하다. 하기를 포함한 야마구치현은 아베 신조安部晋三 전 총리의 고향이자 정치적 기반인 곳이다. 게다가 아베 전 총리는 자신이 가장 존경하는 인물이 요시다 쇼인임을 여러 차례 밝힌 바 있다. 세계유산 등재 과정에서 아베 총리가 자신의 선거구인 야마구치현을 배려하기 위해 하기 조카마치와 요시다 쇼인의 쇼카손주쿠를 메이지 산업혁명 유산 목록에 넣고, 정치적인 영향력을 행사하고 있다는 비판이 제기되었다. 하지만 이같은 비판 여론에 대해 일본 정부는 세계유산의 브랜드 효과를 국가적인 상징으로 활용하기 위해 총리가 유네스코 등재에 앞장섰을 뿐 직접적인 관련이 없다고 주장했다. 그러나 총리 개인의 소신이나 정치적인 배려가 아니라 국가적인 상징을 활용하기 위해서라는 일본 정부의 주장을 사실로 인정하더라도 메이지 산업혁명 유산은 세계유산의 가치를 담기에 너무나 빈곤한 내러티브로 구성되었다는 점에서 문제가 있다.

유네스코 신청 당시 일본 정부는 "서양으로부터 적극적인 산업기술을 도입해 비서구 국가에서 처음으로 자신의 의지로 산업화를 이룩하고, 세계무대에서 근대 국가로 인정"받은 것에 유산의 보편적인 가치가 있다고 주장했다. 하지만 일본 정부가 내세운 유산의 가치는 150여 년 전 메이지 신정부가 근대화를 위해 내걸었던 '문명개화', '식산흥업', '부국강병', '탈아입구'의 슬로건을 그대로 답습한 것일 뿐이다. 주지하다시피 메이지 신정부는 서구 열강에 대항한다는 명분으로 '식산흥업'과 '부국강병'의 기치를 내걸고 산업혁명을 일으켰다. 그러나 식산흥업과 부국강병은 자국의 근대화로 끝나지 않았다. 근대화에 성공한 일본은 문명개화를 명분삼아 이웃한 조선의 식민 지배에 나섰고 이를 통해 마침내 '탈아입구'를 달성하게 된다. 이러한 점에서 메이지 산업혁명 유산은 일본의 산업화나 근대화뿐 아니라 과거의 제국주의 침략을 증언하는 기록이기도 하다.

[그림 9-1]
유네스코 세계유산에 등재된 쇼카손주쿠(위)와
하기 조카마치 무사 거주지(아래) 일대의 모습.

03 근대: 조카마치의 해체와 근대 도시의 형성

| 아베 정권의 역사 인식과 메이지 산업혁명 유산 |

아베 전 총리를 비롯한 일본의 우익 세력은 메이지 산업혁명 유산이 근대화에 중요한 역할을 했다는 점만 강조할 뿐 식민지배와 강제 동원에 관련된 사실은 인정하려 하지 않는다. 이들은 자신들의 역사 인식을 합리화하기 위해 메이지 산업혁명 유산의 가치를 '메이지 시기(1868~1911)'로 제한하는 꼼수를 쓰고 있다. 일본에서는 메이지 유신 이후 군주의 재위 중에 하나의 연호만 사용하는 일세일원제一世一元制를 사용하면서 연호로 시기를 구분하는 것이 일반화되었다. 이러한 점을 이용해 일본 정부는 유네스코에 세계유산 등재를 신청할 당시 산업혁명 유산의 역사적 가치를 막말 개항 이후부터 1910년 한일 강제 병합 직전까지, 즉 메이지 시기로 제한했다고 항변한다. 다시 말해 만주사변(1931) 이후 중일전쟁(1937), 제2차 세계대전(1941)을 지나 패전(1945)으로 치달았던 '쇼와 시기(1926~1989)'와 달리 메이지 시기는 식민지배나 대외 침략 전쟁이 일어나기 이전으로, 일본이 국제사회에 사죄할 필요 없이 '아름답고', '영광스럽게' 기억해도 무방하다는 것이다.

메이지 시기에 대외 침략 전쟁이 없었다는 일본 정부의 주장은 청일전쟁과 러일전쟁을 통해 타이완을 식민지로 빼앗았을 뿐 아니라, 한반도를 식민지화하는 데 중요한 전기를 마련했다는 점에서 역사적 사실과도 부합하지 않는다. 그런데도 일본 정부와 우익 세력은 제1차 세계대전이 일어나기 전까지 일시적으로 평화와 번영을 누린 유럽의 '벨 에포크Belle Époque'에 빗대어 메이지 시기야말로 서구의 산업기술을 수용해 '근대'라는 보편적 가치를 달성하고자 노력했던 '아름답고 영광스러운 과거'로 기억하려는 태도를 바꾸지 않는다. 이처럼 퇴행적인 기억으로 이루어진 일본 우익의 역사관에서 쇼카손주쿠와 하기 조카마치는 메이지 일본의 출발점이자 산업혁명 유산의 성공 이야기를 시작하는 첫 단추라는 점에서 중요한 의의가 있다.

유네스코 세계유산 등재 이후 하기는 '메이지 유신의 고향'이라는 기왕의 타이틀에다가 '산업혁명의 발상지'라는 별명까지 추가하게 되었다. 그런데 여기서 드는 의문 한 가지. 메이지 유신의 고향이자 일본 산업혁명의 발상지인 하기가 정작 근대화와 공업화의 수혜에서 빗겨나 있는 것은 과연 무슨 이유 때문일까?

현재 하기의 전체 인구는 4만 명을 조금 넘는 정도이다. 변변한 산업시설이 없다 보니 인구 과반수가 관광과 서비스업에 종사하는 지방 중소 도시가 하기의 현재 모습이다. 자신의 지역구에 온갖 구실을 달아 예산을 배당하는 정치인의 행태는 일본이라고 다르지 않다. 일본의 지자체 가운데 역대 가장 많은 총리를 배출한 곳이 야마구치현인 데다 자타가 공인하는 메이지 유신의 고향 하기가 정작 농업과 관광산업에 의지하는 한적한 지방 도시로 남게 된 이유에 대해 살펴보도록 하자.

2.
조카마치 하기의 성립과
요시다 쇼인의 쇼카손주쿠

| 모리 가문과 조슈번의 성립 |

메이지 유신의 주축 세력인 조슈번은 모리毛利 가문에서부터 시작되었다. 일개 소 영주에서부터 출발한 모리 가문은 서일본 지역의 주요 다이묘인 오우치大內 가문을 무너뜨리고 지금의 야마구치현을 비롯해 돗토리鳥取·시마네島根·오카야마岡山·히로시마廣島현 일대를 포괄하는 주고쿠中國 지방

대부분을 손에 넣은 유력 다이묘로 성장하게 된다. 센고쿠 다이묘로 부상한 모리 모토나리毛利元就의 위세는 오다 노부나가와 천하의 패권을 다툴 정도로 대단했다.

모토나리의 손자 데루모토輝元는 오다 정권의 계승자인 도요토미 히데요시와 우호적인 관계를 구축하며 그가 일으킨 규슈 정벌, 임진왜란 등에 참전해 커다란 공을 세우며 정치적인 입지를 강화했다. 그 결과 데루모토는 도쿠가와 이에야스와 함께 도요토미 정권을 떠받치는 다섯 명의 최고 권력자에까지 오르게 된다.

승승장구하던 모리 가문은 히데요시의 갑작스러운 죽음 이후 커다란 위기를 맞게 되었다. 데루모토는 도요토미 정권의 계승자를 자임하는 이시다 미쓰나리石田三成의 부탁을 거절하지 못해 세키가하라 전투에서 서군의 총대장을 맡게 되었다. 그러나 전투는 이에야스의 승리로 끝이 났고, 데루모토를 괘씸히 여긴 이에야스는 주고쿠 지방 8개국 120만 석에 이르는 데루모토의 영지 가운데 3분의 2를 몰수하고 그가 정성 들여 쌓은 히로시마성도 빼앗았다. 그 대신 혼슈의 가장 서쪽에 있는 나가토長門·스오周防 2개국 37만 석만을 영지로 인정하고 나가토·스오 양국의 중심에 있는 야마구치, 세토 내해에 접한 교통의 요지 호후防府, 동해에 면한 벽지인 하기 3곳 가운데 한 곳을 새 본거지로 정하도록 지시했다([그림 9-2]). 막부의 심기를 살펴야 했던 데루모토는 자의 반 타의 반 3곳 가운데 상대적으로 입지조건이 가장 나쁜 하기를 택했다. 정치적으로나 경제적으로 입지가 좋은 야마구치나 호후를 포기하는 대신 궁벽한 곳이지만 군사 방어에 유리한 이점을 가진 하기를 새 거점으로 선택해 막부의 환심도 사고 유사시에 대비하려고 했다. 이에 따라 1604년 시즈키산指月山 기슭에 성곽 건설공사를 개시하면서 조카마치 하기의 역사가 시작되었다.

| 조슈번의 재정 개혁 |

세키가하라 전투 이후 영지가 대폭 줄어든 조슈번은 턱없이 적은 수입에 비해 많은 가신을 껴안게 되었다. 이런 경우 영지 수입에 맞추어 가신을 줄이는 것이 일반적이지만, 조슈번은 다른 길을 택했다. 가신을 줄이지 않는 대신 영지 규모에 비해 많은 가신을 부양하는 방안을 마련하기 위해 고심했다. 무엇보다 번의 재정 수입을 늘리기 위해 조슈번은 식산 정책에 많은 관심을 가졌다. 조슈번에서 주목한 상품은 쌀, 소금, 종이, 초였다. 적극적인 개간 사업으로 경지를 늘려 쌀의 생산량을 늘리는 한편 영지에서 채굴되는 석탄을 이용해 자염煮鹽을 만들어 팔아 새로이 염전 수입을 확보했다. 또한 종이와 초의 원료가 되는 닥나무와 검양옻나무를 심도록 하고 이를 가공해 종이와 초로 만들어 번의 특산물로 삼았다.

재정 수입을 늘리려는 조슈번의 노력은 미곡 증산과 특산물 개발에 그치

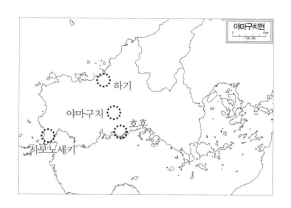

[그림 9–2]
조슈번의
주요 도시.

03 근대: 조카마치의 해체와 근대 도시의 형성

지 않았다. 에도 시대 경제 중심지는 오사카였다. 17세기 중반 이후 태평양 연안을 따라 일본 열도를 남하하는 동회항로, 그리고 세토 내해를 거쳐 오사카와 에도를 잇는 서회항로가 잇달아 개통하면서 오사카 도지마의 미곡 거래소는 오늘날 증권거래소처럼 각지 다이묘가 연공으로 징수한 쌀을 가져와 거래하는 전국적인 물류 중심지가 되었다. 이처럼 해상교통망이 정비되자 조슈번의 위상에 변화가 나타났다. 서회항로를 따라 혼슈 서쪽 일대의 쌀과 규슈 지역의 생산물을 오사카로 운송하려면 혼슈의 가장 서쪽에 있는 조슈번을 지나 간몬해협을 거쳐야 했기 때문이다. 세키가하라 전투에 패배한 탓에 일본 열도의 변경으로 밀려났던 조슈번은 서회항로의 정비를 계기로 해상교통의 요지로 거듭나게 되었다.

조슈번은 해상교통의 요지라는 이점을 적극 활용해 재정을 개혁하고자 노력했다. 19세기 초 조슈번은 대대적인 재정 개혁의 일환으로 간몬해협에 접한 시모노세키에 무역관리소를 새로 설치했다. 이곳은 말만 무역관리소이지 일종의 종합상사 같은 곳이었다. 조슈번은 서회항로를 따라 각지에서 기항하는 선박의 화물 매매를 중개하거나 이를 담보삼아 돈을 빌려주고 수수료를 챙겼다. 더욱이 오사카 시장 시세가 저렴할 때 시모노세키에 모여든 상품을 값싸게 사서 창고에 보관하고 있다가 오사카의 시세가 올라가면 고가에 가져다 파는 방식으로 막대한 차익을 얻기도 했다.

이와 함께 번 내에서 면직물을 자유롭게 거래할 수 있도록 허용하는 것은 물론이고 특산품의 전매제 역시 중지했다. 그 대신 상인들이 벌어들인 이익의 일부를 영업세로 징수했다. 이 같은 재정 개혁을 통해 벌어들인 수익금은 조슈번이 여타 번과 달리 막대한 경비가 소요되는 군제 개혁에 앞장설 수 있는 경제적인 바탕이 되었다.

| 요시다 쇼인과 존왕양이론 |

조슈번이 여타 번과 달리 존왕양이운동과 도막운동의 중심에 설 수 있던 것은 단지 재정 개혁을 통해 얻은 수익금 때문만이 아니다. 다카스기 신사쿠高杉晉作를 비롯해 기도 다카요시木戸孝允, 이토 히로부미伊藤博文, 야마가타 아리토모山縣有朋 등과 같이 메이지 유신에 앞장섰던 인사들은 모두 조슈번 출신이다. 그런데 이들은 신분을 초월해 요시다 쇼인의 쇼카손주쿠에서 함께 수학했다는 공통점을 갖는다([그림 9-3]).

하기 시내 동쪽 변두리에 있는 쇼카손주쿠는 본래 쇼인의 숙부가 운영하던 사설 학당이었다. 살아생전 그다지 큰 주목을 받지 못했던 쇼인이 사후에 커다란 명성을 얻게 된 것은 전적으로 그의 제자 덕분이었다. 젊은 시절 쇼인은 당대 최고의 양학자인 사쿠마 쇼잔佐久間象山에게 수학하면서 국제 정세에 관심을 갖게 되었다. 그는 자기 눈으로 외국 사정을 살펴보기 위해

[그림 9-3]
요시다 쇼인 기념관 앞에 놓인
야마가타 아리토모(왼쪽),
기도 다카요시(가운데),
이토 히로부미(오른쪽) 동상.

　　　　　　　　　　　　　　03 근대: 조카마치의 해체와 근대 도시의 형성

막부가 금한 해외 도항을 어기고 밀항을 결심한다. 때마침 미일화친조약을 체결하기 위해 시모다에 정박 중인 미국 선박에 승선을 시도하지만, 승무원에게 발각되어 밀항계획은 실패로 끝이 났다. 막부는 밀항을 시도한 쇼인에게 칩거에 처하는 유배형을 내렸다.

고향 하기에서 유배 생활을 하는 동안 쇼인은 쇼카손주쿠에서 신분을 가리지 않고 학문에 뜻을 가진 이들을 제자로 받아들였다. 그리고 이들에게 양명학을 비롯해 다양한 학문을 가르쳤다. 양학을 공부해 서양 사정에 정통하고 막부의 지시를 어기면서까지 몸소 밀항을 시도했던 쇼인의 가르침은 새로운 세상을 갈망하던 이들에게 한 줄기 빛과 같았을지 모른다. 이러한 가운데 1858년 미일수호통상조약이 체결되었다는 소식이 전해졌다. 존왕론에 심취해 있던 쇼인은 천황의 칙허를 구하지 않고 막부가 제멋대로 조약을 체결한 사실에 분노했다. 그리고 이에 항의하고자 막부 측 주요 인사를 암살하려는 계획을 수립한다. 하지만 이를 실행에 옮기기 전에 검거되어 에도로 이송되었다가 1859년 11월 죽음을 맞이한다.

쇼인의 죽음 이후 그의 제자들은 그를 대신해 존왕양이에 투신할 뜻을 품고 직접 행동에 나섰다. 그리고 이들은 훗날 메이지 유신에 큰 공을 세워 메이지 신정부의 주역이 되었다. 메이지 유신 이후 40여 년이 지나 일본의 주요 인사로 성장한 쇼인의 제자들은 1907년 쇼인 신사를 건립했다([그림 9-4]). 그러자 이를 계기로 그에 대한 대대적인 현창운동이 일어났다. 그 결과 쇼인은 존왕양이의 대표적인 사상가로, 하기는 존왕양이운동의 고향으로 세상에 알려지게 되었다([그림 9-5]).

오늘날 쇼인은 모든 요리에 넣는 만능 조미료처럼 메이지 유신에 빠뜨릴 수 없는 중요한 사상가 혹은 교육자로 이야기되고 있다. 이 같은 서사 방식은 메이지 산업혁명 유산에서도 반복적으로 사용되고 있다. 예컨대 일본

[그림 9-4]
쇼인 신사의 전경.
[그림 9-5]
요시다 쇼인의 초상화.
※출처: 야마구치현 문서관.

03 근대: 조카마치의 해체와 근대 도시의 형성

정부의 산업유산정보센터 홍보물에서 쇼인은 '일본 산업혁명의 원동력'이자 '공학 교육을 제창한 선구자'로 소개된다. 귀에 걸면 귀걸이 코에 걸면 코걸이인 식이다. 요시다 쇼인의 제자들이 메이지 유신에 중요한 역할을 담당했던 것은 사실이지만 그렇다고 해서 그가 공학 교육의 선구자가 될 수 있는지 아무리 생각해도 동의하기 힘들다. 뒤집어 말하자면 쇼카손주쿠와 하기 조카마치가 유네스코 등재 목록에 포함된 것이야말로 메이지 산업혁명 유산에 담긴 역사관이 얼마나 편의적으로 구성되었는지를 아주 잘 보여 준다.

한 가지 주의해야 할 점은 쇼인을 평가할 때 그의 양이론을 조선의 척사론과 같은 시선으로 바라보아서는 안 된다는 것이다. 최익현을 비롯한 조선의 양이론자는 서양 문명에 맞서 중화 문명을 지켜야 한다는 근본주의 입장에 섰던 것과 비교해 쇼인은 통상 자체를 반대하지 않았다. 오히려 그는 개항을 통해 일본이 적극적으로 통상에 나서야 한다고 보았다. 그가《유수록幽囚錄》에서 조선과 만주를 침략하자고 주장한 것은 러시아에 빼앗긴 통상의 이익을 회복하기 위해서였다. 그가 막부를 비판한 것 역시 미국 영사로 부임한 해리스의 압력에 굴복해 국가적인 체면을 잃어버리고 통상조약을 체결했다는 점에 있었던 것이지 통상조약 체결 자체를 반대한 것이 아니다. 쇼카손주쿠를 찾아온 제자들에게 쇼인이 강조한 것은 '번'이라는 구속에서 벗어나 '일본'이라는 국가를 먼저 생각하고 서세동점의 위기에서 벗어날 방도를 찾는 것이었다. 그에게 존왕양이는 이를 달성하기 위한 수단일 뿐 결코 최종 목적이 아니었다.

3.
두 차례의 조슈 전쟁과
왕정복고 대호령

| 양이 실행의 기한과 시모노세키 포격 |

1860년 막부 수뇌부의 최고 수장인 이이 나오스케井伊直弼의 암살 사건이 일어난 후 막부 주요 인사에 대한 테러가 연이어 발생하는 가운데 막부의 정치 개혁을 요구하는 목소리가 커지기 시작했다. 특히나 에도 막부 아래 국정 관여를 금지당한 도자마번 계열의 조슈번과 사쓰마번은 서로 경쟁하듯 막부 개혁운동의 전면에 나섰다. 먼저 조슈번은 1861년 막부와 조정에 '항해원략책航海遠略策'을 제안했다. 항해원략책은 어쩔 수 없이 개항하는 척 시늉만 하다가 혼란에 빠진 청국의 사례를 본보기 삼아, 임시방편적인 자세를 버리고 오히려 적극적으로 해외 무역에 나서야 한다는 주장이었다. 조슈번의 적극적인 개국론은 표면상 배외 의식이 강한 천황과 조정을 설득함으로써 통상조약 체결 이후 정치적으로 궁지에 몰린 막부를 돕기 위한 것이었다. 하지만 실상을 알고 보면 조슈번의 경제적 이익과도 깊은 관련이 있었다.

앞서 살펴보았듯이 조슈번을 비롯해 당시 웅번雄藩으로 불리는 사쓰마번, 미토水戸번, 에치젠越前번 등은 막부의 지시를 어기고 요코하마와 나가사키에서 밀무역을 통해 많은 이익을 챙기고 있었다. 그리고 이렇게 벌어들인 수익을 바탕으로 번정 개혁에 나섰다. 다만 막부 역시 이런 사정을 모를 리 없었다. 1860년 막부는 밀무역에 나선 다이묘의 해외 교역을 통제하기 위해 요코하마 개항장에서 거래되는 생사·잡곡·등유·밀랍·포목의 주요 다섯 상품을 반드시 에도 도매상을 거쳐 유통하도록 지시했다. 조슈번의 항해원략책은 이처럼 유력 다이묘의 밀무역을 통제하려는 막부의 조치에 맞서 적극적인 개국과 함께 다이묘의 해외 무역 참여를 인정해 달라고 요구한 것이었다.

항해원략책을 들고 나온 조슈번과 함께 정치 개혁을 요구하는 또 하나의 주요 세력은 사쓰마번이었다. 사쓰마번의 시마즈 히사미쓰島津久光는 조정을 뜻하는 공가와 막부로 대표되는 무가 사이의 협력을 주된 내용으로 삼는 '공무합체'를 주장하며, 쇼군에게 정치 개혁을 더욱 강력히 요구하기 위해 1862년 4월 직접 병사를 이끌고 교토로 행군하는 퍼포먼스를 연출했다. 다이묘 사이에서 여론의 주도권을 놓고 사쓰마와 경합하던 조슈번은 히사미쓰의 출병 소식에 적지 않게 당황했다. 이를 계기로 조슈번은 지금까지 막부에 협조적인 항해원략책을 파기하는 대신 '양이봉칙攘夷奉勅'*으로 전환할 것을 분명히 했다. 항해원략책이 양이를 주장하는 조정을 비방하는 것이라는 여론을 의식해, '양이'를 새로운 정치 노선으로 채택한 것이다. 이러한 점에서 조슈번의 '양이'는 실추된 번의 입지를 회복하기 위한 정치적인 수단이지, 그 자체가 궁극적인 목적인 것은 아니었다. 이제 조슈번은 이전과 180도 자세를 바꾸어 개국에서 양이로, 그것도 먼 미래의 양이가 아니라 즉각적인 양이의 실행을 조정에 요청하게 된다.

한편 조정은 조슈번을 비롯한 존왕양이 인사의 여론 공작과 압력에 떠밀려 막부에 칙사를 보내기로 한다. 그에 따라 조정의 칙사가 쇼군을 찾아가 교토로 상경할 것을 요청했다. 천황의 칙지를 받아 든 쇼군 도쿠가와 이에모치德川家茂는 조정의 칙사에게 상경할 뜻을 전하고, 이듬해인 1863년 3월 교토로 행차했다. 막부는 쇼군의 위광에 상처가 나지 않도록 이에모치의 상경

---

* 천황의 칙명에 따라 양이, 즉 외국인 배척운동을 전개하자는 주장.

이 공무합체를 몸소 보여 주기 위해 천황을 비롯한 조정의 요구에 따른 것이라고 주장했다. 하지만 세간에서는 사쓰마와 조슈의 압력에 밀려 쇼군이 상경했다는 소문이 파다했다. 교토에 상경한 이에모치는 천황에게 그해 5월 10일까지를 양이 실행의 기한으로 약속하고 다시 에도로 돌아왔다.

이로써 양이 실행의 최종 기한이 정해졌다. 다만 양이 실행에 관한 생각은 조금씩 달랐다. 먼저 막부는 쇼군이 오랑캐에 맞서 국가를 지켜야 할 '정이征夷'의 책임을 진 이상 표면적으로 양이의 칙명을 받들되, 어디까지나 평화적인 방법으로 현행 조약의 취소를 외국과 논의하자는 입장이었다. 이에 반해 천황은 현행 조약을 인정할 수 없다는 생각에는 변함이 없었다. 하지만 그렇다고 혹시나 전쟁에서 패하면 면목이 없으므로 분쟁만큼은 피하고 싶은 것이 솔직한 심정이었다. 이에 반해 조슈번의 생각은 전혀 달랐다. 막부가 맺은 현행 통상조약은 천황의 합의 없이 독단적으로 체결한 것이기에 일단 이것부터 파기하고 공의에 따라 다시 조약을 맺어야 한다고 보았다. 그리고 그 과정에서 외국과 전쟁을 치르게 되더라도 물러설 수 없다는 것이 조슈번의 입장이었다. 이에 반해 대다수 다이묘는 복잡하게 얽힌 사태를 한걸음 물러나 관망하는 태도를 보였다.

이처럼 양이 실행의 기한을 앞두고 서로 눈치만 보고 있는 가운데 조슈번만큼은 서구 열강에 대한 무력도발을 계획하고 이를 준비하기 시작했다. 먼저 영주의 본거지부터 안전한 곳으로 옮기는 일에 착수했다. 바닷가에 있는 하기성은 서구 열강과 전투를 벌일 경우, 포격에 취약하므로 아예 함포 사정거리에서 벗어나 내륙 깊숙이 위치한 야마구치로 번주의 거처를 이전하기로 한다. 야마구치는 무로마치 막부 당시 중부 지방 일대를 통치하던 오우치大內 씨의 본거지였다. 하지만 모리 씨에 의해 오우치 씨가 멸망하면서 정치적인 중심성을 잃고 교통요지로 번성하던 곳이다. 1863년 4월 조

03 근대: 조카마치의 해체와 근대 도시의 형성

슈번의 모리 다카치카毛利敬親는 질병 치료 차 장기간 온천 입욕을 간다는 이유로 야마구치로 거처를 이전했다. 그리고 한 달이 지나 양이 실행의 기한인 5월 10일이 되자 마침내 간몬해협을 봉쇄하고 시모노세키 인근을 통과하던 미국 상선을 공격하는 무력도발을 일으켰다.

| 4국 함대의 공격과 제1차 조슈 전쟁 |

조슈번의 시모노세키 포격 사실은 존왕양이를 부르짖던 이들에게 일종의 양이 전쟁의 서막과도 같았다. 포격 소식에 한껏 고무된 이들은 한걸음 더 나아가 천황이 직접 군대를 이끌고 친정에 나설 것을 요구했다. 하지만 고메이 천황 본인은 친정에 나설 생각이 전혀 없었다. 승산도 없는 외국과의 전면전을 치를 자신감이 없었기 때문이다. 궁지에 몰린 천황은 사쓰마번 등의 힘을 빌려 1863년 8월 18일 궁중에서 조슈번을 비롯한 양이파 세력을 몰아냈다.

궁지에 몰린 조슈번의 양이파 인사들은 정세 반전을 위해 1864년 7월 교토를 점거하고자 출병을 시도한다. 하지만 이들의 교토 점거계획은 막부, 아이즈번, 사쓰마번으로 구성된 연합군의 공격으로 저지되었고 결국 실패로 끝이 났다. 이로써 조슈번에 대한 막부의 인내심은 한계에 달했다. 무모한 '정이'를 일으킨 것도 모자라 무력으로 교토를 점거하려 했던 조슈번을 더는 내버려 둘 수 없었다. 막부는 조정으로부터 조슈번을 '조적朝敵'으로 규정한 칙허를 얻어 낸 다음 1864년 7월 서일본 지역의 번을 동원해 토벌군을 편성했다. 이로써 막부와 조슈번 사이에 제1차 조슈 전쟁의 서막이 시작되었다.

한편 조슈번의 서양 상선에 대한 시모노세키 포격 사건 이후 본격적인 보복 공격을 계획하고 있던 서구 열강은 1864년 8월 영국, 프랑스, 미국, 네덜란드 4국 소속 17척의 군함으로 연합함대를 편성하고 조슈번을 공격했다. 조슈번은 서구 열강의 포격에 대비해 해안 경비를 강화하고자 포대를 정비했지만, 연합함대의 함포 공격에 반격 한번 제대로 해보지 못한 채 [그림 9-6]과 같이 4국 연합함대에 의해 점령당하고 만다. 결과적으로 존왕양이를 내세우며 무력도발을 시도한 조슈번은 근대적인 무기로 무장한 서구 열강의 군사력에 사실상 완패하고 말았다.

조슈번의 불운은 여기서 끝나지 않았다. 4국 연합함대의 공격에 뒤이어, 서일본 지역 21개 번으로 구성된 토벌군의 공격을 받게 되었다. 절체절명의 위기에서 번주 모리 다카치카는 '공순사죄恭順謝罪'의 내용을 담은 항복 문서를 막부에 제출했다. 존왕양이를 이끌던 과격파 인사들은 스스로 자결하거나 토벌군에 의해 처형되었다. 이로써 제1차 조슈 전쟁은 마무리되었다.

4국 연합함대의 공격에다 조슈 토벌군의 진격으로 조슈번은 그야말로 바

[그림 9-6]
조슈번의 해안 포대를 점령한
4국 연합함대의 수병.

03 근대: 조카마치의 해체와 근대 도시의 형성

람 앞의 촛불 신세가 되었다. 하지만 재기의 발판은 언제나 위기의 순간에 만들어지는 법이다. 조슈번 인사들은 열강과의 전투에서 군사적인 뒷받침 없는 '양이론'이 얼마나 무모한지를 뼈저리게 실감했다. 그 결과 양이론을 버리는 대신 개국론으로 180도 전환하게 된다. 그리고 군사력을 증강하기 위한 행동에 나서게 되었다. 4국 연합함대의 포격 직후 다카스기 신사쿠高杉晉作는 무사 계급으로 편성된 상비군과 별도로 스스로 지원한 이들로 새로운 부대를 결성하자는 의견을 번주에게 올렸다. 그의 제안을 받아들여 조슈번에서는 기병대를 시작으로 신분을 가리지 않고 무사와 농민, 상인 등으로 혼성부대를 편성했다. 이들은 번으로부터 무기와 봉급을 받는 정식 부대였다. 기병대와 같은 혼성부대가 편성되면서 무사 계급의 신분적 특권은 그 근거를 잃어버리게 되었다. 이로써 무사 지배에 기반한 에도 막부체제는 사실상 마침표를 찍게 되었다.

| 제2차 조슈 전쟁 |

제1차 조슈 전쟁은 토벌군과 조슈번 사이에 직접적인 무력 충돌로 나아가기 전에 번주의 사과로 종결되었다. 하지만 막부 입장에서 조슈번에 대한 처벌 없이 전쟁을 끝낸다면 도저히 체면이 서질 않았다. 막부는 번주 모리 다카치카에게 책임을 물어 그의 은거와 영지 10만 석의 감봉을 명령하려고 했다. 그러자 이번에는 사쓰마번을 비롯한 서국 일대 다이묘들이 막부 지시에 강하게 반발하고 나섰다. 이들은 더 이상 도쿠가와 쇼군을 무가의 수장으로 인정하려 들지 않았다. 그 대신 천황을 정점에 둔 새로운 통일정부를 구성하고자 했다. 따라서 쇼군이 예전과 같이 다카치카를 가신처럼 여겨 처분하는 것을 더는 받아들일 수 없는 부당한 조치라고 생각했다. 그러나 막부는 이 같은 여론을 무시하고 천황을 설득해 다카치카를 처벌하는 칙허를 얻어 낸 다음 이를 조슈번에 전달했다. 하지만 조슈번이 이를 받아들이지 않으면서 막부와 조슈번 사이에 제2차 조슈 전쟁이 발발하게 된다.

1866년 6월 쇼군 이에모치는 친히 군사를 이끌고 서국 일대 다이묘에게 출병을 지시했다. 막부 토벌군이 15만 명인 데에 반해 조슈번의 병력은 4,000여 명에 불과했다. 숫자로만 본다면 사실상 상대가 되지 않는 싸움이었다. 하지만 전쟁의 향방은 예상과 다른 방향으로 흘러갔다. 무엇보다 조슈번과 경쟁관계에 있던 사쓰마번이 이번에는 막부 편에 서기를 거부했다. 사카모토 료마의 중재하에 조슈번의 기도 다카요시와 사쓰마번의 사이고 다카모리가 비밀리에 만나 군사·정치적인 동맹을 맺었기 때문이었다. 이들은 막부의 공격이 있을 시 조슈번과 사쓰마번이 서로 협력해 맞서 싸울 것에 합의했다.

조슈번에 조금씩 유리한 상황이 전개되는 가운데 4국 연합함대의 공격에 패배한 이후 근대적인 군사력을 갖추기 위한 그간의 노력이 빛을 발했다. 기병대와 같은 조슈번의 혼성부대는 서구식 군제에 따라 훈련하고 근대적인 무기로 무장을 갖추었다. 이에 반해 옛 무사 계급으로 편성된 막부 토벌군은 수적으로 우세했지만, 게릴라 전술로 맞서 싸우는 조슈번에 고전을 면치 못했다. 거기에다 악재마저 계속되었다. 건강 악화로 쇼군이 쓰러지자 막부 토벌군은 전쟁을 지속할 수 있는 명분과 원동력을 상실하게 된 것이다. 이에모치를 대신해 새로운 쇼군으로 내정된 도쿠가와 요시노부는 조슈번과 정전에 합의하고 정벌군을 철수시켰다. 이로써 제2차 조슈 전쟁은 아무런 소득 없이 끝이 났다.

| 왕정복고의 대호령 |

1866년 12월 5일 도쿠가와 요시노부는 정식으로 제15대 쇼군의 지위에 올랐다. 새로이 쇼군에 오른 요시노부는 정치적 위기를 극복하고 막부의 국정 장악력을 회복하기 위해 도사土佐번이 제안한 '공의정체公議政體' 안을 수용하기로 했다. 공의정체란 서양의 의회제도를 염두에 두되 일본의 현실을 고려해 번을 정치 단위로 삼아 막부의 주도하에 각 번의 다이묘가 정치 주체로 참여해 연합정권을 구성하자는 안이었다. 공의정체에 기반을 둔 새로운 정권 구상안은 요시노부를 비롯해 많은 다이묘로부터 지지를 얻었다. 1867년 10월 14일 요시노부는 공의정체 구성에 따른 평화로운 정권교체를 위해 천황에게 통치권을 반환한다는 내용을 담은 '대정봉환大政奉還 상표문'을 조정에 제출했다. 이튿날 조정은 이를 허가하고 10만 석 이상의 다이묘에게 상경을 지시했다.

그러나 조슈 전쟁 이후 막부와 대립각을 세우던 사쓰마번은 대정봉환이 실질적으로 정국의 주도권을 행사하려는 쇼군의 기만 술책이라고 여겼다. 그리고 마침내 조슈번과 도막, 즉 막부에 대한 무력 행동을 단행하기로 한다. 1867년 12월 9일 사쓰마번과 조슈번은 양 번의 군대를 동원해 교토를 장악한 다음 천황의 이름으로 '왕정복고의 대호령'을 공포했다([그림 9-7]). 왕정복고의 대호령은 천황 친정을 원칙으로 삼아 섭정, 관백, 막부를 폐지하는 대신 총재總裁·의정議定·참여參與의 3직三職을 두는 것이었다. 이에 따라 총재는 예전부터 조슈번과 교분이 있던 아리스가와노미야 다루히토有栖川宮熾人 친왕이, 의정에는 2명의 황족과 도막의 칙서를 작성하는 데 관여한 3명의 공가, 왕정복고 과정에서 군대를 동원한 5명의 유력 다이묘가 취임했다. 참여에는 이와쿠라 도모미의 공가와 함께 도막파의 중심 세력인 사쓰마번에서 사이고 다카모리西鄕隆盛, 오쿠보 도시미치가, 조슈번의 이토 히로부

[그림 9-7]
왕정복고의 대호령 장면을
그린 상상화.

03 근대: 조카마치의 해체와 근대 도시의 형성

미 등을 포함해 반막부 입장에 섰던 도막파의 주요 인물이 임명되었다.

왕정복고에 따라 새롭게 구성된 메이지 신정부의 주요 인사는 그날 심야부터 이튿날 새벽까지 첫 각료회의를 개최하고 쇼군의 지위에서 내려온 요시노부에게 영지의 일부를 반납하고 내대신의 지위에서 사퇴할 것을 요구했다. 이로써 공무합체를 통해 평화로운 정권교체를 계획했던 막부의 구상은 사실상 무산되었고, 요시노부는 교토에서 오사카로 물러나 후일을 도모하기로 했다.

왕정복고 선언 이후 서로 눈치를 보며 대치 상태에 있던 신정부와 구막부 세력은 이듬해인 1868년 1월 3일 오사카성 인근의 도바鳥羽, 후시미伏見에서 전투를 시작했다. 이에 천황은 1월 7일 쇼군 도쿠가와 요시노부를 '조적'으로 지목하고 구막부군의 토벌을 지시했다. 이를 계기로 에도 막부와 메이지 신정부 사이를 관망하던 다수의 번들이 천황에 충성을 맹세하고 신정부 측에 속속 가담하면서 팽팽하던 양자 사이의 세력 균형이 깨지기 시작했다. 결국 서구 열강과의 조약 체결을 계기로 본격화된 일련의 정치 분쟁은 '존왕양이'운동 이후 '공무합체'운동과 '도막'운동이 서로 경쟁하는 가운데 막부가 모든 권력을 천황에게 이양하는 '대정봉환'의 와중에서 사쓰마·조슈 양 번을 중심으로 도막이라는 군사 행동을 통해 천황이 친히 정치에 임할 것을 선언하는 '왕정복고'와 함께 막을 내리게 되었다.

4.
메이지 유신 초기 지방제도 개편과
조카마치의 엇갈린 운명

| 판적봉환과 폐번치현 |

메이지 유신을 성사시키는 데 주도적인 역할을 담당했던 이른바 '삿조도비薩長土肥', 즉 사쓰마·조슈·도사·히젠번의 주요 인사들은 1869년 1월 자신들의 번주를 설득해 이들로부터 영지와 영민에 대한 세습적인 지배권을 뜻하는 '판적版籍'의 봉환을 맹세하는 이른바 '판적봉환'의 상소문에 도장을 받아 이를 천황에 상주했다. 그러자 시세를 관망하던 다른 번들 또한 판적을 봉환하는 행렬에 가세하기 시작했다. 이러한 가운데 1869년 6월 17일 판적봉환에 관한 천황의 칙허가 반포되었다. 이에 일본 전역의 274개 번에서의 세습적인 지배권을 천황에 반납했다.

신정부는 판적을 봉환한 다이묘를 그대로 지번사知藩事 지위에 임명했다. 이로써 군사적인 조치를 동원하는 강압적인 방법을 사용하지 않고, 다이묘가 가지고 있던 토지와 인민에 대한 지배권을 환수할 수 있었다. 하지만 지방 통치의 실권은 신정부가 아닌 지번사가 여전히 장악하고 있었고, 이 상태로는 신정부가 직접 지방을 통치하는 중앙집권의 길은 요원했다.

이에 신정부는 1871년 7월 14일 전격적으로 '폐번치현'을 단행했다. 신정부는 번 대신 현을 설치하는 폐번치현에 따라 지번사를 대신해 새로 지사를 파견했다. 지사에 임명된 이들은 대부분 부임지와 연고가 없는 인물이었다. 이로써 지방 통치에 대한 신정부의 장악력을 대폭 강화할 수 있었다. 현제縣制를 실시할 당시 302개인 현은 점차 통폐합을 거쳐 1871년 말에 이르면 72개, 1888년에 43개로 줄었다([그림 9-8]). 폐번치현은 다이묘를 중심으로 오랫동안 유지되어 온 봉건적인 옛 영주 지배체제를 완전히 해체하고 중앙집권적인 지방 행정제도로 이행하는 조치였다.

| 하기, 야마구치, 시모노세키의 현재 |

판적봉환과 폐번치현은 지방 행정제도 개편뿐 아니라 조카마치의 명운을 나누는 계기였다. 마쓰마에松前, 아키타秋田, 쓰루오카鶴岡, 시바타新発田, 고리야마郡山, 마쓰에松江, 쓰야마津山, 나카쓰中津는 메이지 유신 이전만 하더라도 모두 1만 5,000명을 웃도는 지역의 중 심도시였다. 하지만 폐번치현

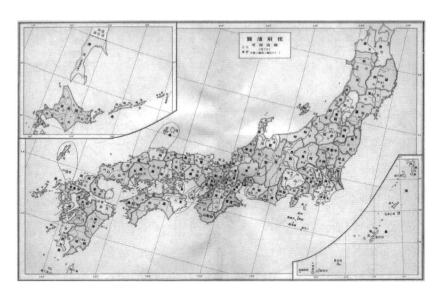

[그림 9-8]
폐번치현 직후인 1872년 당시 일본의 지방 행정구획.
(吉田東伍 외, 《大日本讀史地圖》, 冨山房)

이후 지역의 중심성을 상실한 데다가 무사 신분의 해체로 거주 인구가 줄면서 점차 활기를 잃게 되었다.

조슈번의 조카마치로 번성했던 하기 또한 메이지 유신에 따른 사회적·제도적 변화에 많은 영향을 받게 되었다. 에도 시대 하기에 거주하는 이들은 대략 3만 명 정도였다. 하지만 양이 실행에 앞서 번주의 거처와 번청을 야마구치로 옮기면서 인구가 줄기 시작했다. 이러한 가운데 1871년 폐번치현과 함께 새로운 현청 소재지로 야마구치가 선정되자 하기를 떠나는 이들의 발걸음은 더욱 가팔라졌다. 새로운 직업을 찾아 타지로 떠난 무사와 그 가족들이 늘면서 이들이 남기고 간 빈집은 커다란 골칫거리가 되었다. 야마구치현은 하기의 어느 인사가 새로운 작물로 여름귤 재배에 성공해 높은 인기를 끌자 무사들이 남기고 간 빈집에 여름귤 묘목을 심어 지역의 특산물로 육성했다. 하지만 이 같은 노력에도 불구하고 하기의 쇠퇴를 막을 수 없었다.

1873년 성곽의 해체를 지시한 '폐성령'이 내려지자 하기의 주민들은 다른 지역에 솔선해 성곽 해체에 나섰다. 성곽을 에도 시대의 봉건적인 유제라고 생각한 것이다. 이듬해인 1874년 하기성의 덴슈가 파괴되었고 그 자리에는 초대 번주인 모리 데루모토를 모시는 신사가 건립되었다([그림 9-9]). 메이지 유신 이후 성곽을 비롯해 봉건적인 유제로 간주된 에도 시대의 옛 건물은 급속히 해체되었지만 이를 대신해 철도, 공장, 학교 같은 근대적인 시설이 들어서기까지는 적지 않은 시간이 소요되었다. 인구도 적고 산업도 발달하지 못한 하기에 철도가 처음으로 부설된 것은 1924년이 되어서였다. 하기는 시제市制를 실시하기 위한 최소 조건인 인구 3만 명을 맞추기 위해 주변 농촌과 행정구역을 통합해 1932년 비로소 시로 승격할 수 있었다. 하지만 이미 여타 도시와 비교해 산업화가 뒤처진 상태에서 타지와 멀리 떨어진 오지인 관계로 하기는 주민 대다수가 농업과 어업에 종사하는

[그림 9-9]
해체 직전의 하기성 덴슈(위)와 덴슈가 해체된 뒤
기단부만 남은 현재(아래) 모습.

지방 도시로 남게 되었다.

하기와 비교하면 야마구치는 그나마 사정이 조금 나은 편이라 말할 수 있을지 모른다. 폐번치현 과정에서 야마구치는 옛 율령제의 스오국과 나가토국 2개국을 범위로 삼는 야마구치현의 현청 소재지가 되었다. 그리고 관공서와 교육기관이 잇따라 들어서면서 야마구치현의 중심 도시가 되었다. 하지만 야마구치 역시 하기와 마찬가지로 근대 도시로 발전하는 데 한계가 있었다. 철도의 접근성이 좋지 못했기 때문이다. 히로시마로부터 시모노세키를 잇는 산요山陽 철도가 지나지 않다 보니 아무리 현청 소재지라 하더라도 유통과 물류의 거점이 될 수 없었다. 철도는 야마구치뿐만 아니라 일본의 근대 도시 형성과 발전에 중요한 요건이 되었다. 도시 발전을 위해 야마구치시는 지난 2003년 신칸센이 정차하는 오고오리역小郡驛을 편입해 신야마구치역으로 삼았다. 하지만 하기와 마찬가지로 산업이 발달하지 못해 인구 유입의 효과는 제한적이었다. 그 결과 현재 야마구치의 인구는 43개 현청 소재지 가운데 가장 적은 14만 명에 불과하다.

이에 반해 현재 야마구치현에서 가장 인구가 많고 산업이 발전한 도시는 시모노세키다. 야마구치현에서 오랜 역사를 가진 하기, 야마구치와 달리 시모노세키가 사실상의 중심 도시가 될 수 있었던 것은 철도, 항만 같은 근대적인 교통수단의 접근성 때문이라고 해도 과언이 아니다. 앞서 살펴본 바와 같이 17세기 중반 이후 오사카를 중심으로 하는 전국적인 해상교통망이 정비되면서 혼슈의 가장 서남단에 있는 시모노세키항은 동해 연변의 해안을 잇는 교통의 요지로 거듭났다. 더욱이 시모노세키항은 간몬해협을 사이에 두고 혼슈와 규슈를 연결하는 육상·해상 교통의 요지라는 중요성 때문에 1889년 석탄 등의 수출이 가능한 특별 수출항으로 지정되었다. 그리고 같은 해 시행된 시제市制에 따라 전국 36개 시 가운데 하나가 되었다. 당시 야마구치현에서 시로 지정된 곳은 시모노세키가 유일했다.

1905년 부산을 오가는 부관연락선이 개통되면서 시모노세키는 야마구치현을 넘어 한반도를 비롯해 동아시아 각지로 이어지는 관문 도시가 되었다. 철도를 이용해 시모노세키에 도착한 이들은 부관연락선으로 부산항에 내려 경부선을 타고 경성에 도달한 다음 경의선으로 갈아타면 중국과 만주로 손쉽게 이동할 수 있었다. 1910년대 이후 미쓰비시 시모노세키조선소를 비롯해 조선업 관련 기업이 설립되면서 점차 공업 도시의 성격을 띠게 되었다. 1942년에는 세계 최초의 해저 철도 터널인 간몬철도 터널이 개통하면서 간몬해협을 넘어 규슈 북부지대의 석탄과 철광 산업을 중심으로 발전한 기타큐슈 공업지대와의 연계성이 높아졌다. 그 결과 시모노세키는 야마구치현 내에서 인구, 경제 양면에서 수위 도시가 될 수 있었다.

| 여전히 끝나지 않은 유네스코 세계유산 논쟁 |

하기는 앞서 언급한 쇼카손주쿠와 하기 조카마치 이외에 근대식 대포를 만들기 위해 1856년에 쌓은 '반사로反射爐', 마찬가지로 1856년에 서양식 군함을 처음 만들었던 '조선소 유구遺構', 사철을 원료로 철을 만들던 에도 시대의 '제철 유적'을 포함해 5곳의 메이지 산업혁명 유산을 갖고 있다. 이 가운데 '제철 유적'은 시내에서 멀리 떨어진 곳에 있어 자동차 없인 관람이 힘들지만, '반사로'와 '조선소 유구'는 하기 시내를 주유하는 관광버스를 이용해 비교적 손쉽게 방문할 수 있다. 다만 직접 현장에 가서 유물의 상태나 수준을 보면 굳이 이런 곳을 세계유산으로 지정할 가치가 있는지 의문이 들 정도다([그림 9-10]).

사진 속 장소들이 메이지 산업혁명 유산 목록에 오를 수 있었던 것은 서세동점의 위기 속에 '제철 유적'에서 만든 철을 가지고 '조선소 유구'에서

[그림 9-10] 하기 시내에 있는 반사로(위)와
조선소 유구(가운데) 그리고 시 외곽의 제철 유적(아래).

03 근대: 조카마치의 해체와 근대 도시의 형성

서양식 군함을 만들고, '반사로'에서 근대식 대포를 제조해 서구 열강에 맞서려 했던 '양이' 스토리의 구성물이기 때문이다. 보편적인 아름다움이나 미적 가치를 갖는 문화재와 달리 유산은 수집에서 보존, 공개·전시에 이르는 동안 이해 집단의 개입과 타협을 거쳐 그 가치가 결정된다는 특징을 갖는다. 저명한 유산 연구자인 데이비드 로웬덜David Lowenthal은 이러한 점에서 역사와 유산을 구분하며, 역사가 사실에 대한 검증을 통해 과거를 구성하기 때문에 비판에 개방적인 데 반해 유산은 특정한 과거의 유토피아에 권위를 부여하고 신화화할 위험성을 내포한다고 지적한 바 있다. 그의 지적대로 유산은 본래 실재한 과거를 지키고 보존하는 것이 아니라 "대중을 교육하거나 고취하기 위한 과거의 이용"에 더욱 많은 관심을 가진다. 이러한 점에서 일본의 메이지 산업혁명 유산은 '메이지'라는 특정한 과거의 유토피아에 집착해 산업 근대화의 영광을 재현하려는 일본 정부와 우익이 주도한 유산운동의 최종 결과물이라고 할 수 있다.

지난 2015년 일본 정부는 메이지 산업혁명 유산의 유네스코 등재를 둘러싸고 한국을 비롯해 국제 사회의 반발이 거세지자, 이를 무마하고자 (군함도를 포함한 일부 시설에서) '자기 의사에 반해' 동원한 이들을 '강제로 노역한' 사실을 인정하고 이들의 희생을 기리는 전시관 설립을 약속함으로써 주변국의 양해를 얻어 등재에 성공할 수 있었다. 그러나 2020년 6월 도쿄 신주쿠에 개관한 '산업유산정보센터Industrial Heritage Information Centre'는 애초의 약속과 달리 강제 노역을 부정하는 증언과 일본의 근대화를 상찬하는 전시물로 채워졌다.

한편 2023년 9월 사우디 리야드에서 개최된 제45차 유네스코 세계유산위원회에서는 '군함도'를 비롯한 메이지 산업혁명 유산이 강제 동원 등에 대한 사실을 제대로 전시하지 않은 것에 대해 일본이 한국을 비롯한 관련국과 계속해서 대화할 것을 촉구하는 내용을 담은 결정문을 채택했다. 메이지 산업혁명 유산의 전시물에서 강제 동원에 대한 사실을 분명하게 게시하라고 다시 한번 강조한 것이다. 그러나 유네스코의 권고에도 불구하고 강제 동원을 부정하는 일본 정부의 태도는 앞으로도 별다른 변화가 없어 보인다. 오히려 일본 정부는 여기서 한걸음 더 나아가 지난 2024년 7월 27일 일제강점기 조선인의 강제 동원 사실이 명백한 니가타현의 사도佐渡 광산을 유네스코 세계유산에 추가 등재했다. 한편 한국 정부는 강제 동원 사실을 전시하겠다는 일본의 약속을 받아 내고 동의한 것이라고 했다. 하지만 이 같은 태도는 일본 정부의 견해에 동조하는 것일 뿐 세계유산 등재로 인한 역사 인식의 갈등을 해소하는 데 별다른 도움이 되지 않는다.

이러한 점에서 강제 동원 관련 일본의 유네스코 세계유산과 관련해 한일 양국 정부 당국자의 유산 외교뿐 아니라 시민 사회의 적극적인 참여와 국제적인 연대가 절실히 필요한 시점이 왔다. 유산은 단순히 '아름답고', '영광스러운' 과거를 되새기는 기념물이 아니라, 다양한 기억과 소수자의 목소리를 전달하기 위한 것이다. 메이지 산업혁명 유산과 사도광산이 일본의 산업혁명을 회상하기 위한 기념물로 남을 것인지 아니면 산업화의 빛과 어둠 양면을 모두 돌아보기 위한 전시물이 될 것인지는 이제 한일 양국의 시민과 연구자, 시민단체의 연대와 협력에 달렸다.

10
가고시마:
메이지유신의 영광과 비극을
함께 간직한 영욕의 고장

1.
삿초
동맹 사관

| 메이지 유신의 영광과 세이난 전쟁의 비극 |

가고시마鹿児島는 오키나와를 제외하고 일본 열도의 가장 남쪽에 있는 도시다. [그림 10-1]처럼 활화산을 품은 사쿠라지마櫻島가 바로 앞에 있어 언제 화산이 폭발해도 이상하지 않은 곳이다. 실제로 사쿠라지마의 온타케御嶽산은 수십 명의 사상자를 낸 1914년의 대규모 폭발 사건 이후 현재까지 크고 작은 분화가 계속되고 있다. 언제 터질지 모르는 화산에다 척박한 환경을 가진 변경의 도시 가고시마에 주목하는 것은 150여 년 전 이곳에서 메이지 유신의 불꽃이 타오르기 시작했기 때문이다.

오늘날 대다수 일본인은 서로 적대적인 관계였던 사쓰마번과 조슈번이 도사번 출신인 사카모토 료마坂本龍馬의 중재로 동맹을 맺고 나서 개혁에 미온적인 에도 막부를 무너뜨리고 메이지 유신을 단행함으로써 근대 국가가 수립되었다고 믿고 있다. 이처럼 사쓰마와 조슈가 주인공으로 등장하는 메이지 유신의 성공 신화에는 이른바 '삿초薩長 동맹 사관'이 그 저변에 깔려 있다. 삿초 동맹 사관은 이미 많은 연구자가 비판한 바와 같이 메이지 유신의 성공 요인을 사쓰마와 조슈의 동맹으로 지나치게 단순하게 설명할 뿐 아니라 에도 막부를 비롯해 메이지 유신에 관여했던 다양한 주체와 세력을 제대로 살펴보지 못하는 문제점을 안고 있다. 그럼에도 사쓰마번이 조슈번·도사번 등과 연합해 에도 막부를 무너뜨리고 천황 중심의 새로운 정치 권력을 만드는 데 중요한 역할을 했다는 것은 부정할 수 없는 사실이다.

예컨대 조슈번의 기도 다카요시木戸孝允와 함께 메이지 유신의 3대 주역으로 손꼽는 사이고 다카모리와 오쿠보 도시미치는 모두 사쓰마번의 무사이다. 이들뿐만 아니라 메이지 신정부의 주요 정치가로 활약했던 구로다 기요타카黒田清隆, 마쓰카타 마사요시松方正義, 초대 문부대신을 역임하고 히토쓰바시一橋대학을 설립한 모리 아리노리森有禮, 오사카 실업계에 지대한 영향을 끼친 고다이 도모아쓰五代友厚 역시 모두 가고시마 출신이다. 근대 국가의 수립 과정에서 중요한 역할을 했던 이들 가운데 상당수가 가고시마 출신인 것은 두말할 나위 없이 사쓰마번이 메이지 유신을 일으킨 주도 세력이었기 때문이다.

하지만 가고시마는 메이지 유신의 고향이라는 영광스러운 역사의 무대로만 기억할 수 없는 슬픈 과거를 품고 있는 곳이기도 하다. 메이지 유신을 단행한 지 채 10년도 지나지 않아 삿초 동맹의 주인공이라 할 수 있는 사이

[그림 10-1]
가고시마 시내에서 바라본
사쿠라지마 온타케산의 모습.

고 다카모리를 중심으로 신정부에 불만을 품은 '불평 사족'은 가고시마에서 반란을 일으켰다. 일본 열도의 서남쪽에 있는 가고시마에서 비롯되었다고 해서 흔히 '세이난 전쟁'이라 부르는 반정부 세력의 반란은 사이고가 고향에 돌아와 설립한 사설 병학교 학생이 주축을 이루었다. 하지만 이들의 반란은 얼마 지나지 않아 정부군에 의해 모두 진압되었고, 사이고 다카모리를 비롯해 반란에 가담한 이들 대부분은 스스로 목숨을 끊거나 정부군에 의해 죽임을 당했다.

2.
사쓰마번의 성립과
해외 무역에 대한 관심

| 규슈 남부의 패자 시마즈 씨 |

가고시마의 역사는 이곳의 영주인 시마즈島津 씨와 떼려야 뗄 수 없을 만큼 오랫동안 깊은 관계를 맺어 왔다. 시마즈 씨는 섭관가인 후지와라 가문이 가고시마 일대에 소유한 시마즈 장원의 관리를 맡게 되면서 '시마즈'를 성으로 쓰게 되었다고 한다. 그런데 가마쿠라 막부를 수립한 미나모토노 요리토모가 1185년 시마즈 장원의 토지 관리, 세금 징수 등의 업무를 담당하는 지토地頭에 시마즈 다다히사島津忠久를 임명하면서 본격적인 무가의 반열에 오르게 되었다. 요리토모 아래서 출세를 거듭하던 다다히사는 1197년 사쓰마, 오스미大隅(현재의 가고시마현 동부), 휴가日向(현재의 미야자키현과 가고시마현 동부) 3개국을 관할하는 슈고守護에 오르게 된다.

시마즈 씨가 가고시마에 내려와 살기 시작한 것은 그로부터 한참 후인 남북조 시대부터다. 14세기 중반에 벌어진 남북조 내란 당시 북조에 가담한 시마즈 씨는 가신 집단을 통합하며 규슈 남단의 사쓰마, 오스미, 휴가 일대를 아우르는 슈고 다이묘가 된다. 특히나 센고쿠 시대 말기 시마즈 요시히사는 적극적으로 영지 확장에 나서 남규슈에서 규슈 전역으로 세력을 확대해 나갔다. 규슈 지역의 여타 센고쿠 다이묘를 평정하며 파죽지세로 세력을 확장하던 요시히사는 북규슈 일대를 장악한 오토모 소린大友宗鱗과 대결하게 되었다. 오토모 씨와의 전투에서 승리하면 마침내 규슈 전역을 손아귀에 넣을 수 있게 된 것이다. 그런데 규슈 통일을 눈앞에 두고 생각지 못한 변수가 발생했다. 군사적으로 열세에 놓인 오모토 씨가 오다 정권의 계승자인 도요토미 히데요시에게 구원을 요청한 것이다.

천황을 대신해 조정의 정무를 총괄하는 관백의 지위에 오른 히데요시는 오모토 씨의 요청을 받아들여 1585년 10월 시마즈 씨에게 전투를 즉각 멈추고 오모토 씨에게 빼앗은 영지를 돌려줄 것을 지시했다. 하지만 유서 깊은 무가 집안인 시마즈 씨가 어느 날 갑자기 벼락출세로 권력자가 된 히데요시의 지시를 받아들일 리 만무했다. 결국 이를 거부하면서 양자 사이에 전투가 시작되었다. 하지만 2년에 걸친 싸움은 히데요시의 승리로 끝이 났다. 시마즈 씨는 전투에서 패한 대가로 혹독한 희생을 치러야만 했다. 어렵사리 얻은 북규슈 일대를 모두 잃고 다시 규슈 남부 일대로 영지가 축소되었다. 이후 시마즈 씨는 히데요시와 화해를 도모하며 그가 일으킨 임진왜란과 정유재란에 많은 병력을 이끌고 참전했다. 그 덕에 도요토미 정권에서 시마즈 씨의 정치적인 영향력이 확대될 수 있었다.

| 세키가하라 전투의 패배와 향사제도 |
시마즈 씨는 히데요시 사망 이후 또 한 번 커다란 정치적 위기에 맞닥뜨리게 된다. 히데요시와의 인연을 저버리지 못하고 시마즈 요시히로島津義弘가 세키가하라 전투에서 서군 편에 선 것이 화근이었다. 전투 경과를 지켜보던 요시히로는 형세가 불리해지자 전장을 빠져 나와 가고시마로 돌아왔다. 이에 도쿠가와 이에야스는 서군 편에 선 시마즈 씨를 괘씸히 여겨 규슈 정벌까지 생각할 정도였다. 하지만 전투에 적극적으로 임하지 않았고 먼저 화해를 요청한 점 등을 참작해 시마즈 씨의 사과를 받아들이고 그의 영지 대부분을 인정해 주었다. 그리고 요시히로를 대신해 그의 셋째 아들 이에히사家久가 새 영주에 올라 사쓰마번이 시작되었다.

앞서 살펴보았듯이 시마즈 씨는 센고쿠 시기의 통일 과정에서 여러 우여곡절을 겪으면서도 가고시마를 지배해 온 유서 깊은 무사 집안이다. 12세기 후반부터 시작된 시마즈 씨의 가고시마 지배는 메이지 유신까지 무려 700여 년 가까이 계속되었다. 그렇다 보니 가고시마는 영주 교체가 빈번했던 여타 지역에서 찾아보기 힘든, 이곳만의 독특한 제도와 풍습을 오랫동안 유지해 왔다. 그 대표적인 것으로 '향사鄕士'제도를 들 수 있다.

일반적으로 에도 시대 무사 신분은 전체 인구의 대략 7퍼센트 내외였다. 이에 반해 사쓰마번은 무사 비율이 무려 30퍼센트에 달했다. 다른 번들과 비교해 이처럼 많은 무사가 존재할 수 있었던 것은 '향사'라는 독특한 신분제도 때문이었다. 이들은 가록家祿을 수여받지 않는 대신 촌락에 거주하며 농사를 짓다가 비상시에만 참전하는 '반농반무'의 생활을 영위했다. 이들은 유사시 전투에 참전할 의무를 지는 대신 세금을 면제받고 무사의 특권인 패도를 인정받았다.

향사 조직은 혹시나 있을지 모를 유사시에 대비하기 위해 영지가 축소된 이후에도 비대해진 무사단을 해체하지 않고 이를 재편성해 만든 사쓰마번의 독특한 제도였다. 번주에 대한 충성심과 무사의 자긍심이 높았던 향사 조직은 도자마 다이묘인 사쓰마번이 개항 이후 불안한 정국에서 '웅번'으로 부상하는 데 중요한 인적 자원이 되었다. 군사력이 권력의 향배를 결정짓는 무가 권력의 특성상 이들은 사쓰마번이 대규모 군사 조직을 항시적으로 동원할 수 있는 원동력이었기 때문이다.

| 해외 교류에 대한 관심과 류큐 왕국을 통한 중국과의 교역 |

가고시마는 정치·경제의 중심지였던 교토, 에도로부터 가장 멀리 떨어진 변경의 고장이었다. 하지만 시마즈 씨는 오히려 변경이라는 지리적인 특성을 활용해 일찍부터 류큐 왕국(현재의 오키나와현)을 비롯해 조선, 중국과의 교역에 적극적이었다. 기록에 따르면 1374년 시마즈 씨는 명에 사절을 보내 통교를 요청했다고 한다. 그러나 국가 단위의 책봉·조공 관계만을 인정하는 명의 외교 방침에 따라 이러한 요청은 받아들여지지 않았다. 공식적인 외교관계를 맺지 못한 중국과 달리 조선, 류큐와의 교역은 비교적 활발했다. 그 이유는 가고시마의 지역 특산물인 유황 때문이었다. 유황은 화약이나 약품의 원료로 사용되는 등 그 쓰임새가 다양해 수요가 많은 인기 상품이었다. 사쿠라지마를 비롯해 활화산이 많은 가고시마의 시마즈 씨는 화산 활동의 부산물인 유황을 손쉽게 얻을 수 있었고, 유황 거래를 독점함으로써 조선, 류큐 등과 활발히 해외 무역을 전개할 수 있었다.

바다를 통한 교류는 비단 상품 거래에 그치지 않았다. 일본에 기독교를 전파한 예수회 소속의 프란시스코 자비에르F. Javier가 최초로 상륙한 곳 역시 가고시마의 해안이었다. 16세기 중엽 중국 상선에 함께 탄 포르투갈인이 일본에 철포를 전래한 곳 또한 가고시마였다. 시마즈 씨는 규슈 남단의 다네가시마種子島를 통해 철포가 전래하자, 이를 재빨리 입수해 전투에 도입하는 명민함을 보여 주었다.

바다는 이웃 국가나 민족의 상품과 문화, 기술을 받아들이는 통로인 동시에 해외로 진출하는 길목이 되기도 했다. 시마즈 씨는 1471년 무로마치 막부로부터 류큐 왕국의 교역에 관한 특권을 인정받은 이후 사실상 류큐와의 중계무역을 독점했다. 그런데 세키가하라 전투 직후 돌연 태도를 바꾸어 류큐 왕국을 무력으로 침공했다. 임진왜란 당시 일본에 협력하지 않았다는 것을 명분으로 내세웠지만, 숨은 목적은 조공무역을 통해 류큐 왕국이 벌어들이는 대중국 교역 이익을 빼앗기 위해서였다. 사쓰마번은 에도 막부로부터 류큐에 대한 지배권을 인정받아 규슈 남부의 60만 5,000석에다 고쿠다카石高로 환산한 류큐 왕국의 12만 3,700석을 더해 대략 73만 석에 이르는 영지를 보유할 수 있었다. 이는 100만 석의 영지를 소유한 가가加賀번에 이어 다이묘로서 두 번째로 큰 규모였다.

하지만 영지 대부분이 화산재로 덮인 척박한 토지일 뿐만 아니라 토지조사에 허수도 있어 실제 생산력은 장부 숫자의 절반 정도에 불과했다. 게다가 전체 인구의 30퍼센트가 무사이다 보니 연공 수입도 얼마 되지 않아 번 재정은 언제나 힘들었다. 번 재정을 건전하게 만들기 위해 사쓰마번은 류큐 왕국에서 빼앗은 아마미奄美 군도에 흑설탕의 원료인 사탕수수를 재배했다. 섬 주민을 동원해 대량으로 재배한 사탕수수를 흑설탕으로 만들어 전매제로 값싸게 사들인 다음 이를 오사카나 교토에 가져다 비싸게 팔아 높은 수익을 챙겼다.

부족한 재정 수입을 메우기 위해 사쓰마번이 주목한 것은 사탕수수에 그치지 않았다. 에도 막부는 중국을 비롯해 해외 각지의 상품을 싣고 일본을 찾아온 네덜란드와 청국 상인을 규슈 나가사키에서 막부 관리가 직접 관리하는 독점무역체제를 유지했다. 다만 독점무역체제 아래서도 막부는 류큐 왕국이 조공무역의 형태로 중국에서 가져온 생사, 한약재 등의 상품을 사쓰마번이 가져와 나가사키에 되파는 이른바 '류큐 무역'만큼은 예외적으로 인정해 주었다. 그런데 사쓰마번은 류큐 무역이라는 위장막을 활용해 막부가 허가한 규모 이상의 중국 상품을 밀수입해 되팔아 많은 차익을 남겼다. 중국 상품을 구매하기 위한 대금은 지금의 홋카이도에서 생산한 말린 건어물(해삼, 전복, 다시마)을 몰래 가져다 팔아 충당했다. 19세기 이후 날로 악화하는 번 재정을 보충하기 위해 사쓰마번은 나가사키를 통한 밀무역 규모를 점차 확대했다. 그 결과 밀무역으로 벌어들이는 수입이 번 재정의 절반 정도를 차지할 만큼 비중이 높아지게 되었다.

3.
막부 말기의 정치 변동과
사쓰마번의 부상

| 사쓰마번의 개명 영주 |

오랫동안 무역에 깊은 관심을 가진 만큼 사쓰마번의 다이묘 중에는 해외 문화, 특히나 나가사키를 통해 유입되는 서구 문물에 관심을 가진 이가 적지 않았다. 특히나 제8대 번주인 시마즈 시게히데島津重豪는 '난벽蘭癖'이란 별명을 가질 만큼 난학蘭學, 즉 네덜란드를 통해 전수된 여러 학문에 많은 흥미를 보였다. 그는 스스로 네덜란드어를 습득하는 것은 물론이고 나가사키 네덜란드 상관장에 머물고 있던 의사 시볼트F. Siebold를 불러 서양 사정을 청해 들을 정도였다고 한다. 그는 무사 교육에도 관심을 두어 번의 교육기관으로 조사관造士館을 설립하는 한편 메이지칸明時館이라는 천문학 연구시설과 한방 연구원을 건립했다.

난학을 비롯한 서양 학문에 대한 시게히데의 관심은 그의 증손에 해당하는 제11대 번주 시마즈 나리아키라島津齊彬에게 계승되었다. 1851년 번주에 취임한 나리아키라는 아편전쟁 이후 점차 가시화하는 구미 열강의 군사적 위협에 대비하고자 서양의 첨단기술을 도입해 군사, 산업을 근대화하려는 노력을 본격화했다. 그는 가고시마 교외에 있는 별장 센간엔仙巖園에 근대적인 서양식 공장시설인 '집성관集成館'을 건립했다([그림 10-2]). 그리고 이곳에서 서양식 대포와 증기기관, 무기, 탄약 등을 제조하고 서구의 기계를 도입한 방적, 유리 가공 사업 등을 시작했다. 개명 영주로서 나리아키라의 행보는 1858년 갑작스러운 죽음과 함께 끝이 났다. 하지만 사쓰마번의 근대화 정책은 그 이후에도 계속되었다.

[그림 10-2] 집성관의 전경.

03 근대: 조카마치의 해체와 근대 도시의 형성

| 막부에 대한 불만과 이이 나오스케 습격 사건 |

나리아키라를 중심으로 시마즈번이 근대화 정책에 매진하고 있던 당시, 일본은 페리 제독의 내항에 따른 후폭풍으로 점차 정치적인 격동에 휘말려 들고 있었다. 개항과 함께 서양의 값싼 면제품이 수입되면서 가내수공업 단계에 머물던 면직업이 큰 피해를 보며 농민경제가 어려워졌다. 게다가 금·은 교환 비율이 국내(1:5)보다 해외(1:15)가 높은 점을 이용해 일본의 국내 금을 해외로 빼돌리는 이들이 늘면서 화폐가치가 급격히 하락하는 현상이 나타났다. 대외 무역으로 인한 경제 혼란은 특히나 쌀값에 전적으로 생계를 의지하던 하급 무사와 농민의 구매력을 떨어뜨려 이들의 생계를 더욱 어렵게 만들었다. 그리고 이는 사회 동요를 심화시키는 주된 요인이 되었다.

그러나 개항 이후 경제적인 혼란과 사회적인 동요에 대처해야 할 책임을 진 막부는 이에 대한 적절한 대응책은커녕 사태 파악조차 제대로 하지 못하고 있었다. 그렇다 보니 막부에 반감을 갖는 이들이 점차 많아졌다. 막부에 불만을 가진 이들은 서슬 퍼런 막부의 감시와 처벌을 피하려고 막부의 실정을 직접 비판하기보다 '존왕'과 '양이'를 명분으로 내세우며 의견을 피력했다. 하지만 이들이 내건 '존왕'이란 사실상 '막부 타도'를, '양이'는 '배외주의'를 의미하는 것이었다.

이처럼 막부에 대한 비판 여론이 높아지는 가운데 막부의 최고 책임자인 로주老中 이이 나오스케는 '존왕양이'를 부르짖는 인사에 대한 탄압을 강화하는 등 기존 입장을 더욱 강경하게 밀어붙였다. 그리고 1858년부터 그 이듬해까지 안세이安政 연간에 벌어진 이른바 '안세이의 대옥大獄' 사건을 일으켜 조슈번의 요시다 쇼인을 비롯해 양이파 무사와 공경 인사를 대대적으로 숙청했다.

막부를 비판하는 여러 인사가 막부의 손에 죽임을 당하거나 추방 등의 처벌을 받게 되면서 막부에 대한 반발은 한층 더 커졌다. 막부에 대한 불만이 높아지는 가운데 에도 시내를 떠들썩하게 만든 충격적인 사건이 일어났다. 1860년 3월 3일 미토번 출신 인사를 중심으로 수십 명의 급진적인 무사들이 이이 나오스케를 습격하는 사건이 벌어진 것이다([그림 10-3]). 막부의 최

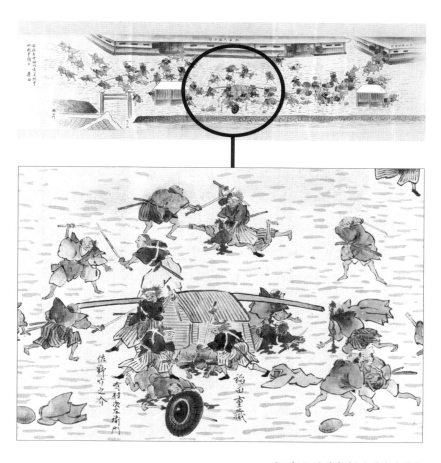

[그림 10-3] 이이 나오스케 습격 사건.

03 근대: 조카마치의 해체와 근대 도시의 형성

고 책임자인 로주가 그것도 벌건 대낮에 에도성 앞에서 적지 않은 호위병이 엄호하는 가운데 반대 인사의 공격을 받아 살해당할 것이라 상상했던 이는 아마도 없었을 것이다. 이이 나오스케의 독재와 공포 정치가 강력했던 만큼이나 한낮의 피습 사건은 일본 전역에 상당한 충격을 주었다. 이이 나오스케의 죽음은 가뜩이나 궁지에 몰린 막부의 권위를 땅에 떨어뜨리는 계기가 되었다. 이로써 장군의 권위를 빌려 막부 수뇌부의 주요 인사가 절대 권력을 행사하는 막부 독재 정치는 사실상 불가능해졌다.

| 시마즈 히사미쓰의 상경과 영국과의 전투 |

이이 나오스케 습격 사건 이후 막부의 정국 주도력은 약해졌지만, 유력 다이묘의 발언력은 점차 커졌다. 이러한 가운데 막부는 약해진 정국 주도력을 회복하기 위해 조정과 손을 잡기로 결심한다. 막부 권력의 쇠락을 조정의 권위로 메우면서 정치적인 위기를 타개하기 위해 막부는 '공무합체'를 전면에 내세우고, 이를 보여 주기 위한 상징적인 이벤트로 고메이 천황의 여동생인 가즈노미야와 쇼군 도쿠가와 이에모치德川家持의 혼인을 계획했다. 전례를 찾아보기 힘든 정략결혼이지만 조정 역시 막부의 제안을 거부할 이유가 없었기에 양자의 혼담은 신속히 진행되었다. 그 결과 1862년 3월 공무합체를 상징하는 이벤트로 결혼식이 거행되었다.

공무합체를 통한 권력의 재편성이 중요한 이슈로 부각하는 가운데 사쓰마번의 시마즈 히사미쓰는 1862년 4월 돌연 1,000명의 병사를 이끌고 교토로 행군을 시작했다. 히사미쓰의 독단적인 출병은 막부의 법을 어긴 사실상 쿠데타와 다름없는 행위였다. 공무합체의 상징적인 이벤트로 쇼군 이에모치와 고메이 천황의 여동생 사이에 혼례가 성사된 직후여서 히사미쓰의 교토 입성은 더욱 많은 이에게 충격을 주었다. 다만 히사미쓰가 이렇게까지 무리수를 쓰며 군대를 동원해 교토로 상경한 것은 천황과 조정을 자기 편으로 삼아 막부에 개혁 요구를 한층 강하게 주장하기 위해서였다. 그는 천황의 양해를 얻어 칙사를 대동하고 에도로 올라갔다. 그리고 천황의 칙사를 통해 쇼군에게 정치 개혁을 강하게 요구했다. 쇼군의 체면도 세워 주고 자신의 목적 역시 이루기 위한 심산이었다. 정치 개혁의 주된 내용은 쇼군의 교토 상경과 유력 다이묘의 막부 정치 참여, 참근 교대 완화 등에 관한 것이었다. 막부는 히사미쓰의 제안을 받아들여 막부 정부의 정치 개혁을 약속했다. 이로써 사쓰마번은 공무합체운동의 중심 세력으로 부상하게 되었다.

한편 소기의 목적을 달성한 히사미쓰는 다시금 귀환 길에 올랐다. 그런데 가고시마로 돌아가는 길에 장차 사쓰마번의 운명을 바꾸는 중요한 사건이 일어났다. 사건의 발단은 1862년 8월 요코하마 개항장 인근 나마무기촌生麥村 인근에서 이곳을 지나던 시마즈 히사미쓰의 행렬을 보고 영국 상인이 제대로 인사를 하지 않은 것에서 비롯되었다. 다이묘 행렬을 보고도 말에서 내리지 않은 영국 상인을 무례하다고 여긴 나머지 사쓰마번의 무사가 이들을 살해한 것이다([그림 10-4]). 영국은 이에 항의하지만, 사쓰마번은 별다른 대응을 하지 않았다. 그러자 영국이 무력 보복에 나섰다.

이듬해 영국 함대는 가고시마 앞바다에 출항해 사쓰마번에 배상을 요구했다. 그러나 이번에도 사쓰마번이 영국의 요청을 거부하자 양자 사이에 전투가 시작되었다. 영국군은 가고시마 시내에 함포 공격을 쏟아부었고 가고시마 조카마치는 이내 불바다가 되었다. 주목해야 할 것은 사쓰마번이 영국 함대의 공격으로 큰 피해를 보았지만, 이를 전화위복의 기회로 삼았다는 점이다. 서구 열강의 우세한 무력을 몸소 체험한 이상 지금까지 번의 공론이었던 '양이'를 과감하게 포기하는 대신 180도 방향을 선회해 적극적으로 개방에 나설 것을 결심했다. 이듬해인 1864년 사쓰마번은 17명의 젊

[그림 10-4]
나마무기촌에서 벌어진
영국 상인 살해 사건을 그린
우키요에(위).
[그림 10-5]
가고시마 중앙역 광장 앞의
'젊은 사쓰마의 군상'(아래).

은이를 선발해 자신을 공격했던 영국으로 유학을 보냈다.

오늘날 가고시마 중앙역 광장에는 [그림 10-5]와 같이 '젊은 사쓰마의 군상'이라는 이름의 동상을 찾아볼 수 있다. 동상의 인물은 1864년 당시 영국으로 유학을 떠난 17명 젊은이의 모습을 형상화한 것이다. 당시 가장 나이가 어린 이는 13세, 가장 나이가 많은 이는 34세였다. 이들 가운데서 메이지 정부에서 외무대신을 지낸 데라지마 무네노리寺島宗則, 초대 문부대신 모리 아리노리, 초대 일본은행 총재 요시하라 시게토시吉原重俊와 같은 쟁쟁한 인물이 배출되었다. 이로써 메이지 유신을 이끌고 나갈 중요한 하나의 축이 만들어졌다.

4.
세이난 전쟁과
가고시마의 근대화

| 신정부의 개혁 조치와 무사 계층의 불만 |

왕정복고와 함께 무가 권력의 수장으로 에도 막부가 가진 권위와 영향력은 해체되었다. 그러나 신정부 인사들은 여기서 만족하지 않았다. 이들은 에도 막부의 남은 세력을 완전히 타도하기 위해 교토 시내에 남아 있는 막부 시설을 공격해 친막부 세력의 반격을 유도했다. 1868년 1월 도쿠가와 요시노부는 친막부 세력인 아이즈번 등을 동원해 반격에 나서지만 더 이상 사쓰마와 조슈, 양 번 인사들을 중심으로 구성된 신정부 군대에 상대가 되지 못했다. 신정부 군대는 오사카 일대에 남아 있던 막부 잔존 세력을 무너뜨리고 그해 4월 마침내 막부의 본거지인 에도를 향해 행진을 시작했다.

에도 공방전을 앞두고 모두가 양측 간에 격렬한 전투가 벌어질 것이라 예상했다. 이러한 가운데 막부의 중신인 가쓰 가이슈勝海舟와 신정부 군대 사령관인 사이고 다카모리 사이에 비밀회담이 벌어졌다. 이 자리에서 두 사람은 불필요한 희생과 피해를 줄이고 내전의 위험에서 벗어나기 위해 에도 성을 신정부군에 넘기는 것에 합의했다. 신정부군으로서는 그야말로 무혈 입성이었다. 그러나 이 같은 결정에 반발한 막부 잔존 세력의 일부는 홋카이도로 본거지를 옮겨 에조蝦夷 공화국을 세우고 신정부에 대한 저항을 계속했다. 하지만 이들 역시 오래가지 못하고 이듬해 5월 항복하고 만다.

이로써 메이지 신정부는 막부 세력을 완전히 청산하는 데 성공했다. 이후 신정부는 봉건적인 지배 조직과 신분질서를 폐지하기 위해 폐번치현(1871), 폐도령廢刀令(1871), 징병령(1873) 등의 혁신적인 조치를 연이어 발표했다. 이것들은 모두 중앙집권적인 국민국가를 만들기 위한 개혁 조치였다. 그러나 신정부의 개혁안이 발표될수록 지배 신분으로 특권을 누렸던 옛 무사 계층의 실망감은 점점 커졌다. 특히나 메이지 유신 과정에서 목숨을 다해 막부를 무너뜨리고 신정부 수립에 이바지했던 사쓰마번과 조슈번의 무사들이 느끼는 당혹감과 열패감은 더했다. 경찰서 순사나 관공서 직원, 학교 교원으로 새 직업을 얻은 소수를 제외하고 대다수 무사는 제대로 된 직업을 구하지 못해 생계를 걱정해야 하는 상황이었다.

| 세이난 전쟁 발발 |

신정부의 주요 인사 가운데 사이고 다카모리와 이타가키 다이스케板垣退助는 무사 계층의 불만이 또 다른 내란으로 이어질 가능성에 대해 두려워했다. 이들은 국내의 불온한 분위기를 해소하는 방편으로 이웃한 조선을 무력으로 침략하는 방안에 대해 논의하기 시작했다. 사이고는 메이지 유신 이후 새로운 국교 수립을 요구하는 일본의 요청을 조선 정부가 거부하는 것을 핑계삼아 분쟁을 일으켜 "(무사들이) 내란을 바라는 마음을 외국으로 돌려 국가를 흥하게 하는 책략"으로 삼자고 주장했다.

한편 일본 정부는 사이고의 주장을 받아들여 그를 조선에 외교사절로 파견할 것을 결정했다. 그리고 이 같은 소식은 당시 구미 각국을 순방 중이던 이와쿠라 사절단에 전달되었다. 오쿠보 도시미치를 비롯해 사절단의 일원으로 참여한 정부 주요 인사들은 사이고가 조선을 방문하려는 계획에 즉각 반대 의사를 표명했다. 결국 사이고의 정한론을 둘러싸고 신정부 내에 찬반에 관한 격론이 벌어지게 되었다. 이와쿠라 사절단의 일원으로 산업혁명 이후 구미 열강의 근대화를 직접 눈으로 살펴본 오쿠보 도시미치 등은 "지금은 외정을 할 때가 아니라 내실을 다질 때"라고 주장하며 반대 의사를 분명히 밝혔다. 오쿠보는 급히 일본으로 돌아와 메이지 천황을 설득해 사이고의 조선 파견을 백지화했다.

그러자 사이고를 비롯해 정한론을 주장했던 인사들은 이에 책임을 지고 정부에서 사임하게 된다. 낙향을 결심한 사이고는 1873년 10월 모든 공직에서 물러난 다음 고향 가고시마로 돌아왔다. 그는 함께 낙향한 사쓰마 출신의 군 인사들과 함께 사설 군사학교인 '사학교私學校'를 세워 후학 양성에 힘을 쏟았다. 그러자 신정부에 불만을 품은 인사들이 점차 사이고 주변에 몰려들었다. 심지어 가고시마현 지사마저 그에게 동조하는 태도를 보였다. 이에 신정부는 혹시나 있을지 모를 가고시마의 불온한 움직임을 예의주시하게 되었다.

이러한 가운데 1876년 정부의 '질록처분秩祿處分'안이 발표되었다. 집안 대대로 물려받는 봉록을 정리하는 대신 공채를 일시금으로 지급한다는 내용의 질록처분안에 무사 계층의 불만은 극에 도달했다. 그리고 이들의 불만은 마침내 가고시마에서 불이 붙었다. 1877년 1월 가고시마에 있는 탄약고를 외부로 이전한다는 정부 안에 반발하면서 사이고가 설립한 사학교 학생들을 중심으로 세이난 전쟁이 시작되었다([그림 10-6]). 반란군 세력은 한때 규슈 중부의 구마모토까지 진출하는 데 성공하지만 결국 정부군에 저지당하고 만다. 유서 깊은 사쓰마번의 옛 무사가 중심에 선 반란군이 징병제 이후 새로 만들어진 신식 군대에 여지없이 패하고 만 것이다([그림 10-7]). 이로써 아무리 용맹하고 뛰어난 무사라 할지라도 근대적인 무기로 무장한 일반 병사에게 상대가 되지 않는다는 사실이 만천하에 여실히 드러났다. 결국, 이를 계기로 더는 불평 사족의 반란이 일어나지 않았다. 마지막까지 저항하던 사이고는 가고시마 시내 시로야마城山 전투에서 총상을 입고 파란만장한 인생을 스스로 마무리했다고 한다.

| 근대화에 뒤처진 이유와 '메이지 노스탤지어' |

세이난 전쟁으로 가고시마는 막대한 피해를 보았다. 반란군의 사망자는 1만 3,000여 명에 달했다. 더욱이 이들의 상당수는 가고시마 출신의 젊은이였다. 가고시마는 꽃 같은 젊은이들을 잃었을 뿐 아니라 재산상의 손실 역시 상당했다. 시가전으로 시내 대부분이 불에 탔고 산업시설 역시 커다란 피해를 보았다. 전후 복구를 위해 신정부는 특별지원금을 지원했지만, 가고시마의 재건에는 별다른 도움이 되지 못했다. 결과적으로 세이난 전쟁은 가고시마의 근대화와 산업화를 뒤처지게 만드는 요인이 되었다.

그러나 가고시마가 오사카나 도쿄와 같은 대도시뿐 아니라 야하타 같은 규슈 내 여타 지역과 비교해 근대화에 뒤처진 것은 이와 함께 여러 요인이 복합적으로 작용한 결과였다. 다른 번에 비해 많은 숫자의 무사 계층은 사쓰마번이 막부를 무너뜨리는 데 중요한 군사적인 자산이 되었지만, 역설적

[그림 10-6] 프랑스 주간지《르 몽드 일러스트*Le Monde Illustré*》에 실린
세이난 전생 관련 삽화. 가운데 의자에 앉은 인물이 사이고 다카모리다.
[그림 10-7] 세이난 전쟁에 패한 반란군을 심문하는 신정부군의 모습.

03 근대: 조카마치의 해체와 근대 도시의 형성

으로 메이지 유신 이후 가고시마의 근대화를 저해하는 큰 걸림돌이었다. 일본 북동부의 니가타 출신인 혼부 야스시로本富安四郎는 메이지 유신이 일어나고 20년이 지난 1889년부터 3년간 가고시마에서 교원 생활을 했다. 그는 가고시마에서 경험한 것을 《사쓰마 견문기薩摩見聞記》라는 이름의 책으로 출간했는데, "(메이지 유신으로) 번정이 붕괴한 지 이미 20년이 되었지만, 사쓰마만큼은 여전히 봉건의 세상이다. 정치, 행정, 교육, 경찰 등의 세계에서 사족 세력이 강력한 것은 일본 전국에서 그 유례를 찾을 수 없을 정도"라고 지적하며 옛 무사 출신인 사족이 여전히 강한 힘을 발휘하고 있는 것이야말로 가고시마가 봉건적인 지역으로 남게 된 이유라는 견해를 피력했다. 메이지 유신 이후 다른 지역에서는 사민평등으로 신분에 따른 구분이 없어지고 능력에 따라 개인을 평가하는 시대가 되었지만, 가고시마만큼은 혼부가 지적한 대로 여전히 옛 무사 계층인 '사족'의 영향력이 강하게 남아 개혁을 거부하는 보수적인 분위기가 지배하고 있었다.

지주의 대다수를 점한 옛 무사 계층은 예전 방식대로 소작인을 지배하는 것에 주된 관심을 가질 뿐, 자본을 축적해 금융, 공업 등의 새로운 분야로 진출하는 것에 소극적이었다. 결과적으로 이들은 농촌 사회의 변화를 저해하고 봉건적인 소작관계를 지속하게 만든 장본인이었다. 그에 따라 청일·러일 전쟁을 거치며 일본의 여타 지역은 빠르게 산업화가 진전되었지만, 메이지 유신의 발원지인 가고시마는 정작 이 같은 흐름에서 벗어나 근대화에 뒤처지는 결과를 초래하게 되었다.

파란만장했던 과거와 달리 오늘날 가고시마가 마주하고 있는 현실은 그리 녹록지 않다. 가고시마현은 65세 이상 인구와 제1차 산업 종사자 비율이 일본의 다른 어느 지역보다 높은 편이다. 이에 반해 재정 자립도는 낮아 지역경제가 매우 열악한 편이다. 그렇다 보니 낙후된 지역경제를 되살리기

[그림 10-8] 가고시마 시내에 있는 사이고 다카모리의 다양한 동상.

03 근대: 조카마치의 해체와 근대 도시의 형성

위해 메이지 유신의 본고장이라는 역사성을 살린 여행상품으로 관광객의 발길을 잡기 위해 노력 중이다. 그래서인지 메이지 유신의 고향이자 세이난 전쟁의 무대인 가고시마를 소개하는 각종 안내판과 기념물을 시내 곳곳에서 만날 수 있다.

시내의 여러 기념물 가운데 가장 눈에 많이 띄는 것을 뽑으라면 단연 사이고 다카모리 관련 조형물이라 할 수 있다([그림 10-8]). 유신의 영웅에서 한순간에 반란군의 수괴로 전락한 그의 죽음을 안타까워한 마음이 그를 추모하는 각종 동상과 기념비 건립으로 이어진 것이다. 시내 곳곳에서 마주하게 되는 사이고 다카모리 관련 기념물과 관광상품을 보고 있노라면 이곳의 시간은 마치 메이지 유신 당시에 멈춘 듯한 인상마저 풍긴다. 유신의 주인공에서 세이난 전쟁의 수괴로 비극적인 죽음을 맞이한 사이고 다카모리는 어느새 가고시마 최대의 관광자원이 되었다.

다만 가고시마의 현재를 생각하면 사이고 다카모리를 활용한 수많은 관광상품은 메이지 유신의 기억을 지역에 대한 자긍심으로 환치시키는 동시에 관광객의 눈길을 잡기 위한 노력처럼 보여 안타까운 마음이 들기도 한다. 사이고 다카모리를 상품으로 활용한 '메이지 노스탤지어'의 약발이 다하면 다음에는 어떤 역사와 인물을 소환할 것인지 궁금하다.

11
요코하마:
서세동점의 위기에서
시작된 '개항장 도시'

1.
식민지화의 위기와
페리 제독의 방문

| 개항과 동아시아의 새로운 국제질서 |

19세기 들어 자본주의가 확산하는 가운데 동아시아 지역은 새로운 변화의 물결에 휩싸이게 된다. 변화의 물꼬는 서구 열강의 '개항' 요구에서 비롯되었다. 이후 조선과 청, 일본은 이른바 '서세동점'의 위기에서 각국의 사정에 따라 서로 다른 근대화를 경험하게 된다. 먼저 청은 아편 밀무역을 둘러싼 분쟁으로 영국과 역사상 '가장 더러운 전쟁'이라 부르는 아편전쟁을 치러야 했다. 하지만 전쟁에 패한 대가로 홍콩을 넘겨주고, 광저우廣州를 포함한 다섯 항구를 개방하게 된다. 일본의 에도 막부는 무력 충돌에서 패할 경우, 반막부운동이 전국적으로 확산할 것을 두려워한 나머지 '양이'를 주장하는 집권층 내부의 반발을 물리치고 미국과 신속하게 화친조약을 맺었다. 이에 반해 조선은 개항을 요구하는 프랑스, 미국과 병인양요(1866), 신미양요(1871)를 치르며 통상을 거부하지만, 운요호雲揚號 사건을 일으킨 일본과 '조일수호조규朝日修好條規(일명 '강화도조약')'를 체결함으로써 결과적으로 동아시아 삼국 가운데 가장 뒤늦게 '근대 조약체제'에 편입된 나라가 되었다.

동아시아 각국이 체결한 조약의 내용은 국내의 정치 상황과 외압의 정도에 따라 조금씩 달랐다. 아편전쟁 이후 영국과 체결한 난징조약은 청의 입장에서 보자면 사실상의 '패전' 조약이었다. 이에 반해 미국과 일본 사이의 '미일화친조약'은 양국의 외교적인 협상에 따른 '교섭' 조약에 가까웠다. 마지막으로 운요호 사건 이후 조선과 일본 사이의 '조일수호조규'는 일본에 일방적으로 유리한 '불평등' 조약이었다. 어찌 되었든 이 같은 조약에 따라

03 근대: 조카마치의 해체와 근대 도시의 형성

조선과 청, 일본은 상대국에 항구를 개방하고 자유무역을 보장해야만 했다. 이로써 동아시아 국제질서는 중국을 중심으로 주변 민족과 국가 사이의 의례를 중시하는 책봉·조공 체제를 대신해 서구 사회의 국제법과 열강의 이익을 우선시하는 근대 조약체제로 이행하게 되었다.

오늘날 일본의 대표적인 국제 도시로 손꼽히는 요코하마는 조약 체결 이후 자유무역을 보장하기 위해 조성한 개항장에서부터 비롯되었다. 서구 열강의 요구에 따른 개항 이래 지난 160여 년 동안 요코하마는 화재와 지진, 전쟁의 대공습에 이르기까지 여러 차례의 위기를 겪었다. 하지만 이를 극복하고 현재는 도쿄에 이어 두 번째로 많은 377만 명(2023년 기준)이 거주하는 국제적인 대도시로 성장했다. '개항'이라는 역사적인 경험을 자산삼아 세계적인 국제 도시로 변모하고 있는 요코하마의 지난 발걸음을 돌이켜 살펴보도록 하자.

| 페리의 함포 외교와 미일화친조약 |

미국 동인도함대 사령관인 페리M. Perry 제독은 2척의 증기선을 포함해 4척의 함대를 이끌고 1853년 6월 3일 에도만에 도착했다. 그는 현재의 요코스카横須賀에 위치한 우라가浦賀 일대에서 막부를 상대로 무력 시위를 펼치며, 개국을 요구하는 필모어M. Fillmore 미국 대통령의 국서를 일본의 관리에게 전달했다([그림 11-1]).

한편 방수를 위해 선체를 새까맣게 콜타르로 칠해 '흑선'이라 불린 외국 증기선이 나타났다는 소식은 삽시간에 일본 각지로 퍼졌다. 시중에서는 당장이라도 전쟁이 일어날지 모른다는 유언비어가 퍼졌다. 하지만 이 같은 상황에서도 막부는 의외로 담담한 태도를 유지했다. 막부 수뇌부는 일단 미국의 국서를 수리하는 대신 협상을 위한 시간 벌기에 나서 이듬해 다시 방문할 것을 페리 측에 요청했다. 이를 받아들인 페리 일행은 이듬해에 다시 찾아올 것을 약속하고 우라가를 떠났다. 자칫 쇼군의 권위에 상처를 줄수 있음에도 불구하고 막부 실무자들이 페리의 국서를 수리한 것은 그 나름의 상황 판단에 따른 조치였다.

17세기 초 나가사키를 통해 네덜란드와 교역을 시작한 이래 에도 막부는 네덜란드 상관商館에 서구 각국을 포함한 해외 각지의 사정을 간단히 정리해 보고하도록 요구했다. 네덜란드 상관장이 작성한 이른바《풍설서風說書》는 일본어로 번역해 막부에 전달되었다. 해가 갈수록 네덜란드가 작성한 《풍설서》는 형식적인 것이 되고 말았지만, 막부는 이를 통해 어렴풋하게나마 해외 정세의 변화를 감지할 수 있었다.

그런데 아편전쟁에서 청이 영국에 패배했다는 소식이 전해지면서 막부의 태도에 변화가 나타났다. 서세동점의 위기 속에 구미 각국의 동태에 한층 민

[그림 11-1] 1853년 에도만 우라가에 상륙한 페리 제독 일행과 이들을 접견하는 막부 관리의 모습.

03 근대: 조카마치의 해체와 근대 도시의 형성

감해진 에도 막부는 네덜란드 상관에 이전보다 훨씬 구체적인 내용을 담은 《별단풍설서別段風說書》를 작성해 제출할 것을 지시했다. 이러한 가운데 1852년 새로 부임한 상관장은 《별단풍설서》에 심상치 않은 정보를 담아 일본 측에 알렸다. 미국이 페리 제독을 사령관으로 삼아 4척의 함대를 파견해 통상을 요구할 것이며 이를 거부할 시에 함포 공격을 시도할지 모르니 미국의 제안을 수용하는 편이 좋을 것이라는 내용이었다. 페리 함대의 방문에 막부가 의외로 냉정함을 유지할 수 있었던 것은 나가사키 부교를 거쳐 전달받은 《별단풍설서》를 통해 이들의 방문을 사전에 인지하고 있었기 때문이었다.

　한편 페리 함대가 우라가를 떠나고 나서 로주老中 아베 마사히로阿部政弘를 중심으로 하는 막부 수뇌부는 이에 대한 대응을 본격적으로 논의하기 시작한다. 하지만 이들을 내쫓기 위해 무력으로 대응할 시에 전쟁이 일어날 것이 분명한 상황에서 개국 이외에 다른 묘책을 내놓지 못하고 시간만 허비한다. 이러는 가운데 홍콩으로 돌아갔던 페리 함대가 예정보다 이른 1854년 2월 다시 일본을 찾아왔다. 2월 10일부터 20여 일 동안 막부의 전권 사절과 페리 일행은 4차례나 회담을 가졌다. 표면적으로 협상은 순조롭게 진행된 듯 보이지만 막후 과정은 그렇지 않았다. 협상에 앞서 페리는 목조로 지은 에도 시내 건축물이 화재에 취약한 점을 이용해 만약 조약이 성사되지 못하면 포격을 감행할 수 있다면서 공공연하게 막부 인사를 압박했다. 막부는 혹시라도 페리 함대가 에도만을 봉쇄하거나 무력 충돌이 일어날 경우, 인구 100만의 대도시 에도에 끼칠 경제적 피해와 정치적 파장을 염려해 미국의 개항 요구를 받아들이기로 한다. 결국 지난한 협상 끝에 양측은 3월 3일 마침내 '미일화친조약'을 체결했다.

　미일화친조약의 주된 내용은 시모다下田·하코다테函館 개항, 미국 선박의 필수품 구입 허용, 외교관의 시모다 주재, 그리고 최혜국대우에 관한 것이었다. 미국에 최혜국대우를 약속했다는 점에서 화친조약은 일본에 다소 불리한 내용이었다. 하지만 미국은 일본에 대한 경제적·정치적 이권을 얻기보다 대중국 진출 항로의 중계기지를 확보하는 것에 관심이 더 많았다. 따라서 화친조약은 어디까지나 개방을 공식화하는 것일 뿐 통상이나 무역에 관한 내용을 구체적으로 담지 않았다. 한편 일본은 미국에 이어 영국(1854)을 비롯해 러시아(1855), 네덜란드(1856)와도 화친조약을 체결하고 외국에 본격적으로 문호를 개방했다.

| 해리스의 부임과 미일수호통상조약의 체결 |

미일화친조약에 따라 1856년 초대 미국 총영사로 타운젠트 해리스Townsend Harris가 부임했다. 그는 일본과 외교를 수립했지만 정작 미국에 별다른 실익이 없다고 보고, 기존 화친조약을 통상조약으로 개정하려는 계획을 수립했다. 그는 조약 개정에 소극적인 막부 관리에게 영·프 연합군이 제2차 아편전쟁에서 승리한 소식을 전하면서 영국이 군사력을 동원해 일본에 통상을 요구하기에 앞서 미국과 합의하는 편이 더 좋을 것이라며 협상을 종용했다. 해리스의 끈질긴 설득과 협박 끝에 1858년 6월 일본은 미국과 '미일수호통상조약'을 체결했다.

미일수호통상조약은 제1조에서 양국 외교관의 상호 파견과 여행의 자유를 보증하는 한편 개항지 확대, 자유무역, 영사재판권, 종교의 자유, 협정관세, 치외법권 등에 관한 내용을 담았다. 이 가운데 제3조는 가나가와神奈川를 비롯해 나가사키, 하코다테, 니가타, 효고兵庫(후에 고베神戸로 교체) 다섯 항구를 개항장으로, 에도와 오사카 두 곳을 개시장으로 정해 외국에 개방한다는 내용을 담았다. 개항장은 해안에 면한 항구를, 개시장은 시가지를 외국인에게 개방하는 곳이다. 개항장에서는 외국인이 영구적으로 거주하는 것을 인정하지만 개시장에서는 일시적인 체류만을 허용했다. 이후 막부는 네덜란드, 러시아, 영국, 프랑스와도 같은 내용의 조약을 체결했다. 미국을 비롯해 5개국과 맺은 통상조약은 1858년, 즉 안세이安政 5년에 체결했다고 해서 이른바 '안세이 5개국 조약'이라고 부른다.

안세이 조약 체결 이후 일본은 본격적으로 근대 조약체제에 편입되었다. 구미 열강 중심의 국제질서에 입각한 근대 조약은 일본에 불리한 최혜국대우, 치외법권, 협정관세 등을 담고 있었다. 조약을 체결한 이후 자국에 불리한 조항을 담고 있다는 사실을 뒤늦게 깨달은 일본은 이를 개정하기 위해 이와쿠라 사절단을 파견하는 등 다방면으로 노력했다. 하지만 상대국의 동의 없이 국가와 국가 사이에 맺은 약속을 개정하기란 쉽지 않았다. 이처럼 근대 조약체제의 매운맛을 체험한 일본은 20년 후에 자신이 경험한 것보다 훨씬 불평등한 내용의 강화도조약을 조선에 강요했다.

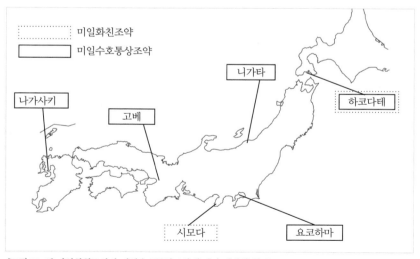

[그림 11-2] 미일화친조약과 미일수호통상조약에 따라 개방한 항구.

2.
요코하마 개항과
거류지 조성

| 안세이 조약에 대한 우려와 개항장의 변경 |

일본은 안세이 조약에 따라 가나가와를 비롯한 5곳의 항구를 1859년 7월 1일까지 외국에 개방하게 된다. 그리고 조약에 따라 개항장에는 외국인이 거주할 수 있는 일정 구역, 즉 '거류지'가 설치되었다. 일본을 비롯해 서구 열강의 통상 압력에 따라 문호를 개방한 동아시아 각국은 개항장의 일정 지역을 외국인에게 대여하고 이들의 거주와 자치를 허용했다. 조선과 청은 이러한 지역을 '조계租界'라고 불렀지만, 일본은 '거류지'라고 칭했다. 거류지는 개항장과 개시장 모두에 설치되었다. 다만 개시장의 경우 건물 임대만 가능했던 반면 개항장에서는 외국인들이 자유롭게 토지나 건물을 매입하거나 임대해서 주택, 창고 등을 짓고 회사 등을 운영할 수 있었다.

하지만 막부 인사 중에는 이 같은 내용을 탐탁지 않게 여긴 이가 적지 않았다. 무엇보다 개항장인 가나가와, 효고 등이 에도나 오사카에 인접해 있거나 혹은 에도와 오사카를 잇는 도카이도東海道의 주요 역참이다 보니 서양 풍속이 일본에 나쁜 영향을 끼칠 수 있다는 점을 우려하는 의견이 많았다. 미일수호통상조약 체결 당시 교섭 실무를 맡고 있던 이와세 다다나리岩瀬忠成 역시 이 같은 입장이었다. 그는 조약에 명시한 가나가와, 효고, 나가사키를 대신하여 에도, 오사카, 나가사키에서 너무 멀지도 그렇다고 가깝지도 않은 요코하마, 와다미사키和田岬(후에 고베), 이나사稲佐를 대신 개항장으로 개방하도록 내부 의견을 조정했다.

한편 막부의 이러한 움직임이 알려지자, 영국 공사를 비롯한 구미 각국의 외교관은 즉각 반발하고 나섰다. 이들은 막부의 조치가 개항장을 나가사키의 데지마出島처럼 고립시키려는 것으로 '가나가와'로 명기한 수호통상조약을 위배해서는 안 된다고 항의했다. 그러나 에도 막부는 요코하마가 선박의 정박지로 가장 좋은 곳이라고 주장하며 가나가와를 대신해 요코하마를 개항할 뜻을 공식화했다.

| 요코하마의 외국인거류지 설치 |

요코하마는 본래 [그림 11-3]과 같이 해안에서 바다로 뻗어 나온 사구 끝에 자리 잡은 100호 정도의 한적한 촌락이었다. 게다가 남쪽 산록을 제외하고 동·서·북 3면이 바다로 둘러싸여 외부로부터 고립된 지형에다 교통까지 불편한 오지였다. 외국인과의 불필요한 접촉을 제한하고자 했던 막부의 입장에서 보자면 요코하마는 개항장으로 최적의 장소인 셈이었다.

막부는 조약 체결국에 공식적인 양해를 구하지 않고 가나가와에서 요코하마로 개항장을 변경한 것을 기정사실로 하기 위해 선수를 쳤다. 미일수호통상조약을 체결한 바로 다음 달인 1858년 7월부터 개항장 설치에 필요한 기반시설 공사를 서둘러 시작했다. 그리고 기반공사가 어느 정도 마무리된 이듬해 1859년 봄, 요코하마에서 해외 무역에 참가할 국내 상인을 모집하기 시작했다. 4월 무렵 개항장 일대의 정지 작업이 마무리됨에 따라 운상소運上所와 부두, 잔교 등을 비롯해 선박을 댈 수 있는 항만 조성공사를 시작했다. 공사는 7월 1일 개항 일자에 맞추어 불과 3개월 만에 끝이 났다. 막부는 작은 어촌마을에 지나지 않은 요코하마 일대 해안을 메워 선박이 육지에 닿을 수 있도록 부두와 잔교를 설치하고 상인과 관리, 구미의 외교관들이 거주할 수 있는 부지를 조성하는 데 9만 냥 이상의 막대한 비용을 들였다.

요코하마는 미일수호통상조약과 안세이 5개국 조약에 명시된 개항일에

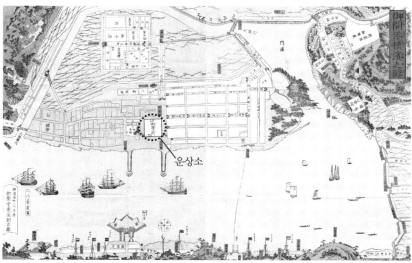

운상소

[그림 11-3] 개항 직전 요코하마촌 일대의 모습.
[그림 11-4] 개항 직후 요코하마의 전경을 담은 지도.

385   03 근대: 조카마치의 해체와 근대 도시의 형성

맞추어 1859년 7월 1일 나가사키, 하코다테와 함께 외국에 개방되었다. 개항장 중앙에는 [그림 11-4]와 같이 세관에 해당하는 기관으로 운상소를 두었다. 다만 운상소는 세관 업무뿐 아니라 개항장 일대의 행정 사무와 외교 업무를 총괄하는 기관이었다. 운상소를 중심으로 서쪽과 동쪽 해안에는 각기 길이 100미터, 폭 18미터의 석단을 조성했다. 해안을 따라 배치한 석단은 평상시 도로로 사용하다가 선박이 육지에 닿으면 화물을 싣고 내리는 부두로 활용했다. 이처럼 해변을 따라 석단 위에 조성한 도로, 즉 '가이간도오리海岸通'는 중국의 상하이나 광저우廣州와 같이 교역이 발달한 개항 도시에서 공통적으로 찾아볼 수 있다. 서구인들은 이 같은 해안가 석단을 '번드'라 불렀다. 운상소 인근에 조성된 석단 뒤편으로 서쪽 방면은 일본 상인을 위한 거주지, 동쪽 방면은 외국인을 위한 거류지로 조성되었다.

한편 개항을 앞두고 해외 무역을 통해 큰 돈을 벌 수 있을 것이라는 기대를 품고, 전국 각지에서 모험적인 상인들이 이곳으로 몰려들었다. 고슈야 추에몬甲州屋忠右衛門은 고향 가이甲斐(현재의 야마나시현)의 친구들과 함께 요코하마로 이주해 고슈야甲州屋라는 상점을 열었다. 그는 고향에서 생산하는 차와 생사 등을 가져와 외국 상인에게 팔고 이들이 수입해 온 해외 상품을 일본 각지에 넘겨 30~40퍼센트의 높은 이익을 챙겼다. 이 같은 방법으로 고슈야는 불과 수년 만에 대규모 상점으로 성장할 수 있었다.

| 〈지소규칙地所規則〉과 근대적인 도시 설비 구축안 작성 |

개항 초기 구미 열강은 에도 막부가 지정한 요코하마를 개항장으로 인정할 생각이 없었다. 하지만 일본 상인과 무역을 트기 위해 외국 상인들이 앞 다투어 요코하마로 이주하기 시작하자 태도를 바꾸어 막부와 외국인거류지 분할을 위한 협상에 착수했다. 오랜 교섭 끝에 각국 대표단과 막부는 1860

년 3월 외국인거류지의 토지를 일본 정부의 소유로 하되 토지 분할 방법은 각국 영사와 요코하마 지방관 사이의 협의를 통해 정하기로 합의했다.

한편 영국, 미국, 네덜란드, 프랑스는 외국인거류지의 토지를 획득하는 과정에서 불필요한 경쟁과 과열을 막기 위해 1860년 8월 〈가나가와 지소규칙神奈川地所規則〉(〈제1차 지소규칙〉)을 제정했다. 이는 1854년 중국 상하이의 조계를 대상으로 작성한 〈제2차 토지장정〉을 규범으로 삼았다. 총 12조로 구성된 〈제1차 지소규칙〉은 외국인거류지 내에서의 토지 분할과 대여, 도로·부두·하수도 정비 등에 관한 자치규정을 담았다. 하지만 막부가 이를 인정하지 않아 별다른 효력을 갖지 못했다. 이에 1864년 12월 영국을 비롯해 〈제1차 지소규칙〉을 작성하는 데 참여한 4개국은 외국인거류지의 확장 및 지대의 20퍼센트를 도로·하수도 정비 비용으로 전용하는 내용 등을 담아 〈요코하마 거류지 각서〉(〈제2차 지소규칙〉)를 작성하고 막부의 서명을 요구했다.

그런데 이번은 지난번과 사정이 달랐다. 〈제2차 지소규칙〉을 작성하기에 앞서 9장에서 살펴보았듯이 영국을 비롯한 4개국은 조슈번에 대한 막부의 공격을 기회로 삼아, 1864년 8월 자유무역에 반대하던 조슈번에 함대를 보내 포격을 단행했다. 영국을 비롯한 서구 열강은 이처럼 어수선한 정국을 이용해 그들에게 유리한 내용의 거류지 각서를 작성해 막부에 서명하도록 요구했다. 막부는 이 같은 조항이 불리한 것임을 알았지만, 거류지 보호라는 명목으로 영국을 비롯한 외국 군대가 주둔하는 상황에서 이에 서명하지 않을 수 없었다.

그런데 〈제2차 지소규칙〉에 서명한 지 얼마 지나지 않아 예상치 못한 사건이 일어났다. 1866년 11월 26일 요코하마 개항장에 대화재가 발생한 것이다. 일본인거류지의 상점에서 시작한 화재는 삽시간에 개항장 일대를 잿더미로 만들고 말았다. 건물 대부분이 화재에 취약한 목재로 만들어진 것이 피해를 키운 주된 원인이었다. 운상소와 화물검사소 같은 주요 시설을 비롯해 개항장의 70퍼센트 가까운 면적이 불에 타 잿더미가 되었다. 불길은 외국인거류지에까지 번져 석조로 지은 창고 건물 역시 큰 피해를 보았다.

〈제2차 지소규칙〉을 체결한 지 불과 2년도 지나지 않았지만, 화재에 취약하다는 문제점이 분명해진 이상 이를 개정하지 않을 수 없었다. 더는 대화재가 발생하지 않도록 "화재의 위험을 방지하기 위해 개량계획에 따라 요코하마 거류지의 중심부를 개량하는" 조치를 하루바삐 시행하기 위해서였다. 대화재 이후 1개월도 지나지 않은 1866년 12월 〈요코하마 거류지 개조 및 경마장·묘지 등 약서〉(이하 〈약서〉)가 체결되었다. 〈약서〉는 방화 대책을 위해 가로를 대폭 늘리고 불연재로 지붕을 깔도록 규정하는 등 방재에 초점을 두고 작성되었다. 이에 따라 이전의 〈지소규칙〉에 비해 시가지 구획과

[그림 11-5] 1870년 요코하마 운상소와 외국인거류지 일대의 모습을 담은 우키요에.
대화재 이후 벽돌로 새로 만든 각국의 건축물을 확인할 수 있다.

건축물 건립에 관해 상당히 구체적인 내용을 담았다. 이와 함께 공공건물, 공원, 묘지, 경마장과 같이 토지의 용도를 지정하는 한편 하수도를 설치하는 등 당시 일본의 도시에서 찾아볼 수 없는 근대적인 도시 설비 구축안을 담았다.

화재 이후 요코하마는 〈약서〉에 따라 방재 대책에 초점을 맞춘 건축물로 다시 지어졌다. 그 결과 일본인거류지의 상가는 화재에 취약한 널빤지를 대신해 지붕에 기와를 얹고 벽에 석회를 두껍게 발랐다. 그리고 외국인거류지에서는 목조 건물을 대신해 이국풍의 벽돌로 만든 상가와 창고 건물이 들어섰다([그림 11-5]).

3.
개항장에 남겨진
데지마의 유산

| 동아시아의 개항장 |

아편전쟁에서 패한 중국은 1842년에 체결한 난징조약을 통해 광저우, 푸저우福州, 샤먼, 닝보寧波, 상하이의 다섯 항구를 개방했다. 그런데 난징조약에는 영국인의 거주 구역에 관한 조항이 담겨 있지 않았다. 이에 따라 개항 초기 중국을 찾은 외국인은 중국인과 함께 거주해야만 했다. 중국의 풍토와 문화에 익숙하지 않았던 외국인은 중국인의 생활환경을 비위생적이라고 보아 별도로 그들만의 거주지를 나누려고 했다. 이에 따라 1845년 〈제1차 토지장정〉을 통해 황푸黃浦강 서안에 외국인 거주지인 '조계'가 설치되었다. 구미인들은 조계의 행정기구를 독자적으로 운영했을 뿐 아니라 조계 내에 거주하는 중국인에 대한 징세권과 재판권까지 행사했다. 그 결과 조계는 그곳에 거주하는 외국인의 행정기구가 중국 정부로부터 독립해 자치를 시행하는 '나라 안의 작은 외국'이 되었다.

중국은 1930년 광저우의 중산中山항 개항 당시를 기준으로 104개의 개항장에다 홍콩·마카오를 포함해 외국인에게 개방한 개항장 수가 모두 110개에 이르렀다. 이에 반해 일본은 앞서 살펴본 바와 같이 1858년 안세이 5개국 조약 체결 이후 요코하마를 비롯한 5개 항구와 에도, 오사카의 2개 도시를 개항장과 개시장으로 외국인에게 개방했다. 일본은 숫자도 적을 뿐 아니라 외국인거류지의 규모 역시 협소한 편이었다. 그뿐만 아니라 거류지 행정에서 외국인의 자치권 역시 제한적이었다. 그나마 이마저도 1894년 불평등조약의 개정 이후 1899년 개정 조약을 발효하고 거류지를 철폐하면서 소멸되었다. 이러한 점에서 일본의 거류지는 중국의 조계와 달리 '나라 안의 작은 외국이 형성되는 것을 저지했다'고 평가할 수 있을 만큼 식민성은 제한적이었다. 이러한 점에서 서세동점의 상황에서 동아시아 삼국이 어쩔 수 없이 개항장을 만든 것은 분명한 사실이지만, 그렇다고 각국에 조성된 외국인거류지의 조성 과정과 공간 구조, 식민성의 정도를 동질적이라고 보기는 힘들 것 같다.

| 나가사키 데지마와의 유사성 |

식민자와 피식민자의 거주 공간이 분리되는 것은 식민지 도시에 나타나는 일반적인 특징이다. 요코하마 개항장 역시 운상소를 가운데 두고 외국인과 일본인 거류지가 명확히 구분된다는 점에서 여타 식민지 도시와 마찬가지로 식민자와 피식민자의 공간이 분리되는 특질을 공유한다고 볼 수 있다. 하지만 형태상의 모습이 비슷하다고 해서 요코하마 개항장을 서구의 식민

지 도시와 동일하게 바라보는 시각은 다소 무리가 있을 듯싶다.

무엇보다 여타 식민지 도시와 다른 점은 공간을 조성한 주체가 서구 세력이 아닌, 에도 막부라는 점이다. 앞서 살펴보았듯이 요코하마에 거류지를 조성하고 그 비용을 댄 쪽은 구미 열강이 아닌 에도 막부였다. 막부가 직접 공사를 책임진 이상 요코하마에 조성한 거류지는 도쿠가와 이에야스 이래 조법祖法인 쇄국을 폐지하면서 불가피하게 개항을 허용했던 막부의 고민과 개항을 바라보는 시각을 그대로 반영하고 있다.

이러한 점에 주목해 요코하마 개항장의 특징을 살펴보면 가장 눈에 띄는 점은 폐쇄성이라고 말할 수 있다. 개항장이 완공된 직후의 모습을 담은 [그림 11-4]를 살펴보면 동·서·북 3면이 바다로 둘러싸인 데다가 남쪽은 언덕 사면으로 가로막혀 사실상 섬과 같이 고립된 공간임을 알 수 있다. 여기서 주목해야 할 사실은 요코하마의 외국인거류지에 나타난 폐쇄성이 에도 막부가 나가사키에 조성한 데지마出島와 매우 유사하다는 점이다.

에도 막부는 1634년 그리스도교 포교를 막기 위해 일본 각지에서 활동하는 포르투갈인을 한 곳에 수용해 이들의 대외 무역을 관리하고자 나가사키 앞바다에 약 4,000평 규모의 인공섬인 '데지마'를 축조하도록 지시했다. 건설 비용은 나가사키의 일본 상인이 부담하는 대신 포르투갈 상인에게 사용료로 매년 은 80관을 징수해 충당하도록 했다. 2년에 걸친 공사 끝에 나가사키 앞바다에 [그림 11-6]과 같은 인공섬이 조성되었다.

일본에 진출한 서구 상인에 대한 막부의 관리가 강화되는 가운데 1635년 일본 선박과 일본인의 해외 도항 그리고 동남아시아 등지에 진출한 일본인의 귀국을 금지하는 쇄국령이 전국에 발령되었다. 그리스도교 세력에 대한 막부의 경계심이 높아지는 가운데 1637년 규슈 시마바라에서는 그리스도교도를 중심으로 한 농민 반란이 일어났다. 막부는 시마바라에서 일어난

[그림 11-6]
19세기 초 가와하라 게이川原慶賀가 그린 〈나가사키항도〉에 담긴
데지마(위)와 복원 사업으로 완성된 데지마의 현재 모습(아래).

기독도의 반란에 가톨릭 국가가 개입했을지 모른다는 의구심을 가지게 되었다. 이 같은 의구심은 포르투갈과의 관계를 더욱 멀어지게 했다.

1609년부터 규슈 히라도平戸에서 일본과 통상관계를 맺고 있던 네덜란드는 이참에 포르투갈과 단교할 것을 막부에 청원했다. 네덜란드는 대일무역을 놓고 경쟁하던 포르투갈을 내쫓더라도 일본에서 필요한 중국산 상품을 자신들이 안정적으로 공급할 것을 약속했다. 이에 막부는 1639년 포르투갈 선박의 도항을 전면 금지하는 쇄국령을 발령하고 데지마에 거주하는 포르투갈인을 모두 추방했다. 그 결과 데지마는 무인도가 되고 말았다.

1641년 막부는 히라도에 있는 네덜란드 동인도회사의 상관을 비어 있는 데지마에 이전하도록 지시했다. 이후 네덜란드 상관은 1856년까지 215년간 데지마에서 상존하며 서구 사회와 일본 사이의 교류에 중요한 역할을 담당했다. 한편 데지마는 미일수호통상조약에 따라 나가사키를 포함한 5개 항구가 개항장으로 지정되면서 1866년 외국인거류지의 일부로 편입되었다. 메이지 유신 이후 나가사키항 일대에 대규모 개수공사가 시작되면서 데지마는 본래 모습을 잃고 육지가 되었다. 1922년 네덜란드 상관장 터는 국가 유적으로 지정되었고, 1996년부터 본격적인 복원 사업이 시작되어 현재는 15개 건물을 복원해 박물관, 체험시설 등으로 사용하고 있다.

한편 데지마를 통한 네덜란드와의 교류는 개항 이후 구미 열강을 상대해야 하는 막부가 가장 먼저 참고 대상으로 삼은 역사적인 경험이었다. 앞서 살펴보았듯이 막부가 조약에 명시한 가나가와를 대신해 요코하마를 개항장으로 지정한 것은 사구의 지형을 이용해 거류지 주변을 바닷물로 채운 해자처럼 둘러싸 일본인과의 접촉을 제한하는 데 좋은 요건을 가지고 있었기 때문이다. 막부는 데지마에서처럼 외국인의 출입을 통제하기 위해 요코하마 거류지에서 외부로의 이동을 노게교野毛橋와 요시다교吉田橋로 제한했다. 노게교와 요시다교의 다리 위에는 관소와 같은 역할의 관문을 설치하고 일반인의 출입을 통제했다. 관소를 기점으로 다리 안쪽의 개항장 일대를 '간나이關內', 바깥쪽을 '간가이關外'라고 불렀는데, 오늘날 요코하마의 주요 도심부에 해당하는 간나이의 지명은 바로 여기서 유래한 것이다.

요코하마 개항장에 나타나는 폐쇄성은 서구 열강이 만든 여타 식민지 도시와 달리 식민자, 즉 서구 세력이 아닌 에도 막부의 의도에 따라 기획된 것이다. 이 같은 폐쇄성은 옛 데지마의 경험을 살려 외국인과 일본인 사이의 접촉을 제한하려는 막부의 의도에 따라 고안된 역사적 산물이라고 말할 수 있다. 17세기 이래 나가사키의 데지마를 통해 서구인과의 접촉을 제한했던 막부는 요코하마 개항장을 또 하나의 '데지마'로 생각했을지 모른다.

4.
요코하마의 변신과
'미나토미라이 21' 사업

| 차이나타운의 형성 |

개항장은 일본인과 외국인의 접촉을 차단하는 폐쇄적인 공간으로 기획되었다. 하지만 막상 해외 무역이 시작되자 의도치 않은 변화가 일어났다. 일본을 찾은 외국인과 외국 문물에 관심을 가지는 일본인이 서로 만나 교류하는 '열린' 공간이 된 것이다. 이질적인 문화와 사람이 만나 새로운 공간이 만들어진 대표적인 사례로 차이나타운을 들 수 있다.

오늘날 요코하마의 대표적인 랜드마크 가운데 하나로 손꼽히는 차이나타운은 1859년 개항 당시만 하더라도 외국인거류지의 외곽에 해당하는 곳이었다. 당시 일본을 방문한 유럽 상인 대부분은 홍콩, 광저우, 상하이 등을 근거지로 중국과의 무역을 중계하던 이들이다. 이들 가운데 일본어를 제대로 읽고 쓸 수 있는 이는 거의 없었다. 마찬가지로 일본인 역시 서양의 언어나 이들과의 비즈니스에 대해 아는 바가 없었다. 이에 반해 홍콩, 광저우, 상하이의 상관에서 일하는 중국인은 서양인과 대화할 수 있고 일본인과는 한자로 필담을 나눌 수 있었다. 이 같은 이유에서 유럽 상인들은 서양어와 한자에 익숙한 중국인 통역관을 데리고 일본에 들어왔다. 이들이 모여 살면서 최초의 차이나타운이 외국인거류지에 만들어졌다.

유럽 상인의 통역관으로 요코하마에 들어온 중국인들은 서양인과 일본인 사이에서 생사와 차 무역 등을 중개하는 역할을 맡았다. 1871년 청일수호조약이 체결되자 중국과의 무역은 더욱 번성하게 되었고, 다양한 직종의 중국인이 외국인거류지로 이주해 거주하기 시작했다. 19세기 후반 요코하마 개항장에 거주하는 중국인은 1,000여 명에 달했다. 거류지 외곽에 관제묘와 상인회관, 학교 등을 건립하고 모여 살면서 점차 그 규모가 확대되었다.

| 거듭된 시련의 극복 |

개항 이후 일본에서 가장 먼저 근대적인 도시계획을 시행하고, 외국과의 생사 무역으로 번영을 누리던 요코하마 개항장은 1923년 9월 1일 간토대지진으로 커다란 피해를 보았다. 진도 7의 강진이 요코하마 시가지를 흔들면서 수많은 가옥이 무너졌다. 더욱이 지진으로 발생한 화재가 시가지를 덮쳐 60퍼센트가 넘는 건물이 소실되었다. 무너진 건물에다 화재까지 번지면서 사상자와 행방불명자는 3만 3,000명을 넘어섰다. 지진과 관련한 각종 유언비어가 범람하는 가운데 중국인을 공격해 살해하는 참극이 일어났다.

지진 피해를 보도하는 신문들은 앞 다투어 요코하마의 '전멸', '괴멸', '재기불능'을 선언했다. 심지어 괴멸적인 손해를 입은 요코하마를 재건하기보다 항만 기능을 도쿄나 고베로 이전하는 쪽이 낫다는 의견이 정부 인사와 간사이 지역의 상공인 사이에서 나올 정도였다. 하지만 고토 신페이를 중심으로 정부의 제도 부흥 사업이 구체화하면서 요코하마는 제도 부흥 사업의 일환에서 '요코하마부흥회'를 중심으로 개항장 일대의 '간나이' 지역과 항구시설을 빠르게 복구할 수 있었다.

요코하마를 괴롭힌 시련은 대지진으로 끝나지 않았다. 대지진의 피해를 거의 극복할 즈음 또 한 차례 커다란 시련이 찾아왔다. 제2차 세계대전 막바지에 요코하마를 불바다에 빠뜨린 미군의 공습이 바로 그것이었다. 그중에서도 가장 큰 피해를 가져온 것은 1945년 5월 20일 요코하마를 엄습한 대공습이었다. 한 시간에 걸친 소이탄 공격으로 30만 명 이상의 이재민이 발생했다. 공습의 피해는 주로 도시 중심부에 집중되었고, 외곽의 항만, 공업시설은 상대적으로 피해가 적었다. 패전 이후 일본에 상륙한 미군은 10만여 명이 넘는 병력을 요코하마에 주둔시키고, 공습 피해에서 벗어난 항만시설과 중심부의 건축물을 접수해 사실상 미군정 지휘부로 삼았다.

1950년에 발발한 한국전쟁은 전쟁 특수에 따른 경제 부흥과 미군 접수의 장기화라는 양면적인 결과를 요코하마에 가져왔다. 제2차 세계대전 당시 공습의 피해가 적었던 임해부의 공업지대는 한국전쟁이라는 전쟁 특수를 이용해 이전의 생산력을 회복하는 한편 고도 경제성장에 필요한 자본을 축적할 수 있었다. 하지만 미군이 항만을 비롯한 각종 인프라와 주요 공업시설을 계속 점유하다 보니 민간의 산업투자가 제대로 이루어질 수 없었다. 1951년 9월 미국 샌프란시스코에서 체결한 대일강화조약이 이듬해부터 효력이 발생함에 따라 시 중심부의 미군시설을 외곽으로 이전하는 대신 미군이 접수한 시설, 부지를 해제하는 조치가 시행되었다. 항만 관리권은 요코하마 신항 부두의 접수 해제가 완전히 해결되고 난 이후인 1956년에 가서야 비로소 미군에서 요코하마시 항만국으로 이전되었다.

패전 이후 10여 년간 미군정이 계속되면서 간나이 지역을 포함한 옛 도심부의 복구 및 도시 기반 정비 사업은 좀처럼 속도를 내지 못했다. 그러는 동안 간나이에서 북쪽으로 3킬로미터 정도 떨어진 현재의 요코하마역 일대가 새로운 도심부로 급속히 성장하게 되었다. 그 결과 요코하마의 도심 기능은 구시가지인 간나이 지역과 요코하마역 주변 지역으로 나뉘게 되었다.

| '미나토미라이 21' 사업과 자족 도시 |

1960년대 들어 고도 경제성장에 따른 급속한 도시화와 공업화로 인해 공해, 주거지 부족 등의 도시 문제가 점점 심각해졌다. 때마침 이 같은 도시 문제를 시민들이 직접 해결하기 위한 주민자치운동이 본격화하는 가운데 1963년 지방 선거에서 '자식을 소중하게 여기는 시정', '누구나 살고 싶은 도시 만들기'라는 두 가지 슬로건을 내세운 사회당 출신의 혁신 정치가가 시장에 당선되었다. 시정에 새로운 바람을 불어넣은 혁신 시장의 주도하에 1965년 요코하마시는 (1) 도심부 기능 강화, (2) 가나자와 인근 매립, (3) 뉴타운 조성, (4) 고속도로 건설, (5) 지하철 건설 (6) 베이브리지 대교 건립의 6대 사업을 근간으로 삼는 도시정비계획을 발표했다. 이후 요코하마시는 지방 선거 결과에 따라 당적이 다른 인물이 시장에 당선되었음에도 6대 사업을 착실하게 진행해 왔다.

요코하마시의 도시정비계획 가운데 주목할 만한 것으로 '미나토미라이 21' 사업을 들 수 있다. 항구와 미래를 합쳐 '21세기 항구의 미래'라고 번역할 수 있는 '미나토미라이 21' 사업은 요코하마시가 도시 재생을 위해 1965년에 발표한 6대 사업 가운데 도심부의 기능을 강화하기 위해 기획한 프로

03 근대: 조카마치의 해체와 근대 도시의 형성

젝트이다. 오랜 논의와 심의 끝에 전체적인 마스터플랜은 1981년에 가서야 구체화되었다. '미나토미라이 21' 사업의 핵심 목표는 도쿄에 맞설 수 있을 만큼 매력 있고 새로운 도심지구를 조성하기 위해 간나이와 요코하마역으로 이분화된 도심부를 하나로 통합하는 것이었다.

1983년부터 본격적으로 시작한 미나토미라이 21 사업은 1990년대 거품 경제의 붕괴로 인한 경기침체로 애초에 계속했던 사업 가운데 일부가 취소되는 어려움을 겪기도 한다. 하지만 민간과 공공이 함께 참여해 설립한 '(주)요코하마미나토미라이 21'을 중심으로 '요코하마 랜드마크 타워'를 비롯해 다양한 사업을 현재까지 진행 중이다(그림11-7).

미나토미라이 21 사업에서 가장 주목할 만한 점은 화재와 지진, 폭격 등의 재난을 이겨 낸 옛 건축물을 다양한 용도에 맞게 활용하면서 보전하고자 했다는 점이다. 예컨대 미나토미라이 21 사업의 핵심 프로젝트인 요코하마 랜드마크 타워는 옛 미쓰비시 조선소 부지에 70층에 이르는 마천루를 건설하는 초대형 개발 프로젝트였다. 건설 비용의 증가에도 불구하고 [그림11-8]과 같이 조선소 선거 도크를 남겨 다양한 이벤트 공간으로 활용할 수 있도록 보존함으로써 방문객들이 자연스럽게 이곳의 역사성과 장소성을 인식할 수 있게끔 배려했다.

근대 건축물의 보전과 활용이라는 두 개의 공을 한 번에 잡는 데 성공한 요코하마의 미나토미라이 21은 역사적인 건축물의 보존과 활용에 관한 본보기가 되고 있다. 옛 항만 창고를 개조해 상업시설로 활용한 '요코하마 붉은 벽돌 창고'나 옛 국립 제1은행 요코하마 지점을 시민 주도의 문화예술 거점으로 활용한 '뱅크아트 1929'는 개항기에 지어진 창고 및 사무실 건물을 문화 공간으로 리모델링한 인천의 '아트플랫폼'과 일제강점기 일본 제18 은행 군산지점 건물을 미술관으로 재활용한 군산의 '근대 미술관'에 많은

[그림 11-7]
미나토미라이 21 사업으로 재개발한 간나이 항만 지구의 현재 모습.
왼쪽에서 두 번째 높은 건물이 요코하마를 상징하는 '요코하마 랜드마크 타워'이다.
[그림 11-8]
옛 조선소 도크를 활용한 요코하마 랜드마크의 이벤트 공간(왼쪽)과
건물 내부에 보전된 조선소 도크의 석축 구조물(오른쪽).

03 근대: 조카마치의 해체와 근대 도시의 형성

[그림 11-9]
지난 2002년에 개장한 '요코하마 붉은 벽돌 창고'(위)와
2009년 개관한 인천문화재단의 '아트플랫폼'(아래).

영감을 주었다([그림 11-9]).

미나토미라이 21 사업을 진행하는 동안 요코하마는 많은 변화를 맛보았다. 아름다운 도시 경관을 보기 위해 찾는 이들이 늘면서 2023년 한 해 동안 8,000만 명을 넘는 사람들이 미나토미라이 21 지역을 다녀갔다고 한다. 무엇보다 주목해야 할 점은 삶에 대한 주민 만족도가 높아졌다는 것이다. 지난 2005년부터 현재까지 요코하마는 일본에서 '살고 싶은 좋은 도시' 순위에서 부동의 1위 자리를 고수하고 있다. 아름다운 도시 미관에다 쾌적한 주거환경으로 특히나 이삼십 대 여성들에게 높은 인기를 누리는 것이 그 비결이다. 결과적으로 요코하마는 애초에 목표로 했던 도쿄의 베드타운에서 벗어나 자족 기능을 갖춘 도심을 갖추는 데 성공한 것으로 보인다.

미라토미라이 21 사업이 모두 끝나는 시점은 대략 2026년경으로 현재 90퍼센트 정도 개발이 완료된 상태이다. 마스터플랜에 따라 무려 40여 년이 넘는 기간 동안 사업을 진행하다 보니 부침이 많았다. 경기가 좋지 못해 기업이나 상업시설 유치가 힘든 시기도 있었다. 계획을 변경해 아파트나 맨션을 분양했다면 사업을 빨리 마무리할 수도 있었을 것이다. 하지만 애초에 목표한 대로 도쿄 도심에 대항할 수 있는 중심지를 육성한다는 계획의 근간을 유지하면서 시대 흐름에 따라 유연하게 사업을 추진한 것이 '미나토미라이 21'의 성공 요인이 아닐까 싶다. 미나토미라이 21 사업의 지난 과정을 살펴보면서 우리의 도시 정책이 보여 주는 조급함과 성과주의를 자꾸 되돌아보게 되는 것은 왜일까?

12

기타큐슈:

악명 높은 '공해 도시'에서
'친환경 도시'로

1.
기타큐슈의
과거와 현재

| 규슈 북부 지역의 공업화 |

일본 열도를 구성하는 네 개의 큰 섬 가운데 혼슈와 규슈는 그 폭이 500여 미터에 불과한 '간몬해협'을 사이에 두고 있다. 동해에 접한 혼슈의 해안지대와 세토 내해 연변을 잇는 해상 통로인 간몬해협을 끼고 시모노세키와 마주 보는 도시가 바로 기타큐슈北九州이다.

기타큐슈가 위치한 규슈 북부 지역은 1870년대부터 지쿠호筑豊 탄전을 중심으로 다수의 탄광이 개발되면서 근대적인 산업화가 시작되었다. 일본 정부는 지쿠호 탄전에서 가까운 야하타촌八幡村에 산업의 근간이 되는 철을 생산하기 위해 제철소 건립을 결정했다. 철도와 수로를 이용해 철강 생산에 필수적인 석탄과 철광석을 손쉽게 운송할 수 있었기 때문이다.

한편 1901년 야하타제철소에서 철을 생산하기 시작하자 규슈 북부 지역은 빠른 속도로 공업화가 진행되었다. 지쿠호 일대의 탄광업과 야하타의 제철업을 근간으로 시멘트, 기계 제작, 중화학 등의 관련 산업이 급속하게 성장했다. 그리고 공장에서 일할 노동자가 이주하면서 도시화 역시 빠르게 진행되었다. 그 결과 20세기 초 규슈 북부 지역은 '철의 도시'라고 불린 야하타를 중심으로 다수의 산업 도시가 밀집하면서 게이힌京浜(도쿄와 요코하마), 한신阪神(오사카와 고베), 주쿄中京(나고야 일대) 지역과 함께 일본 4대 공업지대 가운데 한 곳으로 손꼽히게 되었다.

03 근대: 조카마치의 해체와 근대 도시의 형성

| 5개 도시의 합병과 기타큐슈의 탄생 |

일본 최초로 근대적인 제철소가 들어선 야하타, 야하타와 함께 제철·기계 산업이 번성한 공업 도시 도바타戸畑, 석탄, 철광석, 철강 제품 등의 수출입 항구인 와카마쓰, 고쿠라小倉번의 조카마치이자 군사 요충지인 고쿠라, 간 몬해협에 접한 특별 무역항 모지門司는 모두 기타큐슈 공업지대에 속한 도시들이다.

이들 5개 도시는 1963년 합병으로 현재의 기타큐슈시가 되었다. 합병을 계기로 단숨에 인구 100만의 거대 도시로 변모한 기타큐슈는 도쿄, 오사카, 요코하마, 나고야, 교토, 고베의 뒤를 이은 7대 도시 반열에 올랐다. 하지만 기대했던 만큼 합병의 경제적 효과는 크지 않았다. 게다가 얼마 지나지 않아 고도 경제성장이 막을 내리며 세계적인 석유 파동이 찾아오자, 중공업 위주의 기타큐슈 산업계는 빠르게 성장의 열기가 식기 시작했다. 1990년대 거품경제 붕괴 이후 일본의 산업 중심이 제조업에서 서비스업으로 빠르게 옮겨 가는 와중에 변화의 흐름을 제대로 읽지 못해 대기업 중심의 중후장대한 산업 구조를 바꾸지 못했다. 그 결과 제조업 중심의 지역경제는 활기를 잃고 인구마저 감소하기 시작하는 가운데 환경오염과 노후화한 공장시설만이 산업화의 반대급부로 남게 되었다.

한때 일본을 대표하는 공업지대의 한 곳이었고 여전히 대기업 중심의 중공업이 지역경제의 중추를 이루고 있는 기타큐슈의 현재는 세계적인 제조업 국가로 성장한 한국과 매우 유사하다. 이 장에서는 기타큐슈의 산업화 그리고 탈산업화를 위한 노력을 살펴봄으로써 가까운 시일 내에 한국의 산업도시가 직면하게 될 근미래의 모습을 상상해 보도록 하자.

2.
일본의 산업화와
공업 도시 야하타의 등장

| 일본 정부의 식산흥업 정책과 초기 산업화 |

메이지 신정부는 근대적인 기술과 제도를 도입하기 위해 식산흥업을 전면에 내걸고 산업화를 추진했다. 정부 주도의 식산흥업 정책은 1880년대 들어 철도와 방적 분야에서 조금씩 성과를 보이기 시작했다. 메이지 유신 직후 신정부가 가장 역점을 두고 착수한 국가적인 사업은 철도 건설이었다. 신정부는 자력으로 철도를 건설할 뜻을 굳히고 1870년부터 신바시新橋역(현재의 시오도메汐留역)과 요코하마역(현재의 사쿠라기조櫻木町역) 사이에 철도 건설 사업을 시작했다. 영국인 기사의 도움으로 1872년 공사를 완공한 다음 그해 10월 14일 메이지 천황을 실은 특별열차 운행을 시작으로 본격적인 철도 영업을 시작했다. 이후 각 지방에서 철도 유치 경쟁이 일어났고, 전국적으로 철도 건설 사업이 확대되었다. 철도 운행은 해운과 수운 중심의 물자 유통을 크게 변화시키는 것은 물론이고, 지방 도시의 성쇠에 커다란 영향을 끼쳤다. 철도의 주요 결절점에 새롭게 등장한 신흥 도시는 선박 기항지로 번성을 누린 이전의 해안 항구 도시를 대신해 물류와 유통의 새로운 주인공이 되었다.

철도와 함께 초기 산업화를 이끌어 간 분야는 견직업과 면직업이었다. 영국에서 들여온 제사기를 기반으로 근대적인 견직산업이 성장하면서 생사는 한동안 일본의 주요 수출 효자상품 노릇을 했다. 민간자본으로 설립된 근대적인 면방직 회사는 기존의 농촌 지역 수공업 생산을 대체하며 원동기를 사용해 생산량을 비약적으로 늘렸다. 정부의 적극적인 세제 지원책을

03 근대: 조카마치의 해체와 근대 도시의 형성

등에 업고 방적기계로 대량 생산한 면사는 1890년대 전반 무렵 중국, 조선 등지로 수출하는 대표적인 상품이었다.

| 군비 확장과 중공업 분야의 산업화 |

일본의 산업화는 청일전쟁을 계기로 커다란 변화를 경험하게 된다. 일본 정부는 청일전쟁 이후 삼국간섭에 따른 랴오둥반도의 반환으로 장차 러시아와 충돌을 상정하고, 군비 확장을 위한 중공업 생산 확충을 위해 노력한다. 하지만 섬유 분야의 산업화와 비교해 중공업 분야의 성과는 보잘것없는 수준이었다. 해군력 증강을 위해 미쓰비시 나가사키조선소 등을 설립한 것 이외에 민간 분야에서 중공업 분야에 대한 투자가 미진했기 때문이다.

이에 따라 일본 정부는 직접투자에 의한 관치 경영과 간접투자에 의한 민간산업 육성을 모두 동원하는 방식으로 중공업 발전을 도모하기로 한다. 다만 정부의 직접투자는 병력 및 군수품 수송의 근간이 되는 철도와 '산업의 쌀'이라 할 수 있는 제철 같은 기간산업에 초점을 맞췄다.

청일전쟁 이후 제철업을 중심으로 군비 증강을 위해 중공업 분야의 산업화가 조금씩 성과를 보이는 가운데 제1차 세계대전은 일본의 공업생산력을 대폭 늘리는 절호의 기회가 되었다. 1914년 6월부터 4년간 유럽 강대국이 서로 싸우는 틈을 이용해 일본은 동아시아의 패권을 빠르게 자신의 것으로 만들었다. 영일동맹을 근거로 1914년 8월 독일에 전쟁을 선포한 일본은 국외 중립을 선언한 중국의 의사를 무시하고 산둥성에 있는 독일 교주만 조차지를 공격했다. 그해 9월 2일 산둥반도에 상륙한 일본군은 11월 7일 독일의 조차지인 칭다오靑島를 함락시키고, 이 지역에서 독일이 갖고 있던 이권을 빼앗았다. 일본 해군 역시 태평양에서 독일 동양함대를 공격하고 독일령 남양군도를 점령했다. 그 결과 동아시아에서 일본이 식민지 종주국인 구미 열강을 대신해 일시적으로나마 지역 패권을 차지하는 상황이 벌어졌다.

　제1차 세계대전을 통해 일본이 얻은 것은 동아시아 지역의 세력 확장에 그치지 않았다. 유럽 열강이 전쟁에 몰두하는 동안 이들에게 각종 군수물자를 수출함으로써 중공업 분야의 산업화를 빠르게 달성할 수 있었다. 1914년부터 1918년까지 일본의 연간 공업생산액은 14억 엔에서 68억 엔으로 무려 4배 가까이 증가했다. 면직물 수출 역시 같은 기간 2배 가까이 늘었다. 국제수지 적자로 고심하던 일본은 제1차 세계대전 기간에 무역수지와 경상수지 모두에서 커다란 흑자를 기록하며 러일전쟁 때에 발행한 외채를 모두 갚고 채무국에서 채권국으로 전환하는 데 성공했다.

| 1920년 제1회 국세 조사와 공업 도시의 등장 |

청일·러일 전쟁 이후 제1차 세계대전을 거치면서 일본은 산업 구조뿐 아니라 도시 형태에도 커다란 변화가 나타났다. 무기 제조와 군수품 수출의 호황으로 조선업, 해운업, 기계공업, 화학공업, 섬유업 등이 급성장하며 이들 공장이 밀집한 도쿄와 오사카를 비롯한 대도시 지역의 인구가 급격히 늘어났다. 또한 중공업 분야의 공업화가 급속히 진전되면서 이른바 공업 도시가 등장했다.

　[표 12-1]은 제1차 세계대전 종전 직후인 1920년 일본 정부가 실시한 제1회 국세 조사를 근거로 인구 상위 30위까지의 도시를 정리한 것이다. 굵은 글씨로 표시한 11곳은 에도 시대 조카마치의 기원을 갖지 않고 개항 이후 새롭게 만들어진 신흥 도시들이다. 이들 신흥 도시에서 가장 먼저 눈에 띄는 특징은 입지다. 11개 신흥 도시 가운데 홋카이도 개발의 거점인 삿포로와 도쿄 외곽의 시부야를 제외한 나머지 모두는 해안에 위치하는 공통점을 확인할 수 있다. 항구는 외국과의 교역뿐 아니라 공업화에 필수적인 시설

이다. 이러한 점에서 원자재 수입과 상품 수출에 유리한 해안 항구에 신흥
도시가 만들어진 것은 자연스러운 현상일지 모른다.

신흥 도시 가운데 인구 상위 3위, 6위, 19위를 차지한 고베, 요코하마, 니
가타는 모두 외국과의 조약에 따라 개방한 개항장으로 외부에서 인구가 유
입하면서 해외 무역의 중심지가 되었다. 이에 반해 10위, 20위, 21위의 구

[표 12-1] 1920년 인구 상위 30위 도시

순위	도시	인구	순위	도시	인구	순위	도시	인구
1	도쿄 東京	2,173,201	11	가나자와 金澤	129,265	21	**사세보** 佐世保	87,022
2	오사카 大阪	1,252,983	12	센다이 仙台	118,984	22	사카이 堺	84,999
3	**고베** 神戸	608,644	13	**오타루** 小樽	108,113	23	와카야마 和歌山	83,500
4	교토 京都	591,323	14	가고시마 鹿兒島	103,180	24	**시부야** 澁谷	80,799
5	나고야 名古屋	429,997	15	**삿포로** 札幌	102,580	25	시즈오카 静岡	74,093
6	**요코하마** 橫浜	422,938	16	**야하타** 八幡	100,235	26	시모노세키 下關	72,300
7	나가사키 長崎	176,534	17	후쿠오카 福岡	95,381	27	**모지** 門司	72,111
8	히로시마 廣島	160,510	18	오카야마 岡山	94,845	28	구마모토 熊本	70,388
9	하코다테 函館	144,749	19	**니가타** 新潟	92,130	29	도쿠시마 德島	68,457
10	**구레** 呉	130,362	20	**요코스카** 橫須賀	89,879	30	도요하시 豊橋	65,163

레, 요코스카橫須賀, 사세보佐世保는 해군 선박의 건조와 수리 등을 맡는 해군공창이 설립된 군항이란 점에서 공통점을 갖는다. 이곳은 해군 병사뿐 아니라 공창에 근무하는 다수의 직공과 기술자 그리고 이들을 상대하는 서비스업 종사자가 들어오면서 단기간에 대도시로 급성장할 수 있었다.

인구 순위 30위 가운데 규슈에 있는 도시는 군항인 사세보를 비롯해 후쿠오카, 구마모토, 야하타, 모지까지 모두 5곳에 이른다. 후쿠오카와 구마모토는 폐번치현 이후 후쿠오카현과 구마모토현 현청이 들어서면서 지역의 정치·경제 중심지가 되었다. 조카마치의 오랜 역사를 가진 후쿠오카와 구마모토를 제외하면 사세보, 야하타, 모지는 메이지 유신 이후 새롭게 형성된 신흥 도시라 할 수 있다. 군항인 사세보와 달리 간몬해협에 접한 모지는 삿포로의 외항 역할을 담당한 오타루와 함께 국내 유통 및 해외 무역의 요충지에 조성된 신흥 항구 도시였다. 모지와 함께 인구 순위 16위에 이름을 올린 야하타는 현청 소재지인 후쿠오카, 구마모토를 능가해 1920년 당시 규슈에서 인구가 가장 많은 도시였다. 그러나 인구 10만의 규모에 비해 도시의 역사는 그리 오래되지 않았다. 에도 시대까지 주민 대다수가 반농반어의 경제생활을 영위하는 바닷가 인근 촌락에 불과한 야하타촌이 단기간에 대도시로 성장하게 된 것은 청일전쟁 배상금으로 이곳에 지은 관영 제철소 덕분이었다.

| 관영 야하타제철소 건립과 기업 도시 야하타의 등장 |

청일전쟁이 끝나고 시모노세키조약을 통해 청국으로부터 막대한 배상금을 받게 된 일본은 이 중의 일부를 식산흥업을 위한 자금으로 사용하기로 했다. 그리고 식산흥업에 근간이 되는 제철소를 건립하기 위해 1895년 '제철사업조사회'를 설치하고 그 이듬해에 〈제철소 관제〉를 발포했다. 이를 근거

로 용지를 마련해 1897년부터 용광로 건설을 시작한 곳이 바로 현재의 기타큐슈시 야하타히가시구八幡東區에 해당하는 야하타촌이다.

딱히 제철소라고 부를 만한 시설이 없던 시절, '관영 제철소'라는 이름으로 불린 야하타제철소는 1901년 2월 5일 용광로에 불을 지피면서 가동을 시작했다([그림12-1]). 공장 설립에 즈음해 제철소 측은 사무소를 중심에 두고 주변에 용광로를 비롯한 생산시설과 관리직원 관사를 건설했다. 그리고 여기서 조금 떨어진 곳에 직공 숙사와 상점, 우편국, 은행 등의 편의시설을 지어 직무서열에 따라 동심원적으로 생산과 거주 공간을 배치했다. 그러나

[그림 12-1]
완공 직전의 관영 제철소.

러일전쟁에 따른 전시 수요에 대응하기 위해 생산시설과 직공 숙사 등을 확충하면서 주변 일대가 금세 비좁아졌다. 그에 따라 새로 충원한 직공은 야하타 인근 도바타 등지에 거주지를 마련하게 되었다.

제철소가 들어서기 이전에 5,000여 명에 불과하던 이 지역 인구는 러일전쟁이 끝난 직후인 1907년에 무려 다섯 배 가까운 2만 6,000여 명으로 급속히 늘어났다. 민간 제철소와 관련 하청업체가 잇달아 들어서고 노동자가 계속해서 유입하면서 야하타촌은 1917년 마침내 야하타시가 되었다. 지방자치법에서 '시'가 될 수 있는 조건을 까다롭게 규정했지만 야하타의 경우 주변에 분산된 노동자 주거지를 하나로 통합해 효율적으로 관리하려는 제철소의 요구에 따라 인근 지역을 합병해 '촌'에서 '시'로 승격할 수 있었다.

야하타시의 주민 가운데 상당수는 제철소 근무자였다. 이들은 제철소 사무 및 기술 업무를 담당하는 '직원', 정규 노동자인 '직공', 오늘날의 임시직 또는 계약직에 해당하는 '직부職夫'로 구성되었다. 제국대학이나 고등공업학교를 졸업한 직원은 제철소 측이 제공한 관사에 거주하며 높은 급여를 보장받았다. 이에 반해 신문 광고를 보고 찾아오거나 혹은 직공 양성소의 단기 교육을 받고 채용된 직공은 위험한 작업환경에 노출되면서도 상대적으로 저렴한 임금을 받고 근무했다. 시 승격 당시 야하타시 주민의 23퍼센트는 독신 직공(가족 제외)이었다. 하지만 이들을 위한 관사가 충분하지 않아 상당수는 비좁은 하숙집을 빌려 생활해야만 했다.

러일전쟁 이후 중공업 분야의 산업화가 진전되면서 민간 제철소, 해군 공창 등의 공장 설립이 붐을 이루었다. 그에 따라 직공의 전직과 이직 역시 빈번해졌다. 제철소 측은 직공 규칙을 엄격히 하고 관련 기업과 재고용을 금지하는 협정을 체결해 이에 대응하려고 했지만, 이 같은 조치만으로 직공의 이동을 막을 수 없었다. 제철소 측은 직공의 월급을 높이기보다 근무연

한에 따라 갑·을·병·정으로 직급과 처우를 나누어 장기 근무를 유인하거나 병원, 휴양소, 직공 양성소 등을 직접 운영해 근로자의 생활환경을 개선하는 등의 조치를 시행했다. 특히나 '제철소 구매회'는 쌀, 식료품, 의복 등의 생활필수품을 대량 구매한 다음 저렴하게 판매함으로써 물가 등귀에 따른 임금 상승 요구를 상당 부분 완화하고 근로자의 생활수준 향상에 이바지하는 역할을 했다.

사택에서 구매회까지 직공을 위한 각종 복리시설이 늘어날수록 지역 사회에서 제철소가 차지하는 역할과 위상은 점점 높아졌다. 제철소를 중심으로 폐쇄적인 사택 공동체가 만들어지는 가운데 일본의 저명한 근대 시인 기타하라 하쿠슈北原白秋가 1930년에 지은 야하타시의 시가는 야하타제철소와 지역 주민의 관계를 다음과 같이 묘사했다.

불타오르는 화염은 파도를 태우고 자욱한 연기가 하늘에 넘치네.
천하의 장관 우리 제철소, 야하타 야하타 우리의 야하타시. 시의 발전은 우리의 책무.

이 가사에서 알 수 있듯이 환경 의식이 그다지 높지 않은 당시, 높은 굴뚝에서 뿜어 낸 "불타오르는 화염"과 "자욱한 연기"는 "천하의 장관"인 제철소와 철의 도시 야하타를 상징하는 표상이었다. 기타하라는 주민 상당수가 제철소와 직간접적인 관계를 맺으며 생계를 유지하는 현실을 바탕으로 제철소의 번영이야말로 야하타의 발전이라는 심정에서 시가를 지었을 것이다. 이러한 점에서 위 노래는 제철소라는 대공장에 고용과 생산, 소비를 의존하며 운명을 함께하는 기업 도시 야하타의 등장을 알리는 전주곡이라고 말할 수 있을 것이다.

3.
기타큐슈 공업지대의
군수산업화와
제2차 세계대전

| 기타큐슈 공업지대의 형성 |

규슈 북부는 옛 율령제의 부젠豊前국과 지쿠젠筑前국에 해당한다([그림 12-2]). 에도 막부는 혼슈와 규슈를 잇는 전략적인 요충지인 점을 고려해 부젠국에 고쿠라번을, 지쿠젠국에 후쿠오카번을 두었다. 고쿠라번은 막부를 대신해 후쿠오카번을 비롯해 규슈 일대의 도자마 다이묘를 감시하는 역할을 맡았다. 기타큐슈에 통합한 도시 가운데 고쿠라와 모지는 부젠국에 속하지만 야하타, 도바타, 와카마쓰는 지쿠젠국에 해당한다. 서로 다른 역사와 문화를 가진

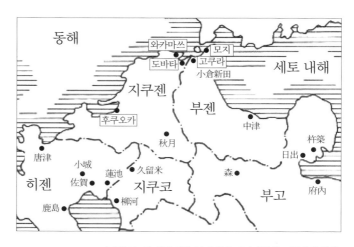

[그림 12-2] 에도 막부 시기 주요 조카마치와 고쿠라의 위치.

만큼 이들 도시의 산업화와 도시화 과정은 지역마다 달랐다([그림 12-3]).

먼저 도카이洞海灣만을 끼고 있는 도바타, 와카마쓰는 야하타의 관영 제철소 설립을 계기로 본격적인 산업화가 시작되었다. 철도망을 통해 야하타의 제철소와 도바타, 와카마쓰의 항구, 산업시설이 연결되면서 원재료가 되는 철광석과 석탄 등을 수입하고 완제품인 철강, 기계 등의 제품을 수출하는 무역항으로 빠르게 성장할 수 있었다. 도카이만의 항만 지역을 메워 새로 얻은 부지에 제철소 시설을 비롯해 제철업에 관련한 코크스, 화학, 철강, 시멘트 등의 생산공장뿐 아니라 수산·목재 가공업 등의 소비재 공업시설이 들어서면서 이들 지역의 산업화는 빠르게 진행되었다.

이에 반해 고쿠라와 모지는 고쿠라번의 조카마치, 간몬해협의 특별 수출 항구라는 조건 아래 각기 독자적으로 도시화가 진행되었다. 고쿠라번의 조카마치인 고쿠라는 참근 교대를 위해 에도로 향하는 규슈 각지의 다이묘가

[그림 12-3] 규슈 북부 지역 5개 도시의 위치.

중간에 머무는 숙박지이자 혼슈와 규슈를 잇는 교통의 요지로 번성했다. 기록에 따르면 19세기 중반 고쿠라에는 2,600여 호에 이르는 주택과 1만 명이 넘는 주민이 거주했다고 한다. 그러나 개항 이후 간몬해협을 사이에 두고 이웃한 조슈번이 막부에 반기를 들고 도막운동의 거점으로 부상하자 정치적인 격랑에 휩싸이게 되었다. 두 차례에 걸친 조슈 전쟁에서 고쿠라 번은 막부를 대신해 최전선에서 조슈번을 상대하는 역할을 맡았다. 제2차 조슈 전쟁 당시 조슈번의 공격으로 고쿠라성이 함락의 위기에 처하자, 번 청을 다른 곳으로 이전하면서 고쿠라는 조카마치의 지위를 잃게 되었다.

메이지 유신 과정에서 정치적 격랑에 휩싸였던 고쿠라는 폐번치현 이후 고쿠라현의 현청 소재지가 되면서 점차 안정을 되찾았다. 그리고 1875년 육군 보병 제14연대 사령부가 옛 고쿠라성에 설치되면서 규슈 북부의 중심 도시로 거듭날 수 있었다. 고쿠라의 전략적인 위치가 재조명받으면서 기 병, 공병, 야포 부대가 잇달아 신설되었고, 1898년에는 12사단 사령부가 고 쿠라성에 들어섰다. 1923년 간토대지진으로 파괴된 도쿄의 육군조병창 시 설 일부를 이전하면서 고쿠라는 구마모토와 함께 규슈의 주요 군수산업 도 시로 성장하게 되었다.

고쿠라에 인접한 항구 도시 모지는 1889년 석탄, 쌀, 보리, 유황, 밀가루 의 5개 품목의 특별 수출항으로 지정되었다. 그리고 같은 해 모지축항주식 회사가 설립되면서 본격적인 항구 개발이 시작되었다. 이후 한반도와 시모 노세키를 잇는 무역이 증가하면서 미쓰이물산, 오사카상선, 일본우선日本郵 船, 미쓰비시상사 등의 지점과 출장소, 상품 보관을 위한 각종 창고 등이 들 어서는 가운데 근대적인 항만 도시로 탈바꿈하게 되었다.

앞에서 정리한 바와 같이 야하타, 도바타, 와카마쓰는 관립 제철소 설립 을 기점으로, 고쿠라와 모지는 고쿠라번의 조카마치, 간몬해협의 특별 수

출항구라는 조건 아래 각기 독자적으로 도시화가 진행되었다. 서로 다른 역사적인 배경 아래 산업화가 진행된 규슈 북부의 도시들이 지역적인 일체감과 유기적인 산업 구조를 가지게 된 것은 철도에 근간을 둔 광역 교통망의 정비와 깊은 관련이 있다. 1888년 규슈 지역 내의 후쿠오카, 구마모토, 사가, 나가사키 네 개 현의 유력 인사를 중심으로 규슈철도회사가 창립되면서 규슈 북부를 연결하는 간선 철도망이 정비되었다. 이를 바탕으로 1902년 고쿠라에서 도바타, 야하타를 거쳐 현재의 기타큐슈 북부 지역 철도 노선과 거의 일치하는 철도망이 완성되었다. 이 같은 철도망을 통해 기타큐슈 지역은 육군조병창이 있는 고쿠라, 중국과 한반도 등지로 이어지는 항로의 시작점이자 특별 수출항구인 모지, 일본 철강 생산의 절반을 차지하는 야하타제철소가 있는 야하타 등이 긴밀하게 연결되었고 이를 바탕으로 지역적인 일체감을 형성하면서 일본의 4대 공업지대의 하나로 성장해 갔다.

| 연합군의 공습과 종전 이후의 부활 |

제1차 세계대전이 끝나고 세계적인 대불황의 여파가 밀려들면서 언제나 호시절이 계속될 것 같았던 제철업계에도 불황이 찾아왔다. 일본 정부는 동종업계의 통합으로 위기를 넘기려 했지만, 개별 기업의 반대로 이 같은 시도가 번번이 무산되었다. 결국 제철업계의 통합은 1931년 만주사변이 발발한 이후가 되어서야 본격화되었다. 금본위제에서 이탈해 선철 관세가 대폭 인상되고 수출 경쟁력이 약해지자 일본 정부는 1933년 경영 합리화를 명분 삼아 〈일본제철주식회사법〉을 제정했다. 이에 따라 민간기업인 규슈제철, 후지제강 등과 관영 제철소가 합병해 '일본제철주식회사'가 설립되었다. 일본제철주식회사는 정부가 주식의 50퍼센트 이상을 소유할 뿐 아니라 정부 감리가 업무를 감독하고 심지어 주무대신이 필요에 따라 군사상 또는 공익

상 회사에 명령을 내릴 수 있는 그야말로 반관반민의 기업이었다. 중일전쟁과 제2차 세계대전을 거치면서 일본제철 야하타제철소는 사실상 일본 정부가 통제하는 최대 군수공장이 되었다.

제2차 세계대전이 한창이던 1943년에 개봉한 영화 〈열풍熱風〉은 군사기밀 유출을 막기 위해 구체적인 장소와 이름을 밝히지 않았지만, 야하타제철소를 무대삼아 찍은 국책영화였다([그림 12-4]). 여기서 제철소는 총력전 아래서 병기 생산에 필수적인 철강을 생산하는 또 하나의 '전장'으로, 가혹한 노동과 사고사의 위험에 노출된 직공은 최전선에서 목숨을 걸고 싸우는 병사와 마찬가지로 국가를 위해 헌신하는 '산업전사'로 묘사되었다. 철강 증산을 위해 분투하는 직공을 '산업전사'로 상찬하는 국책영화가 전국에 상영되면서 야하제철소는 단지 철강을 만드는 일개 생산시설이 아니라 전쟁 승리를 위해 분투하는 후방의 전선이자 일본제국의 생산력 그 자체를 표상하는 국가적인 상징물이 되었다.

야하타제철소뿐 아니라 고쿠라의 조병창과 12사단 사령부, 모지항과 같은 군사적인 요충지가 밀집해 있는 규슈 북부 지역은 제2차 세계대전 당시 일본의 주요 산업 중심지인 동시에 군수물자 생산의 핵심 기지였다. 1940년 고쿠라 육군조병창에 근무하는 노동자는 그 수만 하더라도 무려 4만 명을 넘었다. 미드웨이해전 이후 일본 본토 공격을 준비하는 연합군은 일본이 더는 싸울 생각을 포기하게 만들려면 무엇보다 군수산업 시설이 밀집한 기타큐슈 지역부터 무력화할 필요가 있었다. 1944년 6월 16일 연합군이 B29 전략 전폭기를 이용해 첫 번째 본토 공습을 기타큐슈에 감행한 것은 바로 이 같은 사정 때문이었다.

1944년 6월 이후 전쟁 종전 직전까지 기타큐슈 일대는 3차례에 걸쳐 미군의 대대적인 공습을 받았다. 야하타제철소와 고쿠라 육군조병창, 모지항

이 첫 번째 공습의 주요 목표가 되었다. 주변 시가지 역시 폭격에 의한 화재로 큰 피해를 보았다. 미군은 히로시마에 원폭을 투하한 다음 일본이 항복하지 않자 두 번째 원폭의 투하지점을 육군조병창이 있는 고쿠라로 계획했다. 하지만 두 번째 원폭을 싣고 고쿠라로 날아가던 B29 폭격대가 비행 당일 규슈 북부 일대의 기상 악화로 목표를 변경해 나가사키로 날아간 결과 고쿠라는 운 좋게 피폭에서 벗어날 수 있었다.

제2차 세계대전 종결 직후 야하타제철소는 연합국 최고사령부의 경제민주화 정책에 따라 해체되었다. 하지만 1950년 한국전쟁이 발발하자 연합군이 필요로 하는 군수품을 일본에서 조달하기 위해 야하타제철, 후지제철 등의 4개 회사로 나뉘어 재발족하게 된다. 한국전쟁의 특수와 전후 복구 사업 등에 힘입어 새로운 설비를 도입하고 생산능력을 증설한 결과 야하타제철소는 연간 150만 톤의 조강을 생산하는 일본 최고의 제철소로 거듭나게 된다.

[그림 12-4]
영화 〈열풍〉에 등장하는
야하타제철소.

4.
100만 대도시
기타큐슈의 탄생과 위기

| 잿빛 도시에서 친환경 도시로 |

규슈 북부의 여러 공업 도시는 야하타제철소 설립 이후 도카이만을 끼고 철강업을 기반삼아 연관 산업을 중심으로 성장했다는 공통점을 가진다. 이들 도시는 산업화 과정에서 발생하는 각종 도시 문제를 해결하기 위해 개별 도시의 이해관계를 넘어 광역적인 행정구역의 정비가 필요하다는 인식을 공유하게 되었다. 도카이만의 효율적인 항만 운영과 통일적인 도시계획 등을 도모하기 위해 규슈 북부 지역에서는 이미 제2차 세계대전 이전부터 도시 간 합병의 필요성에 대한 논의가 계속해서 진행되었다. 이러한 가운데 에너지 수요의 전환으로 지역 내 유수의 탄광이 잇따라 폐쇄하고 많은 실업자가 발생하자, 규슈 북부 5개 도시 시장은 지역경제 불황을 상쇄하는 방안으로 합병에 대한 논의를 시작했다. 시민들은 합병에 대체로 긍정적이었다. 합병으로 중복되는 행정 비용을 절감하는 동시에 행정 서비스를 향상하고 재정을 건전화할 수 있을 것이라며 기대감을 표시했다.

1961년 11월 '기타큐슈시 합병 촉진 협의회'의 설립과 함께 합병에 관한 논의가 급물살을 타게 되었다. 그리고 1년여 만인 1963년 2월 10일 합병에 관한 조례가 가결되면서 마침내 기타큐슈시가 탄생하게 되었다. 통합 시의 새 이름은 전국에서 공모를 받았다. 이 가운데 가장 많은 표를 받은 것은 도쿄를 의식해 서쪽의 수도란 뜻의 '사이쿄시西京市'였다. 하지만 합병 협의회는 두 번째로 높은 순위에 오른 '기타큐슈'를 정식 명칭으로 채택했다. 규슈의 북쪽이라는 공간적인 의미를 고려한 결과였다.

우여곡절 끝에 통합은 성공했지만, 기타큐슈 앞에 놓인 상황은 그리 좋은 편이 아니었다. 통합을 계기로 인구 100만의 거대 도시로 거듭난 기타큐슈 시가 무엇보다 시급히 해결해야 할 현안은 바로 공해 문제였다.

[그림 12-5]는 고도 경제성장이 한창이던 1958년 기노시타 게이스케木下惠介 감독이 제작한 〈이 하늘의 무지개この天の虹〉라는 영화의 포스터다. 영화의 주된 내용은 당시 동양 최대의 철강 생산량을 자랑하는 야하타제철소에 근무하는 남녀 직공 간의 사랑과 인생에 관한 이야기이다. 여기서 흥미로운 점은 제철소 굴뚝에서 피어오르는 매연을 '무지개'에 비유해 제목으로 사용했다는 것이다. 무지개의 실상은 용광로 온도를 높이기 위해 산소를 불어 넣는 과정에서 발생하는 대량의 산화철이 제철소 굴뚝을 타고 대기에 퍼지며 만들어 낸 붉고 검은 연기였다. 지금 같으면 대기오염의 주범으로 산업재해 다큐멘터리의 소재로 쓰일 법한 공장 굴뚝의 매연을 '무지

[그림 12-5]
영화 〈이 하늘의 무지개〉
포스터.

개'에 비유한 것은 전후 고도 경제성장에 희망을 품고 제철소에서 일하는 청춘 남녀 직공의 밝은 미래를 형상화하려는 감독의 의도였다.

하지만 영화와 달리 현실에서 제철소의 매연과 분진이 일으키는 피해는 심각했다. 1960년대 야하타, 도바타, 와카마쓰로 둘러싸인 도카이만 일대는 제철소를 비롯해 각종 공장에서 내다 버린 폐수로 오염되어 대장균조차 살 수 없는 '죽음의 바다'가 되었다. 1961년 당시 야하타제철소에 설치된 62개 굴뚝에서 하루에 내뿜는 분진의 양은 27톤에 달했다. 대기에 방출된 분진이 주변 주택가에 떨어져 검댕이 묻어 나와 야외에서 빨래를 건조할 수 없을 정도였다([그림 12-6]).

그런데 당시만 하더라도 공해가 건강과 신체에 나쁜 영향을 끼친다는 사실을 제대로 인식하지 못했다. 오히려 공장에서 내뿜는 매연이야말로 번영의 증거 혹은 경제 발전을 위해 감내할 대가라고 자랑스럽게 말하는 이들

[그림 12-6]
1950~1960년대 굴뚝으로
매연을 내뿜는
야하타제철소의 모습.

03 근대: 조카마치의 해체와 근대 도시의 형성

이 적지 않았다. 심지어 가입자 수가 4만 5,000여 명에 달하는 야하타제철 노조마저 환경공해를 심각하게 생각하지 않은 탓에 회사 측에 아무런 문제를 제기하지 않았다.

환경공해의 심각성을 인식하고 변화의 계기를 만든 이들은 다름 아닌 지역의 여성단체였다. 대기 오염, 수질 악화로 각종 피부병과 천식 같은 질환을 겪는 아이들이 늘어나자, 기타큐슈 도바타지구 부인회는 지역 대학, 활동가 등과 연계해 오염 실태를 조사하기 시작했다. 이들은 그간의 활동을 필름에 담아 〈맑은 하늘을 바란다青空がほしい〉라는 제목의 다큐멘터리를 제작했다. 1965년 NHK 방송을 통해 이들이 만든 다큐멘터리 영화가 전국에 방영되면서 기타큐슈의 환경 문제는 전국적인 이슈가 되었다.

환경공해의 개선을 바라는 시민사회의 움직임에 시 정부 또한 반응하기 시작했다. 기타큐슈시는 환경청이 중앙정부 부처로 만들어지기 전인 1971년에 '공해대책국'을 설치하고 공해 방지 활동에 나섰다. 같은 해 시의회는 공해 방지 조례를 만들어 기업의 환경 오염을 규제하기 시작했다. 시 정부와 시민사회의 꾸준한 환경 오염 방지 활동의 결과 기타큐슈는 1985년 경제협력개발기구OECD가 발간한 환경백서에서 '잿빛 도시에서 녹색 도시로 변모'한 곳으로 소개할 정도로 공해 문제를 해결하며 친환경으로 전환하는 데 성공했다.

| 철강산업의 침체와 정체 도시의 가능성 |

야하타제철소의 철강 생산은 1960년대 후반 정점에 도달한 이후 국제 분업 구조의 변화 등으로 쇠퇴일로를 걷게 되었다. 제2차 세계대전 이후 철광석 등의 주요 자원 수입처를 중국에서 오스트레일리아 등지로 변경하면서 기타큐슈를 거치지 않고 도쿄, 오사카, 나고야 등지의 공업지대로 직접 운송하는 편이 훨씬 경제적이었다. 철강제품의 수요처 역시 수도권 일대에 몰려 있는 탓에 도쿄나 오사카 인근으로 제철소를 이전하는 편이 비용 면에서 효율적이었다. 원재료 수입과 상품 수출의 입지적인 장점이 사라지고 생산시설의 노후화로 생산 비용이 증가하기 시작하자, 야하타제철소는 후지제철과 합병을 논의하기 시작했다. 1970년 일본 정부가 양 사의 합병을 승인하면서 당시 세계 최대 철강기업인 미국의 US스틸에 필적할 정도의 거대 기업인 신일본제철이 탄생하게 되었다.

새로 출범한 신일본제철은 세계 시장의 국제경쟁력을 높이기 위해 곧바로 노후시설의 정리에 착수했다. 엔화 절상에 따른 불황에 대응하기 위해 이듬해인 1971년 12월 창립 이래 70여 년간 가동해 온 야하타제철소 제1고로의 정지를 결정했다([그림 12-7]). 지역의 중추 산업인 야하타제철소의 연이은 기업합리화 정책은 기타큐슈 시민에게 큰 충격을 안겨 주었다. 제철

[그림 12-7]
가동을 중지한 후 1996년
기타큐슈시 사적으로 지정된
야하타제철소 히가시타
제1고토의 현재 모습.

03 근대: 조카마치의 해체와 근대 도시의 형성

업 분야의 고용이 축소되자 정체 기미를 보이던 기타큐슈의 인구는 감소 추세로 돌아섰다. 야하타제철소의 제4차 기업합리화 조치가 발표된 1987년 기타큐슈 시민을 대상으로 한 앙케이트 조사에서 시민 4명 중 3명이 도시의 미래가 비관적이라고 답할 정도였다.

철강업 위주의 제조업 중심에서 첨단산업과 서비스 산업으로 지역경제를 전환해야 한다는 목소리가 커지는 가운데 1987년 2월 건설성 관료 출신이 새 시장으로 선출되었다. 그는 취임 직후 철강 도시를 재건하기 위한 아이디어를 구하고자 기타큐슈시와 마찬가지로 철강업으로 번성했던 미국의 피츠버그를 모델로 삼았다. 새 시장은 규제 완화와 장기간에 걸친 민간 주도형 지역개발 사업으로 도시재생을 추진해 온 피츠버그의 사례를 참고해 도시 발전 전략을 수립했다. 2005년까지 장기간에 걸친 '기타큐슈 르네상스 구상(이하 '르네상스 구상')'의 주된 내용은 철강업을 비롯해 중후 장대형의 기존 장치산업을 서비스, 환경, 기술집약형 산업으로 전환하는 것이었다.

도시재생을 목표로 내건 시장이 내리 다섯 번에 걸쳐 재임에 성공하며 기타큐슈는 20여 년 동안 철강업 중심에서 자동차, 환경산업, 정보통신 등의 첨단산업으로 지역경제를 고도화하려는 노력을 계속해 왔다. 아울러 기타큐슈 공항 건설, 고쿠라 도심 재개발 사업 등을 일관성 있게 추진해 왔다. 그렇다면 기타큐슈는 현재 도시재생에 성공했다고 말할 수 있을까? 아쉽지만 절반의 성공에 그치지 않았나 싶다. 철강업을 대신해 자동차, 환경산업의 비중이 높아진 것은 사실이나 그 정도가 미미하다. 오히려 기존 철강업이 차지하는 전국 내 비중은 최근 들어 반토막이 났다. 게다가 기타큐슈의 경우 제조업 중에서도 철강, 화학 등과 같이 소재형 산업 일변도였기 때문에, 전면적인 구조 전환 역시 간단하지 않았다. 정보통신, 바이오와 같은 첨단산업을 새로 개척하는 것도 말처럼 쉽지 않았다. 결과적으로 국제 정세 변화와 산업 구조 개편에 재빨리 적응하지 못한 탓에 경기침체가 장기간 계속되면서 규슈 제1의 도시라는 타이틀마저 이웃한 후쿠오카에 빼앗긴 지 오래되었다.

현재 기타큐슈시의 인구는 합병 당시와 비교해 10퍼센트 정도 줄어든 91만 명 정도다. 그나마 다행인 것은 지역경제의 침체에도 불구하고 생활환경에 대한 만족도가 비교적 높은 수준을 유지하고 있다는 점이다. 그래서인지 2000년대 초반 1.3명에 불과하던 출산율은 2017년에 1.6명으로 상승했다. 일본 국내 평균 1.43명과 비교해도 높은 수치다. 최근 여론조사에 따르면 시니어 세대가 살고 싶은 도시 순위에서 기타큐슈는 전국 1위를 차지했다. 언뜻 보아서는 이해가 되지 않는 현상이다. 경기침체와 인구감소에도 불구하고 주거환경에 대한 시민 만족도가 높은 것은 지속가능한 환경 도시를 만들기 위한 오랜 노력이 빛을 발한 결과라고 할 수 있다.

과거 일본의 4대 공업지대 가운데 한 곳이었고 현재까지 대기업 중심의 중공업이 지역경제의 중추를 이루고 있는 기타큐슈의 현재 모습은 세계적인 제조업 국가로 성장하는 데 밑거름이 된 포항, 울산, 거제, 여수 같은 한국 지방 공업 도시의 근미래일 수 있다. 한국 역시 기타큐슈와 마찬가지로 인구가 수년째 계속해서 줄어들고 있다. 경제적인 부담은 증가하는데 근로 여건이나 주거환경이 나아지지 않다 보니 자연스레 결혼을 피하게 되고 출산율과 혼인율 모두 감소하고 있다. 문제는 이 같은 요인을 단번에 해결해 극적으로 출산율을 반전시킬 수 있는 묘안이 없다는 것이다. 그렇다고 한다면 출산율을 높이는 데 들이는 국가적인 노력과 관심 가운데 일부만이라도 이제는 현실성 있게 비록 인구가 줄더라도 도시 기능을 저하하지 않고 주거환경을 쾌적하게 유지하는 방안을 모색하는 데 쓰는 것이 나을지 모른다. 기타큐슈가 시니어 세대에게 좋은 평가를 받은 주된 이유 가운데 하나는 의료, 복지, 쇼핑 등에서 좋은 주거환경을 갖추면서도 주거 비용이 여타 도시에 비해 낮기 때문이라고 한다.

인구감소와 고령화로 인해 지방 도시가 소멸 위기에 처했다는 현재의 '지방 소멸론'은 지역 주민의 공포심만 부추겨 수도권 집중과 부동산 투기를 더욱 부채질할 뿐이다. 이러한 점에서 도시재생의 성공 사례를 찾아 도입하는 데 급급하기보다 인구와 경제가 성장을 멈추고 정체 상태에 접어들었지만 나름대로 자족적인 주거환경을 유지하는 도시와 지역을 관심 있게 살펴볼 필요가 있다. 산업화 이후 탈산업화 과정에서 지속가능성을 목표로 도시 환경을 리모델링하고 있는 기타큐슈의 사례는 지방 소멸과 인구감소의 위기에 처한 한국의 지방 공업 도시가 주의 깊게 지켜보아야 할 대상이 아닐까 싶다.

13
히로시마:

군사 도시,
그라운드 제로에서
'물의 도시'로

1.
평화 도시와
그라운드 제로

| 오바마 대통령의 평화기념공원 방문 |

히로시마廣島를 직접 가본 적은 없더라도 누구나 한 번쯤 그 이름은 들어본 적이 있을 것이다. 히로시마는 나가사키와 함께 인류 역사상 최초의 피폭이라는 엄청난 비극을 겪은 도시다. 하지만 피폭의 장소에 평화기념자료관과 평화기념공원을 조성해 원폭의 위력과 참혹함을 전 세계에 알리기 위해 노력해 왔다.

지난 2016년 5월, 미국 오바마 대통령은 일본에서 열린 G7 정상회의를 마치고 귀국하는 길에 아베 총리와 함께 히로시마의 평화기념공원을 찾았다. 미국 정부는 원폭 투하에 대한 사죄가 아니라고 선을 그었지만, 대다수 일본인은 원폭 희생자 위령비에 헌화하고 사망자를 추모하는 그의 모습을 미국의 '공식적인 사죄'로 받아들였다(〔그림 13-1〕). 미국 현직 대통령의 방문이야말로 '평화 도시'를 향한 히로시마의 노력과 반핵·평화 운동이 결실을 본 것이라고 일본의 정치권과 대중매체에서 선전한 덕분이었다. 한편 오바마 대통령이 히로시마를 방문한 바로 그해 12월 일본 현직 총리로는 처음으로 아베 총리가 하와이 진주만을 찾았다. 이로써 제2차 세계대전의 당사국인 미·일 양국의 정상은 전쟁을 시작하고 끝맺음한 현장을 방문해 희생자를 추도함으로써 원폭 투하와 진주만 기습에 대한 갈등과 사과를 등가적으로 해결하는 모습을 연출했다.

피폭 당시 "75년간 초목도 자라지 못할" 것이라고 예상했던 히로시마는 빠르게 전쟁의 상처를 극복하고 인구 100만 명이 넘는 유수의 도시로 거듭

03 근대: 조카마치의 해체와 근대 도시의 형성

[그림 13-1]
평화기념공원 내
원폭 희생자 위령비 앞에서 악수하는
미일 양국 정상.

났다. 엄청난 고통과 희생을 겪은 히로시마가 재건에 성공하며 현대적인 도시로 부활할 수 있었던 것은 항구적인 평화 도시를 건설하기 위해 일본 국내는 물론이고 세계 각지에서 보내 준 열렬한 지지와 후원 덕분이었다. 평화 도시 히로시마의 어두운 과거와 재건 사업을 통해 일본 유수의 대도시로 거듭난 현재, 그리고 '물의 도시'를 브랜드로 내세운 미래의 청사진에 대해 살펴보도록 하자.

2. 원폭의 과녁이 된 이유

| 간척을 통한 확장과 상업의 번성 |

현재 히로시마성이 있는 곳은 일본 중부 지방을 흐르는 오타太田강과 세토 내해가 만나 삼각주를 이루고 있어 예전부터 내륙과 해상을 잇는 교통의 요지였다. 이 같은 지리적인 이점을 일찍부터 알아채고 이곳에 성을 쌓은 이는 훗날 조슈번의 초대 번주가 되는 모리 데루모토였다. 데루모토는 1589년 오타강 삼각주의 가장 넓은 섬에 거대한 성을 쌓았다. 이곳은 주변 일대에서 가장 '큰 섬'이란 뜻에서 '히로시마廣島'라고 불렸다. 하지만 데루모토가 히로시마성의 주인으로 보낸 기간은 그리 길지 못했다. 도쿠가와 이에야스가 세키가하라 전투에서 서군 편에 섰던 데루모토를 혼슈의 변경으로 내쫓았기 때문이다. 이후 히로시마성의 주인은 여러 차례에 걸쳐 바뀌었다. 다만 누가 영주가 되더라도 성곽 주변으로 넓게 펼쳐진 개펄의 간척 사업을 게을리하지 않았다([그림 13-2]).

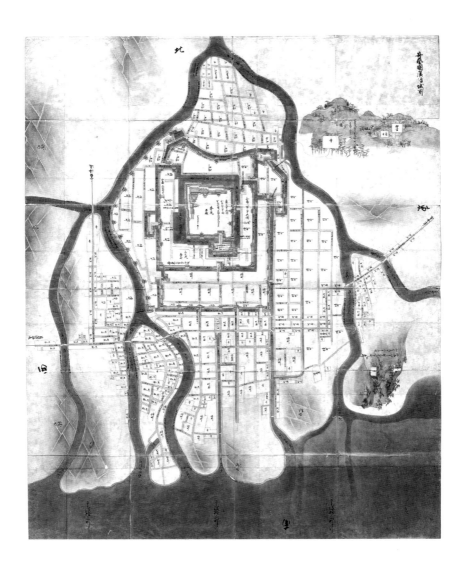

[그림 13-2] 17세기 중반 매립을 통해 확장된 히로시마성 주변의 시가지.

오타강 삼각주에 자리 잡은 히로시마는 시가지를 조성할 수 있는 토지가 부족했다. 이 같은 문제를 해결하기 위해 간척 사업을 계속했고, 이렇게 늘어난 토지는 새로 개간한 땅이라는 뜻에서 '신카이新開'라는 이름을 붙여 'OO신카이'라고 불렀다. 간척 사업을 통해 성의 동쪽과 서쪽, 남쪽 방면으로 히가시東 신카이, 니시西 신카이와 같은 매립지가 만들어졌다.

히로시마는 세토 내해의 중간 기착지에 해당하는 곳이어서 물류 이동의 장점이 많았을 뿐 아니라 항구를 중심으로 해운과 유통이 발전하는 데 유리한 조건을 가졌다. 그 결과 일찍부터 상공업이 발전했고 외지인의 이주로 도시는 계속해서 확장했다. 기록에 의하면 1820년대 히로시마성에 거주하는 이들은 무사를 포함해 대략 7만 명 정도에 이르렀다. 당시로서는 에도, 오사카, 교토, 가나자와, 나고야에 다음가는 유수의 도시였다.

| 신정부의 군제 개편과 군사 도시 히로시마의 성립 |

메이지 유신 이후 근대화 과정에서 옛 조카마치 가운데 상당수는 무사 계급의 해체와 정국 불안 등을 이유로 인구가 감소하며 쇠퇴의 길을 걷게 된다. 하지만 히로시마는 여기서 예외였다. 운이 좋아서가 아니라 정치·경제·군사적인 면에서 중부 지방의 요충지에 해당하는 도시였기 때문이다.

1871년 7월 메이지 신정부는 260여 개 번을 폐지하는 대신 부·현을 설치하는 폐번치현을 시행했다. 히로시마는 히로시마번의 조카마치에서 새로이 히로시마현의 현청 소재지가 되었다. 메이지 신정부는 지방제도 개편에 이어 곧바로 군제 개혁을 단행했다. 폐번치현을 실시한 지 한 달도 채 지나지 않은 그해 8월 주둔군 성격의 4개 '진다이鎭台'를 도쿄, 오사카, 센다이, 구마모토에 설치했다. 진다이에 주둔하는 병사는 메이지 신정부의 직속 부대에 해당하는 옛 삿초토비의 번병과 구 무사들 가운데 스스로 지원한 이들로 편성했다. 그리고 1873년 기존 진다이 제도를 개편해 전국을 6개 군관으로 나누고 히로시마와 나고야에 추가로 진다이를 신설했다. 이 같은 군제 개편으로 히로시마는 히로시마현의 현청 소재지인 동시에 주고쿠와 시코쿠四國 지방을 아우르는 제5군관의 군사 거점이 되었다([표 13-1]).

　1888년 일본 정부는 진다이 병제를 대신해 새로 사단병제를 도입했다. 히로시마에는 주고쿠와 시코쿠 일대를 관장하는 육군 제5사단 사령부와 함께 각종 군수물자를 공급하는 병기창, 병참기지 등이 들어섰다. 도쿄, 오사카, 나고야, 센다이, 구마모토와 함께 전국의 6대 군사 거점으로 거듭난 히로시마는 주둔병과 군속뿐 아니라 이들을 상대하는 각종 서비스 인력이 대거 유입되었고, 그 결과 일본 유수의 군사 도시로 성장하게 된다.

　이처럼 군사 도시의 중요성이 높아질수록 물자 수송을 위한 항만시설의 필요성이 절박해졌다. 이에 따라 1884년 우지나항宇品港(현재의 히로시마항)

[표 13-1] 메이지 시기 군제 개편

1871년	1873년	1888년	
진다이	군관·진다이	사단(사령부)	보병여단(위수지)
도쿄 진다이	제1군관·도쿄 진다이	제1사단(도쿄)	제1여단(도쿄)
			제2여단(사쿠라佐倉)
동북 진다이, 센다이	제2군관·센다이 진다이	제2사단(센다이)	제3여단(센다이仙台)
			제4여단(아오모리靑森)
도쿄 진다이	제3군관·나고야 진다이	제3사단(나고야)	제5여단(나고야名古屋)
			제6여단(가나자와金澤)
오사카 진다이	제4군관·오사카 진다이	제4사단(오사카)	제7여단(오사카)
			제8여단(히메지姬路)
진서鎭西 진다이, 구마모토	제5군관·히로시마 진다이	제5사단(히로시마)	제9여단(히로시마)
			제10여단(마쓰야마松山)
	제6군관·구마모토 진다이	제6사단(구마모토)	제11여단(구마모토熊本)
			제12여단(고쿠라小倉)

축항공사가 시작되었다. 수심이 낮은 오타강 하류를 파내어 선박이 정박할 수 있을 만큼의 수심을 확보하고 항만시설을 정비하기 위한 공사였다. 축항공사는 여러 차례 설계를 변경할 만큼 많은 난관을 겪은 끝에 1889년 완공되었다. 이로써 오타강과 세토 내해를 이용한 해상 항로와 육상을 잇는 교통 편의성이 한층 좋아졌다.

우지나항을 개항하고 5년이 지난 1894년 2월 전라도 고부에서 전봉준의 지휘 아래 동학농민운동이 일어났다. 조선에 대한 영향력을 확대하고자 호시탐탐 기회를 엿보던 일본 정부는 조선 정부가 청에 동학농민군을 진압하기 위해 원병을 요청하자마자 즉각적으로 군대를 파병했다. 거류민 보호를 명분삼아 500~600명 정도의 병력을 파병할 예정이었으나 6월 4일 이토 히로부미 총리를 비롯해 정부 수뇌가 참석한 회의에서 독립적인 전투를 수행할 수 있도록 8,000명 규모의 혼성여단을 파병하기로 계획을 변경한다.

6월 9일 인천항에 상륙한 일본군 선발대는 7월 23일 경복궁을 점령했다. 일본 정부는 흥선대원군과 김홍집 등을 내세워 친일 정권을 수립해 조선에 대한 간섭을 강화했다. 조선 정부의 군대를 강제로 무장해제시킨 일본군은 곧바로 아산 근처 풍도 앞바다에서 청국 군대를 공격했다. 기습으로 전쟁 초반의 승기를 잡는 데 성공한 일본은 8월 1일을 기해 정식으로 청에 선전포고를 선언하고 전쟁에 돌입한다.

청일전쟁이 시작되자 일본 정부는 후방의 병사와 물자를 신속하게 전장으로 실어 나를 수 있는 파병기지를 시급히 마련해야 한다는 점을 깨달았다. 제5사단 사령부가 위치한 히로시마는 후방의 파병기지로 삼기에 여러 면에서 좋은 조건을 갖춘 곳이었다. 무엇보다 혼슈의 중앙부를 관통하는 산요 철도로 전국 각지의 병사와 군수물자를 싣고 와 우지나항을 통한다면 단번에 한반도와 중국의 전장으로 곧바로 운송할 수 있었다.

한 가지 문제점은 히로시마역과 우지나항 사이의 6킬로미터가 아직 철도로 연결되지 못한 상태였다. 히로시마역과 우지나항을 잇는 우지나선 선로 공사는 8월 4일 착공되었고 밤낮을 가리지 않고 진행된 끝에 불과 2주 만에 완공되었다. 전시 상황인 점을 고려하더라도 엄청난 속도였다.

한편 일본 정부는 온 국민이 일치단결해 전쟁에 임하는 분위기를 연출하고자 전장에 가장 가까운 히로시마로 '대본영大本營'을 옮기기로 한다. 대본영은 청일전쟁부터 제2차 세계대전까지 전시 중에 설치된 일본군의 최고 통수기관을 말한다. 9월 15일 군 통수권자인 메이지 천황이 도쿄의 황거를 떠나 히로시마성 제5사단 사령부에 마련한 대본영으로 거취를 옮겼다(그림 13-3). 천황과 함께 정부 주요 기관은 물론이고 의회까지 이동함으로써 이듬해 전쟁이 끝날 때까지 히로시마는 천황을 비롯한 정부 주요 인사가 머물며 전쟁을 지휘하는 임시 수도의 기능을 수행했다.

청과 일본이 대등할 것이라는 예상과 달리 청일전쟁은 황해 해전과 평양성 전투에서 대승을 거둔 일본에 유리하게 전개되었다. 수도 베이징 근처까지 일본군이 진격하자 위협을 느낀 청은 전쟁을 마무리하기 위해 강화협상에 나섰다. 일본은 조선에 대한 영향력을 포기하는 것은 물론이고 2억 냥의 배상금과 함께 랴오둥반도와 타이완의 할양을 청에 요구했다. 1895년 4월 17일 시모노세키에서 청·일 양국 대표는 중국에 가혹한 희생을 요구하는 강화조약에 조인하고 사실상 전쟁을 종결지었다(그림 13-4).

시모노세키조약에 따라 일본은 타이완을 할양받아 제국주의 국가의 반열에 들게 되었다. 하지만 전쟁을 통해 얻은 것은 단순히 식민지라는 해외영토 획득에 그치지 않았다. 아시아의 맹주 역할을 자처해 온 청과 전쟁을 벌이는 동안 전장의 병사는 물론이고 후방의 일반인까지 '일본'이라는 국가의 '국민'임을 자각하게 되었다. 이제 더는 어느 '번' 출신인지를 따지기

[그림 13-3] 청일전쟁 당시 대본영으로 사용한 건물의 자취.
[그림 13-4] 청일전쟁을 매듭짓는 시모노세키조약이 체결된 춘범루春帆楼. 제2차 세계대전 당시
폭격으로 전소되어 다시 지은 것으로 현재는 호텔 겸 복어 요릿집으로 사용하고 있다.

03 근대: 조카마치의 해체와 근대 도시의 형성

보다 일본 '국민'이라는 일체감을 공유하게 된 것이다.

또한 전쟁 직전 일본은 영국과 맺은 통상항해조약을 갱신함으로써 마침내 불평등조약의 상징인 치외법권을 철폐할 수 있었다. 이 같은 성과를 바탕으로 일본은 전쟁 기간 내내 자신을 '서구적인 신문명'으로, 청을 '동아시아의 구문명'으로 표상하는 동시에 청일전쟁을 문명국 일본의 승리로 연출하고자 노력했다.

한편 전쟁에서 살아남은 병사들은 출항지인 히로시마의 우지나항으로 다시 돌아왔다. 청일전쟁 내내 출항을 기다리는 병사를 수용하기 위해 항구에 만들어진 거대한 병영이 이번에는 입국 심사를 위한 검사장이 되었다. 본국으로 귀환한 병사들은 검역소에서 외지의 전염병에 노출되었는지 검사를 받고 이상이 없다는 확인을 받고서야 고향으로 돌아갈 수 있었다. 청일전쟁 이후 히로시마는 러일전쟁, 제1차 세계대전, 만주사변, 제2차 세계대전에 이르기까지 일본이 벌인 대외 침략 전쟁의 출발점이자 마지막 종착지가 되었다.

| 히로시마만의 군사기지화 |

히로시마에는 육군뿐 아니라 해군시설 역시 존재했다. 히로시마에서 남서쪽으로 약 15킬로미터 정도 떨어진 구레吳는 수심이 깊을 뿐 아니라 파도를 막아 주는 방파제 역할의 섬들이 산재해 있어 군항으로 삼기에 좋은 조건을 갖춘 곳이다. 이 같은 지리적인 요건을 고려해 일본 해군은 1889년 해군 함정의 모항으로 삼는 군항을 건설하고 함대를 통괄하는 진수부鎭守府를 두었다.

진수부는 구레를 비롯해 요코스카(1884), 사세보(1889), 마이즈루(1901)를 포함해 모두 4곳에 설치되었다. 해군 진수부에는 주둔 병력을 위한 군사시설뿐 아니라 각종 함정을 수리하거나 건조하기 위한 대규모 공장, 그리고 이곳에서 근무할 기능공을 양성하기 위한 각종 학교와 관련 시설이 조성되었다. 해군공창 가운데 구레는 가장 큰 규모를 가진 곳이었다. 러일전쟁 직후인 1908년 구레 해군공창에 근무하는 공원은 무려 2만 4,000명에 달했다. 구레 해군공창에서는 세계 최대 전함으로 알려진 '야마토'를 비롯해 일본 해군의 주요 함정을 건조했다.

일본 육·해군의 주요 부대와 군사시설이 위치한 히로시마만 일대는 복합 군사 도시를 구성하며 일본이 벌인 침략 전쟁의 주요 병참기지를 도맡았다. 군사 요충지인 만큼 전쟁 말기에 접어들면 이곳의 노동력 부족은 다른 지역에 비해 훨씬 심각한 상태였다. 한편 일본 정부는 노동력 부족을 해소하기 위해 총동원령을 발령하고 식민지 조선인을 이곳으로 데려와 각종 군사시설과 생산 현장에 배치했다. 그 결과 제2차 세계대전 종전 직전 히로시마 일대에 거주하는 조선인은 무려 14만 명에 이르렀다고 한다. 이들 중 상당수는 부족한 노동력을 메우기 위해 강제로 동원된 이들이었다.

이들 가운데 일부는 가혹한 노동과 부당한 대우를 견디다 못해 집단 봉기를 일으키기도 했다. 1943년 8월 9일 구레 해군기지에서는 700여 명에 이르는 조선인이 폭력을 행사한 일본인 감독관에게 사과를 요구하는 사건이 발생했다. 이들 가운데 주동자로 검거된 29명은 봉기를 일으켰다는 이유로 1년에서 4년의 징역형을 선고받았다. 이처럼 전쟁 막바지 일본 전역의 군사시설과 군수공장, 광산 등에 동원된 조선인들은 태업과 파업, 집단 봉기 등의 다양한 방식으로 일본에 항거했다.

3.
그라운드 제로의 복구와
평화기념공원의 조성

| 원폭 투하 |

제2차 세계대전이 끝나갈 무렵 원폭 실험에 성공한 미군은 그 위력을 입증하기 위해 실제 사용을 결정한다. 원폭 투하 지점을 협의하기 위해 곧바로 '목표위원회'가 구성되었고 이들은 곧장 후보 도시를 물색했다. 요코하마, 교토, 고쿠라와 함께 히로시마의 이름도 거론되었다. 당시 의사록에 따르면 "히로시마는 육군의 중요한 보급기지이며 공업 지역의 중심에 있는 항구"라는 점에서 후보 대상에 올랐다고 한다.

앞서 살펴본 바와 같이 히로시마는 제2차 세계대전 종전 직전 일본 내 유수의 군수 산업 도시이자 6대 도시의 반열에 드는 대도시였다. 게다가 전쟁 말기 일본 정부는 본토 결전에 대비해 동일본 지역을 담당하는 제1총군사령부를 도쿄에, 서일본 지역의 병력을 총괄하는 제2총군사령부를 히로시마에 설치했다. 미군이 히로시마를 원폭의 최종 목표로 결정한 것은 가공할 만한 원폭의 위력을 확인할 수 있을 만큼의 충분한 규모를 가진 대도시일 뿐 아니라 일본 열도 상륙에 앞서 반드시 무력하게 만들어야 하는 주요 군사 거점이기 때문이었다.

1945년 8월 6일 오전 1시 45분 미군 B29 폭격기 3대가 비밀스러운 임무를 수행하기 위해 서태평양의 티니안섬을 출발했다. 이들은 오전 7시경 히로시마 상공에 도착했다. 하늘에 나타난 폭격기를 보고 한 차례 경계경보가 울렸다. 하지만 이내 다른 곳으로 사라졌기 때문에 30여 분 만에 경보가 해제되었다. 다들 경계심을 풀고 바쁜 일상을 시작하던 오전 8시 15분 히로

[그림 13-5]
피폭 직전(위)과 피폭 후(아래)
잿더미로 변한 히로시마 시내 모습.

03 근대: 조카마치의 해체와 근대 도시의 형성

시마 상공에 다시 나타난 미군 폭격기는 T자형으로 생긴 아이오이교相生橋를 목표로 삼아 신형 폭탄을 투하했다. 인류 역사상 최초의 원자폭탄 투하라는 비밀 임무를 수행하는 순간이었다.

미군이 히로시마에 투하한 원자폭탄은 불과 20여 일 전인 그해 7월 16일 뉴멕시코에서 이제 막 실험을 끝마친 상태였다. 그러나 가공할 만한 위력을 가진 원자폭탄을 전쟁 막바지에 실제로 사용하는 것에 반대하는 이는 거의 찾아볼 수 없었다. 미 해군차관 랄프 버드Ralph Bard가 반대 의사를 표시했지만, 그 역시 어쩔 수 없다면 일본에 폭탄 투하의 사실을 미리 알려 주고 이에 대처할 시간을 주어야 한다고 주장하는 정도였다. 소련의 전쟁 개입으로 공산주의가 확대될 것을 우려하는 목소리가 높아지는 가운데 재임 중에 뚜렷한 업적을 보여 주려는 트루먼 대통령 개인의 영웅주의적인 취향이 결합하면서 원자폭탄 투하는 기정사실이 되었다.

한편 고도 580미터 지점에서 폭발한 원자폭탄은 순간적으로 섭씨 4,000도에 달하는 고온과 초속 300여 미터의 열 폭풍을 내뿜으며 히로시마를 집어삼켰다. 그 결과 투하 지점에서 반경 2킬로미터 내의 모든 것이 순식간에 불타 버렸다. 투하 지점에서 반경 2.5킬로미터 이내의 가옥은 '완파', 3.5킬로미터 이내는 반파, 8킬로미터 이내는 지붕의 기와가 날아가는 피해를 보았다. 투하 지점에서 반경 2킬로미터 이내에 있는 히로시마성과 옛 조카마치 일대는 [그림 13-5]에서 알 수 있듯이 흔적도 없이 소멸하고 말았다. 400년에 가까운 역사를 자랑하던 히로시마성과 메이지 유신 이후 근대적인 관청가로 변모한 시 중심가는 한순간에 잿더미가 되었다.

| 재건 과정과 '평화 도시'의 조성 |

30여만 명에 달하던 히로시마 주민 가운데 7만 명이 현장에서 즉사했고 그

해가 가기 전에 7만여 명이 넘는 이들이 피폭 후유증으로 사망했다. 원폭으로 도시 인구의 절반 가까이가 순식간에 목숨을 잃은 셈이었다. 정확한 집계는 어렵지만, 히로시마에서 거주하던 조선인 가운데 2만 명 이상이 원폭으로 목숨을 잃었다고 한다.

한편 피폭에서 살아남은 이들은 도시 곳곳에 널린 사체를 도심의 나카지마中島 지구로 옮겨 수습했다. 신원조차 제대로 확인할 수 없어 유골을 한데 모은 다음 공양탑을 만들었다. 그리고 급한 대로 무너진 잔해와 자재를 모아 가설 주택을 짓고 생활했다. 히로시마역 광장에는 식량과 물자를 교환하기 위한 암시장이 만들어졌다.

엄청난 인적·물적 피해를 보았지만, 히로시마는 조금씩 재기를 모색했다. 피폭에도 불구하고 대규모 공장과 산업시설은 시 외곽에 있는 덕에 거의 피해를 당하지 않은 데다, 주변 농촌에서 공장 가동에 필요한 노동자를 충원할 수 있었기 때문에 산업생산력은 단기간에 예전 수준을 회복할 수 있었다. 무엇보다 한국전쟁으로 인한 전시경제의 특수를 통해 히로시마는 높은 경제성장률을 기록하며 단기간에 피해를 복구할 수 있었다.

일본 정부는 전쟁 피해를 복구하기 위해 패전 직후인 1945년 11월 '전재부흥원'을 설립했다. 그리고 그해 12월 〈전재지부흥계획기본방침〉 아래 전국 115개 도시를 '전재 도시戰災都市'로 지정한 다음 곧바로 재건 사업에 착수했다. 히로시마 역시 이를 바탕으로 1946년 2월부터 7월까지 약 5개월에 걸쳐 '부흥심의회'를 중심으로 〈히로시마전재부흥도시건설계획〉(이하 〈부흥도시계획〉)을 수립했다.

당시 시장 보좌 역할을 맡고 있던 하마이 신조浜井信三는 부흥심의회에서 〈부흥도시계획〉을 수립하는 데 중요한 역할을 맡은 인물이었다. 그는 시 중앙부의 나카지마 지구를 평화공원으로 지정하고 시내 동서를 관통하는 100

미터 도로를 만드는 '시 중앙부 대공원' 계획을 구상했다. 패전으로 쓸모가 없어진 군용지를 무상으로 양도받는다는 전제조건 아래 도심부에 거대한 공원과 대로를 조성한다는 〈부흥도시계획〉은 당시로서 매우 파격적인 것이었다. 하지만 피폭으로 주민의 절반 가까이가 사망하거나 행방불명인 데다가 당장에 상수도나 응급 주택을 건설하기에도 급급한 시 재정 상태에서 이 같은 계획을 수행하기란 사실상 불가능에 가까웠다.

그런데 변화의 실마리가 만들어졌다. 1947년 패전 이후 최초로 실시한 민선 시장선거에 도전장을 내민 하마이 신조가 시장에 당선되는 파란이 일어났다. 히로시마 시민은 '시정의 민주화', '시민생활의 안정', '부흥도시계획사업'을 공약으로 내세운 그를 시장으로 선택했다. 이를 계기로 하마이는 본인이 구상했던 〈부흥도시계획〉을 시장의 위치에서 직접 이끌어 나갈 수 있는 절호의 기회를 얻게 되었다.

다만 〈부흥도시계획〉을 추진하는 데 가장 큰 걸림돌은 시의 열악한 재정 문제였다. 하마이 시장은 중앙정부 지원 없이 이를 해결할 수 없다고 보았다. 그는 정치인과 관료, GHQ 인사 등을 만나 인류 역사상 최초의 피폭 도시인 히로시마의 안타까운 상황을 전하고 '평화 도시'로의 전환과 지원을 부탁했다. 그는 1949년 3월 도쿄에서 열린 '히로시마 원폭재해종합부흥대책협의회'에 참석했다. 여기서 그는 여타 전재 도시와 달리 원폭으로 도시 기반시설이 완전히 파괴되어 세금을 부담할 수 있는 주민마저 현격히 줄어든 히로시마의 현황을 호소하며 중앙정부의 특별 지원이 필요하다는 점을 역설했다.

이후 히로시마시는 하마이 시장을 중심으로 시민들과 힘을 모아 〈히로시마평화기념도시건설법〉을 제정하기 위한 운동에 착수했다. 이 같은 노력 끝에 1949년 5월 11일 개최된 중·참의원에서 의원 다수의 지지 속에 〈히로

[그림 13-6] 평화기념공원을 찾은 이들이 평화기념자료관 아래 필로티에서
위령비와 원폭 돔을 일직선으로 주시할 수 있도록 배치한 공간 구조.

03 근대: 조카마치의 해체와 근대 도시의 형성

시마평화기념도시건설법〉이 가결되었다. 특별법으로 제정된 〈히로시마평화기념도시건설법〉의 제1조는 "항구적인 평화를 성실히 실현하기 위한 이상의 상징으로 히로시마시를 평화 기념 도시로 건설"할 것을 목표로 삼았다. 이로써 히로시마는 전쟁으로 파괴된 폐허를 복구할 수 있는 기반을 마련할 수 있게 되었다.

이에 따라 1949년 5월 평화기념공원을 조성하기 위한 설계 요강이 발표되었다. 공모전에 응모한 총 130여 개의 작품 가운데 1등을 차지한 이는 다름 아닌 단게 겐조丹下健三였다. 고등학교를 히로시마에서 마친 단게 겐조는 1946년 도쿄대학교 건축과 조교수에 부임한 직후 전재부흥원의 요청을 받아 히로시마의 도시 재건계획을 수립하는 데 일조했던 경험이 있었다. 그는 당시의 현지조사 경험을 살려 도시 공간의 전체적인 균형감을 고려하면서 평화기념공원을 디자인했다. 그의 설계안에서 가장 특징적인 점은 원폭으로 파괴된 옛 산업장려관 건물의 폐허(원폭 돔)를 중심축으로 잡고 그 아래에 위령비와 평화기념자료관을 일직선으로 배치해 남쪽으로 연결된 헤이와오도리平和大通り(평화대로)에서 공원으로 들어선 순간 위령비와 원폭 돔을 한눈에 바라볼 수 있도록 의도했다는 점이다([그림 13-6]).

당시 히로시마 시민들은 1915년 히로시마 상공회에서 3층 높이에 원형 돔으로 지은 산업장려관 건물의 처리를 놓고, 보존과 파괴에 관한 갑론을박을 벌이는 상태였다. 지역신문인 《주고쿠신문中國新聞》에 따르면 1950년 초에 벌인 여론조사에서 보존을 바라는 이가 62퍼센트인데 반해 철거를 바라는 이는 35퍼센트였다. 보존을 원하는 이들 가운데 40퍼센트는 전쟁에 대한 경각심을 갖기 위해서였고, 철거를 선택한 의견 가운데 60퍼센트는 전쟁의 참상을 기억하고 싶지 않아서라고 대답했다. 피폭의 참상이 컸던 만큼 이를 잊어버리려는 욕망 역시 그만큼 높았다.

그러나 단게는 역사의 비극을 환기하는 장치로 원폭 돔의 보존을 선택했다. 원폭 돔을 맨 위에 두고 축선에 따라 위령비와 평화기념자료관을 배치하는 단게의 설계안은 신령이 깃든 신성한 공간인 본전 아래에 참배자의 기도 장소인 배전을 두는 일본 신사의 전통 구조와 매우 유사하다. 단게 본인이 이에 대해 직접 언급한 적은 없지만, 그가 일본의 전통적인 위령 공간인 신사를 염두에 두고 평화기념공원을 설계한 것은 의심의 여지가 없다. 원폭 돔을 전통적인 신사 건물의 '본전'으로 삼아 평화공원이라는 추모 공간으로 새롭게 조성하고자 했던 단게의 시도는 의미심장한 것이었다. 단게의 설계안에 따라 히로시마평화기념공원은 1955년에 완성되었고 그 이듬해 일반에 공개되었다.

4.
재건 사업의 종결과
'물의 도시' 히로시마

| 원폭 슬럼 모토마치의 재개발과 새로운 도시 브랜드 |
피폭 도시라는 이미지만 가지고서 히로시마를 방문했다가는 정갈하다 못해 화려한 번화가로 변신한 옛 피폭지 일대를 돌아보고 적지 않게 당황할지 모른다. 도시를 재건하는 과정에서 과거의 트라우마를 유발할지 모르는 폐허를 말끔하게 정리하고 싶은 마음이 컸던 것 같다. 그렇다 하더라도 14만여 명의 목숨을 앗아간 원폭의 기억과 피폭의 아픔을 떠올릴 수 있는 기념 공간이 평화기념공원과 원폭 돔 외에 찾아보기 힘들다는 사실은 어찌 보면 의도적인 자기부정이자 기억의 망각처럼 보인다.

히로시마성의 옛 조카마치에 해당하는 모토마치基町 일대의 고층아파트 건설 사업은 전쟁이 남긴 비극적이고 어두운 기억을 '부흥'이라는 이름으로 긍정적이고 밝게 만들기 위한 자기부정의 대표적인 사례라고 할 수 있을 것이다. 모토마치는 히로시마가 군사 도시로 성장하는 과정에서 제5사단 육군 사령부와 연병장 등이 있어 패전 이전까지 대부분 군사 용지로 사용했던 곳이다. 하지만 그라운드 제로에서 불과 1킬로미터밖에 떨어져 있지 않은 탓에 피폭과 함께 완전히 폐허가 되었다. 패전 직후인 1946년 히로시마시는 구 육군 용지인 모토마치 일대의 국유지를 환수해 동쪽 지역에 관공서를 짓는 대신 서쪽 지역에 도심 중앙공원을 정비한다는 방침을 세웠다.

그러나 폐허로 변한 히로시마에 당장 시급한 것은 공원 조성이 아니라 주택 건설이었다. 피폭으로 집을 잃은 이재민들은 벽돌 잔해와 나무 조각을 모아 당장에 움막집을 짓고 생활했다. 주거 문제가 심각해지자 시 정부는 이를 해결하기 위해 1949년 일부 계획을 변경해 공원 부지로 예정한 곳에 1,800세대의 공영주택을 건립했다. 하지만 이 정도로는 주택 부족 사태에 큰 도움이 되지 못했다. 자신의 토지를 갖지 못한 피폭자들은 국유지인 이곳에 모여들어 가설 주택을 짓고 살았다. 그 결과 모토마치 일대는 대규모 슬럼가가 되고 말았다. 모토마치 일대의 불법 주택가는 시간이 지나면서 점차 노후화했고 화재 또한 빈번히 발생하면서 '원폭 슬럼'으로 불렸다.

히로시마시는 도심의 슬럼가 문제를 해결하기 위해 1969년 주민들의 반대를 무릅쓰고 모토마치 일대의 재개발 사업을 결정했다. 이에 따라 불법 주택을 철거하는 대신 고층아파트 단지와 중앙공원을 조성했다(그림 13-7). '히로시마시 모토마치지구'라는 이름의 재개발 사업은 피폭 이후 히로시마시의 사실상 마지막 재건 사업이었다. 이후 히로시마는 일본의 고도 경제성장을 배경삼아 전후 재건 사업을 신속하게 마치고 계속 성장할 수 있었다. 1965년 인구 50만 명을 넘은 히로시마시는 1980년 광역자치단체인 도도부현과 동등한 재정상의 권한을 인정받는 '정령 지정 도시政令指定都市'가 되었다.

하지만 이는 기회이자 도전을 의미했다. 1980년대 이후 영국의 대처 정부나 미국의 레이건 정권이 추진한 신자유주의 흐름에서 일본 역시 벗어날 수 없었다. 자민당 정권은 불필요한 규제나 관료주의를 대신해 시장경제를 우선시하는 행정 개혁을 적극적으로 추진했다. 자민당의 행정 개혁에 따라 지방 도시는 재정과 행정의 자율권을 인정받았지만, 이는 경쟁에서 살아남

[그림 13-7]
슬럼가로 변신한 모토마치와
재개발 사업으로 건설 중인
고층아파트.

03 근대: 조카마치의 해체와 근대 도시의 형성

기 위해 자구책을 모색해야 한다는 것을 의미했다. 히로시마는 '원폭'과 '평화'라는 이미지를 대신해 외부인의 시선을 자극할 만한 새로운 도시 브랜드를 만들기로 했다. 오타강 삼각주에 위치해 물이 풍부한 수변 도시 히로시마, 이 같은 개성을 전면에 내세운 도시 브랜드가 바로 '물의 도시 히로시마'였다.

| 공허해지는 '평화 도시' 히로시마의 목소리 |

히로시마시는 1990년 '물의 도시 정비 구상'이란 이름으로 도시 정비계획을 수립했다. 사업의 주된 내용은 오타강 하류에 발달한 삼각주를 따라 도심 곳곳을 흐르는 여섯 개의 지류와 수많은 다리가 만들어 내는 수변 환경을 자산삼아 관광객의 흥미를 끌 만한 경관을 조성하는 것이었다. 이에 따라 오타강을 비롯해 히로시마 시내를 흐르는 지류의 수변을 따라 보행자 거리가 만들어졌다. 그리고 강변에는 관광객들을 위한 카페와 상점이 들어섰다. 그 결과 오늘날 히로시마를 방문하는 이들에게 제1의 매력 포인트는 원폭의 불편한 기억을 떠올리게 만드는 평화기념공원이나 원폭 돔이 아닌, 히로시마식의 오코노미야키나 지역 특산물을 즐길 수 있는 수변 카페 또는 히로시마 시내를 주유하는 유람선이 되었다. 다만 '물의 도시'라는 이미지가 강해질수록 원폭과 평화를 향한 히로시마의 노력과 기억은 조금씩 퇴색하고 있는 것은 아닌지 모르겠다.

오바마 대통령의 평화기념공원 방문 이후 일본의 매스컴은 8월 15일 패전 기념일마다 반복하던 미국의 원폭 사죄를 더는 요구하지 않는다. 미·일 양국이 원폭 투하와 진주만 기습에 대한 갈등과 사과를 이미 등가적으로 해결했다고 생각하기 때문이다. 이 같은 사회적 분위기에 편승해 일본 정부는 국내외 여론을 의식해 자제해 온 '평화헌법' 개정을 위한 발걸음을 재축하고 있다. 오랜 경제침체에다 국제 사회에서 한·중의 부상 및 일본의 지위 약화라는 난관을 극복하기 위해 군사 대국화라는 카드를 꺼내 든 것이다. 아마도 군사 대국화를 통해 잃어버린 자신감을 되찾는 한편 국제 사회에 대한 영향력을 강화할 수 있을 것으로 믿는 것 같다. 평화헌법 개정은 이같은 행보의 첫 발걸음일 것이다.

하지만 일본 사회의 우경화가 심화할수록 원폭의 참상과 평화의 중요성을 강조해 온 히로시마의 외침은 더욱 공허해질 수 있다. 히로시마가 진정 '평화 도시'로 거듭나고자 한다면 원폭의 참상에 대해 동정을 호소하거나 평화의 가치를 강조하는 것에 머물지 않고, 그에 대한 책임 있는 행동을 실천함으로써 국제 사회로부터 보편적인 '공감'을 끌어낼 수 있어야 한다. 피폭의 아픔으로 원폭의 위험성을 일깨우려는 평화 도시 히로시마의 노력이 점점 무색해지고 있는 오늘날 히로시마에서부터 일본의 아시아 침략이 시작되었고 원폭 투하와 함께 비로소 일본제국주의가 해체되었다는 것을 다시 한번 환기할 필요가 있지 않을까 싶다.

나가며

이제 이 책을 마무리해야 할 시점이 온 것 같다. 곰곰이 생각해 보면 도시를 주인공 삼아 일본의 역사를 서술하겠다는 구상은 도시사를 전공하겠다고 마음먹은 학부 시절부터의 계획이었다. 하지만 이를 구체화하게 된 계기는 지난 2011년 3월 11일에 발생한 동일본 대지진 당시의 개인적인 경험에서 비롯되었다. 텔레비전을 통해 중계되는 동일본 대지진의 모습은 마치 할리우드 재난영화의 한 장면 같았다. 거대한 쓰나미는 마치 '진격의 거인'처럼 오랫동안 인간이 정성 들여 만들어 놓은 모든 것들을 한순간에 집어삼켰다.

그로부터 1년이 지난 2012년 여름, 쓰나미로 많은 희생자가 나온 미야기현宮城県 이시마키시石巻市를 직접 방문할 기회가 있었다. 잔해로 뒤덮인 폐허를 예상했지만 정작 쓰나미가 휩쓸고 간 지역은 진흙과 펄로 뒤덮인 황무지에 가까워 펄 위로 드러난 지붕이나 철골이 없었더라면 과연 이곳에 사람이 살았는지 알 수 없을 정도였다. 피해지를 돌아보고 오는 내내 마음이 무거웠다. 희생자에 대한 애도의 마음과 함께 현대 도시가 자연재해에 얼마나 취약한지 뼈저리게 느꼈기 때문이다. 그리고 마음 한구석에선 과학과 기술, 생산력이 지금과 비교할 수 없이 열악했던 과거의 전통 도시는 어떻게 이 같은 위기를 극복하며 현재까지 지속해 왔는지 궁금해졌다.

이후 10여 년이 넘는 시간 동안 일본의 역사에 등장하는 여러 도시의 시원과 운명을 살펴보고 이에 관한 자료를 정리하면서 원고를 준비했다. 중간에 코로나를 겪으면서 현지조사가 힘든 시기도 있었고 여러 개인적인 사정이 겹쳐 처음 계획했던 것보다 많은 시간이 걸렸다. 그렇다고 그만큼의 성과가 있었는지 자문하면 그렇게 만족스럽지 못한 것이 솔직한 심정이다. 국가사나 관계사의 시각에서 일본을 바라보는 역사 서술에서 벗어나 도시라는 공간을 주제로 삼고자 했던 애초의 목적이 얼마만큼 달성되었는지 걱정이다. 결국 이 책의 최종적인 구성과 내용은 집필 당시부터 출간을 앞둔 지금까지 반복하고 있는 시행착오의 현재 상태임을 고백하고자 한다. 이러한 점에서 《도시를 따라 일본사를 이야기하다》는 도시를 키워드 삼아 역사를 서술하는 작업의 최종 결과물이 아니라 중간 보고서라고 할 수 있다.

　마지막으로 이 책을 구입했거나 혹은 구입을 망설이는 분들에게 당부의 말씀을 전하고자 한다. 세계화 시대를 살아가는 현대인에게 도시의 역사는 새로운 교양이자 흥미진진한 탐구거리다. 특히나 저가 항공이 대중화하면서 일본의 도시는 인천공항에서 한두 시간 정도면 손쉽게 다녀올 수 있는 해외 여행지가 되었다. 여행을 떠나기 전에 혹은 여행에서 돌아와 도쿄 도심 한가운데 있는 황거, 관광객으로 가득 찬 오사카의 도톤보리, 네모반듯한 교토의 시가지에 관심이 생겼다면 이 책을 읽고 일본의 도시에 관한 지적인 갈증과 궁금증을 해소하길 바란다. 언제나 아는 만큼 보이는 법이니까 말이다.

2024년 6월 23일
박진한

참고문헌_ 연도순

제1장

타테노 카즈미 · 도이 쿠니히코, 〈일본 고대에 있어서의 천도〉, 《한국고대사연구》 36, 2004.

오야마 세이이치 지음, 연민수 · 서각수 옮김, 《일본서기와 천황제의 창출》, 동북아역사재단, 2012.

연민수 외 역주, 《역주 일본서기 3》, 동북아역사재단, 2013.

루이스 멈포드 지음, 김영기 옮김, 《역사 속의 도시 1》, 지식을만드는지식, 2016.

小澤毅, 〈伝承板蓋宮跡の発掘と飛鳥の諸宮〉, 《橿原考古学研究所論集 第九》, 吉川弘文館, 1988.

岡田康博 · NHK青森放送局, 《縄文都市を掘る》, NHK出版, 1997.

広瀬和雄, 〈弥生都市の成立〉, 《考古學研究》 45(3), 1998.

小島憲之 麤譯, 《(新編)日本古典文学全集 日本書記 (2)》, 小學館, 1999.

岡本東三, 《日本史リブレット17 古代寺院の成立と展開》, 山川出版社, 2002.

北村優季, 〈首都論と日本古代の都城—律令国家と都城〉, 《日本史研究》 476, 2002.

寺崎保広, 《日本史リブレット6 藤原京の形成》, 山川出版社, 2002.

仁藤敦史, 《歴史文化ライブラリ333—都はなぜ移るのか—遷都の古代史》, 吉川弘文館, 2011.

仁藤敦史, 《NHKさかのぼり日本史(10) 奈良·飛鳥"都"がつくる古代国家》, NHK出版, 2012.

제2장

이근우, 〈신라의 도성과 일본의 도성〉, 《신라문화》 26, 2005.

김희선, 〈6~7세기 동아시아 도성제와 고구려 장안성—도성의 가로구획방식을 중심으로〉,
　　《한국고대사연구》 43, 2006.

세오 다쓰히코 지음, 최재영 옮김, 《장안은 어떻게 세계의 수도가 되었나》, 황금가지, 2006.

新川登亀男, 〈'천황天皇'의 성립〉, 《일본연구》 6, 고려대학교 일본연구센터, 2006.

연민수 외 지음, 《역주 일본서기 3》, 동북아역사재단, 2013.

이병호, 〈백제와 신라, 일본 고대 도성의 비교 연구〉, 《마한백제문화》 36, 2020.

中村太一, 〈藤原京と《周礼》王城プラン〉, 《日本歴史》 582, 1996.

寺崎保広, 《日本史リブレット6 藤原京の形成》, 山川出版社, 2002.

河内春人, 〈天皇号の成立－成立と意義〉(歴史科学協議会 編, 《天皇·天皇制をよむ》, 東京大学出版会, 2008).

小澤毅, 〈藤原京の成立〉(木下正史·佐藤信 編, 《古代の都1 飛鳥から藤原京へ》, 吉川弘文館, 2010).

小澤毅, 《古代宮都と関連遺跡の研究》, 吉川弘文館, 2018.

제3장

박경수, 《전근대 일본유통사와 정치권력―선사·고대·중세편》, 논형, 2012.

이재석, 〈일본 고대국가 성립기의 宮都의 제문제〉, 《일본학보》 98, 2014.

사토 마코토 지음, 송완범 옮김, 《목간에 비친 고대 일본의 서울, 헤이조쿄》, 성균관대학교 출판부, 2017.

井上光貞, 《日本思想大系 3 律令》, 岩波書店, 1976.

岸俊男, 《古代宮都の探求》, 校倉書房, 1984.

林部均, 《古代宮都形成過程の研究》, 青木書店, 2001.

義江彰夫, 〈日本の中世都市と寺社勢力〉, 《人文科学研究: キリスト教と文化別冊》 (12), 2003.

吉川眞司, 〈七世紀宮都史研究の課題〉, 《日本史研究》 507, 2004.

安田政彦, 《平安京のニオイ》, 吉川弘文館, 2007.

林部均, 《飛鳥の宮と藤原京》, 吉川弘文館, 2008.

鐘江宏之, 《全集日本の歴史第3巻 律令国家と万葉びと》, 小學館, 2008.

五味文彦, 《全集日本の歴史 5 躍動する中世》, 小学館, 2008.

小島道裕, 《描かれた戦国の京都―洛中洛外図屏風を読む》, 吉川弘文館, 2009.

仁藤敦史, 《NHKさかのぼり日本史 10 奈良·飛鳥, '都'がつくる古代国家》, NHK出版, 2012.

제4장

안경식, 〈平安時代의 '儒家 佛教人', 慶滋保胤의 삶〉, 《한국불교학》 80, 2016.

송완범, 〈헤이안쿄와 교토가 갖는 일본사적 함의〉, 《東研》 1, 2019.

하야시야 다쓰사부로 지음, 김효진 옮김, 《교토》, AK, 2019.

多田好問 編, 《岩倉公実記 下巻 2》, 皇后宮職, 1906.

小野晃嗣, 〈京都の近世都市化〉, 《社会経済史学》 10-7, 1940.

神吉和夫·神田徹·増味康彰, 〈平安京の堀川溝による雨水排除の評価〉, 《建築工学研究所報告》 35, 1993.

山本雅和,〈平安京の路について〉,《立命館大学考古学論集Ⅰ》, 1997.

鈴木博之,《日本の近代—都市へ》, 中央公論新社, 1999.

朝尾直弘 外著,《県史26 京都府の歴史》, 山川出版社, 1999.

日本史研究会 編,《豊臣秀吉と京都》, 文理閣, 2001.

佐藤信 他編,《新体系日本史6 都市社会史》, 山川出版社, 2001.

門脇禎二・狩野久 編,《都の成立—飛鳥京から平安京へ》, 平凡社, 2002.

山田邦和,〈前期平安京の復元〉(仁木宏 編,《都市—前近代都市論の射程》, 青木書店, 2002).

高木博志,《近代天皇制と古都》, 岩波書店, 2006.

伊藤之雄 編,《近代京都の改造, 都市経営の起源 1850〜1918》, ミネルヴァ書房, 2006.

安田政彦,《平安のニオイ》, 吉川弘文館, 2007.

杉森哲也,《近世京都の都市と社会》, 東京大学出版会, 2008.

山田邦和,《京都都市史の研究》, 吉川弘文館, 2009.

佐々木惠介,《日本古代の歴史4 平安京の時代》, 吉川弘文館, 2013.

三宅拓也,〈明治維新と都市—第一回京都博覧会による都市整備〉(都市の危機と再生研究会 編,
《危機の都市史—災害人口減少と都市建築》), 吉川弘文館, 2019.

上杉和央・加藤政洋 編,《地圖で樂しむ京都の近代》, 風媒社, 2019.

山田邦和,《變貌する中世都市京都》, 吉川弘文館, 2022.

제5장

남기학,〈鎌倉幕府論의 전개와 現狀〉,《동양사학연구》126, 2014.

남기학,《미나모토노 요리토모—무사정권의 창시자》, 살림지식총서 57, 살림, 2019.

五味文彦,《大系日本の歴史5 鎌倉と京》, 小学館, 1988.

石井進・大三輪龍彦 編,《よみがえる中世3 武士の都鎌倉》, 平凡社, 1989.

石井進,《中世史を考える》, 校倉書房, 1991.

山村亜希,〈中世鎌倉の都市空間構造〉,《史林》80(2), 1997.

佐藤信 他編,《新體系日本史6 都市社會史》, 山川出版社, 2001.

高橋愼一郎,《武家の古都, 鎌倉》, 山川出版社, 2005.

原淳一郎,〈近世における参詣行動と歴史意識—鎌倉の再発見と懐古主義〉,《歴史地理学》47(3), 2005.

瀬畑尚紘 外,〈近世紀行文にみる鎌倉観光の成立過程に関する研究〉,《景観・デザイン研究講演集》6, 2010.

玉井建也,〈地域イメージの歴史的変遷とアニメ聖地巡礼—鎌倉を事例として〉,《コンテンツツーリズム研究》

3, 2011.

川合康, 〈治承寿永の内乱と鎌倉幕府の成立〉(大津透 外編, 《岩波講座 日本歴史 第6卷 中世 1》, 岩波書店, 2013).

高橋愼一朗, 《中世鎌倉のまちづくり》, 吉川弘文館, 2019.

제6장

나리타 류이치 지음, 한일비교문화세미나 옮김, 《고향이라는 이야기—도시공간의 역사학》,
　　동국대학교출판부, 2007.

박진한, 〈근대도시 오사카의 상징물과 기억공간의 형성—'오사카성大阪城 천수각天守閣'
　　재건사업(1928~1931)을 중심으로〉, 《인천학연구》 11, 2009.

루이스 프로이스 지음, 박수철 편역, 《오다 노부나가와 도요토미 히데요시는 어떤 인물인가—16세기
　　예수회 선교사 루이스 프로이스의 기록》, 위더북, 2017.

이계황, 《일본 근세의 새벽을 여는 사람들 Ⅱ—오다 노부나가·도요토미 히데요시 시기》, 혜안, 2019.

小島道裕, 〈戦国期城下町の構造〉, 《日本史研究》 257, 1984.

内藤昌, 《復元安土城》, 講談社, 1994.

小島道裕, 〈織豊期の都市と都市遺構〉, 《国立歴史民俗博物館研究報告》 8, 1995.

太田静六, 〈天守閣の源流〉, 《日本建築学会計画系論文集》 475, 1995.

佐藤滋, 《城下町の近代都市づくり》, 鹿島出版会, 1995.

増田泰良·藤岡洋保, 〈戦後の天守閣(再建)に込められた意味〉, 学術講演梗概集(関東), 社団法人日本建築学会,
　　2001.

千田嘉博, 《信長の城 岩波新書 1406》, 岩波書店, 2013.

斎藤慎一·向井一雄, 《日本城郭史》, 吉川弘文館, 2016.

尾下成敏 外, 《戦國亂世の都》, 吉川弘文館, 2021.

제7장

함동주, 《천황제 근대국가의 탄생》, 창비, 2009.

나리타 류이치 지음, 이규수 옮김, 《일본근현대사시리즈 4 다이쇼 데모크라시》, 어문학사, 2011.

박진한, 〈1920·30년대 일본의 도시계획론과 도시계획사업—'오사카大阪'와 '세키 하지메關一'를
　　중심으로〉, 《인천학연구》 14, 2011.

후지이 조지 외 지음, 박진한 외 옮김, 《쇼군, 천황, 국민—에도시대부터 현재까지 일본의 역사》,
　　서해문집, 2012.

関一,〈大阪市の諸問題〉,《大大阪》1-1, 1925.

大阪市,〈明治大正大阪市史 第1巻〉, 日本評論社, 1935.

宮本憲一,〈第一次大戦後地域経済の変貌と地方行財政の危機〉,《大阪経大論集》133, 1980.

角川日本地名大辞典編纂委員会,《角川日本地名大辞典 27 大阪府》, 角川書店, 1983.

大阪府史編集専門委員会 編,《大阪府史 第5巻 近世編 1》, 大阪府, 1985.

浮田典良,〈明治期の旧城下町〉(矢守一彦 編,《日本城郭史研究叢書 12 城下町の地域構造》, 名著出版, 1987).

竹内誠,《大系日本の歴史 10—江戸と大坂》, 小学館, 1989.

芝村篤樹,〈関一——その思想と政策の概略〉,《都市問題》80(3), 1989.

岡本良一,《岩波新書の江戸時代, 大阪城》, 岩波書店, 1993.

渡辺俊一,《都市計画の誕生——国際比較からみた日本近代都市計画》, 柏書房, 1993.

三宅宏司,《大阪砲兵工廠の研究》, 思文閣出版, 1993.

原武史,《〈民都〉大阪対〈帝都〉東京；思想としての関西私鉄》, 講談社, 1998.

芝村篤樹,《日本近代都市の成立——1920・30年代の大阪》, 松籟社, 1998.

大阪市史編纂所 編,《大阪市の歴史》, 創元社, 1999.

芝村篤樹,《都市の近代·大阪の20世紀》, 思文閣出版, 1999.

産経新聞大阪本社社会部,《大阪の20世紀》, 東方出版, 2002.

橋爪紳也,《モダン都市の誕生——大阪の街·東京の街》, 吉川弘文館, 2003.

鈴木勇一郎,《近代日本の大都市形成》, 岩田書院, 2004.

水本邦彦,《日本の歴史 10：徳川の国家デザイン》, 小学館, 2008.

橋爪紳也,《都市大坂の戰後史——復興·再生·發展》, 山川出版社, 2023.

제8장

키토 히로시 지음, 손병규·최혜주 옮김,《인구로 읽는 일본사》, 어문학사, 2014.

에드워드 사이덴스티커 지음, 허호 옮김,《도쿄이야기》, 이산, 1997.

요시미 순야 지음, 이태문 옮김,《박람회—근대의 시선》, 논형, 2004.

구메 구니타케 지음, 정애영 옮김,《특명전권대사 미구회람실기 제1권 미국》, 소명출판, 2011.

구메 구니타케 지음, 박삼헌 옮김,《특명전권대사 미구회람실기 제3권 유럽대륙(상)》, 소명출판, 2011.

나쓰메 소세키 지음, 송태욱 옮김,《도련님》, 현암사, 2013.

이언 게이틀리 지음, 박중서 옮김,《출퇴근의 역사》, 책세상, 2014.

다니자키 준이치로 지음, 류순미 옮김,《도쿄 생각》, 글항아리, 2016.

마쓰야마 이와오 지음, 김지선 외 옮김, 《란포와 도쿄―1920년 도시의 얼굴》, 케포이북스, 2019.

레이 올든버그 지음, 김보영 옮김, 《제3의 장소》, 풀빛, 2019.

塚本明, 〈近世都市社會における[サービス]産業の展開〉(藤井讓治·橫山俊夫 編,

　　《安定期社會における人生の諸相―仕事と余暇》, 京都ゼミナールハウス, 1991).

岩田浩太郎, 〈都市經濟の轉換〉(吉田伸之 編, 《日本の近世 9 都市の時代》, 中央公論社, 1992).

田村明, 《江戸東京まちづくり物語―生成·變動·歪み·展望》, 時事通信社, 1992.

堀新, 〈巨大都市江戸の膨張の要因は何か〉(靑木美智男 外編, 《新視点 日本の歷史5 近世編》, 新人物往來社, 1993).

佐々木陽一郎, 〈江戸時代都市人口維持能力について〉, 《千葉大學 法經硏究》 6, 1997.

山本博文, 《參勤交代 講談社現代新書 1394》, 講談社, 1998.

佐々木克, 《江戸が東京になった日》, 吉川弘文館, 2001.

河村茂, 《日本の首都 江戸·東京―都市づくり物語》, 都政新報社, 2001.

藤野敦, 《歷史文化ライブラリー 東京都の誕生》, 吉川弘文館, 2002.

橋爪紳也, 《モダン都市の誕生 大阪の街·東京の街》, 吉川弘文館, 2003.

石田賴房, 《日本近現代都市計畫の展開 1868~2003》, 自治體硏究社, 2004.

浦本譽至史, 《江戸·東京の被差別部落の歷史》, 明石書店, 2005.

北原糸子, 《關東大震災の社会史》, 朝日新聞出版, 2011.

喜田川守貞, 宇佐美英機 校, 《近世風俗志 守貞謾稿 3》, 岩波書店, 2011.

內藤昌, 《江戸と江戸城 講談社學術文庫》, 講談社, 2013.

岡本哲志, 《江戸→TOKYOなりたちの教科書》, 淡交社, 2017.

제9장

데이비드 로웬덜 지음, 김종원·한명숙 옮김, 《과거는 낯선 나라다》, 개마고원, 2006.

박훈, 〈吉田松陰의 대외관 '敵體'와 팽창의 이중구조〉, 《동북아역사논총》 30, 2010.

〈일본 메이지시대 산업유산 세계유산 등재〉, 《연합뉴스》 2015. 7. 15. 기사.

小川国治 編, 《山口県の歷史》, 山川出版社, 1998.

山本博文, 《あなたの知らない山口県の歷史》, 洋泉社, 2013.

原田伊織, 《明治維新という過ち―日本を滅ぼした吉田松陰と長州テロリスト》, 講談社, 2017.

男の隠れ家編集部 編, 《成立から倒幕まで長州藩―志士たちの生き様》, サンエイ新書, 2018.

제10장

이영진, 〈지역적 상상력과 영웅 만들기―가고시마의 '사이고 전설西郷伝説' 형성을 중심으로〉,
《한국문화인류학》 52⑴, 2019.

本富安四郎, 《薩摩見聞記》, 東陽堂支店, 1898.

鹿児島市史編さん委員会, 《鹿児島市史 第1巻》, 鹿児島市史, 1969.

田中彰, 《日本の歴史 15―開国と倒幕》, 集英社, 1992.

井上勲 編, 《日本の時代史 20―開国と幕末の動乱》, 吉川弘文館, 2004.

皆村武一, 〈日本の近代化過程と鹿児島〉, 《経済学論集》 71, 2009.

原口泉 外著, 《鹿児島県の歴史》, 山川出版社, 2011.

原口泉 外著, 《鹿児島県の近現代》, 山川出版社, 2015.

麓純雄, 《鹿児島県の歴史入門》, 南方新社, 2020

제11장

노다 구니히로 지음, 정희정 옮김, 《창조도시 요코하마―공공디자인의 과거와 미래》, 예경, 2009.

김주관, 〈공간구조의 비교를 통해 본 한국개항도시의 식민지적 성격―한국과 중국의 개항도시 비교를
　　중심으로〉, 《한국독립운동사연구》 42, 2012.

이노우에 가쓰오 지음, 이원우 옮김, 《일본근현대사시리즈 1 막말유신》, 어문학사, 2013.

김나영·현재열, 〈도시계획적 측면에서 본 요코하마横浜 개항장의 건설과정〉, 《로컬리티 인문학》 16,
　　2016.

마쓰카타 후유코 지음, 이새봄 옮김, 《네덜란드 풍설서》, 빈서재, 2023.

横浜市, 《横浜市史 第二巻》, 横浜市, 1959.

横浜開港資料館·横浜居留地研究会 編, 《横浜居留地と異文化交流》, 山川出版社, 1996.

井上勲 編, 《日本の時代史 20―開国と幕末の動乱》, 吉川弘文館, 2004.

加藤祐三, 《幕末外交と開國》, 講談社, 2012.

山下清海, 《横浜中華街》, 筑摩書房, 2021.

安藤優一郎, 《東京·横浜 激動の幕末明治, 有隣新書 89》, 有隣堂, 2023.

제12장

염미경, 〈기업권력, 도시활성화 그리고 도시정치—기타큐슈 야하타제철소를 소재로〉, 《한국사회학》, 35(1), 2001.

윤지현, 《파도가 지키는 감옥섬》, 선인, 2013.

정혜경, 《조선인 강제동원기업 일본제철(주) 야하타제철소》, 선인, 2022.

박진한, 〈일본 야하타八幡제철소의 세계유산 등재와 산업유산 연구의 의의〉, 《역사비평》 143, 2023.

金子毅, 《八幡製鉄所職工たちの社会誌》, 草風館, 2003

山本理佳, 《近代化遺産にみる国家と地域の関係性》, 古今書院, 2013.

昼間たかし・鈴木士朗 編, 《日本の特別地域 これでいいのか北九州市 始まる! 北九州の反撃》, マイクロマガジン社, 2020.

時里奉明, 〈八幡市の誕生〉, 《人間文化研究所年報》 31, 2021.

제13장

〈일본 軍기지서 조선인 징용자 700명 봉기 첫 확인〉, 《서울신문》 2013년 11월 15일 자 기사.

오은정, 〈파괴의 보존—유네스코 세계유산 히로시마 원폭 돔의 보존과 '평화'의 문제〉, 《한국문화인류학》 53(1), 2020.

鶴見俊輔 編, 《記録現代史 日本の百年 (6)—震災のゆらぐ》, 筑摩書房, 1978.

ロナルド・タカキ 著, 山岡洋一 譯, 《アメリカはなぜ日本に原爆を投下したのか》, 草思社, 1995.

川村湊, 〈トカントンとピカドン―〉, 《〈復興〉の精神と〈占領の記憶〉》, 《岩波講座 近代日本の文化史 8 感情・記憶・戦争》, 岩波書店, 2002.

藤岡惇, 〈米国はなぜ2発の原爆を投下しかのか—ヒロシマ・ナガサキの悲劇の教訓〉, 《立命館経済学》 59(6), 2011.

岸田裕之 編, 《広島県の歴史》, 山川出版社, 2012.

李明, 《被爆都市ヒロシマの復興を支えた建築家たち》, 宮帯出版社, 2012.

国際平和拠点ひろしま構想推進連携事業実行委員会, 《ひろしま復興・平和構築研究事業報告書 広島の復興経験を生かすために—廃墟からの再生》, 国際平和拠点ひろしま構想推進連携事業実行委員会, 2014.

西井麻里奈, 《広島復興の戦後史—廃虚からの〈もの〉と都市》, 人文書院, 2020.

찾아보기
#인명

찾아보기

도시를 거닐면 일본사가 보인다

2024년 11월 30일 초판 1쇄 발행
2025년 2월 4일 초판 2쇄 발행

글쓴이   박진한
펴낸이   박혜숙
디자인   이보용 김진
펴낸곳   도서출판 푸른역사
 우) 03044 서울시 종로구 자하문로8길 13
 전화: 02)720−8921(편집부) 02)720−8920(영업부)
 팩스: 02)720−9887
 전자우편: 2013history@naver.com
 등록: 1997년 2월 14일 제13−483호

ⓒ 박진한, 2025

ISBN 979−11−5612−287−6   03900

· 잘못 만들어진 책은 교환해드립니다.